U0461914

工商管理经典译丛·旅游管理系列

Business Administration Classics

会展业概论 （第3版）

Meetings, Expositions, Events, and Conventions (Third Edition)

乔治·费尼奇(George G. Fenich)　主编

刘大可　等　译

中国人民大学出版社

·北京·

译者序

进入 21 世纪以来，中国会展业异军突起，不仅在国内的政治、经济以及社会文化等领域发挥了重要作用，而且成为全球会展业中备受瞩目的"明星"。

2000 年以前，会展仅仅作为一种零星的、辅助性的活动，出现在我国社会经济生活的不同领域，其自身并没有形成一个相对独立的行业。而十几年之后的今天，情况已大不相同。目前中国会展业不仅拥有了明确的政府主管部门，而且成立了大量的全国性、地方性以及行业性的协会组织；不仅拥有了国有、外资、合资、民营等多种类型的会展企业，而且形成了包括研究生、本科生、专科生以及职业资格认证等多层次的会展人才培养体系。这意味着，经过十几年的快速发展，中国会展业由小变大、由弱变强，不仅成为一个体系相对完整的独立行业，而且在社会经济中的影响力不断提升，成为很多城市着力发展的现代服务业。

会展业的健康发展需要高素质的专业人才做支撑，而会展人才的培养既需要高水平的师资，又需要高质量的教材。为了让我国高校从事会展教学的教师、学习会展专业的学生以及会展行业的从业人员更好地了解国外会展业发展和教育的情况，经过精心挑选，我们最后决定将这本基础性的会展业概论教材译成中文，供大家学习和参考。

该教材最大的特点是对整个会展行业的概括性强，研究视角宽，案例丰富实用，行文浅显易懂，是引导读者进入会展行业的基础性教程。通过系统阅读本教材，读者可以在轻松愉快的氛围中对会展业的基本概念、发展状况、主要业态、产业链条、法律关系、技术影响以及未来趋势等有一个框架性的了解。

本书翻译由刘大可、司香韬、代文娟、赵燕飞合作完成，杨月坤、刘巡协助审阅了初稿并提出修改建议，刘大可进行最终的审校并定稿。尽管在书稿翻译过程中我们以非常严谨的态度进行了多次讨论、修改、审校，但由于水平有限，也可能存在某些翻译不当的地方，敬请读者批评指正。

刘大可

前　言

　　会议、展览、节事活动和年会（meetings，expositions，events and conventions，MEEC）作为一项产业，发展越来越快，也越来越受到来自服务产业、高等院校以及社会的关注。本书对会展业进行了概述。

　　在此时出版本书有诸多原因，其中之一就是，尽管全球遭遇了经济衰退、自然灾害、美国"9·11"事件及其所带来的经济危机，但是服务业中的会展业仍然表现出强劲的恢复力并获得了持续发展。当前，整个社会建设和扩张会展场馆的势头并未减弱，企业和个人也已经成为场馆建设和运营的重要组成部分。出于多方利益考虑，面对面会议仍然具有市场需求，会展产业的发展呈现出曲线上升趋势（这一点不同于20世纪90年代俱乐部的发展）。

　　与此同时，高校教师对此类教材也有明确的需求。本书作者从事会展活动概论课程教学工作多年，发现在课程讲述中需要全面涉及会展业的各个领域，并保持课程内容与时俱进，为此就需要对现有教材进行不断补充。鉴于此，作者开始考虑编写关于会展业的教材。2001年，在酒店、餐厅和高校教育协会特别兴趣小组会议（Convention Special Interest Group at the Council on Hotel，Restaurant，and Institutional Education，CHRIE）上，专家们讨论了对新教材的需求这一话题。与会小组成员均意识到对新教材的需求，自愿加入的作者和编辑率先将讲授会展业相关课程的专家召集起来，着手编写新教材的各个章节。本书集中了会展业各个领域佼佼者的共同努力。各章的作者在高校教师与会展业从业者之间保持相对平衡。

　　与常见的基于投稿意愿确定主题或章节的方法相比，本书采用了更为科学的方式。作者回顾了包括理论方面以及实践操作方面的现有著作，在此基础上确定本书将涉及的主题。此外，多次出现的重点主题也被纳入本教材。之后，从事教育工作的作者们召开了数次会议讨论相关重要主题，指导整体篇目构建。篇目列出后，送交高校教师和从业人员按照重点、次重点和非重点的顺序排列。篇目在此期间进行了削减，利用德尔菲法选择最终纳入本书的主题。本书第3版在之前版本的基础上进行了改进，不仅更新了材料和数据，还对使用者和读者的反馈做出了回应。

《会展业概论》（第3版）的出版，对于会展从业人员、高校教师、会展专业学生以及广大社会公众都极为有帮助。作为关于会展业的最新著作，本书向读者全面地阐述了会展业的概况，可以作为会展专业的基础课程教材或会展行业新员工的入门教材，并能满足想更多了解会展行业状况的读者的需求。

第3版介绍

现代会展业紧跟时代潮流，不断发展，反映了最新的技术水平。本书第3版是在对旧版各个章节进行修订并补充新材料的基础上形成的。

● 最新数据由国际会议专业人士协会（Meeting Professionals International，MPI）提供，已相应地补充到各个章节。

● 新增了"绿色会议和企业社会责任"一章。

● 原先会展策划与实施的章节，整合到一个章节中。

● 另外补充了会展业的30份研究概要。

● 补充概要来自数百篇最新的会展研究文章，均与相应的章节有关。

● 2/3以上章节都有新的作者做出贡献。

目　录

第 1 章

会展业概览

学习目标

- 会展业发展历史
- 会展业在服务业中的地位
- 会展业的重要性及作用
- 会展业中的职业机会
- 会展活动的类型

重要的日子

太阳跃出地平线，向海面投射出蓝色的和粉红色的光芒，阳光洒向度假村酒店中精心修剪过的高尔夫球场。海面上，海浪滚滚，天空中传来海鸥的鸣叫。清晨，忙碌之声响彻度假村酒店：车门合上之声，低语之声，节日的问候和告别之声，瓷器、银器的碰撞之声和满载货物的货车车轮发出的吱呀之声。经酒店员工指引，每辆车都停在指定区域。大部分客人还在酣睡之时，酒店员工早早就来到此地。

今天是个重要的日子，AAP（Association of Amalgamated Professionals）的专业人士将在此召开其第 35 届年会的晚会。此前，一切已准备就绪，今晚将有 1 900 名客人和数百名供应商移步至此，出席晚会。经过协商，筹备人员决定将会场的"度假"一词遮挡住，用亮闪闪的物品来装饰会场。

酒店会议服务经理（CSM）托德·克莱夫，主管年会的相关事宜，带领酒店团队奋战到最后。托德已不知疲倦地奋战了近九个月。此间，不断与酒店销售部和市场部沟通，针对客户的计划、需求及要求推进合作。而他们的客户是酒店业资深的会议经理——芭芭拉·泰。时至今日，托德和芭芭拉之间沟通的电子邮件、电话、视频会议及面对面沟通已不计其数。托德需要和酒店的每个部门进行沟通和协作。此外，芭芭拉需与AAP的工作人员、志愿者及其他厂商保持密切的交流和协作，确保协会第35届年会的工作人员各负其责。

此次会议由销售和市场部门负责，该会议是酒店有史以来承接的最大规模会议。即使到最后一分钟，客户都可能有新的想法和构思。两天前，在芭芭拉莅临之时，所有的工作都已精心准备完毕。前台经理大卫·斯特恩，需编制最新的房间入住率预估表，包括入住时间与客人数量。他和相关工作人员反复核查，以确保办理入住的前台工作人员，行李员，门童，代客泊车人员及礼宾部、客房服务部、住房部人员充足。

餐饮总监大卫·芬纳汇报了他的工作进度，并对厨房和宴会的准备工作进行评估。他们已准备好未来三天的12 000份膳食及果汁、牛奶、咖啡、茶、苏打水和酒精饮料。此外，酒店的餐厅和休息室也准备了额外的餐饮以备不时之需，相关人员都会就位待命。

酒店其他工作人员听从销售总监及酒店会议服务经理指挥，其中包括休闲项目（譬如高尔夫球场、网球场、健身俱乐部和游泳池）服务人员、维护人员、安保人员及会计，甚至鹦鹉饲养员也纳入其中。鹦鹉为门口迎宾之用，需确保其健康及对人友善。

酒店的各个部门一直在筹备此次年会（convention）。根据年会筹备进度，托德准备和芭芭拉动身前往年会的预演处。

与此同时，简·利弗到达费城国际机场B广场，手持航班的登机牌、电子客票行程单及政府提供的有效身份证明。简·利弗的机票享受会议折扣价，她使用的是带有TSA海关锁的行李箱。她正在抬头查询自己的航班信息。在一天的行程中，简·利弗需转机两次，只能在机场解决餐食，或在路上以巧克力棒充饥。转机的途中，她需要打许多电话，还要买报纸、杂志，最后再乘坐出租车去酒店。纵观全国，有1 899人与简一样，为了一场会议（meeting），飞往同一个地方。

在目的地（destination）酒店，Skylark目的地管理公司（DMC）的所有者和总裁凯西·赛克斯，已在办公室对来宾交通、场外布置、会议主题及年会的娱乐节目进行最后的核查。负责今晚摇滚明星招待会的经理向凯西提出：邀请的明星只喝鲜榨的冰橙汁，在洗浴后需要按摩，且只用海军蓝色毛巾。毋庸置疑，凯西需满足这些要求，并且在今晚招待会前解决所有问题。

天气预报指出明天下午会有暴雨。凯西现在满脑子都是高尔夫球锦标赛的事情，高尔夫球手虽然可以在雨中打球，但也不能置他们的安全于不顾。

音像公司的高级技术工程师杰克在进行地点的最终确定，以确保卫星线路顺畅、画面清晰、音质良好。届时会有三个全球广播和网络广播进行直播，必须确保万无一失。当他看到卸下来的新鲜花卉时，突然意识到叶子和花瓣也会影响卫星的信号。杰克扫视周围的停车区域，因车位有限，可供卡车和货车卸货的空间不多。周围（ambient）气温正在上升，预计未来一段时间都会很炎热。如果可以找个阴凉的地方停车，感觉会比较好，距离远点也可以接受。

会展协会的高级会议经理芭芭拉，眼神疲惫。她已经在这足足待了两天，因为需要不断核查各个细节，她奔走于来宾登记处、信息中心和网络中心，以确保满足会议的需求。在奔波的路上，她一直与托德·克莱夫和大卫·芬纳保持沟通。在与会展协会高管和成员见面前，她只吃了几口早餐。稍后，她将与克莱夫和芬纳见面，就会议的关键细节及工作人员、志愿者的工作分配问题进行沟通。

环顾四周，她再次核对长长的清单：演讲者和培训师人数及需求、宴会编排表（BEO）、交通安排、徽章、人员、核心设计及交付、电话和数据线、电脑和打印机、展台设置、贵宾的行程、明天的天气状况、特殊登记安排、视听设备、开幕式彩排时间及安排、幻灯片文件播放、残障与会者的安排、过敏食物清单及 VIP 设施，这些问题她都必须仔细考虑。

现在芭芭拉满脑子都是这些事情：未来三天可能会出现的突发情况，天气，推迟抵达，推迟离开，与会者、供应商及演讲者可能身体抱恙，或更为糟糕，突然离世，以及如何与酒店、供应商及第二会议室地点进行高效沟通。事实上，对与会者而言，有些事情即使计划周全，也未必尽如人意。会议筹备者与会议服务经理尤为重要，他们需对突发情况及时应对与妥善处理。

开幕式一切准备就绪，如箭在弦。

▷ 引　言

牵一发而动全身

筹备 AAP 第 35 届年会的计划，早在一年前就开始酝酿。9 个月前，相关策划书已转交给会议服务部门。开幕式只是众多复杂工作中的一项，这些工作需要各方的联合计划、管理及会展业人士的支持，最终才能取得成功。

包括观众和参展商约 1 900 人会参加本次年会，涉及九大主要航空公司和地区航空公司，参会者将搭乘 200 个不同的航班，覆盖 400 万航空里程，消耗 1 000 包航空公司零食，机场路上吃的糖果和零食不计其数。参加演讲、培训及社交活动的时间长达 60 000 小时，打高尔夫的时间达 4 000 小时，供餐 12 000 人次。他们需要拨打 80 000 个电话，阅读 5 700 份报纸，或是电子版，或是纸质版。发出和接收 10 000 封邮件，为当地经济带来 5 000 000 美元的收益，为国家和地方政府创造 500 000 美元的税收。当地商人出售各种纪念品，从服装到艺术品，不胜枚举。干洗店、出租车、餐馆、健身房、旅游景点及酒店将迎来收入跳跃式的增长。总之，该次会议直接或间接地创造了 250 多种工作岗位。

在会议安排和会议事务执行上，如果对潜在的问题处理欠妥、目标实现不佳，或未满足与会者和主办者的要求都会造成空前的直接经济损失。除此之外，无论是积极的经济影响，还是消极的影响都会持续数年。若参会者在会议期间受到良好的服务，他们会在结束后仍对会议赞不绝口；反之，他们会和很多人大吐苦水。每一名参会者都有可能带来更多的机会，也有可能带走更多的机会。

▷ 行规交流委员会

会展行业委员会（CIC）建立的行规交流委员会（APEX）的观点皆可从本书中一探究竟。读者可从网站 http：//www. conventionindustry. org/apex/FAQ_File. htm 上获得前瞻式及创新的观点。

会展行业委员会全力推进会展业的发展。该委员会由 34 个组织及机构组成，涉及 103 500 个个人及 17 300 家从事会展业的公司。会展行业委员会成立于 1949 年，定期召开论坛会议，加强行业交流。同时，会展行业委员会完善信息沟通，着眼行业内专业从业人员的培养，并向公众传达其自身对经济发展的作用。从本质上讲，会展行业委员会为惯例交流搭建了一个全面的信息平台，促进行业内的实践交流。

APEX 是在会展行业委员会的倡议下建立的。它将行业内的惯例集合起来，以期提高整个会展产业的工作效率。

惯例实施成果包括：

- 提高效率，降低成本；
- 促进沟通，共享数据；
- 完善服务；
- 简化体系和流程；
- 减少重复工作，提高运营效率；
- 提高教育水平，提升员工专业度。

APEX 小组已完成大部分实例报告。现在正在探索绿色会议及会展业的标准。各部门各司其职，工作如下[①]：

APEX 术语表：明确术语来源、定义会议及展览行业。（由术语小组完成。）

APEX 行业规范：该板块清晰给出行业的准确信息，包括会展的地点及供应商。（由人力资源小组完成。）

APEX 需求建议书（RFP）形式：所有惯例需保持一致性，具有建设性作用且满足需求。

APEX 住宿及登记规范：收集可行性操作方法，随时发布，并检索会展登记原始数据及住宿相关事项，如住宿地点、网络配置问题、跨国住宿及信息公开等。

---

① 资料来源：http：//www. conventionindustry. org/apex/apex. htm。

APEX 合同小组：行规交流委员会合同小组的初衷是审阅行业的各类合同，以整理出合同原则，确定合理格式及用词。除此之外，该小组制定行业内合同的文本格式。从法律及可行性角度，该小组认为合同用语是不可凭空创造的。

APEX 展后报告：展会具体细节及活动安排的报告称为展后报告（PER）。展后报告涉及整个展会的流程。这一模块是行业内的范本。（由展后报告小组负责。）

APEX 会议和地点报告：会议和具体地点的报告，其中涉及酒店、度假点、会展中心、会议中心及城市五个主要地点和设施类型。

▷ 会议的定义

会议、展览、座谈会、大会、活动和例会分别指什么？会议如何召开才有利于与会者提高技能和增长知识？为何会议对经济发展如此重要？网络会议会取代面对面会议吗？召开会议的意义是什么？以何种方式召开会议才能满足与会者的需求？我们如何与竞争对手区分开，并攫取一定的市场份额？所有的问题，都会在本章一一得到解答。欢迎来到快节奏、高压力的会展业世界。

APEX 提议对各类会议进行定义：区分商业、教育和社交性会议。协会通常用"会议"一词指代教育和展览的组合，它包含研讨会、论坛、座谈会、操作会、培训会等。

各种线上词典中，检索"会议"的同义词会得到以下结果[①]：

查找： 会议

词性： 名词

定义： 聚集

同义词： 活动、集合、集会、任务分配、观众、人群、小组座谈会、电话、召唤、室外宴会、公司、竞争、秘密会议、大会（conference）、研讨会、争论、相持不下、聚集、例会、接洽、约定、预演、介绍、见面、午餐、谈判、商谈、快速会议、座谈会、摊牌、静坐、会谈、一对一会谈、集会人群

概念： 商业行为

行业术语和实践

一般而言，我们将两个或两个以上人的集合称为会议。通常，亦可表述为例会、大会、学术研讨会等。有些会议的与会者达数千人。若在会议上展示材料或物品，我们称此类会议附带贸易展、博览会（exposition）或者展览会（exhibition）的成分。如果会议期间涉及体育及社会活动，此时可称为活动。人们在召开会议

---

① *Roget's Interactive Thesaurus*，First Edition（V1.0.0）.

时，往往会宣读与会者（又称目标听众）的名字。

以下术语是会展业的业内人士需熟知的。该术语由 APEX 术语小组整理，亦是会展业常用词汇。词汇完整版可访问 http://glossary.conventionindustry.org。

- 会议（meeting）：与会者参与的具有教育性意义的会议、讨论、社交活动或是其他有组织的活动。此类会议不涉及展示。

- 博览会（exposition）：参见展览会。

- 展览会（exhibition）：（1）与会者主要活动是参观展览。此类会议主要是企业面向企业（B2B）类型。（2）产品或促销品的展示，以达到向公众普及、销售或营销的目的。

- 活动（event）：特指一般性会议、例会、展览、特别赛事及晚宴等。一个有组织的活动，通常有多项功能。

- 例会（convention）：与会者最主要的活动就是参与到会议中，并参与讨论或其他的会议活动。

- 展销会（trade show）：针对特定的顾客群体，展示产品或服务，不向公众开放。

- 学术研讨会（seminar）：（1）与会者可通过讲座和会谈分享特殊领域的经验。（2）一般有 10～50 名专家参加，专业技能不同，但因共同的兴趣而聚集，参加培训和学习。

- 专题工作坊（workshop）：（1）若干人参加的集中培训，往往是为了加强某种技能或实现特定的目的。（2）在会议期间，与会者可就自选的特定主题或组织者选择的主题自由参加讨论。（3）与会者培训期间，通常需要完成练习、拓展技能及掌握特定领域的知识。

- 大会（conference）：（1）专门用于沟通、查明事实、解决难题及咨询。（2）通常用于观点交流、信息传达、开放讨论或就特定领域的特定问题进行讨论。形式不限，持续时间长，周期固定。通常会议召开时间长度不定，会上制定短期的目标。比代表大会（congress）的规模小。

- 实际操作演示会（clinic）：与研讨会相似，与会者通过实践提升能力。

- 分组座谈会（break-out sessions）：分组座谈会虽与大会分开，但是形式与主题必须与大会相符。所有的分会，可根据会议内容，分为初、中、高级，或根据兴趣及行业划分。

- 集会（assembly）：（1）将分散的个体集合在一起的过程。（2）一般会议和正式会议上，会员代表聚集在一起决定方向、制定政策、选举内部会员、审批资产负债表与预算等。所以集会主要是审查会议议程及制定规章制度。

- 代表大会（congress）：（1）通常该会议会持续数天且同时有几场分会。间隔时间会提前注明，通常每半年或一年举行一次。大部分国际会议都可归为此类，国内的此类型会议一般一年一次。（2）与会者是各协会或组织的代表。（3）欧洲术语，等同于 convention。

● 论坛（forum）：（1）听众、与会者和主持人进行开放式的交流。（2）知名与会者就公众关心的问题发表观点，但观点需合乎法律要求。

● 研讨会（symposium）：与会者皆为某个领域的专家，就特定主题提出独特见解。

● 研究会（institute）：就特定的主题进行深度的讨论，具有教育性意义。

● 讲座（lecture）：信息性和指导性的演讲。

● 小组讨论（panel discussion）：在公众面前，一群与会者运用技术手段，就某个主题进行讨论。

● 奖励旅游（incentive travel）：公司为奖励员工而提供的旅游，以激励员工，亦称激励性旅游，是一种激励机制。

▷ 服务业的组织结构——会展业如何融入其中

会展业囊括了服务业和旅游业的诸多元素。为清楚了解会展业与服务业的关系，需要对旅游业及服务业的框架结构有所了解。

旅游业和服务业有六个主要的部门：住宿、餐饮、交通、景点、娱乐和购物。

1. 住宿：住宿部分涉及旅客可以过夜的各种类型的酒店。譬如，酒店、会议中心、度假村、汽车旅馆、简易旅馆、游轮、拖车公园或营地、公寓和大学寝室。以上类型的住宿地点，公众只要支付费用，皆可入住。

2. 餐饮：主要分食物和酒水两部分。食物部分涉及餐桌服务。根据价格可分为高、中、低档；根据服务类型可分为奢华服务、快速服务等；根据食物类型可分为美式、中式、意式等。食物经营方式也有所区别，包括餐饮式、连锁式及自助餐厅。酒水也可根据价格及类型进行分类，例如，可分为软饮料和含酒精的饮料。

3. 交通：包括所有交通手段、工具。通常分为水、陆、空。

航空交通：包括与达美航空及西南航空等的合作，涉及各类机型的包机服务。

水上交通：包括游轮、游船、包船、渡轮及水上交通等出租业务。

陆地交通：包括私人轿车、出租车、豪华车、小型客车、火车、公交车、缆车、马车、大象或骆驼。

4. 旅游景点：服务业和旅游业吸引游客前来参观，可划分为自然景观和人文景观。

自然景观：山川、海岸、河湖、森林都是自然景观。

人文景观：包括建筑（譬如纪念碑和博物馆）、主题公园、动物园、水族馆、一些餐馆和购物场所。

5. 娱乐：为游客提供高品质的娱乐项目，譬如电影、戏剧、乐队表演及节庆项目。

6. 购物：服务业和旅游业最重要的环节，也是旅客一掷千金的环节。游客购物极大地促进了当地经济的发展。众多旅游景点开发本土主题或带有本土标识的产品，以增加收入。最著名的旅游景点非迪士尼莫属，它不仅在景点兜售旗下产品，还设立零售中心。

诚如所见，服务业和旅游业涉及多方面。先前所提供的结构框架旨在让大家更好地了解该行业，并非完美的行业架构。上述各部门彼此间有重合之处：酒店本身可视作景点，如拉斯韦加斯赌场的 Mirage City Center。同样，一些购物场所也可视作景点，如纽约的 FAO Schwarz 玩具店、明尼阿波利的美国购物中心。酒店里通常配有食物和酒水、零售店及娱乐设施。此外，如果想要很好地满足游客、与会者、当地居民的需求，各个功能区的比例划分是难点。

会展业涉及服务业和旅游业的各个方面。了解服务业和旅游业间的交互性与复杂性有助于解释为何划分各个功能区的比例很困难。直到 20 世纪 90 年代后期，美国使用的行业分类标准都没有弄清会展业最基本的元素。例如，20 世纪 80 年代后期，政府才认可会议策划者是一个专门职业。

产业背景

根据人类最早可记载的历史来看，聚会、集会、重大赛事和会议等都是人们生活中不可或缺的一部分。考古学家从已经发现的古文化遗址中得出，某些遗址在古代经常被用作市民聚集到一起开会的地方，比如说商讨有关政府、战争、狩猎或者部落庆典之类的公共事务。从人类有了固定永久的居住地以后，每个城镇或村庄都有了自己公共集会的地方，通常称作城镇广场。在亚历山大大帝的领导下，每年有五十多万人到当时的以弗所（即今天的土耳其）去观看展会，包括杂技演员、魔术师、驯兽师以及戏法师等。美国前驻联合国大使安德鲁·杨曾经在 20 世纪 90 年代于亚特兰大召开的国际会议专业人士协会（MPI）的会议上说，他坚信包括“最后的晚餐”和第一次奥林匹克运动会都有会议策划。古罗马的斗兽场被用来举办体育盛事，比如角斗比赛，肯定有人策划组织才得以举行。罗马人通过利用得天独厚的道路优势修建了许多贸易市场，以此来吸引人们参观他们的城市。在古英格兰时期，就流传着亚瑟王圆桌会议的故事，这又是一个用来讨论审判和灾难活动会议的例子。不同信仰之间的宗教集会以及去麦加的朝圣都代表了古代的宗教活动和庆典活动。奥林匹克运动会作为古代体育盛事活动，它的组织策划和今天的奥林匹克运动会大致相同。世界性的商品展销会和博览会是会展产业的另一重要组成部分。

此外，会展产业也是美国文化和发展的重要部分。柯里尔与艾夫斯公司（Currier and Ives）印刷的白雪覆盖的地面围绕着白色尖塔的图片，描绘的就是新英格兰城市的城市广场。圣达非（Santa Fe）是美国北部古老的社区城市之一，在那里城市广场不仅是政府所在地，也是传统意义上的集市所在地。即使是今天，也能看见本地居民围绕在广场周边售卖他们的手工艺品。

　　在费城召开的第一届大陆会议（The First Continental Congress）是典型的"正式会议"，这次会议讨论了当时 13 个殖民地的治理情况。在美国，政治会议有着悠久的历史，也是会展业的一部分。另外，美国人也在建国伊始制定了各种各样的节日和庆祝活动，比如新奥尔良地区的狂欢节，这些都是他们生活中不可或缺的，所有这样的活动都是会展业的一部分。

　　在今天，会展建筑是大城市的一部分。众所周知，如果一个城市要成为世界级城市，必须要有为体育和重大赛事提供支持的会议中心和体育场。所有的大城市都有这些建筑，比如纽约、华盛顿特区、洛杉矶、芝加哥、伦敦、莫斯科、比勒陀利亚和香港。这些公共设施旨在吸引全世界的会议和赛事的参加者来城市消费。

　　尽管会议策划有着悠久的历史，但是直到 1972 年 MPI 成立后，会议策划才成为公众认可的专业。在 MPI 第一届大会上，只有 120 名策划者和供应商参加。第一届大会组委会由巴托带领，促进了第一次学术会议策划项目的发展。这个项目在 1976 年 9 月由科罗拉多州批准通过，并由丹佛的大都会州立学院负责召开。之后在塔勒阔的东北俄克拉何马州立大学召开了另一次会议策划项目会议。在 1979 年，佩蒂·肖克在佐治亚州立大学首次开设了会议服务管理（侧重酒店方面）和会议策划课程。1983 年，在国家会展经理协会（NAEM，即现在的国际会展经理协会）和国际展览与博览会协会（IAFE）的联合资助下，增加了贸易展览课程。佐治亚州立大学首先开设了这门课程，因此成为涵盖所有会展业课程的学校。最近，MPI 获得了全球会议及商务活动证书（GCMBE）。

　　20 世纪 80 年代，会展产业研讨会和学术项目发展迅速，主要是两个因素促成的。第一个是会议专业认证考试（CMP）和会议联络委员会（CLC，现更名为会展行业委员会，CIC）认证的发展，从而给获得证书的人相应的社会地位和信誉。其他证书项目也相继出现，比如会议管理认证（CMM）、CDEM 等。

　　1949 年，CIC 的前身，即会议联络委员会（CLC）在纽约成立，主要是由美国社团管理者协会（ASAE）、美国饭店业协会（AH&MA，现在的 AH&LA）、国际酒店销售和市场营销协会（HSMAI）以及国际会议促进局协会（IACVB）（现在的国际目的地营销协会（DMAI））共同组成。在四大协会的共同带领下，CIC 现在在全美排名第 37 位。

　　1895 年，"记者弥尔顿·卡迈克尔在《底特律日报》上倡导当地商人联合起来，促进城市向会展城市转型，城市和酒店应当通过竞标来获取生意。这些都为今天会议促进局（CVB）的成立提供了基础。两周后，底特律会议及商人联盟成立，由卡迈克尔领导，之后加入到底特律城市会议旅游局中。"

　　随着时代的发展，会议促进局的职能也发生了变化。一开始，包括底特律在内的很多地方仅仅吸引了会议和商业会议。之后，他们发现休闲度假的游客是当地商业发展的巨大动力，因此在名字上又入了"观光"。现在，不仅在美国和加拿大，世界上的很多城市都有目的地营销组织（DMO）。DMO 旨在帮助当地城市发展旅游业、会展业以及相关产业。

经济影响

会展业类型多种多样，因此很难估测其规模、重要性及其影响。根据 CIC 的统计，仅在美国，会议、博览会以及带动的相关旅游业的发展就能提供 170 万个就业岗位。据统计，每 86 个人中就有一人在会展业工作。随着越来越多的个人、公司和国家开始意识到会展业的重要性，这一数字每年仍呈增长态势。"2004 年，会议、展览会和旅游就带来了 1 223.1 亿美元的收入"（CIC，2004）。这使得会展产业成为带动美国国民生产总值的第 29 个促进因素。这也给了我巨大的信心，因为我看到了我所工作的行业的重要性，看到了它是如何影响国家经济的，看到了它为就业做出的贡献。这不仅仅因为会展业促进了国民生产总值，还因为它提供了 170 万个全职工作。会展业的消费中 2/3（819.4 亿美元）为协会赞助的活动，剩下的 1/3（403.7 亿美元）为企业赞助活动。会展业中的酒店实际会带来 36%（1 093 亿美元）以上收入，空中运输带来占 17% 的营业收入。

关于会展业的影响最全面的分析每半年会发表在 *Meeting & Conventions* 杂志上的"会议市场报告"部分。2008 年的报告指出会议数量和与会者数量较上两年都有所增加，但活动的总体收入有轻微的下滑趋势。2007 年，会展产业的消费为 1 030 亿美元，与 2005 年相比下降了 4%。其中，公司会议为 302 亿美元，比两年前下降了 5%。2007 年，协会会议（association meeting）的花费比例会（convention）的花费降低 9%，减少至 381 亿美元。大型会议的消费仍呈上升趋势，2007 年增加了 3%，增加至 346 亿美元。需要注意的是，这些数字都是直接消费，不包括拉动的"乘数效应"。乘数效应这一术语源于经济学，是指当货币在区域内循环时所带来的间接影响。如果算上乘数效应，那么上面提到的数字都会翻倍。因此，研究会展业各部分所带来的"总体影响"是非常重要的。有关会议类型的详细信息请参照第 2 章。

根据专业会议管理协会（PCMA）的资料，2009 年美国会议和大型赛事占旅游相关消费的 15%，为国家、州和当地城市创造了近 400 亿美元的税收和 100 多万个工作岗位。如果没有会议及旅游行业所创造的这些就业，当前的失业率会从 7.6% 上升到 8.2%，美国家家户户都要缴纳更多的税收。

情景规划

不管身处行业的哪个分支，聪明的业内专家都会为紧急情况及其带来的影响做详细的规划。这种意识可能源于恐怖袭击、飓风（尤其是卡特里娜飓风和丽塔飓风），或者 2008 年开始的经济危机。会展行业该如何应对这些情况呢？这些潜在的极具破坏性的活动都会影响人们的生活以及商业活动，人们应该怎样应对这些看似无法控制的突发活动，又该如何提前预测和筹划呢？像新奥尔良、墨西哥湾，或者泰国和海地，这些都是对会展产业有重要影响的区域，那么该如何应对这些地区的不确定性因素呢？在将来要如何应对这些区域的预订业务？2006 年 7 月，萨拉·托伦斯在 PCMA 的期刊 *Convene* 上着重探讨了这些问题的解决方案，主要是提倡会议策划者使用情景规划的方法（这是一个"动态战略性规划概念"）。以下是文章的节选部分：

在过去的五年里，我们时代的不确定性在会展业表露无遗，"9·11"恐怖袭击、"非典"、飓风等，都对正常的商业流通造成了巨大的影响。情景规划对会议策划者来说可能是一个全新的概念，它能帮助会议组织者统筹规划活动，也为他们的会议策划提供了一种全新的研究视角。美国口腔颌面外科医师协会的副执行委员劳拉·杰利内克说："我们所在的行业是要为我们的组织提供福利。"

AVW-TELAV 销售副总裁布拉德·肯特说："我们的产业从'9·11'恐怖袭击之后在某种程度上变成了受害者。然而，情景规划为你提供了 35 000 英尺的视角，让你为意想不到的事件做准备，而不是束手就擒。"

沃顿学院迈克技术创新中心资深成员、决策策略有限公司经理及情景规划专家洛奇·派瑞尔博士解释道："情景规划在这样一个充满不确定性因素的世界中能很好地运用于战略性规划。我们当今的世界对大多数企业而言变得越来越不可预测。许多企业在这些不确定因素面前风雨飘摇。尤其是'9·11'之后，这对旅游业和酒店业带来了尤其大的影响。"

的确，会议产业看起来有很多可以使用情景规划的条件，以下是派瑞尔博士列出的条件：

1. 不确定性风险高，对个人适应能力有影响；

2. 在过去发生过太多损失惨重的突发活动；

3. 面临的新机遇不足；

4. 需要一门官方语言；

5. 存在多种不同的观点，每种观点都有长处；

6. 你的对手使用了情景规划。

当应用情景规划时，策划者和执行者需要将未来可能影响组织或企业的力量列出来，然后根据这些力量构建一个情景模型。派瑞尔博士说："组织或企业可能需要面对上百种力量，情景规划通过一种系统的方式，让你在规划的过程中将这些力量都考虑进去。"

此外，派瑞尔博士还提供了在不确定情况下形成战略的六个步骤。策划者可以利用这些步骤轻松地为他们的会议以及部门和协会提供战略方向。

1. 考虑通常的情景。比如，派瑞尔博士说，如果一个组织要在某个地点召开会议，那就要考虑到当地可能出现的政治或其他方面的情形。

2. 调研组织方市场。派瑞尔博士说："一个尺寸难以适应所有情况，还要考虑战略性市场细分。进行市场调研和详细需求评估，以便更好地理解每个组织。"

3. 评估组织方内部核心能力。派瑞尔博士举例说："你做好你自己擅长的就可以，剩下的可以交由第三方来做。"因为有太多策划方试图包揽一切，所以这是一条不错的建议。

4. 整合。结合以上三步中的信息，分析不同情境下会产生怎样不同的结果。

5. 辨识战略性思维能力，战略性指导作支撑。派瑞尔博士说："比如，如果你想巩固确定的能力，如数据挖掘能力，那么你要考虑如何行事才能实现，是否通过合作？"

6. 实施。评估初始战略与事先设定的预算和时间表。

综上所述，情景规划可能有助于会议专家解决不确定的环境问题。今天，美国及世界范围内的经济不稳定，冲突频发，加上航空业秩序混乱，缺乏金融支持，使得旅游大众对休闲和商业旅游越来越挑剔。所有城市酒店的使用率都在下降，尤其是业内所谓的"一线"城市，通常大型会议和贸易展都会在这些城市举行。这些城市仍然继续建设会议中心和新的酒店项目，这些建筑都是在经济衰退之前就规划好的。城市希望借助此类建筑招徕更多的会议，从而带动城市经济的发展。

会议和大型赛事何以存在？

20世纪80年代初期到中期，尚存在面对面形式的讨论会（discussions），2001年"9·11"恐怖袭击事件之后也召开过这种形式的会议，2008年随着经济危机的蔓延此种形式的会议再次启动。这种面对面的会议形式按道理说应该成为过去，因为随着技术的发展，虚拟会议（电话会议、在线会议等）会取代面对面的集会。MPI在20世纪90年代就会议在协会和企业中扮演的角色进行了研究。研究表明人们更倾向于面对面的会议，因为这样做最大的意义在于可以和同行聚在一起，相互学习。所有形式的虚拟会议（视频会议、在线会议、播客会议、在线学习和交流）都不能创造出面对面会议的效果，尽管很多公司，比如思科以及其他的平台都致力于提高未来虚拟会议的质量。相关的讨论也是如火如荼，比如《商业周刊》上的一篇文章就虚拟会议和面对面会议各自的利弊进行了讨论。

面对面会议的好处在于能够涵盖所有形式的交流，比如语言交流和肢体交流。例如，你如何通过握手的力度和方式来了解不同文化的人？他们是如何通过面部表情来协助他们的语言表达，或者他们是在传达混合信息吗？如果你的交谈对象"不正眼看你"，你又有何种感受？肢体交流在会见中是非常重要的一部分。有关面对面会议和虚拟会议的重要性详见：http：//www.thestandard.com/news/2009/09/17/survey-conferencing-technologies-cant-replace-face-face-meetings。

当我们面对面时，我们就建立了一个"实践社群"。今天，我们利用社交媒体来进一步发展实践社群，但是有些社群还是想要进行面对面的会议。我们更多看到的是一种"混合学习法"，也就是将科技和面对面交流相结合来传达会议内容，构建实践社群。(CIC 尚未对"实践社群"这一术语进行定义。)

不管是虚拟会议还是面对面会议，通过这些实践社群，我们能够提高技能（通过促销会、教育性会议或者学术论坛）、影响政策倾斜（通过政治性会议或者政府会议）、观看成就（通过奖励会议和庆功会）、重新认识朋友（通过聚会），以及了解相关领域的新产品（通过展览会和贸易会）。

今天，我们可以通过虚拟的形式参加多种活动和交流：参加网络课程；观看体育赛事和会议直播；甚至还能参加社区、宗教或者其他精神层面的活动。1999 年，约翰·奈斯比特（John Naisbitt）与他人合著的 *High Tech-High Touch* 首次出版。在这本书中，作者描述了科技社会带来的影响，以及人们需要时不时的"拔电"。在派因（Pine）和吉尔摩（Gilmore）合著的 *The Experience Economy* 一书中，体验式学习和参与的需求仍将推动会议和赛事的发展。比如说，一个人去参加"超级碗"，就能亲身体验现场观众的兴奋；一个人去参加婚礼，就能体验到大家聚集到一起的感觉，还能品尝蛋糕和香槟，尽管有一些平台能提供虚拟婚礼，但是尚未被大众认可。

我们的工作就是遵循发展趋势，找到能够帮助我们实现会议和赛事目标的方法，用最好的方法进行用户信息统计。在一些情况下，最好是面对面，而有些情况则适合虚拟会议。不过大多数情况下，我们还是将两者相结合。

▷ 会展业及带动的相关行业就业

会展业是服务产业（hospitality industry）的一个分支，属于大规模服务产业。它包含了服务产业的大多数领域。因此，读者要尽量将自己理想中的工作概念化，之后才能决定如何在会展业中找到梦寐以求的工作。

会展活动中的工作主要涉及以下方面：

● 活动策划：集中策划一些特殊的活动，比如奥林匹克运动会、"超级碗"比赛、篮球四强赛、节事以及庆典活动。

● 会议策划：组织会议以及为公司、企业和协会组织聚会。这些聚会包括小型董事会、股东会、新品发布会、培训教育研讨会以及区域性或全国性大会。

● 婚礼策划：协助婚礼双方选取婚礼地址、装饰、摄影师以及其他所需物品。策划人员通常会在婚礼现场出现，以确保婚礼顺利进行。

● 酒店或会议中心销售：主要的销售活动或者餐饮服务在酒店和会议中心内部

进行，服务对象为团体，而大多数团体都属于会展的服务对象。

● 饭店销售：尽管大多数人认为饭店主要吸引的是进店的顾客，但实际上大多数的饭店主要依靠会展业。食品和酒水需要招聘大量员工来进行销售。

● 娱乐或体育赛事销售和服务：尽管这些领域主要吸引的是个体客户，但其中大部分仍会花费时间和精力来进行会场销售，为团体提供活动场地。这些场所通常适合开展良好的体验式学习。

● 目的地管理：目的地管理公司（DMC）的主要功能是为公司和协会策划会展活动充当"本地专家"，安排交通以及提供安保。受雇于DMC的员工通常在销售或生产领域工作。

● 酒店：酒店是会展活动举行的首选场地，通常配备有宴会厅、会议室和休息室，以及为与会者提供住房和餐饮。酒店部门与会展行业的合作主要涉及销售、餐饮和会议服务。

● 会议中心：会议中心通常配有精良的设备，比如芝加哥麦考密克展览中心、纽约贾维茨会议中心、拉斯韦加斯曼德勒海湾酒店和会议中心。此外还有一些多功能会场，如新奥尔良超级圆顶体育场或者休斯敦阿斯托洛圆顶运动场。此类会场的主要工作是销售或运营。

● 展会服务承包：如果你喜欢建筑，或者想要成为工程师或者建筑师，那么你可以考虑成为一个展会服务承包商，其主要工作就是为会议或大会设计和搭建场地、幕布以及隔断等。你们学校舞会的装饰和幕布可能就出自展会服务承包商之手。同样地，展会服务承包商的工作内容主要集中在销售和生产领域，同时也将逐渐加入可持续或绿色产品和服务。

● 目的地营销组织：目的地营销组织（DMO）主要致力于为会展公司提供广泛的选择，以及向商务和休闲旅行者提供活动营销。DMO内部包括诸多部门和工作岗位，如会议销售、旅游销售、住房、会议服务、市场营销、市场调研以及会员服务。

由此可以看出，会展业为服务产业注入了生机和活力。会展活动中的很多工作岗位都涉及服务业的方方面面。例如，如果某人为会议或团体进行设备销售，那么他必须熟知并且能够管理在客房、前台和酒水、餐饮部工作的员工以及所有的设备。在会展公司工作的大多数员工都应具有敏锐的商业头脑（具备金融和人力资源管理、法律义务和风险管理、市场营销知识以及职业道德），有远见以及较强的执行力，并能掌握学习技巧。业内专业人员除了要了解并有能力进行虚拟和面对面会议的准备工作，还必须学习有关可持续性和绿色会议和活动的相关内容。

人们通常认为会展业是一种"关系产业"，因为要与自己了解的人或公司建立关系。在很多行业中，我们都要依靠自己所了解的人来帮助我们学习，给我们提供精确信息。这些关系通常要经过长时间的信任才能建立起来，因此职业道德操守是我们与人交往中的重要部分。

仔细想一想，能够影响会议参加者和会议组织方工作的所有方面主要包括：

会议赞助商

AAP

会议策划

执行总裁

包括市场营销、行政管理及政府事务、教育或职业发展培训、会员关系、信息技术和鉴定部门的专业人士

从事呼叫中心、复印材料、登记注册、人力资源管理、采购控制及其他业务的人员

董事会

委员会

赞助商

设备

设备所有人

执行人员，包括但不限于：总经理、财务总监、酒店经理、销售总监、市场运营总监、会议服务总监、餐饮总监、客房总监、维修总监、保养总监、采购总监、人力资源总监、办公室运营总监、社会责任总监以及安保总监

其他数以千计的全职、兼职人员，全年或季节性员工（保洁员、畜管员、客房清洁人员）、食物供应员（晚宴、客房服务以及外送）、维修人员、保安以及工程人员

目的地

DMO/CVB（总裁、销售总监、市场运营总监、会议服务总监、会员关系总监、注册负责人、社会责任负责人以及其他员工）

饭店

景点

现场外的场馆

剧院（影片和法人代表）

复印和印刷公司

交通（公交车、摆渡车、出租车以及豪华加长车）

机场商业特许权

医生、医护人员、急救人员

药店

鲜花供应商

商店

　　DMC

　　视听设备提供商

　　普通服务承包商

　　特色服务承包商

　　干洗人员和裁缝

　　城市、县和国家雇员

　　计算机部门和通信部门

为会议提供服务的其他人

　　艺术家（艺人、音乐人、乐队、魔术师）

　　教育（主持人、培训师、设备人员）

　　音响及灯光师

　　交通人员（飞机、火车、汽车、轮船以及其他旅行社）

　　印刷人员

　　运输人员

　　商品促销人员

　　餐饮服务人员

　　手语和其他语言的翻译

　　《美国残障法案》（ADA）相关人员

　　木工

　　国内销售人员（酒店及会议中心）

　　第三方或者独立的会议策划人员

　　有没有人对会议不产生影响呢？在某种程度上，每个人都会对会议产生影响（即使是仅有两三个人在办公室或者饭店召开的会议）。请花几分钟将可能影响一场会议的因素添加到以上的内容中，然后再重新思考，即使是美国总统和国会，都要通过开会决定贸易规章、安全条例以及国家是否进入战时状态等，从而来影响我们的产业。

会议组织者如何筹划一场会议

　　当被问及"哪天是特别的一天"，无论是组织内部还是外部策划公司的专业会议人员，都会回答"每一天都是特别的一天"。策划者的工作最适合那些热爱多任务、有广泛兴趣爱好、喜欢解决问题以及积极关心团体关系构建的人。

　　注册协会经理人（CAE）、注册会议专业人员（CMP）道格·希斯（Dough Heath）是MPI第二位执行总裁，他在很多年前说过，"会议策划不仅仅是提供咖啡柜台"。当时，许多会议策划者关心的仅仅是后勤工作，比如保障房间设备、咖啡和茶歇、饮食以及视听设备的正常。

今天，会议策划的工作是具有战略性的。策划者要想方设法满足组织方的要求。为了达到这个目标，在会议和活动策划中，策划者主要从以下方面入手：

- 明确会议或活动的目标，分阶段建立与内容和设计相关的计划。
- 制定需求建议书（RFP），主要基于会议或活动的目标、观众信息、预算以及项目。
- 将需求建议书发送到酒店和会议中心的销售办公室、DMO 以及承包外部会议策划的公司。
- 准备预算和支出，从几百美元到几亿美元不等。
- 与设备或其他多功能设备承包商、交通提供商、装饰人员、主持人、艺人和所有租赁商就会议合同进行商议。
- 为会议提供电子设备以及印刷设备。
- 邀请所有与会议传达信息相关的发言人、培训师以及设备人员，并满足他们的要求（包括差旅、注册、客房以及视听设备）。
- 邀请艺人，并与之签订合同，满足他们的要求。
- 设计食物和酒水供应，并拟定相关合同。会议策划者必须了解与会者（年龄、性别、能力、过敏史、地理位置及其他）、项目的时间及流程、预算及价格（包括劳动力成本及税金）。
- 制定与其他员工、设备、供应商以及紧急救护人员相关的危机管理方案。
- 为与会者登记，或者聘用登记公司，保证信息的准确录入及安全处理。
- 处理好所有从会议的计划到执行及后续工作可能出现的各种变动。
- 时刻注意行业内或企业内有关酒店所有权或管理公司、酒店的关停以及有关设备的更改通知。
- 保持冷静，并能稳定人心。

以下问题可以帮助你确定是否适合这一行业：

- 你是否喜欢策划聚会、制定工作安排，并能保证完成每个细节？
- 你是否会就接下来一周或一个月内准备要做的事情而实时更新你的记事本或手机备忘录？
- 你是否发现了自己的长处，并判断这些长处是否适合这一行业？
- 你是否会经常提问题，而非墨守成规？

如果以上四个问题中你有三个的回答是肯定的，那么你就很有潜力成为一名优秀的会议策划者。

为做好应对短期或长期挑战的准备，会议专业人士（即为会议进行计划并执行的人，为了举办会议而工作，与会议服务承包商进行联系的人）必须能够预测会议性质发生改变时所带来的一系列变化。在本章开头部分的场景中，有一个供应商主要从事卫星及其他电子通信设备的服务，不管怎么说，会议专业人士都应该为如何与该供应商进行沟通与合作做好充足准备。

▷ 未来走向

对于会展产业的前景，MPI 每年都进行跟进并且发布"未来之钟"（Future Watch）（见图 1—1）进行探究，发现如下：

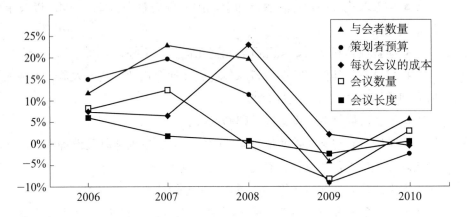

图 1—1　会议业的年统计数据

资料来源：Future Watch 2010，经国际会展专业机构许可使用。

- 会议策划者与相关供应商预测下一年会展市场的总体变化趋于平稳，无明显变化。
- 会议策划者预计公司会议的与会者将上涨 11%，协会活动上涨 18.3%，大型会议有望上涨 19%。
- 对专业会展人士而言，预算和工作量是内部工作的重点。大部分受访者表示希望参与到制定目标与策略中。经济问题、成本控制及科学技术在"外在问题及趋势"板块排名靠前。
- 专业会展人士的数量以 19% 的比例增长，其中欧洲约为 31%，加拿大为 29%，节约能源与环境保护是增长的重点领域，其中欧洲为 12%，加拿大为 10%。
- 与企业和协会规划者相比，工作人员短缺问题对供应商和独立会议策划者而言更为重要。建议以雇佣和留住有能力的员工为重点。
- 不同行业对会展预算的预估不同，会议策划者预计明年预算会增加 11%，而公司的内部人士则认为会增加 27%。
- 早在 2008 年会展业专业人士就已引用先进技术，但他们对技术的充分性、可用性、接收性及可购性并非完全满意。
- 40% 的会议策划者及 50% 的企业策划者希望下年增加对网络广播的使用。其中 30% 的被调查者认为，网络广播对现场会议有积极的影响，能提高参与率，并且能够将现场与会者与线上与会者连接起来。
- 会展业国际化趋势正在加速。"未来之钟 2008"（Future Watch 2008）的数据显示，虽然 2008 年受访者的业务仅在一个国家，但预计 2009 年 20％的业务将外扩。57％的受访者表示，2008 年他们的业务涉及至少 6 个国家。

对专业会展业人士而言，会议从未真正结束。无论怎样定义"会议"，每次会议都需要完备的计划、执行、评估、跟进及重新开始。一切都是为了确保结果完美，最终促进经济的发展。

对于目前从事会展业的人或即将选择在会展业工作的人而言，行业的成功取决于我们现在所取得的成就及对未来的计划。对于选择继续在会展业发展的人或者新加入该行业的人而言，需要严谨的思维及坚定的意愿，并且需要考虑会展业对当地经济及世界经济的影响。

会展业专业人员为满足广大与会者的需求，需关注人口的变化；学习技术经验以运用到实践中；学习营养搭配和食物过敏常识，以确保与会者的健康与生命安全；关注气候变化以确保食物和水的持续供应及可用性；关注全球人口结构的变化；关注全球经济对产品及服务的影响，其中涉及食品安全与粮食安全。会展业的专业人士需掌握的不仅局限于此，下一章将进一步阐述。

那些成功的会展业人士，并不是仅仅将会展视作昨天或今天的工作任务，而是想尽办法积极进行准备：准备好照顾老人、进入社区、学习音乐和艺术、了解政治等。在未来，能在会展业取得成功的是那些在会议上通过吸取经验和通过"体验经济"影响与会者的人。他们将突破空间的限制，改变内容的传播方式，改变与会者的参与方式。成功的会展业从业者将突破行业限制，学习会展的相关知识。

现场会议将会继续存在，因为人与人之间交流的需求仍然存在。会展业将继续保持成功，因为它将潜在客户纳入进来，而潜在客户为会议注入了新鲜能量，也增加了会议的多样性。（试想如果使用推特（Twitter）开会，将会有更多的人参与其中。）

你是否已经决定阅读本书，来了解这个产业的动态？你就是未来，请把你的经验和见解与我们分享，让我们一同推进会展业的发展。

第一天结束

APP 第 35 届年会首日会议结束了。作为会议的策划者，芭芭拉让一切都有条不紊地进行着，到目前为止一切顺利。

芭芭拉将和客户部经理托德·克莱夫会面。她将通过无线广播、电话和托德及其他酒店工作人员召开例行会议。会议内容涉及回顾宴会细节、对各部门进行检查（包括会计部）。芭芭拉将和年会的员工、志愿者负责人及外部供应商联系。她还需要时刻关注天气变化，关注电视与视频的最新新闻，阅读报纸。芭芭拉还需要在奔波中解决温饱问题，随时查看并回复电子邮件。虽然脚受伤了，但她的脸上仍洋溢着笑容。

一天结束了，她需要翻阅她的记事本，检查房间的配置，为第二天的会议做准备。休息几个小时后，又要开始新一天的工作。

在年会最终落下帷幕时，芭芭拉得最后一个离开。因为在乘飞机回家前，她需要核查各项费用，与场地提供者及供应商进行账务结算以确保付款及时，然后总结此次大会为来年年会做好准备，最后撰写感谢信。

□小　结

本章介绍了会展业相关内容。正如本章所示，会展业能够点燃激情，并提供多元化的职业发展机会。会展业覆盖领域广泛，涉及服务业的各个方面，它对经济具有巨大影响。在接下来的章节中你将获得更多信息，包括已经在第1章有所简述的内容。接下来的章节将介绍更多的概念和实践经验。

□关键词

行规交流委员会（APEX）　　　　　年会（convention）

宴会编排表（BEO）　　　　　　　　会议服务经理（CSM）

会展行业委员会（CIC）　　　　　　目的地（destination）

大会（conference）　　　　　　　　目的地管理公司（DMC）

展览会（exhibition）　　　　　　　国际会议专业人士协会（MPI）

博览会（exposition）　　　　　　　会议（meeting）

国际目的地市场营销协会（DMAI）　销售点（outlet）

会展产业（MEEC）　　　　　　　　销售和市场营销（sales and marketing）

□复习及问题讨论

1. 会议是什么？

2. 描述历史中一些可称作"会议"的活动。

3. 描述一些当前会展业相关的工作。

4. 哪些人可能是与会人员？

5. 举办或参加一次会议能有什么样的收获？

6. 决定会议成功与否的五个关键工作（与酒店、旅游景点、会议中心相关的）是什么？

7. 简述 CIC。

8. 什么是年会，有何影响？

9. 会议对美国经济的影响是什么？

10. 电子会议有怎样的未来趋势？

□本章作者简介

琼·艾森斯度特（Joan L. Eisenstodt），位于华盛顿特区的艾森斯度特有限公司（成立于 1981 年）董事长，拥有三十年的会展业从业经验。她还是国际线上会议的主持人，在会展行业颇具影响力，曾入选"会展业最具影响力的 25 大人物"及"10 名改变会展业的女性"之一，是会展行业的领袖。琼是金字塔奖国际协会会议中心会员，获得终身会展业教育者称号，同时也是国际会展业协会负责人。

第 2 章

学习目标

- 举行展会活动的主要组织类型
- 不同组织举办的会议类型
- 策划不同类型展会活动所需的时间
- 不同营销策略的区别
- 为独立策划人提供帮助的协会组织

▷ 引　言

本章着重了解组织和赞助不同展会活动的机构。此类机构举办展会活动的目的是满足展会需求者的独特需求。无论是非营利协会、企业、政府组织，抑或组织展会活动的私营公司，其目标都是通过开展展会活动来纪念某个活动。本章的目的是引导读者明确展会活动组织者及资助机构的类型、展会活动的类型、策划展会活动所需时间、参与者是谁以及如何保证参与者数量。本章明确了在组织展会活动筹划中扮演重要角色的个人以及为活动策划和发展提供帮助的专业协会组织。

▷ 展会活动的组织者

组织和赞助展会活动的三类重要机构是：（1）企业；（2）协会；（3）政府。

企业

事实上，所有的企业都希望能够策划并开展展会活动。上市公司有每年召开股东大会的需求，企业有召开新闻发布会或剪彩仪式的需求，以及对重要人员进行公司政策和程序方面的培训以提高工作效率的需求；此外，还有把客户聚集在一起交换意见或推广新产品和服务的需求；企业为了提高沟通效率、制定长期商业计划需要召开高管换届大会；为了表彰员工（晋升或退休）、庆祝节日、鼓舞士气会定期举办活动；公司在重要赛事（如超级碗）中提供 VIP 区回馈客户等。

定义　企业有多种类型，本章提及的**企业**（corporation）是指以获取利益为目的而开展业务的合法企业，如公开募股的上市企业（该类型企业由股东（或业主）选出董事会代表其监督管理企业）。私人企业与上市公司性质类似，但其不可在公开市场上出售股票。

企业会议的数量和价值　在决定召开会议前，企业会定下预算、地点及与会人员。企业负担所有与会议相关的费用，预算的控制也十分有必要。通常，工作人员必须出席，企业会提前六个月准备会议。

决策者　企业中决定是否召开会议的决策者是企业资产的主要负责人。例如，销售和营销部门的主管和高级经理会召开会议，向区域销售经理传达产品线的信息或销售战略，或是与高级财务总监讨论下年预算。

公司会议活动的类型——宗旨和目标　公司的许多需求都可以通过举办会议活动来满足。展会活动包括但不限于以下类型：

● 股东大会：股东应邀参加公司的年度股东大会。与会者针对公司状况提交报告并有机会对重大活动进行表决。多数股东虽然不参加此次会议，但是通过签署股东委托书，确定如何行使股权，从而参与公司管理。尽管在股东所在地召开股东大会似乎更合适，但通常在公司总部所在地举办股东大会。

● 董事会会议：董事会负责管理公司，每年在公司总部所在地召开多次会议，食宿以及相关活动地点安排在当地酒店。

● 管理会议：公司召开管理会议原因不一。公司的主要部门制定计划、评估绩效或改进工作流程时，需参考决策者和重要工作人员的意见。会议的召开可能是计划之内的，也可能因特殊事项临时组织。

● 培训大会：公司处在变革的环境中，培训会的举行是必要的，因为可借此向管理人员及核心员工传达紧跟潮流、先进的工作方法或操作新系统、新设备的技巧。此外，公司可通过培训大会向新的管理人员介绍企业工序流程和文化。有些会议是定期举行的，有些会议则是因为特殊情况而临时决定举行的。

● 奖励旅游：许多企业通过制定特定的标准，以提供**奖励旅游**（incentive trips）的方式来奖励卓越贡献者。奖励旅游面向企业员工、经销商或客户，通常旅行目的地景色迷人。现如今，一种趋势是为参与者安排多种活动，进而为企业提供额外的价值。公司借此机会汇集顶尖员工和公司领导，以创建更为和谐的组织。

● 销售培训和新产品发布：展会活动的举办是为了提升销售人员、分销商、零售商的业绩，发布新产品和新服务，扩大分销网络和增加消费者数量。这些活动是为提升核心员工素质和激励员工而设计的。

● 职业和技能培训：此类会议的召开是帮助管理人员及员工进行定位，进而提高其服务意识与能力。例如，公司可能会因为税收法律和公司政策的变化而召开相关部门及区域主管参加的会议。

与会者　大多数企业会议或展会活动的参与人员是与本公司有密切业务关系的企业员工。在美国，每年举办的展会活动近 110 万次，参与人员达 8 400 万人次，每年的直接支出总额超过 300 亿美元，每一场企业活动的平均支出达 55 万美元。[①]

为保障出席人数对营销的需要　企业召开会议的目标应该是精心设计的。对大多数与会者而言，出席这些会议是必需的。因此，向与会者发送邀请函或通知是营销推广活动之一。会议虽然是强制性的，但是并不缺乏丰富性，会议会让与会者及组织者感到愉悦。

部门和/或个人负责的组织和策划　企业策划人员是一个真正的混合群体。大多数策划企业会议的人员都有策划会议之外的责任。根据 *Meeting & Conventions* 杂志 2008 年的会议市场报告，2008 年的企业会议策划者耗费 53% 的时间策划会议。约 30% 的会议策划人有会议策划/会议管理头衔，其余多数人的工作头衔并没有明确地定义出会议策划责任（行政或管理占 24%；总监或管理占 17%；销售和营销占 11%；其他占 18%）。

正因为头衔并未明确指出其在"会议"中的责任，因此大多数会议策划人不在会议策划部工作也就毫不奇怪了。他们往往在召开会议的部门（销售部、市场营销部、财务部）工作，并在上司的要求下承担会议策划内容。在获得专业认证的会议策划者中，19% 是注册会议专业人员（CMP），4% 是注册会议经理（CMM）。Masterplan 是一家为几家大型公司提供会议策划服务的公司，该公司的玛丽·乔·布莱斯指出："大多数大型公司有内部的会议策划部门。不过，它们更多是委托外面的会议策划公司策划特定的方案。"

企业会议策划人员加入的专业协会　许多企业会议策划人加入专业协会，以协会促进其职业发展。根据 2008 年的会议市场报告，人们最常加入的协会包括 MPI（28%，http://www.mpiweb.org）；奖励旅游执行协会（5%，http://www.siteglobal.org）；政府会议专业人员协会（3%，http://www.sgmp.org）；保险和金融服务会议策划协会（3%，http://www.icpanet.com）。大约 60% 的企业会议策划人表示他们没有加入任何会议行业协会。

以下是一些关于公司会议的网站资源链接。

---

① 2008 Meetings Market Report produced by *Meetings & Conventions* Magazine，August 2008.

- http：//www. meetingsnet. com/corporatemeetingsincentives/
- http：//office. microsoft. com/en-us/products/FX011595271033. aspx
- http：//www. businessballs. com/meetings. htm
- http：//www. pointsebago. com/groups/groupscorpmeetings. html
- http：//www. exhibitoronline. com/exhibitorshow/ExhibitorLearningEvents. asp

---

公司会议策划

玛丽·乔·布莱斯（CMP，Masterplan 公司总裁）

公司会议的范围从小型 VIP 董事会会议到大型的销售会议、客户奖励会以及基层员工培训会。它们有一个共同点，即这些会议的费用都是由公司支付。资金来自一个部门或独立的预算，从而在会议上就出现了贵宾（VIP）和主办方的名字。贵宾通常希望受到特别待遇，而会议策划人员的工作就是确保贵宾能够得到很好的照顾。

策划人员也必须了解企业文化，并且确保在会议上能够将企业文化充分展现出来，从酒店选择到机场接送、菜式选择及社交活动等都可展示公司文化。高调的公司会议较为奢华，而低调的公司会议较为朴实。会议策划人员负责最终的掌控。

举办会议的目标通常包括激励、打造团队精神、头脑风暴以及展望目标。会议上通常强调社交活动。尽管在非正式会议场合闲聊被视为娱乐，但它往往会影响公司未来的决策。策划社交活动应从公司战略出发，确保安排合适的人一起吃饭或是打高尔夫球。

企业会议有企业自身特色，与企业类别一样变化多样。要特别关注贵宾、融入企业文化、了解会议目标，这样才能使企业会议有一个成功的开端。

协会

协会（association）指的是因专业、行业、教育、科学、社会原因等共同目的联合起来的组织。召开例如像**年会**（conventions）、专题会议、世界代表大会、专题讲座和研讨会这样的会议将惠及协会成员；召开其他的会议如董事会会议、委员会会议和领导发展研讨会则是为了协会的更好发展。许多协会会议有附属的展览，展出与会者感兴趣的产品或服务。这些会议除了为协会成员创造潜在价值和增加协会的知名度之外，也会成为协会重要的收入来源。*PCMA Convene* 杂志的第 18 次年度会议市场调研（2009 年 3 月）中写道，协会收入的 32% 来自于年会、展览和其他会议。

协会会议的数量和价值　协会会议和企业会议之间的主要区别在于，参加协会会议是自愿的，而不是强制性的。另一个区别是，与会者都自己担负注册、交通、住宿及相关费用。特殊情况下，雇主可能会为员工出席与其工作相关的专业协会活动提供资金。

协会会议，尤其是大型协会会议，与会者从几百名到数万名不等。较小的城市和场地根本无法举办这些大型会议。对能够举行大型会议的会场需求的不断增加，加剧了会议目的地之间的竞争。

为了缓解竞争压力，大型协会在召开会议前的五至十年甚至是十多年前就进行预约，以确保有举办会议的场地。与大型协会会议不同，小型协会会议在地点上有更加广泛的选择，即只需要选择可以容纳较少数量与会者的会议场所就可以。因此小型协会在住宿和设施的安排上时间耗费较少。

Meetings & Conventions 杂志 2008 年会议市场报告中列举的 2007 年举办会议最多的城市前十位分别是：

1. 芝加哥
2. 拉斯韦加斯
3. 奥兰多
4. 亚特兰大
5. 旧金山/奥克兰
6. 华盛顿特区
7. 圣迭戈
8. 达拉斯/沃思堡
9. 迈阿密
10. 凤凰城/斯科茨代尔 & 波士顿

决策人　协会会议的决策过程相当复杂，要经历几个不同的阶段。一旦决定举行会议（通常由董事会或协会的章程规定），就需要选定会址。一些组织通过轮流举办的形式决定会址，从而在会员间均等主办机会，分摊责任。根据协会会议策划人员或合约中会议管理供应商出具的现场调查报告，由董事会决定主办会议的具体城市。

一旦选择范围被缩小到一个特定的城市，通过实地视察和考察，会议策划人员将确定场地（例如，酒店或会议中心），场地将会同时满足举办日期要求和其他会议需要。通常情况下，会议策划人员向协会董事会提案，若获得批准，将会洽谈资金和会议细节，之后场地的管理者和协会的高管（通常是会议策划人员的领导）签署合同。

协会的类型

地方协会：大多数成员都位于协会所在城市。

州协会：大多数成员都位于协会所在州。

区域协会：大多数成员都位于协会所在的地区（例如，新英格兰）。

国家协会：大多数成员都位于协会所在的国家。

国际协会：会员来自于不同的国家。

专业协会：会员来自于同一行业。

非营利性协会：协会由国税局授予特殊的免税地位。虽然它们没有利润驱动，但为了保证协会有效运行，收入也必须超过支出。由于所有的收入都用于维持协会的发展，多余的资金（类似于企业的利润）可以留在该组织。

社会团体、军事机构、教育部门、宗教团体、兄弟会（SMERF）：参加这些协会的会员费用自理，因此这一类协会往往对金钱非常敏感。

协会会议及活动的类型——按照其宗旨和目标划分

会员大会：会员大会是由有着共同目的的人组成的会议。根据协会会员大会的类型，它可以吸引来自州、地区、国家或国际市场的与会者。许多协会还附带举办一场展览（或贸易展览会），展览可能是协会的主要收入来源。参展商之所以参加，是因为这些活动为他们提供了向潜在买家销售产品的机会。

董事会会议：协会董事会成员通常一年会晤多次，集体交流及探讨协会的发展方向。这种会议通常是协会举行的最小规模的会议。

委员会会议：许多协会委员会将举行较小的会议来讨论与宗旨相关的事务，例如协会与政府的关系，与此类事务相关的委员会包括大会主办委员会（convention host）、国家会议计划委员会（national conference program committee）和出版委员会（publications committee）。

区域会议：区域组织通常每年举办一个或多个活动，以使同一地理区域的成员聚集在一起。

培训会议：协会经常通过特定主题的会议协助成员提高专业技能和增长知识。许多职业需要继续教育（例如，不同医学专业的医学继续教育）。一些协会提供培训会议以培训地方或者国家官员的领导能力。

教育研讨会：有专家出席的协会会议，并让与会者分享他们的意见和经历。

协会会议策划

苏珊·瑞巴特（CMP，人力资源专业协会会议学院主管）

协会通过会议、研讨会、讲习班为会员提供专业发展机会。这些活动可以结合数小时的有组织的教育部分和持续数天的非正式社交活动（如酒会、高尔夫球赛和晚餐）进行。这些活动鼓励团队合作，允许成员在轻松的社交环境下交流信息。

协会鼓励其成员参与，以便每位会员都能够为会议的策划献计献策。会议策划人员从最初的策划阶段到最终的活动成型都在和委员会合作。委员会成员可以建议活动主题和推选发言人，其他会员也可推荐有吸引力的、令人信服的活动主题和发言人。委员会成员可能会建议当地的社会活动场所、旅游景点、娱乐设施和高尔夫球场。志愿者会研究当地可供选择的场所并整理分析各个酒店的优缺点。在会议策划人员的监督下，志愿者在活动期间执行不同的任务，如在注册登记时分发徽章、监控娱乐活动、举办社交活动，志愿者为协会节省雇用临时人员的费用。而会员的帮助增加了其附加值并且也构成会议策划的一部分，有助于确保活动的吸引力和成功。

活动是协会的收入来源之一。加入的会员越多，收入越多，协会就越有利可图。然而，因为会员必须支付注册费用，自理旅游和住宿费用，所以协会将举办各类活动，让成员认为物有所值。会议策划人员开发营销战略以增加获利，吸引会员并营造更好的前景。营销计划可能包括主题、演讲嘉宾、活动、有吸引力的地点和令人兴奋的社会娱乐活动。这些信息或公布在协会的网站上，或在简报上重点强调，并通过传真和电子邮件加以宣传。额外的营销重点包括促进活动的各个方面，还包括针对目标群体（如过去的与会者）的营销。

协会会议的策划人员与协会的委员会一起工作，开发有价值的项目，然后设计有效的营销计划来最大限度地增加参与者，这样能使会员和协会共同受益。

与会者 与会者出席协会会议是自愿的，会议必须提供吸引人的项目以吸引成员参与活动。在美国，每年举办 227 000 场协会会议和活动，共计 3 750 万人参加，总共花费 380 亿美元。一场协会活动平均年支出仅为 30 万美元，和两年前的 46.5 万美元相比，有所下降。[①] 有人乐观地认为，在不久的将来，活动支出将回到之前更高的水平上来。

为保障出席人数对营销的需要 协会会议的营销对会议的成功召开至关重要。所有好的协会营销工作应该首先了解成员对象及其需要。这一关注点应纳入所有会议的发展当中。

如果本次会议为成员提供了真正的机会以满足他们的需求，市场营销的宣传工作就变得不那么紧张。由于主要的与会者是该协会的成员，会议的关键宣传要素包括提供即将举行会议的日期和地点通知、内容、发言人和特殊活动的信息。之后，将提供详细的注册信息和初步的计划。

传统上，成员们通过直邮、通知或协会简报上的广告和杂志彼此相互交流这些信息。出于技术和成本的考虑，许多协会已经通过电子媒体与成员进行沟通。使用广播、传真和电子邮件沟通的协会越来越多，这使得人们通过访问协会网站来寻求细节。

为了扩大与会者数量，许多协会向那些同样对会议宗旨感兴趣的非会员发送宣传资料和通知。由于非会员的费用通常高于会员，如果成功的话，协会经过努力可能会吸引新成员入会。

部门和/或个人负责组织和策划 根据 *Meetings & Conventions* 杂志 2008 年会议市场报告显示，约有 30% 的协会策划人员的工作头衔中含有"策划人"、"协调

---

① 2008 Meetings Market Report，*Meeting & Conventions* Magazine，August 2008.

员"、"经理"或是"活动、大会、会议主管"的字样；有 20％的策划人员的头衔为总裁、执行董事或执行副总裁；还有 14％是工程或项目董事、协调人员或是经理；8％是行政助理。其他头衔包括教育部主任（3％）、市场总监（3％），以及会员服务经理（2％）。

受访者平均花费 60％的工作时间进行策划。一些较小的协会通常会把一些或全部的会议交给独立的会议策划人和协会管理公司进行策划和管理。

在 2009 年的会议市场报告中，26％的受访者具有行业认证（16％为 CMP，5％为认证协会管理人员，2％为 CMM）。

协会会议策划人员加入的专业协会　加入专业协会的协会会议策划人员人数超过他们的企业同行。这些协会包括美国经营者协会，协会领导中心（http：//www.asaecenter.org/），国际会议专业人员协会（http：//www.mpiweb.org），专业会议管理协会（http：//www.pcma.org），政府会议策划师协会（http：//www.pcma.org）和宗教会议管理协会（http：//www.rcmaweb.org）。也有许多会议策划人员的地方组织为其提供支持和专业发展机会。

以下是关于协会会议的网站链接：

- http：//www.pcma2010.org
- http：//www.mpine.org/
- http：//show.restaurant.org/

你可以在上述网站找到协会会议的举办程序模板。

政府

各级政府机构需要持续与许多组成机构交流和互动，所以它们需要持续召开会议。例如，由世界领导人、大量的政策支持者或反对者、小范围的地方官员出席的法律修正案会议。政府会议受到许多规则的制约。联邦政府和许多州政府设立**每日津贴标准**（per diem rate）以限制食宿支出。根据《美国残障法案》（ADA），召开联邦会议的场所设施必须能够接待残障与会者。该场所必须有消防安全认证。

由于每日津贴清单使用非常广泛，建议需要了解联邦内每日津贴情况的人员访问联邦总务管理局网站：http：//www.gsa.gov/。

决策人　政府机构的管理人员通常需要决定会议是否举行，并通过部门预算或寻找赞助。像机构预算一样，会议非常依赖立法机构提供的资金。因此，随着机构中政治利益的增加或减少，预算也将随之增加或减少，也同时影响着政府赞助会议的能力。

政府会议的类型及其宗旨和目标　许多政府会议的目的是培训政府工作人员。在联邦政府，许多会议会在国内几个地区重复召开以尽量减少分支机构雇员的差旅费用。

政府其他会议的参会人员可能包括政府机构雇员和对会议主题感兴趣的一般公

众。这样的会议会讨论例如像处方药提案或未来的社会保障资金等公众关注的主题。

与会者　通常政府会议对于政府官员而言是强制参加的，而一般公众的出席则出于自愿。

安保　展会行业没有一个部门的安保措施比政府更加完善。许多政府会议的与会者都是备受瞩目的领导人，他们通常同国土安全部进行合作。PCMA 曾召开过题为"门到门的安保"的论坛，在论坛上提出以下建议以确保安全[①]：

- 计划与准备
- 细化大会召开前的小型会议以强调安保问题
- 确保各方协调顺畅
- 建立一支安保队伍，确定其决策人
- 对与会者进行安保教育
- 要主动出击而非被动应对
- 保持对活动的关注和警觉

为保障出席人数对营销的需要　政府会议具有典型的企业和协会会议两方面的特点。只要提供全面的通知，政府人员便可以调整自己的日程安排以便出席。政府人员是必须出席会议的，吸引自愿参加的与会者可能需要额外的推广。

部门和/或个人负责的组织和策划　政府会议策划人员与他们的企业同行相似，因为他们遍布整个政府机构。虽然有些政府会议策划人员把所有的工作时间都花在策划会议上，但也有一些人把策划会议作为他们额外的职责之一。

许多政府机构聘请会议管理公司或独立的会议策划人把控超出政府内部能力举办的会议。在华盛顿特区就有几家专门管理政府会议的会议策划公司。

政府会议策划人员加入的专业协会　为政府或独立的会议管理公司工作的会议策划人员很可能会加入协会以利于他们的专业发展。这些协会包括政府会议策划师协会（http://www.sgmp.org）及其当地或区域的分会，专业会议管理协会（http://www.pcma.org），国际专业会议协会（http://www.mpiweb.org）。那些负责组织展会的策划人员有可能加入国际展览管理协会（http://www.iaem.org）。

以下是关于政府会议的网站链接：

- http://en.wikipedia.org/wiki/2008_Republican_National_Convention
- http://en.wikipedia.org/wiki/2008_Democratic_National_Convention
- http://www.expo.gsa.gov/
- http://www.fbcinc.com/event.aspx?eventid=Q6UJ9A00LT7G

---

① Sara Torrence. (2004). "Security Door to Door." *Convene*: 22.

政府会议是独一无二的

萨拉·托伦斯（萨拉·托伦斯协会主席）

马里兰州盖瑟斯堡

（在最近退休之前，萨拉策划了联邦政府的特别会议。）

政府会议是独一无二的。与其他类型的会议不同，政府会议受政府法规和执行政策的约束，其他类型的会议则不受这些限制。

首先要考虑的是住宿。为了节约政府开支，总务管理局（GSA）的政策规定每位在美国本土任何地方出差的工作人员按照每日津贴规定安排食宿标准和杂费。在大多数城市，这些津贴低于会议的收费。和临时入住的旅行者相比，会议会占用酒店较多的房间。为了缓解这一问题，总务管理局允许政府将会议组织者每日津贴中的住宿津贴提高 25%。同时，总务管理局的联邦优先住宿计划为政府出差员工提供政府津贴保证下的旅客房间——那些出差的联邦员工需要居住的酒店（那些和政府有合同关系进入美国旅游市场前 70 的酒店）。此外，会议只可能在符合 1990 年颁布的《酒店旅馆安全消防法案》的酒店中举行。政府关于出差的规定可以查询网站：http：// www. policyworks. gov。

联邦政府采购政策同样使得政府会议与其他类型的会议有所不同。会议供应和服务的投标必须从至少三个供应商中选择报价最低的。此外，政府会议策划人通常不是调拨联邦资金的人。所有采购必须通过联邦采购官员的批准和签字。在某些情况下，会议策划人员接受了机构对其采购实践的培训，所以他们能够调拨有限的金额（例如 2 500 美元、10 000 美元，或 25 000 美元）。但私人会议的供应商应该注意谁来负责提交资金和签订合同。

政府并不认为酒店合约是"官方文件"。酒店的合同以附录文件的形式提交给采购官员，但在所有情况下，不同于私营部门，政府的合同在当时是权威。这适用于所有会议服务的采购。一定要在提供服务之前获批资金，而不是在服务后。此外，如果政府休假、设施关闭或因政府原因不适宜举办会议，政府必须能够在没有违约金的情况下取消合同。政府不能为未享受到的服务支付资金。而且，政府不能保护或指派非政府员工执行公务。

政府会议的其他特点包括：

● 在策划政府会议时，往往只有短暂的运作时间。虽然协会花费多年的时间来策划会议，但大多数政府会议的策划时间只有几个月甚至几周。这种事情真实地发生在大型多方会议以及小型会议上。

● 政府会议不适合用固定的模式。政府会议可能是高级别政要参加的国际会议或下设 8~12 名研究员参与的小型科学会议。有些会议只举行一次，因此没有历史经验。

● 政府会议通常需要开阔的会议空间，而客房预订很有限。这可能是因为只有一小部分的与会者来自外地。

● 不同的机构会议政策有所不同。一些机构以注册费来支付各项费用；一些机构不允许报销午餐费用，与会者往往需要自行在现场交费。此外，由于总务管理局允许每个机构对其认为合适的住宿津贴实施"最高达 25%"的补贴，不同的政府机构住宿补贴不同。

● 政府会议经常召集军警部门和非国防部机构的代表。通常，这些群体共享其设计的软件应用程序，例如，加密消息和全球目录系统，该系统只列出"必要"的信息。通常，此类会议会进行分级，需在政府大楼设置训练有素的人员负责安保，以保证会议期间公共环境的安全。

政府部门的会议远比大多数通常由非专职会议策划人员（他们可能是预算分析员、公共事务官员、科学家、秘书或行政人员）策划的私营部门会议烦琐。由于政府会议向酒店支付的费用较少，所以酒店会安排初级服务人员为其服务。

所有的政府会议组织者都将受到约束，即禁止他们接受供应商提供的任何价值超过20美元的礼品。与政府合作的供应商应该意识到这一点，而不应将策划人员放在一个尴尬的位置上。

庆幸的是，政府会议专业人士协会（SGMP）专门为政府策划人员和供应商提供教育和资源。

▷ 帮助组织展会活动的机构

许多机构都会协助企业、协会和政府组织展会活动并发挥关键性作用，其中包括展会管理公司和会议管理公司。

展会管理公司

一些公司运营和管理展销会和博览会，并通过开发和举办展会而获利，它们还为提供资助的企业、协会或政府客户策划展会活动。而展销会和博览会都是供潜在购买者展示产品和服务的活动。**展销会**（trade show）一般不向公众开放，而**博览会**（exposition）通常会向公众开放。经营这些展会的公司是营利性企业。根据展览会的目的，这些公司已经发现了能够创造经济利益的领域，既包括一般大众领域（例如汽车、船、家居或园艺展），也涉及特定的行业领域（例如高科技通信网络）。展会为买卖双方提供了面对面交流的机会。一些协会聘请**展会管理公司**（exhibition management company）来管理整个或部分展会，协会为服务支付酬金。

励展博览集团（http：//www.reedexpo.com）和 GLM 管理公司（http：//www.glmshows.com）是最大的展会管理公司。励展博览集团在 37 个国家组织了超过 470 场活动，而 GLM 管理公司营销并举办了 17 场展览。他们的展会服务遍布美国国内和全球各行各业，包括航空航天、艺术和娱乐、电子、安保、体育和健康以及旅行。其他展会管理公司包括国际珠宝首饰公司（International Gem and Jewelry Inc.）、天鹅座博览公司（Cygnus Expositions）、国家活动管理公司（National Event Management InC.）和 SmithBucklin 集团。

决策人　公司所有者和高级管理人员决定在何地、何时以及多久举办一次展览，这个决定是由利润驱动的——举办太多场展览可能会导致展览市场同类相食，而举办太少展览则为竞争对手提供了进入市场的机会。

展览的类型——宗旨和目标

（1）展销会。展示的产品和服务不向公众开放。展销会可能是某个大会的一部分，也可单独召开。

（2）消费展。展示的产品和服务向公众开放，通常收取入场费。

与会者　展会的性质不同，与会者区别甚大。对于展销会来说，市场是由贸易或行业定义的。而对于**公开展**（public show）来说，与会者基本上是根据兴趣和距离展览现场的远近决定的。

为保障出席人数对营销的需要　展会管理公司需要对两种不同但密切相关的大众群体进行营销。第一个群体是潜在买家，参展商需要让产品和服务接触到潜在买家；另一个群体则是需要或想要了解、交流并购买参展商展示的产品或服务的贸易专员或一般大众。

展会管理公司需要告知展销会的日期和地点。直邮和电子邮件可能是一个已经成型的展览会所需要的主要推广媒介。展会要想吸引大众就需要广泛的媒体广告（报纸、广播和电视）以便在区域内进行细节沟通，同时分发折扣券这样的促销手段也是很常见的。在高流通量的展会上运用营销手段以满足参展商的需要是十分必要的。

展会管理公司是真正的营销公司，因为它一直在营造令人满意的交流环境。它们的重点是销售展示空间以及保障买家的出席。

部门和/或个人负责的组织和策划　在这种情况下，整个展会管理公司致力于展览会的组织和策划。

支持展会管理行业的专业协会　支持展会管理行业的协会包括负责生产方面业务的国际展览与项目协会（http://www.iaee.com），以及负责展览和活动营销人员的展览和活动专业人员协会（http://www.tsea.org）。其他相关协会还包括展览设计师和生产商协会（http://www.edpa.com），展会服务承包商协会（http://www.esca.org）和医疗保健会议展览协会（http://www.hcea.org）。

协会管理公司

正如名称所示，这种类型的公司需要和一个协会订立合约，并根据其需要负责全部或部分管理职责。协会管理公司任命的人员是协会的主要联系人，负责与董事会及成员的交流以完成该协会的任务。如果该协会规模较小且资金来源有限，联系人可能会为两家或更多的协会服务。因为它们管理多家协会，协会管理公司曾被认为是多元化经营企业。它们根据需要改变自己的服务策略。

协会管理公司的其他员工支持主要联系人的工作以及提供合同提及的服务（如会员服务、资金、出版、政府关系以及会议管理服务）。有了这种安排，协会办公室通常设在协会管理公司内部。该类型的公司包括伊利诺伊州芝加哥市的 Smith-Bucklin 公司和弗吉尼亚州的麦克莱恩协会管理集团。

会议管理公司

和协会管理公司一样，这类公司依合同行事，但其提供的服务限制在精选或全面的会议管理服务内。它们可以管理会议的各个方面，或集中在现场调研、酒店谈判、展览销售、现场管理、管理登记和住房方面或与此相关的事务上。会议可以在协会所在地举行，或者根据会议的职能设在其他地方。该类型的会议管理公司包括加利福尼亚州洛杉矶的 ConferenceDirect 公司；弗吉尼亚州的麦克莱恩协会管理集团和俄亥俄州特温斯堡的 Conferon 公司。

独立的会议经理

经验丰富的专业人士经常运用他们的专业知识和人脉建立为一个或多个协会管理全部会议或部分会议的业务。有时可能需要一个独立的会议经理来运营一场高尔夫球比赛（高尔夫球比赛通常是展会活动必不可少的一部分）或进行现场管理。在某些情况下，也需要独立的会议经理处理会议部门的危机。如果会议前不久会议部门发生了人事变动，则可能需要聘请一位能力斐然的专业人士帮助举办会议。

活动管理公司

在会议产业的背景下，这些公司通常在较为大型的集会中管理特定的一方面。它们可能受雇进行策划、编写脚本并监控颁奖典礼或闭幕晚会的各个方面。根据它们的市场和定位，有些公司可以管理本地活动（包括大楼或商务活动的盛大开幕）、安排流程以及策划婚礼和其他聚会。

专业会议组织者

除美国之外，"专业会议组织者（PCO）"是指会议管理公司或会议策划人。根据 CIC 的行规交流委员会术语表，PCO 指本地供应商，能够安排、管理或策划活动或为会议提供服务。

北美地区的主办单位筹办国际性活动时，往往会聘用主办地区的 PCO 以协助物流等工作。有些国家或地区规定，在举办会议时，国外的主办单位必须与当地公司签订合同。

独立策划人可能加入的专业协会

和个人紧密相关的公司类型决定了个人有可能加入的协会类型，加入协会能促进个人专业发展。他们之中的许多人将会加入专业会议管理协会（http：//www. pcma. org）、国际专业人员协会（http：//www. mpiweb. org）、国际特别活动协会（http：//www. ises. com）、全国餐饮业管理人员协会（http：//www. nace. net）、美国租赁协会（http：//www. ararental. org）或婚礼顾问协会（http：//www. bridalassn. com）。

其他组织

还有许多能够举办或赞助展会活动的机构。例如：
- 政治组织
    - 共和党或民主党
    - 地方政治组织
- 工会
    - 卡车司机工会
    - 服务雇员国际工会（SEIU）
    - 管道安装工工会
- 共济会
    - 吉瓦尼斯俱乐部（美国工商业人士的一个俱乐部）
    - 慈善互助会
    - 大学兄弟会和姐妹会
- 军事集团
- 教育团体
    - 大学
    - 营利性教育团体
    - 特殊利益集团
    - 高中

▷ 未来走向

2010 年世界处于全球经济衰退期。因此，新兴模式能否临时应对紧缩预算或将来的变化都是不确定的。除了预算的原因，会议也正在受到新兴技术以及不断变化的业务需求的影响。未来一些变化模式如下：
- 会议时间缩短：一些资助组织已经缩短了一天或半天的会议时间以便减少与

会者的食宿花费。

● 年会频率降低：一些协会正在考虑每隔一年举行一次大会并着重于区域性的集会，以便与会者可以驾车参会，实现降低成本的目的。

● 为会员创造更多价值：一些协会为不在现场的人员播放主讲人的演讲视频，为其创造更多价值。

● 提高会议的互动性：引入社会化媒体以便鼓励与会者更多地参与到会议中来。

● 合并资助组织：负责可兼并的任务，有时拥有共同的成员和支持者也是将其混合为一个组织的优势。

● 网络会议：现如今，通过互联网可以召开各种规模的会议，与会者不必通过乘坐飞机和入住酒店来参与会议。这种类型的会议往往目的有限，是传统面对面会议的有效补充。

● 虚拟展销会：通过虚拟展览，越来越多的潜在买家能够查看其所在领域内的创新。虚拟展览是现实展览的有效补充，与会者和非与会者可以通过网络查看展品以及与展会工作人员进行沟通。

● 外包：一些组织的规模已经缩小，甚至为了节省成本取消了会议策划部门，然后将任务转移给独立的会议策划人或会议管理公司（非长期承诺的组织和资助机构）。

● 关注投资回报率：无论是企业或协会，许多组织越来越关注会议和展会的投资回报率（ROI）。它们看重成本和收益，并以减少成本和增加收益为目标。因此，会后评估会变得越来越重要。

□ 小　结

举办会议的组织类型多样，与会者也是多种多样的。大多数美国人一生中至少参加一次会议。对大多数人来说，参加会议、大会、展览或其他活动将是常态。参加的会议类型反映了与会者的个人和专业兴趣。

尽管与展会活动相关的职位客观地存在于各个角落，但人们在寻求工作机会的过程中不得不使用定位技术来确定展会公司的位置。大多数职位都可以在组织总部的所在地找到。美国首都华盛顿特区被称为世界的"会议之都"，有数千个协会坐落于此。许多国家和国际组织的总部都设在华盛顿附近，如美国联邦政府。国家首都不仅是国家政府机构所在地，也是许多国家和地区协会总部所在地。

虽然很多公司可能位于较小的城市和城镇，但大公司往往位于大城市，因而通常在公司总部策划会议。

组织展会活动的就业机会分布在大城市和小城镇。组织者将会选择方便与会者到达的地方（机场或州际公路周边）作为会址。

随着婴儿潮一代逐渐接近退休年龄，预计在未来几年里，展会活动相关就业机会会越来越多。

□关键词

协会（association）

年会（convention）

公司（company）

社会团体、军事机构、教育部门、
宗教团体、兄弟会（SMERF）

奖励旅游（incentive trip）

展会管理（exhibition management）

非营利组织（not-for-profits and nonprofit）

每日津贴标准（per diem rate）

展销会（trade show）

博览会（exposition）

公开展（public show）

□复习及问题讨论

1. 确定举办会议次数最多的主办机构类型和产生最大经济效益的机构类型。

2. 为确保会议的成功举办，哪种或哪些主办机构的营销挑战最大？

3. 为了向展会活动主办机构提供更高的价值，奖励旅游发生了哪些变化？

4. 非营利机构和营利机构有何区别？

5. SMERF 包括哪几类组织？共同点有哪些？

6. 政府采购人员如何查看酒店供应商的合同？

7. 区分展销会和博览会。

8. 协会管理公司将会给小型协会的管理和运营带来怎样的效率？

□本章作者简介

霍华德·E. 瑞巴特（Howard E. Reichbart），弗吉尼亚州北弗吉尼亚社区大学酒店管理和会议管理系副教授。当年轻的瑞巴特教授在家庭旅店工作时，便对酒店和会议产业产生了兴趣。这些兴趣促使他获得了新罕布什尔大学的酒店管理学位。之后，他在华盛顿特区以及康涅狄格州哈特福德的索尼斯塔国际酒店集团（Sonesta International Hotels）从事酒店管理工作。他曾在佐治亚州亚特兰大的美国陆军麦克弗森堡俱乐部担任官员。瑞巴特教授在北弗吉尼亚社区大学做了 40 年教员，其中作为项目负责人近 20 年，其间他开发了美国第一个展会项目学位课程。他还曾经在内华达大学拉斯韦加斯校区、马里兰大学和乔治华盛顿大学任教。

第3章

学习目标

- DMO 的角色和功能
- DMO 的发展历史
- DMO 的组织和建立过程
- DMO 与会议营销和销售相关的活动
- DMO 提供给会议专业人士的服务
- DMAI 为 DMO 成员和会议专业人士提供的服务

▷ 引　言

"如果目的地仅仅是一处地方、地图上的一个点、马路上的一个歇脚点或者是路途中的一处小站，那么这个目的地就无关紧要了，关于目的地的指南也同样失去了意义。"

目的地很重要。一个地方之所以被称为目的地是因为人们想去那里参观。很多情况下，人们费心费力地想要到达某地，是因为那里深深吸引着人们。有时对于一些人来说，去到某个地方是其终生的梦想。

人们坐船、开车、乘飞机、搭火车，奔赴某个目的地。为什么呢？与古语相反，人们在乎的不是旅途的过程，而是终点。旅行的原因因人而异，不管出于公务还是休闲度假的目的，人们想要到达某个地方都是出于对美妙旅程的期待。

期待当地美食和充实自身经历促使游客来到目的地。这就是目的地的吸引力，而只有 DMO 能够为游客提供真正触及目的地精髓的旅行。[1]

▷ 目的地营销组织的角色和功能

目的地营销组织是什么?

目的地营销组织（DMO）通常也称为会议促进局（CVB），是一个非营利机构，代表特定的目的地，通过旅行和旅游策略拉动社区的长期发展。各城市、县或地区的 DMO 具有三大主要责任：一是鼓励各类组织机构在本城市及其代表区域举行会议、大会和贸易展会；二是帮助这些组织准备和开展会议；三是刺激旅游，促使游客参观旅游目的地的历史文化遗址和享受休闲娱乐活动。

DMO 自身不组织会议、活动和大会，但是它帮助策划人员和游客了解目的地及旅游景点，以期能够充分利用目的地所提供的服务和设施。DMO 起源于 1895年，当时一群底特律商人在路旁安排一名公司销售员邀请路人到他们的城市参加大会。此后他的职责范围不断扩大，而他所在的公司则称为会议局。如今 DMO 在全球范围内运营。

起初，DMO 的主要功能是销售和为大会提供服务。久而久之，越来越多的此类组织开始涉及旅游促销活动。后来会议局扩大了业务范围，增加了旅游业务，改名为会议促进局。这种角色和功能的演变和扩张一直持续到今天。很多"管理局"都更名为旅游目的地营销组织，以便更好地体现它们向大量客户销售和促销目的地的职能，DMO 也成为 CVB 的代名词。事实上，DMO 最初只在美国以外的地区使用，但现在已全球通用。

设立 DMO 的目的

DMO 大多是非营利组织，代表特定的目的地，通过旅行和旅游业来拉动社区的长期发展。DMO 多为会员制组织，把依靠旅游和会议获得收入的当地企业联合起来。DMO 是特定目的地的"官方"联络处。有些 DMO 是当地政府部门，但与图书馆或公路管理处不同。DMO 是半自治的非政府组织，有时作为权力当局行使职责，这种结构在美国以外最为常见。很多 DMO 隶属非营利组织的政府税收结构，并被划分为"501(c)(3)"或"501(c)(6)"。

对于游客来说，DMO 就像一把城市的钥匙。DMO 提供公正客观的资源，像一个经纪人或官方联络处一样，为大会、会议和活动策划者，旅游业经营商及游客提供服务。他们帮助策划人员准备会议，鼓励商务游客和普通游客参观当地的历史文化景点和娱乐景点。对于大型会议来说，DMO 扮演着主办单位和服务企

---

[1]　By Michael Gehrisch，President of DMAI.

业之间的中介机构的角色。就这点而言，DMO 主要负责现场参访、收集和宣传需求建议书（RFP）及准备辅助宣传资料。有些 DMO 也开始寻求资金来帮助吸引大型会议。

芝加哥会议与旅游局（CCTB）

CCTB 的愿景

将芝加哥打造为世界顶级的旅游胜地。

CCTB 的职能

将芝加哥世界顶级资产投资于全球休闲旅游和会议业务，以保证该城市及其会员社区的经济活力，CCTB 是承担这一职能的首要销售与营销组织。

CCTB 的历史

芝加哥作为著名的大会和会议地址由来已久。据记载，该地区的第一个会议可追溯至 1847 年，当时这里举行了美国河流和港口会议来讨论劳伦斯河的情况。到 1907 年，芝加哥开始致力于将自己打造成为世界一流的旅游景点，而芝加哥商会也开始建立当地的商业委员会，负责吸引各类组织到这个快速发展的城市召开会议。

1943 年，芝加哥会议与旅游局建立，成为芝加哥的主要销售代理，为各种类型和规模的大会和贸易展提供服务。

1970 年，该管理局与大芝加哥地区旅游委员会合并，组成芝加哥会议与旅游管理局。

1980 年，大都会博览局（麦考密克展览中心（McCormick Palace）的所有者和经营者）确定 CCTB 是能够为麦考密克展览中心提供服务的最有资格和最主要的销售商。1980 年底，该管理局将办事处迁至麦考密克展览中心。

1989 年，在詹姆斯·汤普森（James Thompson）州长的领导下，大都会博览局将全部职责授予海军码头（Navy Pier），大都会博览局更名为大都会码头及展览局（MPEA）。

如今，MPEA 约定下的代理权依旧有效，MPEA 将该城市及其会议场地作为游客理想的目的地进行销售和宣传，在加强芝加哥社区经济结构方面起到了至关重要的作用。

CCTB 的影响

游客每年在芝加哥花费几十亿美元。此项收入会刺激新业务，意味着该地区会增加更多的就业机会，促进该地区的经济发展，造福当地人民。

芝加哥位于美国的中西部，它的城市规模、交通方式、服务业、无与伦比的会展设施使其成为各种类型和各种规模会议的首选。

经费

CCTB 不属于政府下属机构，也不是慈善机构。它是一个独立的非营利组织，其经费来源包括以下渠道：

1. 酒店、汽车旅馆税的一部分

2. 伊利诺伊州为发展当地会议和旅游所拨款项

3. 当地服务业相关会员的会费

4. MPEA 所拨款项

CCTB 的会员制

CCTB 视会员为最有价值的资产。该管理局向会员组织提供凸显其作为会议和旅游业中介角色的产品、服务和专业技能。

CCTB 是芝加哥最大的会议局会员基地（共 1 200 个）之一。CCTB 的会员组织能够提供会议策划者要求的清晰背书并向主要买家和决策者提供直接营销活动。

资料来源：http://www.choosechicago.com/Pages/about_us.aspx。

DMO 对于会议策划者极为重要，主要有以下原因：DMO 提供公正客观的目的地服务和场地信息；它们为当地旅游提供一站式服务，节省会议专业人士的时间和精力；DMO 提供目的地的全方位信息，而且大部分服务是免费的。

如果免费提供服务，DMO 如何赚钱？

对于提供的服务，DMO 不向客户（普通游客、商务游客及会议策划者）收费。大多数 DMO 依靠酒店入住税和会员费获得经费。如果 DMO 由政府代理，则由当地政府来完成融资。

为什么会议和旅游很重要？

旅游业主要通过以下方式提高当地社区的生活质量：提供就业机会；增加税收来改善服务和基础设施；吸引各类设施建设，如能够吸引游客和当地居民的餐馆、商店，以及节庆、文化和运动场馆等。

▷ DMO 可以为会议专业人士做什么

关于 DMO 会议策划人员需要了解什么？

很多人没有意识到 DMO 的存在，因此他们并没有意识到 DMO 所能提供的丰富信息和资源。

大多数 DMO 代表特定的旅游目的地，是非营利机构。其中多数为会员制组织，为维持组织运营将开展旅游和会议业务的企业整合起来。DMO 肩负多项职能，最重要的是，它作为一个官方联络处，为大会和会议提供服务。DMO 鼓励各类组织在本城市召开会议，帮助组织筹备会议。除此之外，DMO 还提供宣传材料，鼓励大家来参加，此外还会建立客房储备。

DMO 可以为会议策划者提供一系列服务，如包裹递送和其他增值服务。在了解 DMO 为会议策划者提供的详细服务前，我们先来澄清有关 DMO 的一些误解。

误解 1：DMO 仅可预订酒店房间和会议场所。

事实：DMO 提供全面的旅游相关商业服务，包括餐饮、零售、汽车租赁和赛马场预订等。因此，它们负责向会议策划者介绍城市所能提供的各类相关产品和服务。

误解 2：DMO 仅与大机构合作。

事实：DMO 一半以上的业务针对 200 人以下的会议。实际上，大型 DMO 都安排有专门的工作人员服务于小型会议、团体旅游、休闲旅游和短期商务旅游。

误解 3：DMO 拥有或运营会议中心。

事实：仅有 5％的 DMO 在本地运营会议中心，拉斯韦加斯会议促进局是其中之一。DMO 的工作与当地会议中心联系紧密，并帮助策划人员从会议中心专业人员处获取所需信息。

误解 4：策划人员需要为 DMO 提供的服务支付费用。

事实：实际上，DMO 的多数服务是免费的。DMAI 总裁和董事长迈克尔提出："DMO 是酒店和会议策划人员最好的合作伙伴，我们不向任何一方收费。我们向酒店提供免费的服务，同时策划人员获得的服务也完全免费。"DMO 如何做到免费运营呢？多数 DMO 通过酒店入住税和会员费来筹集经费。

可能有人会质疑，在策划会议时，特别是那些大多数活动只发生在一个酒店或会议中心的会议，是否有必要通过 DMO 来工作。事实上，DMO 可以帮助策划人员与这些实体单位联系，并利用场外活动帮助确定会议计划安排（包括双人情侣游、会前会后游）。由于 DMO 属于客观资源，它能给予策划人员指导，推荐充分满足客户需要和预算要求的产品和服务。

2009 年目的地营销组织简况

以下内容是目的地营销组织的简况，选取参与 DMAI 2009 年 DMO 组织和财务情况研究中的 241 个目的地营销组织为样本。（注：数据于 2009 年年中收集，不代表 DMO 运营的后续变化。）

1. 目的地简介

（1）平均税率。

- 酒店客房税（包括客房税、营业税等）：12.2％
- 特别餐饮税（不包括营业税）：2.5％
- 汽车租赁税（包括租赁税、营业税等）：11.4％

（2）酒店客房税的使用。酒店客房税/入住税通常花费在旅游相关项目上。下图就是这些税款的分配情况。DMO 的资金占比最高。

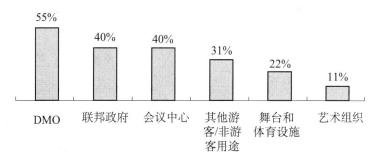

注：以上数值针对具有特定资金分配的 DMO。例如，有些目的地会分配一定比例的客房税到 DMO，有些则分配至其他用途，分配至 DMO 的平均比率为 55％。因此，图中这些数字加总不为 100％。

（3）酒店客房税率和分配率变化情况。超过 1/10 的酒店表示近来预测旅游目的地酒店客房税/入住税发生变化，平均上升一到两个百分点。而一半以上的 DMO 客房税分配率出现上升，超过 1/3 的城市保持较高比例 DMO 分配率，以免出现预算不足。

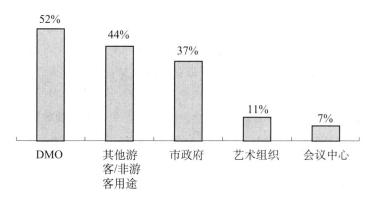

（4）特别餐饮税的使用。对于有餐饮税的目的地（16％），餐饮税两大主要用途是会议中心运营/建设/租赁服务和资助 DMO。

（5）汽车租赁税的使用。有此税项的目的地（7％）会使用一部分税收用于维持设施，如会议中心、竞技场和体育馆。

2. DMO 简况

（1）结构：大部分是独立运营的非营利机构：61％为 501(c)(6)，4％为 501 (c)(3)，21％是政府代理机构（城市、县、州/省、地方当局），5％是商会或其分支机构。约 1/4 是额外/附属机构，大部分是 501 (c)(3) 或基金会。

（2）外围运营：1/10 采用非传统型 DMO 运营。约一半管理目的地的会议中心，17％ 管理博物馆/文化机关，14％管理停车场区域。

（3）会员制：接近一半是会员制组织，平均有 535 位会员。会员通常包括：住宿（22％）、旅游景点/文化场所（17％）、餐饮（17％）、活动服务/供应商（16％）、零售（11％）和其他（17％）。

（4）主要经费来源合约：54％ 的 DMO 签有合约。10％通过报价过程获得奖励，47％的 DMO 一年签订一次合约，其余是几年签订一次合约，平均时间为 8 年。

（5）合约中的量化目标：30%的晚间客房预订，22%的投资回报率，16%的游客花费通过DMO的努力实现。一半的DMO在合约中无量化目标。

（6）员工规模：DMO平均配有13名全职员工和2名兼职员工。约1/4的DMO有远程办公人员，18%有网络办公室。

（7）经费/财务。

● DMO的平均收入：2009年收入为500万美元，相比2008年下降2%（拉斯韦加斯除外），大型DMO下降更多（4%～6%），部分原因是它们过度依赖远程留宿的游客市场（更易受经济低迷影响），这反过来会导致酒店经营不景气，降低酒店纳税额（而这是DMO重要的经费来源）。

● 大型DMO的公共经费下降了5%～6%，而预算较低的DMO则下降了2%。预算为500万～1 000万美元的DMO，其私人投资下降了16%；预算超过1 000万美元的DMO，其私人投资下降了8%；预算少于500万美元的DMO未发生变化。

（注：收入下降并不一定能反映经济衰退的全部影响，因为很多DMO是依据酒店上年的客房税收费的。预计2010年会出现进一步下降。）

● 绝大多数（91%）DMO会依据酒店客房税收费，平均占总收入的77%。私人方面，44%的DMO收取会员费。其他较高的私人经费来源包括：印刷广告、合作宣传和广告项目以及游客中心。

● 略高于1/4（27%）的DMO为公共资金和私人资金设置单独的银行账户。

● 超过一半（54%）的DMO制定有正式的储备金政策，而只有41%的DMO具有正式投资政策。

（8）费用。

● DMO的费用预算主要用于销售和营销活动（47%）、邀请媒体对重要活动进行宣传（18%）、员工报酬（41%）和管理部门（13%）。

● DMO通常将35%的销售和营销预算花费在普通游客营销方面；24%的花费用于会议销售和营销方面；9%直接用于旅游贸易领域；通信和公共关系方面花费11%的预算；游客服务（包括游客中心）花费5%的预算。

▷ 为什么要使用DMO

DMO减少了策划和完成会议所需的时间，精简了活动过程。它们为会议策划人员提供服务、整体服务和额外增值服务。会议开始前，DMO销售经理会帮助确定会议地点，检查酒店是否可住，安排现场检查。DMO还负责策划人员与供应商之间的联系，包括长途客车公司、餐饮部门、场外娱乐场所等，这些是开展活动的必要条件。图3—1展示了常见的DMO组织结构。

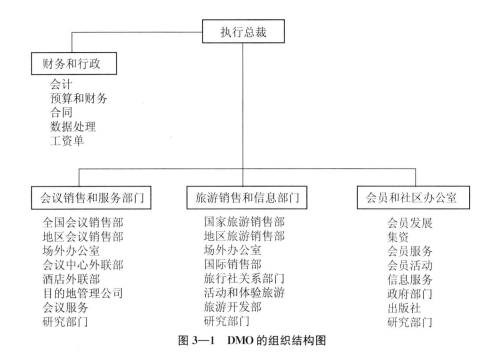

图 3—1　DMO 的组织结构图

通过 DMO 策划会议的优势

DMO 可以为组织者、赞助商或策划人员组织会议或活动提供诸多帮助。DMO 可帮助策划人员进行会议准备，并为策划人员提供详细的参考材料。此外，DMO 还可以在当地酒店建立客房储备、使用宣传材料向出席者宣传目的地、鼓励人员参加会议。DMO 作为策划人员和社区官员的联络部门，可以提供特别许可和交通等便利。DMO 还能提供一些建议，保证出席者最合理地使用空余时间，以及帮助制定合作计划及会前会后旅游。DMO 手握大量会议、展览、活动和大会的资源。

DMO 为会议营销和销售所做的工作

在 DMO 工作的专业人员是该目的地的销售代表。DMO 的会员包括酒店、餐馆、旅游景点、会议中心和其他实体部门。DMO 代表这些企业会见需要它们产品和服务的会议专业人士。DMO 与会议专业人士合作，通过一个完整的流程安排会议在目的地举行。

提供目的地信息和进行引导

确定会议场地是否能满足会议要求十分重要。DMO 是主要信息来源，在场地选择、交通方式和可用的当地服务方面提供建议，不收取任何费用。DMO 代表知识全面、信息丰富，可提供目的地最新数据以及未来发展规划。

不管会议规模大小，现场审查过程的第一步是与 DMO 联系。会议经理联系 DMO

后，DMO 将安排销售经理帮助其获得成功举办会议必要的信息和事实。DMO 经理帮助收集各类信息，挑选最为合适的活动日期，确定设备是否可用，客房和会议室是否足够，以及会议场地是否在整个时间段内可用（包括参展商进场和离场的时段）。

会议指导单

DMO 使用的会议指导单包括以下信息：

- 销售代表或客户经理的姓名
- 表单发布日期
- 文件编号
- 咨询小组主要联系人姓名

　负责人头衔
- 公司或组织名称

　地址

　城市

　州

　邮政编码
- 主要联系人电话号码、传真号、手机号
- 预计入住房间总数

　高峰入住情况和日期
- 活动或会议日期
- 预计总参会人员
- 入住情况

　天数

　日期

　房间数量
- 活动顺序
- 会议空间需求

　展览面积

　餐饮要求

　展会历史

　竞争城市
- 附加信息
- 准备引导单人员姓名和准备日期

资料来源：Adapted from *Professional Meeting Management*，4th Edition. Chicago（IL）：Education Foundation Professional Convention Management Association：89 - 90.

　　为了代表 DMO 所有的会员，大多数 DMO 具有一个"导入"过程，其中销售经理将会议规范传达给符合要求的会场和住宿部门。DMO 需要的基本信息会在会议指导单上加以呈现。现在很多 DMO 以电子方式推送这些信息。

　　销售经理向所有可接待会议的会员酒店发出信息。但是推送过程会受到一些特定参数的限制，如必须要求酒店位于市中心或机场附近，在这种情况下，只需向满足特定要求的场地推送信息。如果会议经理熟悉目的地会议机构，他可能会指定特定的场地，那么只有指定机构才会接收到这种导入分配信息。

　　DMO 销售经理会要求直接发送信息至会议经理，或者由销售经理收集这些信息，编辑打包再发送至会议经理。在美国，《联邦反垄断法》禁止 DMO 与相关酒店讨论定价政策，所有的定价讨论须在会议经理和预订机构之间进行。DMO 的销售人员可能会参照会议经理的要求搜寻特定的房价范围，但不可代表会议经理进行协商。

　　DMO 销售经理会与会议经理及会议场地方沟通以确保所有信息已经发布、接收并被理解。他们将回答其他所有问题，也鼓励会议经理拜访目的地，亲自勘察确定的服务机构。在现场勘察期间，DMO 负责安排，为会议策划者提供极大的帮助。如果需要勘察的场地较多，DMO 销售经理会与各实体部门的销售人员制定路线和时间表。如果访问中须勘察其他场地，DMO 会联系相关团队，并将它们加入到路线安排中。大多数情况下，销售经理会陪同会议经理进行现场勘察，并回答可能出现的问题。

阿尔布开克会议促进局

　　阿尔布开克会议促进局（Albuquerque Convention & Visitors Bureau，ACVB）的使命是将该城市作为会议和旅游目的地进行营销，以此来刺激经济增长。

　　阿尔布开克会议促进局很荣幸地通过了国际目的地营销协会（Destination Marketing Association International）的目的地营销认证程序（Destination Marketing Accreditation Program，DMAP）。

愿景

　　成为公认领先的旅游营销组织。以真实、热情和创造力实现经济增长，将阿尔布开克打造成世界顶级的目的地。

关于 ACVB

● 一个私人的非营利组织（501(c)(6)）。
● 将阿尔布开克作为旅游目的地进行销售和营销。
● 主要服务于大会、会议、普通游客以及旅行专家。
● 与阿尔布开克市政府签订合同，将客房税作为其经费支持。
● 与近千个组织达成合作伙伴关系并获得经费。
● 董事会约 30 人。

- 400 名全职员工和 100 多名志愿者。
- 公平的招募单位。
- 700 万美元资产（600 万美元来自客房税，100 万美元来自私有部门的商业活动）。

ACVB 的价值观

- 目标明确。
- 寻求机会并加以把握。
- 责任心强。
- 注重服务、工作和自身质量。
- 追求极致、诚信和真实。
- 鼓励团队合作，努力提高个人业绩。
- 礼貌待人，以尊敬和公正的态度对待客户、会员和员工。
- 重视承诺。
- 热衷交流，化解误解。
- 鼓励反馈，期待不断提升。

ACVB 联系方式

通信地址：邮箱 26866，阿尔布开克，新墨西哥 87125－6866

具体地址：阿尔布开克，新墨西哥 87102，新墨西哥州第一广场 20 号 601 室

游客咨询：1－800－284－2282；info@itsatrip.org

营业部：1－800－733－9918；505－842－9918

传真：505－247－9101

人力资源部：jobs@itsatrip.org

网站：www.itsatrip.org

来源：http://www.itsatrip.org/about-us/ albuquerque-cvb-services/default.aspx

DMO 应该让会议经理熟知所有当地法律和规章。会议经理在信息收集过程中可能会询问工会、税收、禁酒法律及其他特殊问题。例如，在拉斯韦加斯和新奥尔良，酒吧全天 24 小时开放，一周 7 天不歇业；而在阿姆斯特丹，某些咖啡店出售大麻是合法的。DMO 代表也可谈论当地经济情况和经济形势，这会对会议有所帮助。DMO 销售经理应尽力回答这些问题。

"导入"过程早在活动前就已展开。对于协会会议来说，查看目的地时间和活动举行时间的平均间隔约为 3 年。但是对于一些较大公司和较大城市来说，这个时间可能为 25 年或更久。设想一下销售经理的一般年龄，他在这 25 年要做哪些工作呢？

目的地现场勘察

现场勘察是指在实际项目开展之前，对计划场地及其服务进行实际考察。现场勘察在销售过程中随时可能发生。策划人员可能在提议前后或在选择目的地管理公

司（DMC）后进行现场勘察。提议前的现场勘察是客户收集信息过程的一部分。通常该过程是由目的地的 CVB 或 DMO 执行。如果提议提交后客户尚未决定，策划人员进行现场勘察主要用于处理有关提交提案的问题。最后，在选择好 DMC 后，策划人员会进行现场勘察，这是项目或活动裁定的第一步。现场勘察因时间和具体细节而异，但都需要忙碌的 DMC 销售和运营主管特别关注。

勘察活动必须谨慎计划并精心安排，以向客户展示所提供的场地和服务，并体现 DMC 的操作技巧、组织能力、社区交流和人际关系。现场勘察通常是赢得客户业务最为关键的一步，因为这是 DMC 与客户开展合作并获取对方信任的最佳时机。现场勘察过程中，很多方案的输赢仅在一顿午饭的闲聊之间就得以确定。

▷ DMO 为会议专业人士提供的服务

DMO 为会议专业人士提供的一般服务主要包括以下内容：

● DMO 提供有关目的地服务和设施公正真实的信息。

● DMO 作为一个巨大的信息数据库，提供一站式购物，因此在开发会议过程中为策划人员节省了时间、精力和成本。

● DMO 是策划人员与社区之间的联络部门。例如，DMO 熟知社区活动，可安排会议与活动（如节庆或运动会）时间保持一致，进而产生效益。他们也与城市政府部门合作，获得特别批准，免去一些繁文缛节。

● DMO 通过创建一些会前会后活动、情侣游和特别晚间活动，帮助参会人员合理利用空余时间。

● DMO 可提供酒店房间数量和会议场所数据及其他会议数据库，帮助策划人员避免冲突或空间不足的情况。

DMO 为会议专业人士提供的特殊服务包括：

● DMO 将保证会议场地的可用性——提供有关酒店、会议中心和其他会议设施能否使用的信息。

● DMO 帮助策划人员提供班车服务、地面运输和航空信息等当地交通网络。

● DMO 提供目的地信息——有关当地事件、活动、风景名胜、餐馆的信息，也帮助策划旅游和晚间活动。

● DMO 提供住房服务——会议代表的住房预订。

● DMO 是目的地政府和社区的联络部门——提供可能影响会议或会议产业的有关立法、监督和市政问题的当地资源。

● DMO 提供进入特别会场的权利——因为多数 DMO 与城市相关部门和当地政府官员有密切联系。不管是需要来自市长的官方欢迎信还是街头派对途中出现交通堵塞，DMO 都能解决。

● DMO 可帮助准备辅助宣传资料。

- DMO 能为现场物流和登记提供帮助。
- DMO 准备会前会后活动、情侣游和特别活动。
- DMO 为现场勘察和体验旅游及场地选择提供帮助。
- DMO 提供主持人和当地教育机会。
- DMO 确保特殊场地的安全。
- DMO 确保辅助服务的安全：产品公司、餐饮业、安全部门等。

DMO 的总体工作内容就是出售目的地并期望客户可以满意，它会竭尽全力用最完美的安排和服务来满足客户需求。

DMO 掌握酒店的哪些信息？

DMO 记录当地的客房数量和其他会议信息。利用这种方式，它们可以帮助会议策划人员避免与其他活动出现冲突。此外，DMO 掌握该地区酒店和会议场地的第一手信息，帮助策划人员确定满足特定会议要求和预算的机构。

▷ DMAI 为 DMO 成员和会议专业人士提供的服务

国际目的地营销协会

作为世界上最大的官方 DMO 资源，国际目的地营销协会（Destination Marketing Association International，DMAI）致力于提高近 3 000 位专业人员的工作效率，该协会由超过 25 个国家的超过 625 个 DMO 组成。

DMAI 为会员（业内专业人士、合作伙伴、学生和教育工作者）提供先进的教育资源、网络机会以及世界范围内可用的营销方式。该协会建于 1914 年，主要任务是提高全世界的目的地管理组织的专业性、有效性和形象。2005 年，该协会接受品牌评估，从原来的国际会议和游客管理局协会更名为国际目的地营销协会。

作为专门代表 DMO 的协会，DMAI 提供全面的全年教育方案，如 DMO 执行官年会，继续促进专业发展及与合作伙伴的联系。该协会出版了双月刊电子简讯和在线会员名录，通过基金会向 DMO 研究提供赞助。

DMAI 的 DMO 会员代表当地和地区范围内重要的旅游企业。该协会作为目的地的主要联络处，为各种大会、会议和旅游专业人士提供服务。

DMAI 在世界范围内积极宣传 DMO，强调媒体和大众使用 DMO 服务的价值。DMAI 也提供方案和服务，将 DMO 与客户和会议策划人员直接联系起来。会议策划人员可以通过 DMAI 的数据库（empowerMINT.com）访问该组织的会议信息并接收报道。DMAI 每年赞助两场"目的地展会"，在展会中 DMO 向会议专业人士展示目的地。DMAI 向 DMO 提供研究、专业发展和多种其他会员服务。

empowerMINT. com

作为最初的大会和会议数据库，会议信息网（MINT）包含 2 万个组织（包括协会、公司、军事联合委员会、运动会和政府机构）的 4 万多场会议信息，格式为互联网形式，可在任何时间任何地点访问。它代表 120 多个 DMO 之间的联合，这些 DMO 自愿提供在它们城市举行活动的详细历史信息。该在线数据库向成千上万的 DMO、酒店和其他会议产业供应商提供营销和销售指导。会议专家会发现，该数据库提供的有关会议的准确信息在谈判过程中十分有用。这些会议信息由加入组织的 DMO 成员录入系统，这些第一手资料来自于酒店、会议中心和专业会议策划人士。这就是策划人员分享会议信息如此重要的原因之一。

一旦会议录入数据库，会议专业人士可鼓励供应商和其他利益方请求获取一份会议报告的副本。该报告是该组织的会议"信用报告"，确保信息准确。会议策划者会减少接到不必要的销售电话，也为下一轮谈判获取更优质的可用信息提供帮助（无论是与酒店谈判还是与目的地管理组织谈判）。

目的地展会

目的地展会（destinations showcase）是由 DMAI 主办的快节奏、富有成效的一日式展会活动。在展会上，有资格的**会议专业人士**（meeting professionals）与行业领先者和同行伙伴参加有意义的**教育会议**（education session）和**网络活动**（network），同时探索世界各地的目的地。该展览也是达成业务的场合。

参展商仅来自 DMO 和它们的展览设备供应商。高端会议、大会、展会和目的地专业策划人员有机会与世界各地的专业人士面对面沟通。当策划者/参展商这一比率较低时，方便了现场勘察和会议选址。该活动推荐策划人员持"招标书"参加会议，同时根据会前参展商名单提前做好准备。

该展会每年在华盛顿和或芝加哥各举行一次。注册人数众多，而且仅限于会议专业人士才有机会参加。会议策划人员可在该展会上寻求机会，为获取全球会议专业认证考试（CMP）证书做准备。更多信息请访问 http：//www. destination-sshowcase. com。

DMAI 专业发展指导

DMAI 向 DMO 及其员工提供专业发展指导。它向 DMO 专家提供以下会议、大会、培训和认证机会：

- 年会
- 目的地管理和营销学会（DMMI）会议
- 首席执行官论坛

- 欧洲首席运营官/首席财务官领导力论坛
- 销售学院第一部分和第二部分以及网络信息会议
- 简单会话

目的地营销经理认证

DMAI 拥有一个认证项目（CDME），等同于会议领域的 CMP。

DMO 认为 CDME 计划具有最高的教育成就，该计划在普渡大学和 DMAI 主办下运营。CDME 计划是一个高级教育计划，主要针对寻求高级专业发展、经验丰富、事业心强的 DMO 执行官。CDME 的主要目标是培养高级执行官和管理者，以应对越来越多的变化和竞争。

该计划重点是愿景、领导层、生产率和实施商业策略，目的就是通过有效的组织和产业领导层的工作展示目的地的价值，提高个人业绩。

PDM 计划

尽管专业目的地管理（PDM）不像 CDME 一样是个称号，但是它被全行业认定为目的地管理职业生涯所需的高价值技能。参加 PDM 认证计划的 DMO 专家会接受必要的知识和技能培训，从而成为更高效、更成功的目的地管理专家。

资格认定

2006 年秋天，DMAI 发布了目的地营销认定计划（DMAP），最先开始进行β测试，随后展示完整计划。目前美国商会、医疗行业、高校行业都采用此认定计划，它逐渐流行于期望设定成员业绩标准和衡量他们的规范性的组织。DMAI 研究显示，93％的 DMO 执行官表示，如果协会开发了可接受的认证计划，他们的组织会设法取得认证。DMAP 的目标是提供一个有效的方法，保证员工、志愿者、领导层以及外部利益相关者的 DMO 遵循规范的程序，在行业规定范围内行使职责。"这种新型认证计划将为官方目的地营销组织提供一个平台，向他们的利益相关者保证自己的组织已达到最高水准，且符合要求。"DMAI 总裁和首席执行官迈克尔说道。

DMAI 研究

DMAI 的研究机构——目的地与旅游基金会向目的地管理专家提供综合的特定行业信息，专家可以使用这些信息提高 DMO 日常运营和企业规划的效率。DMAI 具有大量的研究成果和资源，并可提供数据信息。这些信息对估量经济影响、预算和战略性策划、营销、促销以及指导教育利益相关者至关重要。

大罗利地区会议促进局

工作使命

● 代表罗利市和韦克县，为会议业务和普通游客服务的非营利组织

● 将市和县政府、贸易和市民协会、旅游供应商利益联合在一起，共同建设本地区的游客交通设施

● 联络潜在游客和相关企业

简介

● 根据1991年联合国大会通过的法律，1992年1月韦克县行政委员会和罗利市政府组成该局

● 1986年9月到1992年1月期间，名称为罗利会议和游客管理局；最初是大罗利地区商会的一个部门

● 由12名成员组成的董事会进行管理

● 经费来源为韦克县酒店客房税（税率为6%）及预订食品和饮料税（税率为1%）中的15%

● 340万美元的预算

● 21位全职员工，1位兼职员工

● 位于美国北卡罗来纳州罗利市第一银行广场，费耶特维尔街421号，1505室，27601-1755

● 本地电话：919—834—5900

免费电话：800—849—8499

网址：www. VisitRaleigh. com

电子邮箱：visit@visitraleigh. com

组织形式

销售部：

● 为罗利地区招揽大会和会议

● 促进罗利市和韦克县开展游客业务，促进该地区的经济增长和发展

● 与酒店和会议场地协调销售业务

● 根据特定领域的市场需求制定和实施会议计划

● 开展销售，为城市注入竞争力，参加产业贸易展

● 为酒店提供优质的销售指导

● 对会议场地和旅游景点进行现场检查

● 在地区和国家层次上大力推进团体旅游市场

● 提供旅游公司和旅行社所请求的游客信息

● 与北卡罗来纳州的旅游、电影、体育发展部门合作，将罗利地区推向国际化

● 在贸易旅游展会和销售任务中作为罗利地区的代表

旅游和合作伙伴营销部门：

● 开展和管理罗利市和韦克县的促销活动，对普通游客进行宣传

● 开展促销，提高韦克县酒店周末入住率，改善淡季经营状况

● 作为管理局与边远地区的外联部门加强战略联盟，创建计划和促销活动，惠及整个韦克县

● 与能够增加韦克县知名度、促进韦克县经济发展的公司、组织和协会发展可能的伙伴关系

● 与产业伙伴发展战略合作关系，如航空公司、美国铁路公司、汽车租赁公司、包装行业的公司，提升大罗利作为休闲旅游市场的知名度

● 与本地、州、区域组织保持紧密联系，拉动大罗利地区旅游业发展

● 协调国家旅游日活动

体育营销部门：

● 宣传罗利市和韦克县的体育锦标赛及相关活动

● 制定和实施营销计划

● 为酒店提供有效引导

● 协调酒店和体育场地的销售工作

● 与其他开展体育活动的罗利市/韦克县以及州级组织紧密合作

● 代表罗利地区在全国会议和贸易展览中参展

会议服务部门：

● 鼓励长期合作商务以及会前会后活动

● 利用3家或以上酒店为会议团体提供免费住房服务

● 以最低成本提供登记服务

● 提供免费宣传册和全方位会议咨询

● 为接待超过250人的团体的服务咨询台安排志愿者，回答有关该地区的问题

● 帮助会议代表策划旅游活动

● 帮助策划特定场地的特别活动

● 帮助当地酒店开展有效的促销活动

● 协调会议策划人员和当地供应商之间的沟通

● 提供会前促销信息，鼓励更多人参会

● 进行本地宣传，为会议召开提供帮助

公关部门：

● 制作营销和信息材料，宣传大罗利

● 开发公共关系和社区意识计划

● 为本地、州和国家媒体提供帮助

- 管理广告和创意机构，协调本地、州、地区和全国性广告活动
- 与旅行作家展开合作，鼓励他们创作有关罗利地区的故事，并在地区和全国出版社出版
- 持续维护、更新和宣传大罗利地区会议促进局网站
- 制定一份邮件列表，每月发送电子快讯

DMAI 和 DMAI 基金会研究

未来发展研究　该研究是一项前瞻性报告，大大促成了目的地营销产业持续"战略性对话"，并为 DMO 提供一个框架以规划目的地未来的发展。此项研究显示，有 250 多种特定趋势被视为与 DMO 相关，这些趋势组合成商业环境关键领域 8 大全球超强趋势。在最高战略水平上，大多数 DMO 的 CEO 认为以下这些重要主题会影响产业发展：关联性、价值定位和可视化。该报告同时为 DMO 展示了"以游客为中心的战略地图"，阐明了 DMO 对所服务目的地的角色和贡献。

DMO 薪酬福利调查　该报告一年执行两次，为美国和加拿大超过 45 个职位的薪酬水平和 DMO 的一系列福利提供了基准。

DMO 组织和财务简况　本调查是 DMO 综合性最强的调查，为各种运营提供标准，同时允许 DMO 与其同行伙伴比较运营情况。一年调查两次，该报告包括 DMO 经费来源、可用设备、税率、预算、员工机构、费用类别和保证金的信息。

MyDMAI　该项服务于 2008 年启动，用户可以与 DMAI 成员增加进一步面对面的交流。他们可以讨论共享利益、提出解决方案和最佳实施方法、上传文件、提交新闻、加入委员会等。

目的地与旅游基金会

DMAI 基金会于 1993 年创建，通过研究、教育、预测、发展专门的资源和伙伴关系，加强和完善 DMAI 与目的地管理者的专业技能。2009 年，DMAI 基金会与美国旅游基金会协会合并，组建目的地与旅游基金会。

根据美国国税局法规第 501(c)(3) 条，该基金会被列为慈善组织。因此，出于慈善的考虑，基金会的捐款税可适当减免。理事会由 DMAI 和相关产业机构代表组成，共同管理该基金会。

DMAI 的会员制

2006 年 DMAI 从 DMO 成员中划分出 3 种新会员类别：学生和教育工作者、州和地区性协会、联合会员。

学生和教育工作者享有难得的机会，最先学习 DMO 和旅游机构如何对目的地进行营销。

奥地利维也纳会议局

关于我们

维也纳会议局是你的中立合作伙伴。我们的工作就是促使维也纳成为中欧重要的会议城市。

我们提供的服务，对会议、大会和奖励旅游的所有国内和国际组织者都免费。

维也纳会议局于1969年建立，当时是维也纳旅游委员会的一个部门，由维也纳市政府和商会提供财政支持，也接受其他赞助商的资助。为保证在当今的全球网络市场占有一席之地，维也纳旅游局加入多个国际会展业协会。

会议局由克里斯蒂安·穆切勒赫尔领导，由11位专家组成，寻求全球大会、会议和奖励旅游业务，在保持维也纳作为公认的旅游目的地声望方面具有关键作用。

大会、公司会议和奖励旅游对维也纳的旅游业产生巨大影响，占全部酒店入住的12.3%。先进的会议场地、完善的会议后勤服务和极具魅力的文化吸引力使得维也纳名列国际会议主要目的地的榜单。（该信息由维也纳旅游局提供。）

▷ 未来走向

● DMO的角色和功能会继续扩大。如今很多DMO已经开始"管理"目的地。它们为社区提供旅游业发展、旅游业政策制定、基础设施建设、会议中心计划和扩建、吸引酒店开发商等方面的指导。

● 一些人将DMO作为目的地营销组织的代表，而其他人认为DMO代表的是目的地管理组织。此外，一些专家建议更好的一种描述是目的地营销和管理组织。

● 这种目的地营销、旅游业服务和会议中心运营在同一管理模式下的趋势很可能会继续保持。它能帮助销售和交付旅游产品（特别是大型会议），使过程更加有效，实现无缝对接。

● DMO继续教导社区和利益相关者面对面会议的重要性和价值。

● DMO会更积极地向参会者营销他们的目的地，而不仅仅是提供一个举行会议的地点，还是一个可以下榻的地方。因此，DMO的角色在某些部分已超越商会的功能。

● 可以预见，DMO的预算将面临长期威胁。政治家通常不会为DMO出资，而是将资金投入到"更加可见的"机构，如学校。预算问题在美国最为严重，因为美国DMO大部分经费来自酒店客房税。

● 在一些发展中国家和地区DMO的数量和规模增长最为迅速，如中国和非洲。

有关DMO的更多信息　可访问DMAI的官方网站：http：//www. destinationmarketing. org。该网站列出了世界范围内的 DMO 名单，包括 600 多家 DMO 的联系方式和网站链接。

□小　结

DMO 是会展业的一个重要组成部分。100 多年来，DMO 一直勤勤恳恳，将会议和大会吸引至它们的目的地，并提供多种免费服务。历年来，DMO 实现了从目的地市场营销者转变为目的地管理者，开始参与到目的地的方方面面，为参会者和游客提供了丰富的经验。

DMAI 是针对 DMO 员工的专业协会，自 1914 年成立以来一直提供大量的会员服务。

□关键词

目的地营销组织（DMO）　　　　　　会议专业人士（meeting professional）

国际目的地营销协会（DMAI）　　　　目的地展会（destinations showcase）

教育会议（education session）　　　　授权会议信息网（empowerMINT. com）

□复习及问题讨论

1. 阐述目的地营销组织的角色和功能。

2. 列举 DMO 经费的几种来源。

3. 列举 DMO 为会议专业人士所做的两件事。

4. 列举 DMAI 为会议专业人士所做的两件事。

5. DMAI 可以为 DMO 做什么工作？

□参考网址

1. http：//www. destinationmarketing. org

2. www. empowermint. com

3. http：//www. destinationsshowcase. com

□联系信息

国际目的地营销协会（DMAI）

地址：2025 M Street，NW，Suite 500 Washington，DC 20036

电话：＋1-202-296-7888

传真：＋1-202-296-7889

电子邮箱：info@destinationmarketing. org

网址：http：//www. destinationmarketing. org

□参考文献

2009 DMO Organizational and Financial Profile Report 2.

□本章作者简介

DMAI 员工。

第 **4** 章

会议场地

学习目标

- 会议场地的物理属性对于活动中使用能力的重要性
- 会议场地的财务结构如何影响会议中的协调能力
- 不同场地中服务质量的差异和服务的实用性
- 策划新手常忽视的潜在风险
- 为保证会议成功举行需要询问有关会议场地的哪些问题

▷ 引 言

会议策划人员在各种场地工作。这些场地,小到只能容纳几个人的**酒店**（ho-tel）套间,大到可以容纳成千上万人的大型会议中心和户外节庆场地。任何一处,只要有两个或两个以上的人聚集在一起,就可以成为会议场地,它可以是几百万平方英尺的会议中心,也可以是路灯下的一个街角,人们总能找到地方聚集在一起开会。会议策划人员的工作是为会议选择最合适的场地。因而策划人员必须弄清楚会议团队的两个问题:他们是谁?他们为什么来这里?大部分活动和会议仅限在特定场所举行。例如,全国性政治会议不会在街角举行,董事会也不会选择户外**体育场**（stadium）。为使活动成功举行,活动场地应和活动性质相符。不管会议场地是办公楼一端的会议室还是航空母舰的飞行甲板,会议目标决定了会议场地的选择。

因此,策划人员必须要对参会组织和可能满足需要的会议场地进行适当研究,熟知参会组织的需要和期望,向其传达符合其需求的会场有哪些优点,确认参会组织和场地的具体安排。选择会议场地前，策划人员须完成**需求分析**（needs analysis）。需求分析用来指导策划人员制定会议目标，并将众多可能的会议场地压缩为几个最为合适的场地。完成需求分析后，策划人员通常能快速排除某些场地，精简会议场地选择和策划过程。第9章将详细讨论需求分析的程序。

为恰当使用各种会场，会议策划人员必须熟悉场地的物理特性及其财务结构。这两个因素共同决定了会议策划人员与会场管理部门的关系以及双方的相对谈判立场。会场的其他众多特点也关乎会议能否成功举办，但了解会场的物理形态及其财务结构才是重中之重，因为这决定了会议策划人员能否有效使用会场开展会议。

绝大多数会议是在参会者所在办公区的会议室或办公室召开的。通常情况下，将一间办公室会设计成会议室，几位同事在此开会，讨论相关事宜。此类会议不管是事先安排还是临时决定，几乎都不涉及会议策划人员。但是，随着会议规模越来越大，参会人员越来越多，也常需要将会议安排在办公区之外举行。

▷ 酒 店

第二个常见的会议场地是酒店。酒店及其会议场地在空间大小和服务质量方面差异较大。实际上，可供开会的酒店至少要有一个小型**会议室**（boardroom）。这类会议室坐椅很少，最多不过十几个。此类会议室中更高档的则常年配有大会议桌和设备，适用于各大型公司会议。相对于小型会议室，酒店宴会厅面积可达6万平方英尺。**分会场**（break-out room）各有不同，可能稍大于小型会议室，也有可能相当于主宴会厅一半大小。用于会议的整个场地（包括分会场在内）面积不太可能超过10万平方英尺，当然，也有极少数超过10万平方英尺的。在过去几年里，酒店会议场地的面积急速上升。会议场地超过10万平方英尺的酒店已不罕见。很多私营酒店，如盖洛德（Gaylord）、金沙酒店（Sands）或曼德勒海湾酒店（Mandalay Bay）都在占领大型会议场地市场，而这一领域此前都是由政府出资的。

酒店通常会提供很多会议场地，一般包含一个铺有红毯的大型宴会厅，宴会厅配有相应的主题装饰。在最初建造会场时，这些宴会厅就在计划之列，它们可以通过可移动的屏风分隔开来。在普通的楼层平面图上可以看到较大的会议专区，其两侧是较小的专区，可从外廊进入。较小分区的天花板通常低于较大分区。这在印刷好的平面图上不是很明显。分会场的装饰及布局类似"缩小版"的宴会厅，为参会人员较少的会议提供同样的服务。

有些酒店的会场营销较为成功，最终不得不增加会议空间。如果额外建造永久性会议场地花费过大，或担心额外空间不常使用，则可根据需要，改造停车场，临时搭建帐篷，这也不失为一个有效的选择。帐篷内举办的最多的活动是餐会或主题派对。这样的会议场地减小了举办两次会议期间的平季空缺（shoulder），确保了酒店的高入住率。如果由于天气或分区原因导致无法选择帐篷，很多酒店则会建造专门用于展览的场地。这些场地看上去很简陋，不够精细，设计的美观性不足，但很实用。这些讲究实用性的会场花费较低，维护成本也不高，因而比装饰华丽的宴会厅有更大盈利空间。

　　相对于简陋的展会场地，很多酒店还设有漂亮的户外会场，这类会场兼具社交和"网络"功能。游泳池、露台、中庭、公园都可作为会议场地。除使用户外场地外，也可使用与会议室相邻的走廊或大堂等**前厅区域**（prefunction space）开展辅助活动。前厅区域可以设立茶歇、注册处和网吧，以免占用为数不多的会议室。第一次检查会议场地时，策划人员应查看该地点的所有物理属性。会场的"硬件"会极大影响会议代表的舒适感和对会议相关进程的参与度。

　　酒店通常由大型酒店公司经营或由酒店公司授权当地的场地管理者按照公司的指导方针进行特许经营。大多可提供会场的酒店都隶属于一个更大的公司实体，这个公司可能是上市公司或上市公司的子公司。不过，奥兰多的罗森酒店（Rosen）和巴哈马的亚特兰蒂斯酒店（Atlantis）是比较有名的例外。酒店极少由个人经营，当地政府也几乎不参与运营。经营酒店是商业活动，不是做慈善，因此它们的目的是为总公司创造利润。

　　很少有酒店专门用来举办会议。几乎所有酒店的主要业务都是提供住宿。酒店的会议场地通常是为招揽顾客而**削本出售的商品**（loss leader），其主要目的是充分利用原本的空房。考虑到这一点，会议策划人员和酒店之间谈判的其他方面就都显得无足轻重了。有些酒店会从大量的会议场地中获得可观的收入，但这些收入都是附属收入，旨在拉动酒店的主营业务，即住宿服务。尽管酒店大部分收入来自客房，但也有很多酒店从参会人员常去的餐馆和酒吧获得了大笔收入。游泳池、沙滩或温泉疗养场地的特许经营也是酒店收益的一小部分。

　　传统经验告诉我们，策划人员不需为酒店的会议场地付费。但是，会议场地本身会产生费用。建造酒店所需资金的利息，清洁、维护和运营会议室的员工工资以及设备费用，占据其中的绝大部分。这些费用必须通过其他渠道筹集。大部分情况下，这些费用是通过要求会议期间最少入住客房数和最短入住时间加以保障的。酒店入住率越接近 100%，股东就越开心。

　　酒店经营者发现，如果允许入住酒店的客人使用会议场地，确实可以带动会议策划人员选择该酒店，因为会议室是免费的，至少对策划人员来说的确如此。糟糕的是，在客房和会场存在财务关联后，很多酒店发现，一些策划人员的情况很难预测。

　　由于旅游预订网站的盛行，很多策划人员发现他们的与会代表会预订计划以外的场地，在同一家酒店享受更低的费用。最终这些预订的房间将被认定为与会议无关，不属于会议所拉动的客房消费。即使与会代表人数众多，酒店客房全部订出，策划人员最终也还是会受到损耗处罚。合同可增加条款，解释该问题，但增加之前应先与熟知这些问题的律师进行讨论。而策划人员的最终目的是：酒店每预订一间客房，都少不了策划人员的参与，也就是说，如果会议在别处召开，这些客房就无法订出。这是与酒店协商的过程中最困难的部分。

对大多数酒店来说，另一项可观的收入来自食品和饮料。酒店的餐馆和酒吧通常旨在为酒店的"常规"客人提供服务，比如各类商务游客和观光客。如果酒店有夜间俱乐部，那么预期客户就应该是当地居民或前来度假的人，而不是与会代表。这些娱乐场所的规模大小和员工数量几乎不受参会者需求的影响。参会者的需求由宴会部门来满足。酒店宴会部门的规模和质量和客房一样存在很大差异。一些会议策划人员为保证会议场地，不愿意提高客房费用，针对这种情况，一些酒店将宴会收入和会场联系起来。因此，会议策划人员只要达到餐饮部最低消费标准，会场成本就会降低。

有些活动不涉及住宿问题，因而很多酒店不愿意承接。但是，举行"本地社交"（local social）活动场地的需求较强，因而酒店也的确针对这些场地展开了营销。"本地活动"（local event）策划人员要获得"免费"的会议场地，就必须保证会议能达到酒店最低餐饮消费标准。接受不涉及住宿的活动是酒店最后的选择，酒店可以借此从闲置会场之外赚取一些收入。这些收入来自食品和其他供应商为保证其在酒店的专用权而支付的佣金。食品以外的供应商包括音乐节目主持人、花卉供应商、豪华轿车服务商、装饰设计师等。如果需要音乐节目主持人系统外的灯光和音响效果，内部音像公司将返还佣金给酒店。一旦没有机会获得其他更高收入，酒店就会对所有收入加以计算，以决定是否承接此次社交业务。与涉及住宿的活动策划人员一样，社交活动的策划人员也很可能无法达到预期的餐饮消费水平，因此餐饮预期收入的损耗就很常见。

除开展会议外，酒店还从各类服务中获得收入。高尔夫球场、温泉浴场、马术中心、沙滩等都会给酒店带来经济收入。酒店通常与专用经销商签订合同，让其为酒店内提供服务。音像公司、目的地管理公司（destination management company，DMC）、服务承包商、音乐演奏、主持人、花卉供应商和公共汽车公司都可以承包给酒店，成为酒店的专用经销商，为酒店提供专项服务。专项服务支付给酒店的佣金高达40％。有些酒店也对这些服务中的损耗收费。酒店方面认为，为了会议策划人员的利益，他们和独家经销商已经对场地和设备进行了资金投入。即使策划人员不使用这些服务，但因为酒店提供这些服务，所以必须收费。音像服务尤其如此。酒店通常会要求策划人员使用内部音频、视频设备或选择独家经销商。如果策划人员坚持使用其他公司产品，则需支付高额费用。所以在协商早期要讨论这些可能会出现的问题，以免后期出现混乱情况。但不能仅仅因为酒店独家供应商资格最老，就认为它们享有独家权利。起决定性作用的是协商达成的预期佣金数。

尽管关于佣金的讨论往往是针对酒店如何收取佣金，但酒店也会支出一些佣金。旅行社和目的地管理公司以及场址选择公司会根据他们提供的业务向酒店收取佣金。策划人员必须向推荐会场的各旅行专业人士咨询的一个问题是：他们与所推荐的会场之间具有怎样的财务联系。

负责与酒店协商的策划人员需要考虑他们的业务将给会场带来怎样的整体财务计划。会议的财务结构越能满足酒店需要，策划人员从会议中获取的利益就越多。整个财务计划不仅仅包括会议本身的收入，还包括来自住宿、餐饮、酒吧以及独家经销商的收入。策划人员与会议场地的协商不仅要考虑到他们将要使用的服务，还要考虑所有服务的可用性，不管他们使用与否。如果可以使用某些特定**便利设施**（amenities），与会代表会更加期待使用该会场。策划人员需要保证代表的期望值与酒店提供的服务相匹配，而花费的成本又能为代表所接受。

主题公园型酒店就是个特例。在决定是否开设某项业务时，酒店会预测与会代表及其家属在相关的娱乐设施上的消费，这种消费很常见。对于需要购买多少数量的入场券方可使用会议场所，该类酒店的合同中有条文规定。如果会议安排有足够的空余时间，允许与会代表自己去主题公园逛逛，那么预订理想会议场地就会比较容易。

如果酒店有赌场，那么酒店从赌场赚取的收入可能会多于客房收入。客房价格在客人到达之前已经确定。赌场能够赚取的潜在收入仅受客人账户余额的限制。开会可以成为将客人吸引到赌场的一种方式，相较于其他活动，客人可能将更多的钱用于赌博。如果一个会议团体在会议期间并未在赌场花费足够的时间和金钱，销售部可能会收到终止与该团体再次合作的通知。

季节性（seasonality）和起伏不定的入住率可能会对使用场地的成本产生巨大的影响。季节性差异较大的酒店淡季价格可能仅为旺季的一半。关注会议场地的季节性变化，会议策划人员就可能达成一些真正划算的买卖。与会代表往往有一个错误的认识——如果专门的会场价格非常便宜，他们就觉得这是因为策划人员具有超强的协商能力，但实际上可能只是策划人员选择了季节性差异较大的场地而已。

预订酒店内会议场地时，除了考虑会场可用空间大小、客房和餐饮损耗罚款、季节性因素等典型注意事项外，策划人员还须熟知参会组织进场和离场的时间表以及酒店内其他组织的情况。根据活动规模大小，搭建（或撤除）活动的物理设施可能需要花费几个小时甚至一周的时间，有展会时尤其如此。这段时间酒店实际上就失去了一些机会，因为场地被占用，酒店无法预订另一个组织开会，造成收入损失。酒店可以收取会议地点的租金，补偿一些费用损失，但无法通过餐饮或其他收益中心获取额外收益。策划人员必须牢记这一点，并协商好进场和离场的日期，因为酒店希望尽可能高效地使用会场。此外，在任何既定时间都有不同团体在酒店举行会议。多数情况下，这都不会有什么问题，不过，如果一家公司召开新品发布会或讨论公司专利信息，那它一般是不会希望在会场看到竞争对手的。不同公司出现冲突时，协调会议地点十分重要。例如，如果将组织资格考试的专业机构的会议室安排在全天候彩排的乐队附近，就会产生严重冲突。在协商和签订合同的过程中，策划人员必须考虑到这些注意事项，确保策划和执行过程的顺利。

以下是一些相关酒店的网址：

http：//www. gaylordhotels. com/

www. swandolphin. com

http：//marriott. com/property/propertypage/NYCMQ

http：//www. mandalaybay. com/

http：//www. ihg. com

▷ 会展中心

大家通常认为会展中心空间很大。许多会展中心的确较大，最大的会展中心甚至仍在扩建。会展中心用来举办比酒店会场能容纳的规模更大的活动。有些会展中心的会议面积和展区面积超过 100 万平方英尺。规模如此之大，既是优势，也是劣势。会展中心都是会议场地，没有客房区，通常就是大型的简易建筑，屋顶横梁都清晰可见。当然，也有一些会展中心规模巨大，且设计鬼斧神工，令人惊叹。

同酒店相比，会展中心更倾向把大部分空间设为**展厅**（exhibit hall）和更为实用的空间，而不是豪华的宴会厅。酒店大堂设计舒适，引人注目；会展中心的大堂设计则要保证几千名与会代表的顺利进出。这种设计理念的差异在会展中心运营的每一阶段都显而易见。正如酒店有大小不同的房间，会展中心也有大小不同的会议室。一般的酒店，宴会厅是面积最大的会议场地，其次是展厅。在会展中心，展厅的面积最大，其次才是铺有地毯的宴会厅。会展中心的前厅面积大于附属的分会场并不罕见，这与前厅较小的普通酒店不同。

在会展中心的会议室里通常设有内置舞台，这在酒店中并不常见。会展中心比酒店更倾向使用"大会式"的固定教室，不过这类教室在会议中心不太常见。如果我们根据设计理念比较酒店和会展中心的会场，就会发现，酒店设计注重心理感受，而会展中心的设计则更多考虑工程学。当然，两种场地都要考虑到工程学，但是规模的差异会大大影响其管理操作。

和酒店相比，会展中心往往给人功利性的感觉，偶尔还会让人觉得"冷冰冰"的。会展中心通常没有洗浴中心、游泳池、健身房、桑拿房、餐厅或酒吧等，这一点和酒店不同。酒店全天营业，而会展中心会在夜间关门歇业，如没有计划安排，员工会正常下班回家。酒店全天都有人值班；会展中心则不同，如果你想在非工作时间在会展中心见到相关人员，就得事先安排。会展中心的结构紧凑，时间安排严格，与在酒店举行会议相比，策划人员在会展中心举行相同的会议需要更详细的计划。

酒店几乎都由大型公司管理，而大多数会展中心则是由政府机构所有。会展中心的管理通常承包给专业管理此类场地的私营公司。德国的 SMG 公司、美国的 Volume Services 公司、全球谱公司（Global Spectrum）就属于此类。很多会展中心都会受到当地 DMO 的大力资助，一些 DMO 甚至会经营会展中心。对于所有涉及政府管理的事宜，这些场地的管理最终要对纳税人负责。会展中心管理者之间存在一个争议——到底是国有企业还是私有公司能更好地管理这些场地。争议的双方都持坚定立场。尽管存在诸多争论，但有一点是确定的：策划活动的质量不仅依赖于策划人员与运营这些场地的个体之间的关系，还取决于策划人员与策划本身。在会展中心尤其如此，策划越详细彻底，活动就会越成功。

在这种管理结构下，会展中心可做长远打算，但同时须考虑短期情况。一般来说，政府投资建设的意图是期望该场地促进整个地区的经济增长。因此，该场地可以举办使整个地区受益的活动，而无须太注重拉动周围酒店的客房消费。这就在某种程度上解释了会展中心与酒店之间的不同，会展中心会举办一些诸如地方消费展的活动，这些活动不会促进酒店住宿。尽管会展中心可能受到一些来自酒店客房税的资助，但对保持会场和客房之间特定的比率并无要求。

会展中心如何盈利呢？毕竟，纳税人不会一直资助无利可图的大型建筑。会展中心提供的一切服务都要收费，且按使用次数来计算。会展中心内的每平方英尺都有价格标签。场租按每日每平方英尺计费，这是会展中心最大的收入来源。会展中心的每把椅子、每张桌子、每种服务都有定价。中心还借助餐饮和特许权转让来赚取其他收入。在酒店，举行会议的实际费用大部分都隐含在客房价格当中；而在会展中心，每项费用都有专门的详细记录。此种"细致入微"的做法就是会展中心的收费方式：使用的服务要收费，不需要的服务就不收费。

将会展中心和各种会议场地区分开的一点是能源预算的占比不同，这一事实常被忽略。会展中心在设备方面的花费常高于支付给员工的薪酬。这并不能说明会展中心的员工水平低，而是体现了控制大型场地的室内气候环境相当昂贵。酒店的能源账单也是一笔不小的数目，但与会展中心不同的是，酒店无须对具有高天花板以及全天候敞开的大门的巨大空间的温度进行控制。

同酒店类似的是，会展中心与供应商有联系，这些供应商提供会展中心内部不提供的服务。这些服务可能包括停车、公共汽车、视听设备、电力、数据通信、鲜花服务等。

和酒店相比，会展中心的餐饮很可能由外部供应商承包。每位供应商会支付佣金给会展中心。佣金可能不是现金结算，而是以在会展中心安装设备的方式结算。例如，很多会议场地没有软饮料自动售货机，那么，会议场地的软饮料独家销售公司会提供该设备及服务，并获得特定销售额作为回报。会展中心产业还需弄清一点——会场是否应该有"独家"或"优先"供应商。除非经供应商认定如此，否则我们不应贸然认定场地推荐的供应商是"独家"或"优先"供应商。按照传统，餐饮是唯一的独家服务商，但在一些场地，电力、装配、音响设备、安全及电信也可能由独家供应商提供服务。这些业务关系中有些是政府监管的结果，有些则是为了规避责任诉讼。有些会展中心甚至将餐饮也外包，而不是选取与会场有关的供应商。供应商和场地之间的关系是变化的，策划人员如未特别咨询，就无法断定这种关系的性质。

我们也不应贸然假定独家供应商或多或少都比其他外包商更能胜任其工作。很多会展产业的销售员会发布一些并不详细的言论，这些言论未必真实，但可能会让竞争陷入困境。确定场地的独家或优先供应商的资质能力是策划人员必须面对的一项最为艰难的工作；尽管有一些指南可以参考，但这些指南也不是绝对正确的。无奈的是，一些特定会议的成功与否，往往决定于策划人员没有打过交道的供应商。

考虑到大多数会展中心运营所处的政治环境，以及它们所举办活动的规模，我们会发现，会展中心颇具官僚作风，不够灵活。和会展中心协商的时间比酒店要长，但与其他会议场地相比，会展中心会将其费用信息以纸质或电子形式公开，这样我们就可以浏览众多会展中心的文档，并在与销售员交流之前就了解活动可能的花费。在其他场地，如果事前无法了解相关信息，想做到这一点就很难了。由于此类信息是公开的，因此策划人员就有责任进行了解，会场并没有指导新手的义务。

以下是文中提及的部分会展中心的网址：

http：//www. mccormickplace. com/

http：//www. javitscenter. com/

http：//www. moscone. com/site/do/index

http：//www. pittsburghcc. com/html/index. htm

场地管理公司网址：

http：//www. smgworld. com/

http：//www. global-spectrum. com/

▷ 会议中心

与一个组织未来健康发展密切相关的重要会议，其参会人数大多不到 25 人。参会人员通常知晓自己做出的决定对公司全体员工的工作和生活有着怎样的影响。比如，医药研究审查有关的会议就属此类。参会人员将决定是否继续投资开发可能有疗效的新型药物。他们要决定哪些药物将被监管审查，哪些药物将被打回再测试。这些会议能否成功对举行会议公司的存亡十分关键。酒店会议室和会议中心是此类会议的理想场地。

多数情况下，会议中心都较小，且设施完善，主要用于开展课堂类的学习。会展行业委员会（CIC）将会议中心定义为提供活动（特别是小型活动）专用环境的场地。国际会议中心协会（IACC）已经制定一套参考指南，将"会议中心"和其他会议场地区别开来。基于这些参考，策划者基本上可以确定会场管理完善，且特别适合气氛热烈的小型团体。一些大型公司经营会议中心，如爱玛客（Aramark）、杜嘉（Dolce）、索迪斯（Sodexho）、万豪（Marriott）、希尔顿（Hilton）等。而一些小型公司也参与管理会议中心，如 Conference Center Concepts 公司和 Creative Dining Group 等。

如果策划人员考虑使用 IACC 会议中心，最好先访问 IACC 网站，并在会见会场销售人员前，确定会议规模和预期情况是否与会议中心相符。会议中心可能提供住宿，也可能不提供。这两者最大的区别就是提供住宿的场地配有客房，不提供住宿的场地则没有客房。尽管将酒店和提供住宿的会场加以对比较为简单，但这种比较却可能引起误解。其中一个主要区别就是，会议中心主要用于开展教学活动而非高雅的聚会。换句话说，会议中心配有更好的设备，安装有永久的工作台以及固定的投影和音响系统。

很多会议中心，不管是否提供住宿，都会采用一种名为整体会议方案（complete meeting package）的定价策略，也就是说，场地的一切设备策划人员都可使用，且不用额外付费。如此一来，黑板、投影仪、麦克风以及音响系统等会场内的一切用品，策划人员都可随时使用。对于策划人员来说，这种工作方式很灵活，因为他们省去了提前安排音像公司安装设备这一步骤。

有些会议中心位置较为偏远。其中一些非住宿型的会议中心是大型公司办公大楼的一部分，仅在总公司不使用这些会场时才会对外开放。IACC 的指南就会给与会人员一种明显的"公司"感，指南对会议室内部设置有严格的控制。会议中心位置差异对会议的影响比对与会代表开会参加的其他活动影响要小。对于会议之外的活动，郊区会议中心的特色是可以去高品质的高尔夫球场，靠近市区的会议中心则会安排市中心的文化和体育活动。有些更偏远的郊区会场会安排赛马或一些当季的户外活动，如徒步旅行或滑雪。

选择会议中心时，策划人员不仅要检查会议中心提供的场地设备，还要注意与会代表有哪些预期。如果代表都是本地人，最好选择不提供住宿的会场。如果代表想在中午开会时溜出去走走，地处乡村的场地就是更好的选择。考察一下过去举办该活动的资料对于确定所选会议中心是否合适十分重要。

会议中心和酒店一样，通常隶属于公司，只是有些公司是内部持股的家族企业。它们不是政府机构，因此，它们的经营更像酒店，而不像会展中心，只有一点除外——公司会场几乎毫无例外都采取了课堂的模式。会议中心也可以效仿酒店的季节性经营。建于滑雪场中间的会议中心在冬天的消费明显要高于夏天。位于市区的会议中心可能全年价格保持不变。如果活动日期可以协调，前后改动一周或一个月就可能节省不少费用。

使用整体会议方案的会议中心通常设备齐全。如果引入外包供应商，费用会对策划人员透明。会场采纳整体会议方案这一概念，就会将所有的收入和一系列的服务联系在一起。唯一的变化就是实际参会人数与登记人数之间的差异。

损耗对于会议中心来说具有完全不同的意义。会议中心会基于某一特定参会代表人数向策划人员收取固定的费用。如果参会代表未到齐，策划人员依然需要支付合同项下的全部费用。此费用并非基于场地再次出售客房的能力，而取决于协商好的100％的会场费用，无论场地使用情况怎样，这笔费用都要支付。尽管策划人员在会议中心现场的任务并没有在会展中心那么繁重，但他们预测客房使用情况的能力十分关键。是使用整体会议方案，还是购买设施，策划人员做选择时，须关注投影仪或麦克风等简单消费之外的情况。他们需要估算时间是否会得到有效利用，是应该花时间运输大塑料箱通过机场安检，还是应该花时间确保咖啡充足、午餐准时？很多策划人员都是从成本控制角度来看待他们的工作。成本控制确实是工作的一部分，但确保会议成功召开却是更适当的目标。有时省一分钱并不代表着赚一分钱，因为可能会错失机会，也就是"捡了芝麻，丢了西瓜"。策划人员需要弄清楚其中的差别。

以下是文中提到的一些会议中心公司的网址：

http：//www. aramarkharrisonlodging. com/

http：//www. hiltondirect. com/

http：//www. marriott. com/meeting/default. mi

http：//www. dolce. com/

▷ 休养式会场

休养式会场（retreat facilities）是一类特殊的组织，与乡村地区的会议中心十分相似。休养式会场通常是家族企业或封闭型控股公司，这一点与其他会场不同，且只占据会议中心市场的很小一部分。非营利机构、慈善组织或宗教团体都拥有很多休养式会场。有些福音派组织把管理休养式会场作为其内部培训项目的一部分。主办机构不使用这些会场时，其他团体可以租用。休养式会场具有开展课堂式学习这一典型的会议中心的功能，但更专长于开展一些特殊的课外学习活动。有的休养式会场位于度假牧场，有的则在森林的小木屋内，这样一来，大自然就成了学习计划的一部分；但有些休养式会场附属于宗教组织，因而学习内容就会包含精神洗礼环节。很多策划人员因担心他们的与会代表可能不喜欢独特的与会环境提供的特殊学习机会，因而心存偏见，忽视这些休养式会场。

这些特别的会议场景可用来激励没精打采的与会代表。使用这些会场的挑战恰恰来自会场的最大优势——相对孤立性。由于会场距离机场和高速公路较远，交通和物流问题就可能进一步放大。但这些障碍都可以克服，最终的结果也值得去付出和努力。

以下是部分休养式会场的网址：

http：//www. allaboutretreats. com/

http：//www. retreatfinder. com/

▷ **游 轮**

从某种意义上来说，游轮是一种漂浮的混合建筑，是一个包含酒店、会议中心和提供全面服务的度假村。人们常常低估游轮作为会场的作用；但只要经过适当规划，游轮就能提供令人满意的会议体验。

与其他会场相比，游轮会场策划的好坏对会议的成功影响巨大。游轮按其时间表航行，更容易受潮汐影响，而非客户能否准时到达码头。游轮的计划若与运输计划不符合，就会造成严重的后果。与建筑物不同，游轮一旦离港，迟到的人就永远被落下了。

一直以来，游轮都是奖励性旅游的理想会场。对于策划人员来说，像游轮这样充满浪漫气氛的地方很少见。但是，向往浪漫的夫妻通常都有孩子牵绊。因此，很多游轮公司都提供完善的儿童项目，以确保大人能专心开会，不用担心孩子在哪儿、在做什么。实际上，很多游轮的儿童项目设施比很多大型度假地更健全，种类更多。

会议室的规模和实用性因游轮而异。会议策划人员不仅要查看被称为"会场"的场所，还要考虑其他创新之处。很多游轮都有大型剧院和休息厅，根据会议团体规模大小，该类剧院和休息厅可提前预订，供其专用。游轮上晚间开放的娱乐剧院白天通常空无一人，因此会议团体租用这些场所就会给游轮公司带来额外的收入。这些场所可以提供会议的业务活动和教学活动所需的各类设备。

除了对现有游轮的专用场地进行创新使用外，符合会议、博览会、活动和代表大会（MEEC）要求的新型游轮也在设计和建造当中。皇家加勒比公司的"海上绿洲"号有专用会展中心，最多可容纳 300 人。船上溜冰场和夜间俱乐部等其他区域采用专门的建造方式，一经要求，很容易改造成会议场地。旅行结婚越来越流行，这也促进了乘船旅游的发展。有些游轮公司已开展实施船上婚礼方案，因此也促进了婚礼礼堂和私人接待区的建造。

同会议中心类似，很多游轮公司也提供整体会议方案。此类方案通常涵盖除酒水和税金之外的所有服务。事先与游轮的技术人员详细协调，船上设施还是有望满足整场会议的技术要求的。在很多方面，这跟与会议中心的协调并无两样。

很多会议中心和休养式会场开展会议的最大优势之一就是它们的相对孤立性。而海上游轮的孤立性更为明显。同样的会议在航行中的游轮上举行和在停靠港内的游轮上举行，其参会情况是不同的。符合游轮航线的日程安排对会议出席情况有显著影响。很多策划人员面对的问题之一就是如何保证与会代表待在会议室。众所周知，毗邻赌场和主题公园的酒店会议出勤率较低。在出海的游轮上，手机不在服务区，和其他场所相比，这里更有希望举办出勤率较高的会议。除奖励性旅游外，很多策划人员经常忽视游轮作为会议场所的作用，他们恰恰低估了移动式会场的潜力。

以下是一些游轮公司的网址：

http：//www. uniquevenues. com/cruise-ship-meetings. html

http：//www. carnival. com/cms/carnivalmeetings/default. aspx

▷ 专用场地

剧院（theater）、**竞技场**（amphitheater）、**体育馆**（arena）、**体育场**（stadium）以及运动场地往往会当做会场使用，这确实有些大材小用，但出于会议需要，这类场地也可举办很多其他种类的活动。举办公众集会的会场可用来举办令人瞩目的大型活动。娱乐场所大小不一，有巨大的室外体育场，也有狭小的夜间俱乐部。这些场地的主营业务是娱乐活动，而非会议，它们可能无法提供某些酒店或会议中心的标准服务。如果策划人员对这些能够了然于胸，则可使用这些场地。

多数专用场地主要举办公共活动（入场须买票），场地的员工也很欢迎举办观众受邀前来的封闭式活动。尽管会议策划人员可以咨询前台工作人员，但他们依然需要仔细核查，弄清楚活动房间是否足够、技术人员是否准备就绪。娱乐活动通常在晚上或周末举行，因此，员工通常由兼职员工或工作日上班人员以及退休人员组成。员工及其人口统计数据可能不会给活动带来麻烦，但在签订合同前应就此问题与会场管理部门进行讨论。

同会展中心类似，这些场地通常为政府机构所有或公私合作经营。专用场地需要计划的内容与会展中心相似；而与会展中心不同的是，专用场地最适合用于接待大量客户，会议不是它们的主要业务。考虑到会场安排有公共活动，因此无法进行长时间的会议排练和准备。如果场地常驻运动队要举办季后赛，那么管理部门最多只会同意在赛事前几周再确认场地是否可用。

专用场地的经费来源是会展中心模式和会议中心模式的混合。使用场地和一部分设备及服务需要支付固定的费用。"常规的"清洁费用，与公共活动类似，包含在会场租金内。场地安排的员工要尽量少，这样才能确保按小时收费的工作时间最短。所有其他人力、设备和服务都与会展中心一致，按项目逐个收费。

在专用场地中，剧院其实可以成为理想的会场。那里一排排呈弧线排列的舒适坐椅，最大程度确保舒适性。剧院内部安装有灯光和音响系统，并有专门的工作人员负责操作。如果与会代表就是本地人，他们自然熟知剧院的位置，无须指引。舞台的音响效果良好，坐椅视野清楚。在会展行业，极其讽刺的就是人们花费时间和精力将酒店的宴会厅改造成剧院，用于会议，可实际上却鲜有会议在剧院召开。不过，这种情况目前已有所改观，剧院公司已经意识到交互推广的机会，做广告时也会将自身定位为可举办活动的场地。

从表面上看，剧院技术配备越完善，举办会议的团队就越愿意使用会场的设备，而不是从外面租用设备。但事实往往并非如此。在很多剧院，移动过的设备须放回原位。如果设备平时放在储藏室，这种方法则比较经济可行；如果设备放在"使用中"的位置就不划算了。相比较将租借来的设备搬走、打包装车、放回仓库，将设备恢复"使用"状态的花费会更高，照明和投影设备尤其如此。如果剧院有根据舞台定制好的幕布，通常就可以直接使用，因为寻找尺寸合适的替代品太过困难。

使用室内设备的另一个问题是可靠性。很多剧院，特别是用于教育活动的剧院和社区剧院，其收到的资助不足以妥善维护这些设备并确保它们的可靠性。灯光设计师如不清楚已有设备的情况，可能会使用自己的设备以避免承担风险。

专用场地的餐饮比其他场地需要更多规划。假如场地的主要收入来自需要入场券的活动，它们的特许经营体制可能比较完善，但餐饮服务是否达标就无法确定了。菜单选择颇具挑战性，由会议的规模决定。特许经营下的厨房设备可能无法满足会议的菜单需求，因而策划人员不得不与外部餐饮承包商签订合同，以解决该问题。

▷ 高等学校

高等学校的全部精力都在教育和研究上，因此它们应该有理想的会场。有些学校确实适合举办会议，但策划人员必须清楚一点：尽管承接会议能够给教育机构带来可观的额外收入，但几乎没有高校的设备齐全到可以开展大型会议，此外，高校的工作人员也不善于应对各种临时需求。策划人员如需使用学术会场，务必加以调查并与学校组织机构众多相关人员协调。只是在校友会工作人员预订培训中心几个小时之后向其询问学校草坪的喷洒装置晚上是否确定关闭是远远不够的，策划人员必须与相关部门直接确认此类细节。

季节性差异对酒店和其他会场造成的影响远不如对大多数学术会场的影响。暑假期间，很多高校几乎成为空城，此时闲置的大学校园可作为会议场所有效利用。策划人员如想选择大学校园举行大型会议，必须进行额外的后勤安排。大学教室通风好、光线足，但是设施不够舒适。学生桌椅二十来岁的人还是可以接受的，但是四十岁的中年人恐怕不太中意。不过，越来越多的高校开始向有意愿的客户提供会议服务，主要是针对寻求经济实惠或预算较低的客户。很多规模较大的高校将会议部门并入整个大学的接待服务系统中，而较小的院校则经常举办季节性的夏季会议。在高等院校开展会议的需求不断增加，促使这些院校努力满足该需求。

高校宿舍提供床位，房间也与酒店一样，沿走廊两边布局，但两者的相似性也仅限于此。高校宿舍只有单人床，没有双人床，且大部分床位尺寸较窄，标准的床上用品都不适用。因此建议与学校的后勤部门联系，获取床上用品和毛巾。尽管学校也有一些单人宿舍，但大部分都会安排两人入住。安排合住的工作耗时费力。如果会议规模较大，建议招聘实习生来完成这项任务。另一个常被忽视的问题是学校宿舍里往往好几个房间共用一间浴室。这比较适合高中生或大学生运动员，医生或股票经纪人等专业人士可能会感觉不舒服。新建宿舍或最近翻新的宿舍配有电梯，但是很多老式宿舍未设置符合《美国残障法案》（ADA）的电梯，无法直接通向高层。充分利用高校校园可以节省一大笔花费，如果会议计划使用学校的体育设施则更是如此；不过，并不是所有的会议都适合在高校召开。

很多会议策划人员认为高校的餐食条件不尽如人意。不过，随着负责高校餐饮的专业餐饮服务管理公司的出现，高校的餐饮质量已有很大提升。然而，策划人员应该明白，尽管如此，高校的餐厅也不会太高档。同样重要的是，提供的食物质量与可用的预算直接相关。高校餐饮质量一般，很可能是因为预算少，而不是厨房的烹饪水平不达标。只要预算足够，策划人员也能在学术场地提供优质的餐食。

高校艺术中心和学生活动中心作为会场会比较有趣，气氛也较好。艺术中心内可以进行有趣的谈话，有利于交流活动的展开。所有的活动代表对于艺术可能都略有见解，这就促进了陌生人之间的交流。使用艺术中心的策划人员通常都会犯的一个错误是总想进行重新装饰。如果不花大价钱，策划人员其实无法提供比原有装饰更别具匠心的设计。倘若策划人员觉得需要对艺术中心进行大规模重新装修，那就是没选对活动场地。

高校的艺术中心和剧院有一个独特之处，这一点常被策划人员和公众所忽视。那就是，和大部分会场及专用活动场所的工作人员不同，这里的工作人员不仅是在工作，而且还在释放热情。负责会场的日常工作人员都深感自豪，并会密切关注场地及其内部设施。这并不是说其他场地的人不关心设施情况，但其关注度和专注度肯定不及学校剧院和艺术中心的总监。策划人员如计划使用这些会场，必须理解与其相关的敏感问题。同时，他们必须向自己的工作人员传达此信息。策划会议的流动性人员（在学校的正式员工眼里他们只是"临时工"）必须牢记这一事实：尽管他们要在会议上花很大一笔钱，但对于学校来说，他们依然是来参观考察的，未必是受欢迎的客人。这种活动的预算完全有可能超过固定员工的月预算甚至年预算，因此容易引发嫉妒情绪。

以下是一些高校会议服务网址：

http：//www.cce.umn.edu/conferencecenter/

http：//www.ces.sdsu.edu/facilities/

▷ 特殊会议场地

会议策划人员总喜欢在非会议场所召开会议。飞机库、偏远的岛屿、自然保护区、城市公园、室外草地、博物馆和运动场都是常用的特殊会议场地。这些特殊会议场地中最司空见惯的应该数停车场里的大帐篷了。所有这些场地都大同小异。

特殊会议场地没有配套设备。实际上，活动所需的所有东西都得自备，而且场地几乎没有工作人员。使用这类会场的策划人员，除了需要处理活动常见的事务外，还需提供会场范围内所有基本的配套服务。这些服务可能包括移动式卫生间、停车服务和垃圾清理等。天气是所有户外场地都需考虑的问题，酒店泳池派对同样也会受天气影响。

策划人员常会面临一个意想不到的挑战：获得场地的使用许可权。很多地方政府要求使用公园甚至是私人场地开展特殊活动，都得事先获得许可。未得到适当许可，活动可能会被终止。请求许可不仅须通知警方和消防部门，在很多地区还须通知建筑规范办公室。帐篷必须经由消防局检查。在一些地区，发电机属于消防局的监管范围；其他地区有专门部门处理电气问题，该部门可能隶属于建筑规划部门或指定的特殊活动办公室。

机场需要格外注意安全问题。机场作为会场，其安全措施的标准最高。如不符合这些安全程序，活动就可能存在危险因素。策划人员如果想把会场设计为航空主题，飞机博物馆比使用中的飞机场更适合。飞机场有时会举办一些政治性集会，这与过去选举时在火车站举行的活动类似。会场中持续不断的飞机轰鸣声确实使人兴奋，但候选人演讲的一些重要细节也无法听清。音响系统的质量往往是最后考虑的因素，但它对活动成功举办却至关重要。

帐篷通常也用作会议场所，帐篷可分为三类：支架帐篷、框架帐篷和无柱帐篷。安装于草地上侧面敞开的支架帐篷或**框架帐篷**（frame tent），就是最简单的会议场地。在帐篷里开展活动需要稍微提前计划，以确定帐篷租赁人员可以及时搭好帐篷；在很多管辖范围内还需要获得许可；天气也是一个需要考虑的因素，但可以把帐篷侧面封闭，并安装空调，以减弱天气的影响。帐篷还需铺设地板，以确保雨水从地板下排出，不会殃及帐篷内人员的鞋子。帐篷内的照明和装饰也是一个挑战。在**支架帐篷**（pole tent）内悬挂照明设备需要专用支架，支架要非常牢固；因此，对于支架帐篷来说，最好由放置在地板上的万向支架或塔架来支撑照明设备。

无柱帐篷（clear span tent）具有坚固的屋顶结构，可在横梁上使用特别的夹子来悬挂照明设备。之所以选择帐篷，就是为了营造一个前所未有的会议场地，不过，水电、卫生间等配套设备可能都不具备，所以必须由外部提供。如果需要在无柱帐篷里悬挂照明设备，则需要在布置地板前完成此项工作，因为很多帐篷内的地板无法承受安装期间安装人员使用的剪式升降机的重量。

所有的特殊会议场地都缺乏支持和设备，而且还会面临较大的安全和物流挑战，此外，一些场地还会面临其他一些特殊的挑战。

在一些偏远地区，进入会议场地都是一个问题。犹他州帕克城拥有十分完美的会场，但进入会场的唯一方式是使用马拉雪橇，且仅在冬季能进入。另一个例子是湾湖的迪士尼探险岛。进入此岛的唯一途径是一座木桥，桥体不够坚固，汽车无法通过，板条搭制成的桥面也承受不住餐饮手推车的重量。如果选择这里作为专用会议场地，往该岛输送物资的唯一方法就是驳船。可那里水位很浅，船只稍大就无法通过。在前往探险岛的路途中，你会听到很多类似"扩音器支架差点掉落"的故事。

即使有道路直接通向会议场地，会议入场也依然会成为问题。有的道路在雨季会被水淹没，有的道路一到冬天就无法通行。如果道路可以通行运货卡车，还必须确定是否有卸货码头或是否需要叉车。如果需要叉车，策划人员必须确定叉车司机以及其他相关的物流问题。

有人会认为配有大量露天坐位的户外体育场可能更易于开展活动，它们配有卫生间，故比其他很多户外场地易于管理，但它们也存在一些自身的问题。赛场的绿化灌溉系统非常脆弱，重载货车经过会压坏下方的管道系统。有些场地禁止重于高尔夫球车的机械进入。在足球场上搭建舞台更是天方夜谭，除非使用轻型夹板并加以适当填充。推着一车钢管穿过球场的草坪自然也不可能获得场地会议主管的许可。

技术人员在处理户外体育场相关问题时会面临一系列挑战，而负责餐食的工作人员则会面临其他挑战。他们的习惯做法是将剩冰堆在地上，但这种做法会损坏冰下的草地。剩冰应当堆积在排水道、路面或林地区域。此外，可移动酒吧也较重，会损坏下方的地面。这些酒吧只能安置在路面上或者在其下方安装一层夹板。夹板只能放置几个小时，否则被压的草皮会死掉。在草地上铺一块块塑料地板可以分担重量，给青草以喘息的空间。条件允许的话，夹板是较好的选择。可移动酒吧也存在液体外漏问题。如果水是干净的，则不会造成麻烦。但是，酒吧流出的大部分都是融化的冰水，还有一部分是自动饮料售卖机的剩余物。水中含有糖分，会招来蚂蚁。蚂蚁会在草地上挖洞以寻找更多的糖分，用不了多久就会出现蚁丘。如果提供海鲜自助，冰水也须适当处理，否则活动结束后，海鲜的腥味很难散去。

除了对公众开放这一不利条件之外，公园倒是个环境优美的会场。如果开展文艺演出类公共活动，人来人往的公园的确很理想。但对于私人活动，特别是提供酒水的活动，公园可能就不是好的选择了。

计划户外会议时，室内备选方案对于会议的成功召开也十分重要。如果是艺术节，室内计划自然不可行。但是，专业策划人员应该随时关注天气变化，以免影响活动举行。

近年来，为了举办MEEC集会，特殊会议场地频受推崇。公司希望它们的会议在同行中脱颖而出；私人聚会期望与众不同、独具匠心；婚庆活动中，新人总期待举办独一无二的仪式，特殊会议场地常用来营造额外的"惊喜"效果。有些场地原本甚少涉及这类业务，但也在试图满足客户越来越多的兴趣和要求。例如，那不勒斯恩加拉私人动物保护区和马里兰动物园原先都是饲养动物和举行相关展览的地方，但是基于集团业务利益的考虑，它们都在自己的地盘建造了场地，出租给会议和活动使用。

　　特殊会议场地除用于举办会议和招待会外，也越来越受婚庆机构的欢迎。如果情侣想选择两人家乡之外的地方举办婚礼，旅行结婚就是个不错的选择。比如说，住在芝加哥的情侣可能会选择在夏威夷举行婚礼，而不是自己的家乡。很多情况下，这些旅行婚礼会在特殊会议场地举行。沙滩、植物园、城堡、帆船或主题公园都是其选项。佛罗里达的迪士尼世界每年会举行 2 500 多场婚礼，其中有些是在魔幻王国的灰姑娘城堡里举行。简而言之，如果策划人员愿意多动脑筋，所有地方都可以用来举办活动。

▷ 常见问题

　　不管活动在哪里举行，都存在一些常见问题。大部分问题是后勤方面的，如去机场接送与会代表。除此之外，几乎所有的会议场地和会议活动都存在以下问题。

障碍

　　对于策划人员来说，他们面临的最大挑战或许就是克服影响会议成功开展的种种障碍。会议场地的确会出现很多障碍，这些都需要策划人员一一克服。例如，登记处人手不足或登记处太小。还有可能出现停车位不够的情况。再者就是关于噪声的管理条例：根据条例，上午 10 点至下午 6 点期间禁止装运活动。人身方面的障碍不仅仅是考虑残障人士这么简单，策划人员还要考虑其他一些问题，如下雨时着正装的参会代表如何从住处来到会场，接送客人的汽车能否到达会场的正门。

供电问题

　　大多数户外特别活动和很多小型室内活动的供电需求都会超出可用电量。发电机可以用来供电，但比较昂贵。与传统会场中的活动相比，正确预测供电需求对户外特别活动和小型室内活动来说更为重要。使用发电机后，策划人员不光要支付发电机的日租，还要付燃油费。油耗主要由两个因素决定：发电机运行时间和实际发电量。要计算燃油费用，只需把每加仑的费用与发电机运行时间、消耗电量三者相乘即可。策划人员可以控制以上三个因素中的两个。

　　如果会议或特别活动需要使用视频或娱乐设施，策划人员就得考虑到相当一部分交易展台或大型景点对供电都有特殊要求。电费很高，且使用音响系统产生的电费比租用设备的费用还高。如尽早给出用电请求，很多会展中心都可以就电费打折。技术供应商计算出供电要求相当容易。如果提前请求，电费的折扣可达 30%（这个折扣很常见）。最好预订比预期多出 10%～15% 的电量，这样可以保证电量充足，而且比计算好全部详细用电需求后下订单的费用要低。

　　电费不是根据耗电量计算的，而是基于最大输出功率。按照实际的耗电量收费在美国很多州不被认可，因为这样会场就变成了公用事业公司，违反了费率规定。所以，使用发电机的费用看似根据耗电量而定，实则是基于燃油量来确定的。尽管发电机空转时不供电，但依然会消耗燃油，不需要时关闭发电机可以节省开支。

装配问题

对于装配工来说，石膏吊顶是最可怕的噩梦，紧随其后的当数无钢结构的预制混凝土屋顶。如果参会人数多达几百人，或者需要放大视频影像，则必须从天花板上悬挂照明设备。除非场地已装配好天花板的照明设备（这种情况实属少见），否则照明设备必须由吊式桁架搭配索具来完成装配。剧院照明设备的安装通常不需要借助吊式桁架，酒店却不一定。

酒店的外包装配公司会要求至少在活动前两周，获取所有的会场平面图。对于提前一年承包的活动，要求提前两周获取平面图听起来似乎比较简单可行，但做出精准的平面图对很多策划人员来说却成了无法完成的挑战。在一些行政区，如果没有详细的悬挂计划，消防局长、建筑规范检查员或安全专员有权禁止悬挂设备。如果由于没有提交文件而导致活动最终不得不取消，策划人员可能就得卷铺盖走人了。

大多数会场将装配工作承包给外部公司以寻求保障。会场管理部门没有充分的监管经验这是将任务外包的又一原因。假如我们把装配工的日常工作描述为将"活动的负荷"悬挂于大众的头顶上方，那么他们工作时就会十分谨慎认真。这样做看起来像是故意夸大其词，其实是为了保证参会人员的安全，并非要妨碍活动。适当提前告知时间安排和需求有利于确保场地的悬挂工作按计划妥善进行。

地板问题

仅仅因为建筑物地面上的装货门足够大，可以通过牵引挂车，就断定只要机械能通过门，地板就不会有问题，这样的想法是不可取的。虽然地板由4英寸钢筋加固的混凝土铺成，可地板内的控制箱或许并没那么坚固。奥兰多的一处会场，由于不断有叉车驶经地面，不得不挖开地面，在几处地面周围重灌混凝土。同样，我们也不能轻易断定特定大小的剪式升降机可以直接进入宴会厅。对于涉及这些问题的活动，策划人员必须询问地面负载能力，将其作为现场勘察的一部分，因为这些信息很少能即时获得。

宴会厅铺有地毯，很多酒店要求在进场和出场过程中将塑料布铺在地毯上。如果会场有此类要求，则需要提前告知展会服务承包商和所有技术供应商。现在，越来越多的人要求铺盖地板。未能将正确的平面图提交给申请地板覆盖物的负责人或未能适当计划安装事宜都会耽误进程，产生高额费用。

　　很多剧院的舞台采用抛光的木质地板，因此不建议在上面使用钉子或螺丝，否则，以后要想再次使用会场，一定会遭到拒绝。此外，这些地板也无法承受较重的机械，如剪式升降机或叉车。因此需要对员工和设备加以调整以满足这些要求。

进入问题

　　举行活动不仅要确保与会代表找到场地及其入口，还要保证技术支持人员和餐饮人员顺利进入。装卸通道的设计会极大影响活动的花费。南佛罗里达州有一处会议场地，进入宴会厅的唯一装卸通道就是使卡车沿着海堤向后倒退 100 码。21 英尺的卡车无法通行，只有 17 英尺的可以。牵引式挂车只能停靠在距离目的地 0.25 英里的地方。在这里举办活动时，如果技术配套装备需牵引式挂车装载，其卸载要在会场外完成，然后再用小型卡车将设备运到装载码头，这将会产生一笔不小的额外费用。佛罗里达州西海岸还有一处会议场地，进入宴会厅的唯一装卸通道是一部电梯。电梯无封顶，侧边开门，固定在建筑物外侧。当地夏季几乎每天下午都有雨，如果想在 7 月份的下午 4：00 进行装载，简直是困难重重。

　　即使码头和卡车同等高度也无法保证能顺利装载。迪士尼世界海豚酒店和盖洛德度假村等会场都配有电梯，从码头通向宴会厅。要到达橘郡会议中心得乘坐两部电梯下降至大厅。码头的数量和位置很重要。奥兰多地区仅有两个配有足够码头空间的大型会展酒店：盖洛德度假村和奥兰多万豪会展中心（Mattriot's Orlando World Center）。可能有人会觉得橘郡会议中心有半英里连续的码头空间，装载空间足够，可即便如此，举办一些活动时码头就变得水泄不通，真是让人难以置信。相比较而言，新奥尔良的莫里亚尔会展中心（Morial Convention Center）就很好，装卸码头沿建筑一侧整齐排开。

▷ 多功能厅和设置

　　大多数会议都是在会议室、休息室或宴会厅举行。展厅更大些，常用于举行展会或音乐会等大型活动，而前厅是指会议室外面的走廊和休息室，常作为休息区或登记区。

　　策划人员预订会场时需要考虑众多因素。除参会人员和参展商的实际住宿情况外，还需要考虑其他设置情况，如视听需求，休息区，发言人和专家组的舞台、讲台要求等。但最基本的设置就是坐椅安排的方式。安排方式直接取决于客户需求。如果出席者需要在会议中与他人交流，其坐椅安排就不同于发言人在会议室前面演讲、观众在下面听的情况。

　　在 MEEC 产业中，会议室坐椅安排设计有无数种方案，下文讲解三种基本的会议室设置情况。

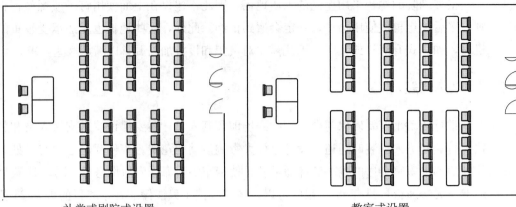

礼堂或剧院式设置　　　　　　　　教室式设置

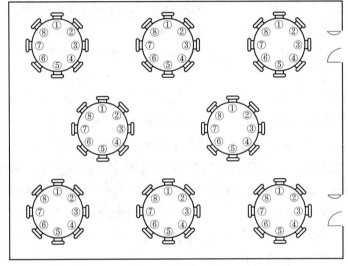

8人圆桌式会议室

不同的会议室设置和布局

礼堂或剧院式风格

礼堂或剧院式设计可能是最常见的会议室的坐椅设置方案。如果会议期间不需要出席者与他人交流，**礼堂式设置**（auditorium room setup）是很好的选择。这种情况下，椅子成排摆放，朝向相同，通常都是面对设计有舞台、讲桌或屏幕的礼堂前方。会议一般由一位演讲者或一个专家小组来组织开展，形式通常是演讲，出席者根据演讲者传达的信息做记录。

如上图所示，所有的椅子成排摆放，面向讲台和两位就座的专家。礼堂式设置可以根据会议所需的坐椅数量进行微调。例如，8 000 坐椅的礼堂会设多条通道，方便参会者出入。坐椅多采用 V 形或半圆形设置，这样离讲台较远的参会者视野会更好。

教室式风格

有些会议需要一些桌子，供出席者完成测试、做笔记或与他人交流以解决提出的问题。**教室式风格**（classroom style）是这三种设置中最为普遍的方式。教室式会议室的坐椅设置与礼堂式类似，但每排坐椅均配有写字桌。这些桌子通常 6 英尺或 8 英尺长，18 英寸宽。如果出席者需要在桌子两边入座，桌子的宽度就需达到 30 英寸（或将 2 张 18 英寸桌子拼在一起），这样才能保证空间足够。教室式会议室中的桌子都铺有桌布，并配有纸和笔。

与礼堂设置类似，教室也可以根据需要进行调整。有时桌椅斜对着讲台布置，甚至与讲台垂直布置。与教室前面讲台垂直的设置很具有挑战性，因为有相当一部分参会人员会背对教室前面的演讲者。如果会议旨在让坐在一起的参会人员相互交流，这就不是问题。但是如果出席者需要关注讲台上的人，座椅与教室前面垂直的设置就不明智了。

圆桌会议室

圆桌在餐饮活动中最为常见，但有时也用来开会。对于小型分组会议或需要出席者进行大量交流的会议，圆桌是较好的选择，它能促进交流。一张会议桌四周的所有人都可以相互看到，与旁边人距离很近，便于进行协同合作。

很多会场都采用 6 英尺圆桌（直径为 72 英寸），5 英尺圆桌（直径为 60 英寸）的使用率次之。圆桌尺寸十分重要，因为直径决定了能坐下多少人。5 英尺圆桌可坐下 6~8 个人，6 英尺圆桌可坐下 8~10 个人。

在上图中，每张 6 英尺圆桌安排 8 名客人。圆桌的入座安排也可采用新月形。**新月形入座方式**（crescent rounds）以圆桌为基础就座，但无须坐满。例如，如果讲台安置在会议室最左端，策划人员可能会将每张圆桌的 6、7、8 号坐椅空出来。这意味着所有出席者不会背对讲台，每人都可以清楚地看到演讲者。

▷ 未来走向

会议和活动场地存在较多发展趋势，这些趋势在将来可能都会成为司空见惯的形式。其中一个就是大量使用特殊会议场地。策划人员一直在寻求最新的想法，希望自己的活动可以从同行中脱颖而出，选择特殊的会议场地也许是实现此目的最直接的方法。会议出席者也期待一些"惊喜"，不愿年复一年都是同样的模式。相比在会展中心的大厅举行开幕会，策划人员更愿意向出席者卖关子，使用一些特殊会议场地，以免参会者感到乏味。今年的开幕活动可能在新奥尔良世界嘉年华（Mardi Gras World）举行，明年说不定就变成了达拉斯的牛仔体育场（Cowboys Stadium）。在每个会议场地，出席者都会拥有一段非比寻常的经历，感受到活动的特殊之处。

会展中心的规模和构成在接下来的几年里也会发生较大变化。在过去十年里，美国会展中心增加了50％以上，很多二三线城市也开始建造新的会展中心，或对现有会展场地进行扩建。尽管MEEC产业处于持续增长状态，但会展中心的大规模建造速度可能会放慢，因为需求增长并没有赶上供应增长的速度。然而，一些会展中心已转而增建新的空间，这种空间具有两种功能——既可作商用，也可作娱乐用。这种趋势不断增强，取代了建造大型会场的态势。例如，科罗拉多会展中心（Colorado Convention Center）可容纳5 000个座位，工作日可开展一般会议，周末则可开演唱会。该场地符合剧院礼堂的视听需求，且生产成本较低，可为策划人员省下一大笔钱。

□ 小　结

针对场地工作的建议

获得准确的信息对于成功策划会议十分重要。详细和深入的调查是该过程的第一步。互联网可以为客户提供有效的资源，为会议策划提供帮助，因此，这一步操作起来比过去容易多了，以后会更方便。很多顶级的会议场地有自己的网站，为客户提供海量有用信息。有些会议场地提供360度视觉影像，策划人员可以远程观察会议场地。这种技术的花费越来越低，也越来越常见。在致电销售代表之前，策划人员应访问会议场地网站，并打印出所有相关信息。研究完材料且确定该场地适合开展活动后，策划人员再致电场地销售人员，与其沟通。

与场地协商最重要的工作是与有关各方建立公开、真诚、互信的关系。遗憾的是，有些场地部门会利用这层关系进行暗箱操作，正如有些策划人员对供应商实施不法操作一样。尽管存在风险，但必须尽可能建立公开、公正的关系，因为每场活动的成功举行取决于会议策划人员与其他各方之间的交流。理解了各方职能和需求，这种公开、公正的关系才可建立。

交流始于需求。需求越准确，交流越顺畅。但是，"准确"和"详细"不是同一个意思。在合同中，酒店需要明确前来入住的具体人数，但无须获知他们的姓名等详细信息，这些信息可以等到与会者入住前再确定。准确及时列出这些需求是顺利建立合作关系的第一步。确认会议场地发回的文件后，沟通就算完成了。不仅策划人员应该提供需求，会议场地还应该给予回复，向策划人员确认已明确这些需求，并会以适当方式满足要求。

会议场地的关键工作分为四步：研究、了解、交流和确认。不断重复研究、了解、交流和确认，直到任务完成！本章提供的内容主要讲述该过程的前两步。接下来的内容才是区分优秀策划人员与普通策划人员的关键。

□关键词

圆形剧院（amenities amphitheater）　　整体会议方案（complete meeting package）

酒店（hotel）　　季节性（seasonality）

体育馆（arena）　　　　　　　特许权所有人（concessionaire）

本地活动（local event）　　　　平季空缺（shoulder）

损耗（attrition）　　　　　　　目的地管理（destination management）

亏本出售商品（loss leader）　　体育场（stadium）

会议室（boardroom）　　　　　目的地管理公司（DMC）

需求分析（needs analysis）　　剧院（theater）

分会场（break-out room）　　　展厅（exhibit hall）

支架帐篷（pole tent）　　　　　无柱帐篷（clear span tent）

框架帐篷（frame tent）　　　　前厅区域（prefunction space）

□复习及问题讨论

1. 为确保会议高效开展并节约成本，策划人员可以做的最重要的一件事是什么？

2. 什么是损耗，为什么策划人员需要关注损耗？

3. 酒店会场和会展中心会场最重要的区别是什么？

4. 会场工作人员期望会议策划人员提供的最重要的活动是什么？

5. 酒店财务结构与其他会场存在哪些不同？酒店收入的最大来源是什么？是会展中心吗？

6. 为什么季节性对策划人员很重要？

7. 为什么天花板高度很重要？

8. 为什么会议策划人员应关注版权法？

9. 户外活动中，策划人员最应关注的是什么？策划人员应该怎么做？

□本章作者简介

凯莉·弗吉尼亚·费伦（Kelly Virginia Phelan），在 MEEC 产业的不同部门工作了十多年，有丰富的工作经验。在约翰霍普金斯大学（Johns Hopkins University）攻读外交政策学士学位期间，担任暑期会议经理，为本科招生委员会组织了多场校内招聘会。此后担任 1998 年巴尔的摩世界曲棍球锦标赛（World Lacrosse Championships）活动策划；迪士尼艾波卡特（EPCOT）中心会议服务经理；阿拉斯加爱迪塔罗德（Iditarod）狗拉雪橇的活动经理；弗拉明戈、巴利和巴黎拉斯维加斯度假地活动经理。目前，她在拉伯克的得克萨斯理工大学（Texas Tech University）担任营养学、酒店管理和营销系副教授。

本章更早版本的文本资料由天堂声光公司（Paradise Light and Sound）的鲍勃·彻尼（Bob Cherny）提供。

第 5 章

学习目标

- 定义不同类型的展览会
- 确定展览会管理的关键因素
- 展览会策划需要考虑的因素
- 确定参展商的作用和展览会策划的基础
- 认清博览会产业的趋势

▷ 引 言

在北美地区，每年有超过 14 000 场展销会（trade show）和展览会（exhibition）举办。如今，具有悠久历史的会展行业正值欣欣向荣、日新月异之际。本章将从展会主办方和展会经理的角度概述展览业的发展概况。

▷ 历 史

贸易展（trade fair）始于圣经时代，并在中世纪盛行于欧洲和中东地区。这些展会为工匠和农民提供了便利的场所，他们把产品带到城镇的中心进行销售，以此作为生存的手段。这是"公共"贸易展的开端，起初主要是特色手工艺品、农产品以及其他特产的交换。根据《贸易展会的艺术》一书，德国和法国是最早举办展销会的国家，如 1165 年的莱比锡博览会、1215 年的都柏林博览会、始于 1259 年的一年两次的科隆展览会以及 1445 年的法兰克福书展。贸易展以手工制品和农产品为特色，从工业革命开始，一直持续到文艺复兴时期。在此期间，货物开始大量生产。

最终，商业交易者意识到了展会的价值所在，通过展会实现了会面、分享信息并为潜在客户提供产品预览的价值。该行业在 19 世纪末发展繁荣，许多设施开始兴建以举办世界级别的展览。这种买卖双方之间的形式被称为**展览会**（exhibition），并且展览设施通常设在较大的城市。例如，万国工业博览会（Great Industrial Exhibition of All Nations）正式在伦敦水晶宫开幕，来自全球各地的展品数量达 13 000 种，吸引了超过 600 万人参加。美国芝加哥和费城举办了以纪念"世界博览会"为主题的展会，事实上，这次贸易展凸显了与会国家的工业进步与发展。1895 年，底特律首次开始吸引企业前来参展，1914 年，美国国家会议局协会成立。

在 20 世纪早期和中期，贸易协会发展起来并且目睹了贸易展与年会同时进行的潜力，这种做法不仅刺激了行业间的交流，还提高了从年会上获得的收入。进入 20 世纪，展览业迎来了既精彩又艰难的时期。在第一次世界大战、第二次世界大战和大萧条时期出现明显的停滞。在此期间许多行业协会成立，并确定了展览加之于会议和活动所带来的利益。为了提高展览的知名度和价值，一批行业专业人士于 1978 年成立了博览会经理人协会（现更名为国际展览与项目联合会，IAEE），由 8 500 多名会员发起，承办和组织世界各地的展览会。

▷ 展览会的类型

展销会

展销会是一个典型的 B2B 活动，因此不对公众开放。展销会的定义越来越接近贸易展，因此这两个术语可以互换使用。和"展销会"相比，"贸易展"经常被美国以外的其他国家使用。贸易展将会在第 14 章进行更加详细的讲述。"展览会"的历史定义与今日完全不同，如今这个词已经演变成贸易展或交易会的意思，"博览会"（exposition）也演变为意义上相似的贸易展。协会会议包括展览会、博览会，它们是协会的年度盛会的贸易展览部分。本章我们将逐一介绍展销会、博览会和展览会。

参展商通常是特定产品和服务的制造商或者经销商，或者作为赞助商和组织者所在产业的补充。通常情况下，观众仅限于本行业的购买者，而且需要有经营许可证。展销会中可能包含教育培训，也可能不包含，虽然近年来教育培训已经发展成为吸引参会者的方法之一。展销会的资助或管理通常是由行业协会完成，如今已经演变成为公司资助和管理。一些展销会是企业倡议的结果，完全以营利为目的。展销会的举办频率并不固定，但通常是一年一度的盛事。各大机构有地区性的展销会，比全国性或国际性展会规模要小。展销会的与会者和参展商可能来自全国各地或世界各地。因此，在选择举办地点时，酒店客房和交通状况是需要考虑的因素。

对潜在参展商进行营销最常见的形式是贸易刊物的广告。现如今，较为成熟的展销会和展览会在对潜在的参展商进行营销时进展得非常顺利。通常展览大厅人山人海，出现候选参展商名单的情况也很常见。然而，在过去的几年里，已经有许多参展商在缩小展位面积或者减少参展次数。如今展览会间的竞争非常激烈，组织方在留住现有参展商和吸引潜在参展商方面用尽浑身解数。

在美国举办的展销会举例如下：

● 全国餐饮展（NRA）：于每年5月在芝加哥的麦考密克会展中心举行。2009年，展会吸引了超过37 000名参加者和15 000家参展商。

● 消费电子设计与安装协会博览会（CEDIA）：于2009年在亚特兰大举行，有超过20 000位来自住宅电子系统行业的专业人士出席，超过400家参展商展示最新的家用技术和最新电子产品集成系统。

● 国际建筑展：是国内最大的建筑行业贸易展，2010年1月在拉斯韦加斯举办。

● 美国细胞生物学学会（ASCB）年会暨博览会：于2009年12月在加利福尼亚州圣迭戈举办。与会者为来自学术界、产业界、政府和高等院校的科学家和学生，350多个营利性和非营利机构参加了此次展会，并提供新的产品和服务。

国际 SPA 协会

自1991年以来，国际SPA协会（ISPA）已经成为世界公认的温泉行业的专业机构，代表83个国家的3 200多个健康保健设备商以及供应商，涵盖温泉体验的整个服务，从度假区（酒店）、目的地、矿泉、医疗、游船、俱乐部和水疗中心，到服务人员（如医生、健康指导员、营养师、按摩师）和产品供应商。

该协会的宗旨是：通过提供宝贵的教育和交流机会，推广水疗体验的价值，并作为权威机构的发言人加强温泉行业的专业性，促进整个行业的进步。

协会的愿景是：成为推动水疗行业发展的领导者，服务大众。

参与者

ISPA展会是水疗业内人士的年度盛典，于每年11月举行。展会拥有18年的历史，旨在为水疗行业的业主、董事、经理和供应商提供具有前瞻性的建议，以促进水疗行业的可持续发展。

此外，ISPA博览会将行业内的顶级供应商与行业内的决策者联系起来。由于许多公司会选择在博览会期间发布新产品，所以在上百个新产品上市前，与会者便可一睹其风采。

参加2009年ISPA博览会的7大原因

1. 近2 000位水疗企业管理者、私营业主、董事及相关专业人士参与其中。

2. 90％的与会者是购买决策者。

3. 博览会开放时间不限。

4. 200 位参展者皆展示其最新及最有效的产品。

5. 能够与水疗行业的专业人士齐聚一堂并交流四天。

6. 在会议后的调查中，参展商表示 ISPA 展览会是其展示产品与服务的重要场所。

7. 2008 年超过 75％的参展者皆表示他们有意向继续参加 2009 年的 ISPA 博览会。

博览会的优势

● 可免费在 www.experienceispa.com 上添加公司链接。

● 免费宣传。博览会手册现场分发给与会者。手册上包含联系人信息、75 个字以内的公司介绍、在公司名称边上做标记（若公司将在博览会上发布新产品）。

● 免费在 ISPA 的官网中做宣传。其中包含联系人信息，75 个字以内的公司介绍，25 个字以内的关于即将发布的新产品的介绍。

● 会前与会后免费提供与会者名单。

● 免费的网络研讨会，以帮助你和你的团队体验美好的会议旅程。

● 对 ISPA 基金会及参与现场拍卖的参展者免费在拍卖手册中进行宣传。

● 有机会购买展会上的产品。

展销会概况（2005—2008 年）

展位大小	2005 年	2006 年	2007 年	2008 年
10×10 展位	307	291	346	359
10×20 展位	18	20	22	24
20×20 展位	11	16	17	21
20×30 展位	1	2	2	2
总展位数	393	407	470	502
总参展商数	239	242	280	304

问题讨论：

1. 你如何描述 2005—2008 年期间参展商数量和总展位预订数的变化趋势？

2. 研究美国可以承办 ISPA 展览的地点。至少需要有 115 000 平方英尺的展览场地，1 000 间客房，15 000 英尺的会议空间及大的疗养中心。

有关 ISPA 和博览会的其他信息，可访问 www.experienceispa.com。

消费展或公开展

消费展或**公开展**（public show）是博览会的一部分，向公众开放并出售各类产品。此外，这类展览会多为立足于消费者的公司所参加，直接面向其市场终端使用者，或收入场费，或免费开放，通常在周末向公众开放。消费展常伴随有区域性特征，参展商为展示其产品奔波于各城市之间。该类展览会为公司品牌的树立及新产品的测试创造了无限机会。

消费展如果想获得显著成效，需做好推广。通常情况下，消费展通过在当地媒体上投放广告的形式进行宣传。广告中会告知提前购票者将享受折扣，或是以展会的特殊性及演讲者作为噱头进行宣传，以吸引更多的观众。消费展的推广工作任务艰巨，因为潜在的目标客户群较大，需要进行全面宣传，从报纸、广播到电视，以深入到目标客户群体。组展商需要明确，对于推广宣传的投入将有助于与会率的提高。同样需要注意的是，在展会期间，其他的活动也会影响与会率。

常见的消费展涉及家居展、园艺展、旅游展、运动器械展等，例如：

● 海岸园艺及家装展在 16 座花团锦簇的花园里举行，这些花园全部是由来自佛罗里达州西南部的世界顶级园艺师搭建的。

● 堪萨斯运动、帆船及旅游博览会是堪萨斯州威奇托体育馆最受欢迎的节目之一。展会涉及沙滩车、狩猎、钓鱼、野营及房车项目。该展会在每年 2 月举行，成人票价为 12 美元。

● 2010 年在密歇根州举办的高尔夫展，预计每个高尔夫项目将有 400 人参加。周末的成人票价为 10 美元。

展销会和消费展的特点对比

展会类型	展商来源	注册和准入人群	营销	展会时间	地点
展销会	国际参展商 国内参展商	提前注册 专业买家	商业出版物	工作日 （周一至周五）	大型展览场所 （附有酒店、会议 场地且交通便利）
消费展	本地参展商	现场购票 普通买家	报纸、当地杂志、 广告牌、 电视广告	周末 （周六至周日）	较大的展览场所 （附有大型停车场）

综合展

综合展亦称联合展，此类展会专业人士和公众都可参加，参展者是制造商或分销商。参展时间因参展人员而异，通常专业观众先于公众消费者参展。能够满足不同受众需求的消费性电子产品行业和汽车行业，通常使用此类展会模式，以满足不同行业的买家及消费者的购买需求。

▷ 经济预测

展销会和展览会市场正值寒冬，但随着经济转暖，有复苏的迹象。自 2007 年开始，展会数量、展览面积和展览收入都一路下滑。尽管如此，对于诸多公司及企业而言，参展仍是众多营销方式的首选，它们为参展留有足够的预算。现如今，会展业需要展现其价值及投资回报率，这对提升参展率极为重要。鉴于贸易展览的面对面体验，业内人士曾预估，从 2010 年至 2012 年，展览业将经历从缓慢到温和的增长过程。

美国展览行业研究中心（CEIR）对 2007—2008 年举办的 300 多场展览会进行研究，结果显示，与展览会效果相关的四个关键指标均有所下降。四个关键指标包括：净平方英尺（NSF）、观众数、参展商数和收入。

2007 年之前，会展市场一度处于扩张性增长时期。Expoweb.com 上的数据显示，在参展商和观众的消费带动下，2002 年展业业总体消费下降 1.2%，2003 年总体消费增长 1.5%，2004 年的总体消费增长了 5.8%，达 91.5 亿美元，这是自 2000 年以来增长速度最快的一年。2005 年上半年，数家公司宣布将提高对商务旅行的投资，这有望在 2005 年底带动展览业的消费额增长 6.1%，达到 97.1 亿美元。

▷ 展览会管理：主要参与者

无论何种类型的展览，展会组织者、设施管理者及一般服务承包商都是其中的三大类核心成员，它们使得展览会的各组成部分相结合，进而实现各利益相关者的目标。

展会组织者

展会管理公司（组展商）可以是贸易协会、协会下的某家公司或者是以营利为目的的独立公司。负责整个展览会管理的人，称为展会管理者，将管理展会的各个方面。作为系统总负责人，展会管理者负责整个展览会的执行、向卖方和买方营销本展览会、整合资源以确保展会的成功。

组展商既需要考虑展会本身，又需要考虑展会中的各项附加项目。为提高参展率，展会流程有诸多附加项目。附加项目包括：

- 教育项目
- 娱乐项目
- 参展商展示性和教育/培训项目
- 设定特别的区域供新兴企业、新参展商或新技术展示商使用
- 安排名人或行业领袖演讲
- 膳食计划
- 继续教育模块（CEU）或认证的教育项目
- 配偶及子女项目
- 互联网访问和电子邮件中心

〜〜〜〜〜〜〜〜〜〜〜〜〜〜〜〜〜〜〜〜〜〜〜〜〜〜〜〜〜〜〜〜

励展博览集团

励展博览集团（Reed Exhibitions）是世界上顶级的贸易及消费展组展公司。公司拥有2 700名员工，致力于为其他协会及公司制定市场推广战略和市场指导策略。

每年励展博览集团在37个国家举办的展会超过470场，展会涉及各个行业。励展博览集团在全球旅游展会上成绩斐然，例如，专业高尔夫博览会、戛纳国际帆船展、东部户外运动展（北美最大的户外狩猎和捕鱼展）。关于该公司的更多信息请见官网：www.reedexpo.com。

〜〜〜〜〜〜〜〜〜〜〜〜〜〜〜〜〜〜〜〜〜〜〜〜〜〜〜〜〜〜〜〜

设施管理者

展会中需要对设施进行管理，设施管理范围从小型酒店的会场管理到大型会议中心的布置安排，涉及参展商与观众的住宿及娱乐设施。设施管理者，通常是会议服务经理或活动经理，协助展会经理人安排展会的各项事宜。在选择设施时，展会组织者需考虑一系列的问题，譬如，设备的尺寸、会场服务（电子通信、餐食、设备的搭建与拆卸）、费用、服务承包商的能力、参展商及观众的喜好、交通（航空、本地交通、停车）、住宿及娱乐。

展会设施与行业的发展息息相关，无论是小城市的区域性会场还是大城市的大型会议中心，目的地厂商都清楚地认识到展会在本地区举行的诸多裨益。宾馆及非传统的会场在扩大展区、增加会议厅的面积上投入颇多。众多会展场地、运动中心、停车场、博物馆、夜间俱乐部及社区中心都承接展会。以上场地都是会展设施的备选方案，即使大型宾馆也承接小型展会。

下表列出了各会议中心的可用面积。

会议中心的面积一览

会场名	展会场地面积（平方英尺）	会议厅数量（个）
麦考密克展览中心（芝加哥）	220万	114
橘郡会议中心（奥兰多）	205.3万	94
拉斯韦加斯会议中心	130万	103
印第安纳会议中心	49.104 5万	48
奥斯汀会议中心（奥斯汀）	24.609 7万	54

资料来源：*Meeting & Conventions Facility Annual Directory*，2009.

一般服务承包商

一般服务承办商，也称为官方展览服务承包商或搭建商，为**展览管理公司**（exhibition management company）和参展商提供产品和服务。它们的工作事关一个展会的成败。一经选出，服务承包商将根据一级雇用者或二级雇用者的要求提供展览服务。服务承包商的服务涉及如下方面：

- 展位的计划与设计
- 走道地毯和标牌的选择
- 服装和展厅
- 货运和航运
- 存储和仓储
- 展厅的搭建、维护和拆除
- 照明、电力和管道
- 通信和计算机
- 音频和视频
- 配合专业承建商

对于展览管理公司和参展商而言，安排和管理大型展会的服务工作十分复杂。会展中心、管理公司甚至是参展商已经习惯了和各类公司打交道。在激烈的竞争环境下，服务承包商能够为客户提供优质的服务、公平定价和满足客户需求，这使得组织者及参展商对服务承包商足够信任，因为服务承包商能够妥善处理各类问题，以保证展会的顺利进行。

服务承包商与展览管理公司相互合作，共同起草参展商服务手册。参展商服务手册涉及展会的规划和运行，此外还涉及与服务承包商、展览管理公司、会议中心及酒店的协议，以及当地政府相关的规章制度。

虽然展览管理公司和服务承包商有相关合同和规范，但还是会出现争议。当异议出现时，各方需一起协商，以保证展会的顺利进行。展会管理者需告知参展商、观众及服务承包商相关规章制度。第 6 章将着重介绍服务承包商。

▷ 策划展览需要考虑的因素

选址

展会策划者在选址时需要考虑一系列因素。众所周知，会展城市及地点的选择对参展率影响甚大。因此，需要在位置选取、成本及参展率之间做出权衡。许多组展商多次在同一个地方办展，因为它们与当地会议中心及宾馆沟通良好，并能保证参展率。通常，这类展会是教育性很强的协会活动，需要选取理想的举办地。

然而，其他组织者或展览管理公司更愿意每年在不同的城市举办展会，因为能够吸引更多的参会者，扩大参展的受众面。一方面，在不同的地方参展能够获得较为廉价的参展费用；另一方面，举办地之外的参与者也会被当地的旅游所吸引。

通常，组织者和展览管理公司会对其会员及潜在与会者进行调研，以评估其偏好的参展地点。拉斯韦加斯、奥兰多及旧金山会议中心的成功源于展会管理公司对其参展商及潜在参会者的需求及偏好把控得当。每座城市会议设施的提升与改善都说明了会议目的地重视展会所带来的收益。

在决定展会地点时，酒店设施也是需要考量的因素之一。该设施是否能够满足出席人数的要求？主要的观众和参展商是否能够接受酒店价格？目的地的环境如何以及当地交通是否拥堵？主办城市及住宿地劳务状况如何？会议中心及宾馆是否符合《美国残障法案》的要求？

此外，最大的贸易展会往往需要安排好专车，负责将观众和参展商从宾馆载到展会举办地。决定是否安排专车的最重要因素是安全，即使从宾馆到展览地可步行到达，但若环境不佳，安全无法保证，也会安排专车。例如，当新奥尔良的室外气温高达 90 华氏度（约 32.2 摄氏度）时，会议组织者会派专车。在选择地面交通承包商时，需考虑承包商的经验、可行性、专门服务、保险、车况、劳动合同和成本。

就展会而言，成功吸引国内外参展者的重要因素是住房和交通。展会组织者耗费很大一部分时间就参会者和参展商在目的地城市的差旅费折扣问题进行洽谈。近年来，又出现了将住房和交通外包给当地政府及旅游部门的新趋势。无论住房及交通问题如何解决，我们期望对观众和参展商公开透明。

另一个影响展会地选择的因素是天气。B2B 展览的参展者来自五湖四海，而消费展面向本地群众。遇到暴雪或暴雨天气，本地参展者或游客多半是不会冒险出门参展的。所以，天气不佳会使参展人数跌破组展商的底线。每年 1 月在丹佛举办的国家西部股票展就是典型的例子。常年的极端寒冷以及风雪天气大大降低了参展率；在反常的温暖天气下，参展率就高涨，为此，国家西部股票展将展期延长了 16 天，使参展率逐年攀升。

运输和仓储

一旦选好展位、展台和展览会所需其他材料，就需要将相关材料运往展会举办地。虽然有时候可以使用空运，但卡车运输是最常见的方式。费用根据路程长短和货物重量决定。

既然参展商无法承担货运延误给展会带来的损失，那么就需预留出额外的运输时间。因此参展商需要在目的地安排材料的临时储存处，且要早于展会进场日期。在展会开放期间，参展商还必须考虑货物集装箱的储存。展会结束后，再将相关材料运回。像 GES，Freeman 这样的展会服务承包商会分别设立运输和储存部门便于管理。

营销和推广

如果没有参展商，展会就难以开展；反过来，如果没有观众，参展商也无法举办展会。展会策划者会把注意力集中在营销与推销环节，以吸引更多的参展商和观众。无论展会规模大小，成功的重要指标是出席人数。把目标和市场瞄准正确的受众是展会管理公司最基本的责任。以上皆可通过直邮、广告、商业杂志广告和电子营销的方式去实现。

展览管理公司和服务承包商也将提供额外的营销机会以供参展商考虑。参展商赞助展会，是基于他们预计潜在的客户也会参加展会的考虑。根据他们的参展目标，参展商可以选择以下赞助项目：

● 普通赞助：通常将公司的名称和商标张贴在展厅醒目的地方，或印刷在展会宣传资料上。

● 特别活动赞助：特别活动通常安排在展览会期间，比如招待会、新闻发布会或者其他一些娱乐活动。赞助此类活动的公司在整个活动中都可以将公司名称和商标放在宣传资料中进行宣传。

● 展会日报广告宣传：大型展会通常都会在每个早晨将日报送往参展商和与会者的手中。日报回顾前一天的主要活动并对即将开展的活动进行预告。参展商有机会在展会日报中进行广告宣传。

● 参展商名录广告宣传：几乎所有的贸易展会都会向观众提供一份参展商名录，上面涵盖展览会和参展商的相关信息。因而参展商名录也是进行广告宣传的途径。

● 促销纪念品赞助：展会管理公司可以在某些方面为参展商提供赞助机会，比如证件夹、手提袋或者其他可以给予已登记观众的随附赠品。

展会管理公司（针对 B2B 展会）所举办的展会项目，应提供比会展中心更多的附加信息来吸引参观者。通常情况下，设置教育性项目是一种激励性因素，或聘请著名的行业领导者做专题演讲也会吸引参观者。大家司空见惯的激励性因素有竞赛、赠品、打折项目或者其他吸引参与者的渠道。参展商也要加入其中，推动展览会观众到会率。通常，它们会给自己的大客户赠送免费入场券。同时也鼓励参展商去赞助或者开展一些特殊活动，并将其推广到它们的客户群体之中。

技术

技术进步使得展会管理者以及展览本身更加便捷，也更加有效率（更多内容请参见第 12 章）。

● 互联网在将展会推销给潜在的参会者方面作用巨大。大部分展会网站允许参会者进行在线注册（贸易展）并且提前购票（消费展）。参会者可以查看参展商名单，浏览教育项目，甚至可以在线进行行程安排。此外还可以查看交互式楼层平面图并挑选教育项目或者特殊活动以便进行时间安排。

● 领先的检索系统让参展商受益。展会工作人员借助该系统采集参会者名片、条形码及个人联系方式，能够节约数据收集时间。

● 射频识别技术（RFID）。目前展会管理者使用此项技术来追踪参会者的活动和行为踪迹。这种先进技术使得数据获取、检索和报告十分方便，但是有可能引发个人信息及隐私的泄露。

● 运用技术手段来推广公司产品。目前，许多公司不再向参会者分发厚厚的宣传册，取而代之的是光盘或者闪存盘，内置宣传、信息及演示文稿，供潜在客户查阅。

风险和危机管理

组展和参展是一项有风险的商业活动。展会任何一个流程处理不当，都会导致整个展会的失败。展会组织者和参展商都需要有风险管理机制。下面是一些风险管理规划：

● 确认所有展会管理者和参展商的潜在风险。

● 量化每种风险的影响。

● 提供风险评估，对风险进行分类，如可忽略类风险、可规避类风险、可削弱影响类风险。

● 提供风险规避步骤以及预防风险预案。

● 设定风险削减步骤以削减潜在风险成本。

要永远铭记展会是一种商业冒险，应抓住每一次获得成功的机会。熟知风险管理原则将有助于展会的成功。

危机管理对于贸易展会组织者来说也很关键。危机不同于风险，因为危机具有紧急性，进而给参观者和参展商带来危险。最广为人知的危机事例包括美国纽约市的"9·11"袭击活动、世界贸易组织中的暴乱以及卡特里娜飓风灾难。组展商在 9 月 11 日举办的贸易展览并且没有取消或缩小规模，因此在这场活动中承受了巨大的损失。

每位展会组织者都应该有危机管理计划，以预防、控制、报告紧急情况。利用该管理计划，处理各种紧急情况，比如火灾、食物中毒、游行活动、炸弹威胁、恐怖主义和自然灾害。该计划应该包含紧急情况下的应对措施及具体程序。

考虑建立一个危机管理团队，精通潜在危机评估，采取措施预防紧急情况，做好灾难控制准备。在选址过程中就应该发挥危机管理团队的作用。

▷ 参展商视角

从商业角度而言，如果参展商没有获得成功，那么贸易展览就不会存在，参加贸易展或消费展是一个公司综合营销策略的关键部分。公司将营销策划中的重要部分放在贸易展览会上，就会得到积极的投资回馈。本节将重点阐述参展公司所面临的问题。

为什么参展？

展位是用来展示产品或服务的，并以此传达信息。对于参展公司而言，在制定参展计划之前，需要了解和分析参展的益处。贸易展和展销会是唯一允许潜在买家体验产品和服务的媒介。因此，公司应该将更多的资金运用到参展中，而非传统广告或者个人销售。

公司参加展会的其他原因包括：
- 在行业内打响品牌
- 向行业分析师展示产品
- 发布新产品
- 有更多机会接触潜在和已有客户
- 有更多机会了解顾客需要
- 有更多机会接触贸易媒体
- 有更多机会了解行业变化趋势和竞争对手的产品

展台设计原则

虽然展台设计会受到组展商所设立的规则、设备以及主办国商业文化的约束，但有几条规则是可以商讨的，譬如，展览布局、公司预算、展会目标、展会规模、标志的使用、灯光和参展人员。展台及空间是公司重要的投资，需关注其中的每个因素。

如果仅考虑成本，展台的大小是一个重要因素。展台占用的空间面积越大，场地租赁费、材料费、人工费、附加参展人员以及维修等费用就越高。因此，应该在确保成本和收益平衡的前提下，争取扩大展台规模。展台规模越大意味着更能博得观众眼球，如果设计得好将会给人留下良好的印象。豪华展台通常给人这样一种印象：这家参展公司有雄厚的资金基础并且是行业内的先锋。但是必须高效利用空间并且传达公司渴望传送给客户的信息。

具有丰富参展经验的公司通常会设计不同规模的展台，包括小展台（用于重要性低或无特别目的的展会）和大展台（用于对公司至关重要的贸易展会）。例如，施乐公司（Xerox）每年参展超过30次，在信息科技展会中展台规模较大，在特殊贸易展或者更小的区域性展会中展台则很小。有些公司甚至在同一个贸易展中有两种或者三种展品：大的展品用于主题宣传，以传达参展商的信息；其他小的展品用于推销特殊产品和服务。

参展商失败的主要原因

1. 没有认识到每次展会都是有区别的
2. 没有为参展设立明确的目标
3. 没有区分谁是伙伴、谁是竞争者
4. 没有创立或共享正式的营销或促销计划
5. 缺乏合理的规划
6. 没有给与会者足够的理由去参观你的展位
7. 缺乏训练有素的员工来销售产品和服务
8. 参展决策失误，没有确保"真正的"买家会光临本展会
9. 不知道如何计算投资回报
10. 没有做任何的展后跟踪

　　展览空间的分配通常是根据优先级点系统来安排，在此系统中，组展商根据展商期望的空间规模、展台租用费用、参展年限、赞助金额和广告宣传项目来确定优先级点。从组织者的角度来看，此安排有助于留住参展商并优先照顾忠诚展商和高消费展商。

　　在选择展台位置时，公司的参展应该考虑以下几个方面：
- 展厅内部交通
- 入口位置
- 餐饮区和休息区位置
- 业界领导者的位置
- 竞争对手的位置

　　展台布局与参展商的参展目标息息相关。如果参展公司的主要目标是推广品牌、占领市场份额，此时最好是选择大型的贸易展会并采取开放式布局，这种布局能够吸引观众，增加客流量。在展示过程中，一些环节需要观众在展台驻足一段时间，如产品介绍。如果参展商为了吸引更多的参展者，要举办由知名人士参加的聚会、大型舞台表演，或者在展区举办特殊活动，那么参展经理有责任向组展商报告。

　　另一种展台布局对观众进入有一定限制，部分展览可能需凭票入场。如果参展商在贸易展会中的目标仅仅是为了满足有诚意的买家或现有的客户，那么有必要对参观者进行限定。因此，设置这种布局的展台是为了降低附近的人流量。

　　美国大部分贸易展会平面图是基于 10×10 英尺的网格或者 8×8 英尺的网格绘制的，这样的网格通常称为**标准展位**（standard booth）。

　　通常情况下，标准展位的搭建形式是两两相接、背背相对，展位前是通道，也

可以沿着展厅内部的围墙搭建展位。公司有可能会合并多个标准展位，搭建**直线型展位**（in-line exhibit），利用多个标准展位来延长展台的长度。

岛型展位（island booth）是由一组标准展位（4 个、9 个或者更多）组成的，展位四面均为通道，是中型参展公司的最佳选择。**半岛型展位**（peninsula booth）是由 4 个或者更多标准展位背靠背搭建而成的，有三面面向通道。

多层展位（multilevel exhibit）通常是大型参展公司的选择，既拓展了展示空间，又不用占据更多的地面空间。上面的楼层可以作特殊用途，如会议区、个人展示区或是接待区。采用多层展位的参展商必须注意不同会议中心对于此类展位的规章条款。

如上所述，参展商必须了解展厅的餐饮设施、休息室、入口以及其他特殊活动区域。以上信息都有可能影响人流量，对展览造成积极或消极的影响。尽管出于曝光率考虑，许多公司都争取正对入口的展位，但是这样的位置也可能会面临由于大量的人流而带来更多意外的问题。展览工作人员可能会很难分辨出重要参展人员和那些仅仅试图进入或走出展厅的人员。餐饮区在用餐时间可能会排起长队，队伍会出乎意料地排到展览区，影响展览区的正常功能。

小型参展商面临的问题则不同。如果采用直线型展台，小型参展商的选择就会受限于展览的组织形式。若想与观众进行大型互动，则有可能为了确保工作人员与通道之间没有桌子等其他物品阻碍而"拆除"部分展位设施。另一方面，若想要将注意力集中在真正的潜力客户身上，可能会采取尽可能充分利用展台内部空间的措施，并将会议区搭建在展台内部。

对于许多人而言，路过或穿过某家参展商的展台只会注意到公司的名称。因此，公司标识在展台策划中占有十分重要的地位。标识必须清晰地将公司想要传达的信息传达给观众。标识的重点不在于推销，而在于为使用者带来便利。

在过去的二十年里，灯光技术已经在展览上得到广泛使用。现如今，许多参展商借助定位灯来吸引观众注意公司的产品和标识。彩光灯经常用于强化展台的特定部分，向观众传递一种氛围。对于与潜在客户进行讨论和会面的区域而言，灯光的使用也十分重要。

参展人员的配备

展台最重要的部分就是人员配置。参展公司可能占据极具吸引力、开放式、信息丰富的展位，但如果配备的人员未经培训、沟通能力差且着装不正式，就可能使公司的产品和服务信息错误地传达给观众。因此，很重要的一点就是，无论展台规模大小，参展人员都应精心准备、严格训练，以提升公司的形象，更为专业地展示公司产品和服务。

参展人员必须经过"迎接"礼仪培训，让观众感受到热烈欢迎非常重要。工作人员还必须善于判断观众是否有潜力成为本公司的客户。通过询问问题，工作人员能够清晰地判断是否应该花更多的时间与其继续交流，或交接给另一位工作人员，或礼貌地引导参观。时间就是金钱，贸易展会上的工作时间更是如此。判断观众是参展人员充分利用时间的重要一步。

许多参展公司会在展位提供产品/服务的说明，甚至是更加详细的生产过程介绍。对于该部分的管理，必须确保将观众的注意力吸引到公司想要传达的主要信息上。

参展人员配置必须明智合理。展台的各个区域都要有参展人员分布，还要量才而用，各司其职。针对大型展览，迎宾人员要分布在展台外部，在初步接待后，将观众引导至其感兴趣的展区。技术人员要在展示区，确保能够回答参展者可能提出的较为详细的问题。公司高管可以在整个展区巡视，或集中在会议区，以备员工需要时寻找。一般情况下，重要客户希望能够被引见给公司高管，此时公司高管需要及时会见。

投资回报

在现如今的经济时代，参展公司必须选择那些有重点客户出席的展览参加。如果公司很少分析自己的**投资回报率**（return on investment，ROI），就无法理解为什么某个展览不成功。也许连续数年参加同一个展览，但最近的回报率有所下降，原因很有可能是没有注意展会主题和观众的变化，这些变化可能会使该展览不再适合本公司去参加。

计算每场展览的投资回报率比判断公司是否选择了适合的展览会、是否采用了正确的策略和策划技巧更为关键。一般情况下，人们常常忽略决定性的投资回报率，经常是"我们对于销售额是否会因为参加贸易展而增加无从知晓"或"我们没有精确的数据"所致。通过确定实际花费和参加贸易展会带来的收入增加，可以解决上述问题。

在计算 ROI 时，列出费用清单也是参展工作的一部分。典型的费用包括：
- 场地租赁费
- 服务供应商的服务费（电力、电脑，等等）
- 人员差旅费（包括住宿和餐饮等）
- 非营销人员时间成本
- 客户娱乐费用
- 展前联络费用
- 货运费用
- 摄影费用
- 宣传册打印及运输费用
- 促销产品费用
- 培训费用

● 展后联络费用

参展商通常在展会结束后专门设定一个时间段来评估参加本次展览所带来的收益。保持商业记录并不困难，据此可以判断展会所带来的切实商业效益。一段时间过后，或许会发现为公司带来较高商业效益的也许是其他活动，而不是参展。简单计算展览会投资回报的公式就是，从受参展影响带来的收入中扣除上述费用。

其他计算投资回报的方法还包括结果与计划的对比：

● 每单意向成本（总投资/总意向成交额）

● 达成销售目标百分比（实际成交量/计划成交量）

● 意向转化率（实际成交量/意向成交量）

因此，参展商持续评估参展效果尤为重要，这样可以确保所参加的展会适合自身，进而结识潜在客户。参展商可以利用多种方式对参展是否成功进行评估。评估方法包括意向成交检索、展中和展后调查、媒体报道剪辑和跟踪服务。

投资回报率计算

某公司参加贸易展，收到 400 份有效意向协议，共计花费 75 000 美元。在接下来的 6 个月里，公司对参展带来的成交项目进行追踪，发现参展促成了 100 个新成交项目，总计 175 000 美元的新商机。基于公司对于参加此次商展的目标，以下是该公司投资回报的相关计算：

参展总成本＝75 000 美元

参展所带来的成交量＝100 单新成交项目

参展所带来的收益＝175 000 美元

参展的目标意向书签订量＝700 份合格意向单

投资回报相关计算：

收入－费用＝175 000 美元－75 000 美元＝100 000 美元

每份意向单的总计成本＝75 000/400＝187.50 美元/单

目标达成百分比＝400/700＝57%

意向书成交额转换率＝100/400＝25%

▷ 未来走向

展览业如今发展趋势强劲，在接下来的十年内这种态势将持续。然而，随着时代和经济环境的变化，贸易展览业必须适应大环境，以谋求生存和发展。

● 在未来，展览中的观众数量可能会有所下降，但是观众的购买力却日趋增强。诸多公司和组织不再派遣多个代表参展，而是派遣决策者参展。

● 科学技术将继续推动贸易展览的发展，并开发新的运作方式。虚拟展览将会提升现实展览的效果，并且是现实展览的有效补充，但不会替代现实展览。商业中的人文因素仍然十分重要。

● 在展会中，观众面对大量信息，参展商必须通过创新的展位设计和活动来吸引参展人员到自己的展区。展位的利用、装饰、标识和展示都会影响观众到展位进行交流的意向。

● 在严峻的经济环境下，协会、组织和私人媒体公司会被迫融入举办展会的活动中来，而参展商只能选择有限数量的展会。这种趋势促使形成创新型商业协议和规模更大、质量更高的展览会，并增加在活动策划中的创新机会。

● 一些贸易展览会正在经历规模缩小，甚至是被**特邀买家计划**（hosted buyer programs）替代的危机。这些特邀买家计划的策划者往往已通过预审核，拥有主办会议的意愿，同时具有决策权。他们的差旅费大部分由展会组织者承担，而组织者会在这些策划者和包括 DMC 及酒店在内的供应商们之间安排会议，以商讨策划者的需求以及供应商如何满足这些需求。供应商需要付费参加此类会议。

□ 小 结

对于参展商而言，有三个策划步骤来确保展会的成功举办。展会前，参展商必须明确清晰地设立参展目标。设立的目标将决定参展的形式、标识传达的信息和工作人员与参展人员交流所采取的措施。设立目标能够帮助公司确定运营展览的方式，以及需要向参展人员传达的信息。

参展商必须判断现场的众多观众中，哪些是"决策者"，哪些是"只看不买的人"。他们想要与能够完成交易的人进行交流，而非那些仍需请示上级的买家。公司在决定展台位置以及参加哪个展会时，必须对观众的人口数据统计特征和消费心理加以考虑。

展台策划也是成功的关键。此外，好的策划要能够确保一切都准时运送到展览现场，包括工作人员、展位搭建材料、宣传册、小礼品以及产品。展会负责人员需协调参展商或服务公司的具体要求、安排工作人员、准备产品说明和大量其他细节，以确保展会完美无误。像微软或 IBM 这样的大型公司，有足够的全职员工专门负责协调公司展位和选择参展对象事宜。小型公司会派遣非展览部门人员（如市场经理）负责贸易展，将参展作为较为大型的工作。无论公司规模大小，参加贸易展都必须认真策划才能成功。

为使展会圆满成功，会展经理和销售团队必须执行展后计划。展后还需进行的工作有三个方面：

● 跟进展览期间签署的意向协议。

● 监管确保展览期间所达成的承诺得到落实。通常情况下，工作人员会承诺向观众寄送相关信息或致电访问。

● 评估成果，包括起决定作用的投资回报率、预算报告、观众对展台设计的反馈、调查结果制表、员工反馈检测以及针对未来发展的经验教训。

对于公司而言，参展是市场营销预算中的一项重要投资。因此，展前、展中以及展后策划以确保投资回报率的最大化非常重要。组展商必须明确观众的需求，而参展商的需求也同样重要。参展商是贸易展的生命线，为展会的成功提供了活力和资源。

□关键词

展览会（exhibition）   特邀买家计划（hosted buyer program）

半岛型展位（peninsula booth）   展销会（trade show）

展会管理（exhibition management）   直线型展位（in-line exhibit）

公开展（public show）   贸易展（trade fair）

博览会（exposition）   岛型展位（island booth）

投资回报率（return on investment）   标准展位（standard booth）

多层展位（multilevel exhibit）

□复习及问题讨论

1. 展销会和消费展有何差异？

2. 试举例说明展会服务承包商为展商提供哪些服务。

3. 一家企业参展的目的是为了推广品牌，该企业应该选择何种展位布局？

4. 描述半岛型展位。

5. 通常展会管理公司提供哪些额外的营销机会？

6. 为何风险管理对展会管理公司（组展商）十分重要？对参展商也是如此重要吗？

7. 为展会选址时，展会管理公司（组展商）需考虑哪些因素？

8. 贸易展参展商在计划参展时需要解决哪三方面的问题？

□参考书目

期刊

Convene

  PCMA

  2301 S. Lakeshore Drive，Ste. 1001

  Chicago，IL 60616

Exhibit Builder

  P. O. Box 4144

  Woodland Hills，CA 91365

Exhibitor Magazine

206 S. Broadway，ste. 475

Rochester，Mn 55903

EXPO

11600 College Boulevard

Overland Park，KS 66210

Facility Manager

IAAM

635 Fritz Drive

Coppell，TX 75019

IdEAs

5501 Backlick Road，Ste. 105

Springfiels VA 22151

Meetings and Conventions

Reed Travel Group

500 Plaza Drive

Secaucus，NJ 07094

Tradeshow Week

12233 W. Olympic Blvd. ，Ste. 236

Los Angeles，CA 90064

图书

Chapman，E. （1995）. *Exhibit marketing*. New York：McGraw-Hill.

Kent，P. （2006）. *The art of the tradeshow*. International Association of Exhibit Management.

Miller，S. （1996）. *How to get the most out of trade shows*. Lincolnwood，IL：NTC Business Books.

Robbe，D. （2000）. *Expositions and tradeshows*. New York，NY：John Wiley & Sons.

Siskind，B. （1990）. *The power of exhibit marketing*. Bellington，WA：Self- Counsel Press.

Weisgal，M. （1997）. *Show and sell*. New York：American Management Association.

□参考网站

美国展览行业研究中心 http：//www. ceir. org

活动网 http：//www. eventweb. com

展商网 http：//www. exhibitornet. com

国际展览项目协会 http：//www. iaem. org

展会管理专业协会 http：//www. pcma. org

贸易展会中心 http：//www. tscentral. com

贸易展信息网 http：//www. tsnn. com

□本章作者简介

阿曼达·塞西尔博士（Amanda Cecil），印第安纳大学旅游、会展部副教授，负责展览管理相关的课程教学。此前，塞西尔是 Host 通信公司的展会经理。

本章更早版本的作者：本·迈克多德（Ben McDonald），BenchMark Learning 公司副总裁。

第6章

服务承包商

学习目标

- 服务承包商及其在展会产业中的作用
- 总服务承包商与专业承包商的差别
- 展商指定承包商
- 服务承包领域的协会组织

▷ 引　言

尽管活动运作人或展会经理（或展会组织者）占有大量的促销和销售资源，以及举办会议或展览会的资源，但是他们仍缺乏许多相关知识、人力资源以及配套设备。这就好比优秀的厨师仍然会向厨具专家寻求平底锅和锅铲方面的帮助。展会活动如果想顺利高效地进行，策划人和经理必须相信专业服务承包商能够给予展会活动经理和展商一个成功的展会。本章将讨论**服务承包商**（service contractor）在整个过程中所扮演的各种角色、与组织者的关系，以及彼此之间的关系。

▷ 服务承包商的定义

不同地区对承办展会的人的称呼有所不同，如服务承包商、展会经理、活动经理或是活动运作人。值得注意的是，并不是所有的会议或大型活动都有参展商参与。如需在美国或加拿大以外的国家举办活动/大会/贸易展，要确保找到合适的公司帮助处理地域的差异、文化和商业上的不同，语言上的障碍以及有可能面临的各种困难。需要记住的是，计量单位英尺和英寸仅在美国使用。在加拿大，由于许多商业活动来自美国，也将英尺和英寸作为计量单位，但是在世界其他地方需做好使用"米"作为计量单位的准备。

服务承包商在展览或会议进行过程中，为展商或展览/活动管理提供产品或服务。服务承包商可以是花店、电力公司、注册公司、中介公司以及提供其他任何能想到的服务的公司。有些服务承包商是由展会组织者雇用的，根据需求完成协助工作，有些则是直接由参展商雇用的。

服务承包商是指客户所使用的外包公司，能够提供具体的产品或服务（如铁管和隔帘、参展商手册、楼面布置图、舞厅或彩旗）。[①]

展会服务承包商及其作用是贯穿始终的。历史上，他们曾指那些负责室内装饰的人员。这是因为他们作为服务承包商，最初的主要工作就是装饰会议中心或酒店舞厅的空置场地，这种装饰工作包括提供铁管和隔帘、地毯、幕布、摊位以及家具陈设。

▷ 服务承包商的职责

多年以来，服务承包商已经拓展了自身的活动领域，以适应日益复杂的展会产业的发展。今天，服务供应商能够并且很可能已经参与到活动的各个方面：从布展到展会运作，从拆卸到撤展。因此，服务承包商为活动组织者及其他展会供应商，如酒店会议服务、会议中心、展商、当地劳动力及工会提供了重要的连接作用。许多服务承包商会与组织者一起布置商展会场。从某种程度上讲，他们已经花费时间仔细测量了所在社区的每个活动的会场（Rutherford，1990）。服务承包商通过向展商邮寄说明简介以及其他信息，使得他们在展会举办前就已经参与其中。

总服务承包商

总服务承包商（general service contractor，GSC）（也称作展会官方承包商或博览会服务承包商）受展会经理雇用，负责管理展会现场的总体事务。

> 总服务承包商能够提供活动管理及多种展商服务，包括搭建和撤展、设计和悬挂标牌及横幅、铺设地毯、运输以及展位/摊位展品的摆设，服务内容并不仅限于上述所列。
>
> ——见《室内装饰人员》。

---

① APEX Glossary. http：//www.conventionindustry.org/glossary.

展会可能会有一个由会议管理方指定的承包商，其在 APEX 术语表中的定义为：

- 官方承包商（official contractor） 由展会管理者指定的提供展台搭建和撤离、人力监管、运输以及货物的装运的组织，也称为总服务承包商。

总服务承包商负责协助展会组织者打印标牌、安装铁架隔帘、布置墙上的展品、铺设通道地毯以及搭建其他展位，如协会中心、注册区、食物和酒水区、休息区以及特殊区域。更为重要的是，官方承包商会为展会组织者提供一项有价值的服务，那就是展会人力资源的雇用和管理。他们与协会和商贸人员之间签署长期合同，清楚怎样根据展会的设备情况雇用足够的人力来组织布展和撤展。设备的运进运出、运输设备卡车的进出，以及展会期间集装箱和箱子的储存，都是他们的职责，这些统称为**物资管理**（material handling）或**货运**（drayage）。

理解货运涉及的专业术语很重要，它们可能出现于单独的服务合同，或包含在展会活动的总服务承包合同中。

短途货运：运送展会材料，从码头到指定展会场地，移除空箱，活动结束后返还空箱用于再次装运，然后将材料运回码头装运。

货运费用：搬运展会大厅内的箱装展会材料所产生的费用，按照总重量计费。通常收费按照 100 磅或 1 英担（即 1/20 吨）为一个单位计算。（一般有最低收费。）

货运承包商：负责管理展会材料的公司。

货运申请表：展商申请货物管理所填写的表格。

货运这一术语可以追溯到中世纪。根据 *Webster's New Universal Unabridged Dictionary*，*S.V.*（1979）所给定义，"drayage" 指使用平板马车支付的费用（平板马车是一种低平、结实的马车，四周可以拆卸，用于拉装重物）。今天，由于运输工具可以是卡车或飞机，费用也包括运输服务的各个方面。服务承包商可能会根据服务收费，如将展品装在集装箱内，使用装卸车将箱子装到开往当地仓库储存设施的小型卡车上，之后将货物装到 18 轮重型卡车上便于长途运输，一直到会议中心或活动现场的卸运。现在，服务承包商也会监管货箱的卸运，并将其运送到相应的展位。货箱拆箱后，服务承包商安排储存空货箱，直到展会结束，整个流程可以循环。货运价格根据重量而定，而非货物或货箱的尺寸大小。提货单由发货人填写，表明包装里是什么物品、拥有者是谁、运送地点是哪里，以及特别说明。提货单是官方货运文件，在政府检查站（如边界线，特别是国界线）处，会进行相关检查。

许多总服务承包商已经扩展到了一些专业领域。今天的总服务承包商可以提供视听设备、安检、保洁以及其他服务。这样的扩展出于诸多的理由。其一就在于，总服务承包商的基础就在于与展会组织者数年的合作关系，依托"关系营销"这一市场理念，多种服务的提供也给予展会组织者"一站式购物"的优势。

通过雇用提供一般和特殊服务的总服务供应商，举办展会时展会活动组织者无须再与不同的公司打交道。并且，提供多种服务使得总服务承包商收入增加，并有望从中获利。

重要提示，如果你是展会组织者，你必须比较每个承包商的报价，不要像上面所说的那样，将所有鸡蛋放在一个篮子里。要考虑对于你的展会活动而言，怎样才能达到最经济高效。

总服务承包商不仅为展会组织者服务，也同样是参展商的官方服务承包商。参展商可以向总服务承包商租借展会的任何所需，从一把椅子到整个展览会上的其他需求。一些总服务承包商会为参展商搭建和保存展位，并代表参展商运送到其他展会场地。

总服务承包商通过为展会组织者制作**参展商服务手册**（exhibitor service manual）（展商服务说明）来增加自身的服务内容。手册中汇编了展会的所有信息，包括日期、时间、展会管理制度和所在城市的规章制度等。此外还包括为确保展会成功举办参展商所需填写的所有表格，这些表格主要包括地毯、家具、设备、搭建、撤展以及货运的订单。一些展会组织者还会组织一些营销活动，帮助参展商进行展前和展会现场的推广。服务手册可以是纸质打印版，也可以以电子版寄出。现在，服务手册可以通过光盘/DVD/或者 U 盘设备阅览，也可以发布在网上，方便参展商以任何方式订购服务和产品。

在展会现场，总服务承包商与展会组织者和参展商一同确保展会的顺利布展和撤展。总服务承包商经常作为设备的中转人来确保遵循规章制度。多数情况下，他们还会帮助参展商找寻遗失货物，修复受损展位或集装箱，以及在夜间清洁地毯和展位。

总服务承包商提供的服务可以包括如下几项：

为展会/活动组织者提供：

- 账户管理
- 活动现场协调
- 铁管和隔帘
- 入口区
- 办公区
- 注册区
- 展位搭建和撤离
- 展区策划、布局和设计
- 地毯铺设
- 家具摆设
- 标牌
- 绘图

- 背景
- 联系劳工和协会
- 保洁
- 交通服务
- 材料货物管理
- 顾客服务

为参展商提供的服务：

- 展台设计和搭建
- 展位搭建和撤离
- 地毯铺设
- 家具和陈设
- 标牌/标识语
- 联系劳工和协会
- 索具悬挂
- 材料货物管理
- 展商手册
- 海关报关

▷ 工　会

　　展会服务经理，也就是展会活动的组织者会利用当地社区的商业人员协助展会的搭建和拆除，其中许多商业人员是工会成员。鉴于展会活动雇用了当地工会成员，参与展会的人员都必须遵守当地法规和所在国家/省份或城市的政策。首先还要关注所在社区是否位于"禁止工会垄断雇用工人"的国家/省份。如果是，那么展会活动的组织者和参与者可以雇用任何人员，而无须考虑其是否为工会成员；如果所在社区处在非"禁止工会垄断雇用工人"的国家/省份，在一些商业领域的人员，如电工、管道工、装配工和搬运工都必须加入工会，在这些社区如未使用相应工会的成员，将会导致严重后果。在一些地区，参展商甚至不能用自己的车将材料运到展位，必须使用搬运工工会成员。签署合同前，必须找出工会合同预计的谈判时间，并了解以往的谈判是否对自身有利。一旦罢工出现，多久才能解决这一问题？

　　当然，工会确实也有一些可圈可点之处。工会在进行关于工资级别管理和工作条件谈判时会代表一类工人，如电工。因此，工会比任何个人都更具有影响力。工会也会为成员提供非常具体的指导，必要情况下，还会为成员提供法律顾问。另外，工会能够确保工作条件的安全和舒适，与政府部门合作，协助建立行业准则。

在工会城市举办展览会

在与工会的交往中服务承包商能够起到关键作用，特别是在下列情况下更是如此：（1）在美国以及其他国家工会和工会规范多种多样；（2）当地劳动力对于举办活动或贸易展而言，是必不可少的一部分。接下来将简述一位参展商在美国东北部的一座城市与工会交涉的情况。

展会开始前，需用载重拖车将大木箱运往会议中心，根据当地的法规，拖车必须由工会成员驾驶。到达会议中心后，驾驶员打开拖车后部，但无法卸载大木箱，需要使用升降装卸车。与卡车不同的是，升降装卸车被认定为重型设备，需要由工会的重型设备操作员进行操作。因此他们要等升降装卸车操作员将大木箱卸载到展位。这时，参展商虽急于搭建展台，但也只能等木工工会的成员到场后才能将钉子从木箱上取出：木材和钉子是木工工会成员的工作范畴。木箱虽然已经打开，但参展商仍受到重重限制，不能参与应由工会成员完成的工作。因此，只能等搬运工工会的成员到场，将展品搬出木箱。接下来是一系列不同工会的成员，完成各自单独、互不相同的工作，还要保证不影响其他工会工人的工作。由于展台是由管子搭建的，组装人员必须来自水管工工会：只有水管工才能操作管子。展品和布类材料则由舞台搬运工工会的成员负责：展品是"展示"的一部分。展位上方的标语需要来自重型设备操作员工会的成员驾驶起重机，来自装配工工会的成员在提斗里"装配"标语。参展商甚至不能将自己的录像机插头插入展会管理方提供的电源插座上，这项工作必须由电工工会的成员完成。电话必须插入由通信工工会成员提供的插座中，鲜花必须由农业工会的成员安排。当然，保洁、安保，以及其他服务人员都必须是相应工会的成员。此外，每个工会的监管人员的部分薪资是由参展商根据该工会在展位所消耗的时间来支付的。更为复杂的是，如果在一个工会成员完成特定工作和下一个工会成员到达现场之间出现重大时间误差，那么就需要支付额外费用。当然，还有就是，一旦违反任何一个工会规章制度或参展商试图自己完成部分工作，所有的工会都会拒绝工作。显而易见，清楚当地工会规章制度并且与当地工会工人建立长期关系的服务承包商，对于参展商和展会组织者来说是非常有价值的。

▷ 服务承包商的演变

今天，总服务承包商正在发生改变，以适应客户和环境的需求。其中一个最主要的改变就是，围绕参展商的需求扩展自身的工作领域，活动组织者也面临同样的改变。总服务承包商得出的结论就是，参展商是展会的驱动力。此外，它们已经开始明白，可供参展商选择的服务承包商和供应商越来越多，随之而来的还有日益增多的宣传和促销渠道。因此，总服务承包商和展会活动组织者都直接将注意力转移到参展商的需求上。参展商对此做出的反应就是，细化自己的要求和所需，并且在选择服务承包商时越来越谨慎和挑剔。参展商花费重金参与到一场展会中，目的就是希望借此获得较高的投资回报。在今天的经济环境下，参展公司必须要确保参展消费的合理性，并且向服务承包商寻求协助，以表明参与展会确实物有所值。

从长远利益考虑，服务承包商必须为客户提供高质量的服务和产品，不管客户是组织者还是参展商。不然的话，双方都有可能寻求其他渠道和策略，同时组织者也会遭受冷遇。维持现状也并不是持续有效的解决办法，一些公司已经决定放弃常年参加的展会。著名的计算机分销商展（COMDEX Show）就面临这样的问题，全美电视节目专业协会（NATPE）也是如此。此外，另一种商展形式正在逐步替代传统展览，一些公司正在开发自己的商展，以特定的市场或客户为目标。

对于总服务承包商而言，另一种改变就是，曾专属于总服务承包商提供的许多内部服务，如今已经不再由总服务承包商提供。例如，现在许多会议服务中心提供电、水、蒸气和天然气这样的公共设施，不再允许总服务承包商提供。会场也同样提供保洁、安保、视听设备和室内布置等服务。这种趋势正在减少服务承包商的商机和收入，展会活动组织者只能让服务承包商负责剩下的一些特定服务。

参展商指定承包商（exhibitor-appointed contractor，EAC）的出现抢占了总服务承包商的商业市场份额。这股潮流始于20世纪80年代中期，当时法律规定服务承包商不能拥有管理工会劳工和与工会劳工交涉的独家代理权。

因此，来自其他地区的参展商指定承包商会与总服务承包商一同竞争为参展商搭建展位的权利。参展商指定承包商属于服务供应商范畴，为参展商服务，穿梭于举办展会的不同国家，负责布展和撤展，不随城市或地点改变而更换。它们的成功基于与客户公司建立的长期关系，也就是众所周知的"关系营销"。由于参展商指定承包商已经为同一家公司提供过多次商展和活动服务，更了解客户公司的需求，相比服务范围较广的总服务承包商，能够提供更好的服务。

总服务承包商与参展商指定承包商之间的竞争刺激总服务承包商为展览公司提供更加专业化、现代化和高效化的服务。例如，现在总服务承包商在商展开始前、商展过程中，以及商展结束后的账单结算过程中，为参展公司提供同一个专门的服务代表。这就使得客户从同一个来源订购所有的服务和产品，即一站式服务平台，并且通过一张主账单来反映消费的所有产品和服务。这就类似于，个人拥有每项交易的不同信用卡的刷卡单，但是月底会收到一张累计账单。名为TEG的服务承包商有一项为最佳客户提供"黄金优势"的活动，该活动派遣24小时、无休息日的服务代表，以及拥有休息区、传真、电话、打印服务等的私人服务中心。大型服务承包商GES已经通过为其销售代表配备移动设备的方式将传统的服务带到客户身边，这样一来他们就可以去展位提供上门服务。费曼装饰公司有一项叫作"Exhibi-Touch"的活动，整个展厅都装有触屏电脑信息亭。客户可以到信息亭处理多数商业需求、确定货运状态、打印表格（如订单、发货单以及运输标签）。

　　总服务承包商也同样将服务领域拓展到了活动营销方面。这也是基于客户希望与自己了解、信任的个人或公司进行更多商业合作的需求。展会活动组织者或协会主办方资助举办多种特殊活动，而参展商则会参与到这些活动当中。因此，许多参展商倾向参加传统商展展厅以外的商业活动。总服务承包商已经与参展商建立了长期关系，现在正在开发商业活动项目，如多种活动展览项目、个人商展、新品发布会、客户接待活动、多城市旅行展览以及更多的非传统宣传活动。

　　科技也在改变总服务承包商的经营方式。与许多行业一样，电脑正在代替传统的纸笔工作，其中包括更新展厅平面图、跟踪物流以及管理小包裹速递。例如，就在短短十年之前，展厅平面图须用绘图工具手绘。一个简单的展位变化要花费一周或更长时间重新绘制平面图，因为这样的改变会影响整个展会布局。现在，在电脑技术的帮助下，能够及时进行修改。举例说明，费曼装饰公司在它的内网上有一个"设计库"项目。设计库里有展厅平面图和设计师绘制的国内主要会场。客户可以进行会场"虚拟导览"并及时对展厅平面图作出修改。

　　总服务承包商也同样采用科技手段来协助货运。如同纸笔被电脑技术代替一样，电脑技术能够更快速更准确地追踪各种规格的货物。所有细节均可在线展示，卡车何时进入或离开会场都记录在电脑系统，货运经理可以通过计算机查看车辆数据甚至车辆所载货物。许多货车上的全球定位系统（GPS）可以实现卫星跟踪定位，这项技术同样也应用于商展展厅。参展商可以联系总服务承包商来了解货物是否还在货车上，哪些展品已经送达展位。像手册这样的小型包裹也同样可以追踪。

　　总服务承包商技术应用还体现在网页开发方面。它们为展会活动组织者开发网页，包括展厅平面图互动、参展商展会信息、展位预约服务，甚至与会者的个人行程（Collins，1999）。

▷ 服务承包公司的组织机构

　　服务承包公司拥有像其他多数公司一样的组织运行结构，即由一般行政部门和不同的职能部门来完成公司的运营目标。管控和指挥公司的部门称为行政部门，包括总经理或 CEO、营销、助理及接待等。其他一些部门如下：

　　● 销售：一般分为全国销售和地方销售（或特别活动）。一些公司也有独立的"参展商销售"部门，负责全国销售中与参展商相关的部分。参展商销售会为每位展商提供一份产品清单以及每项产品的报价。参展商销售也负责将参展商从标准产品"升级"到价位较高的高级产品。一般情况下，参展商销售有一间办公室，在商展现场全天候地推动产品和参展商之间的互动，并且在商展大厅推销附加产品和服务。

　　● 后勤：负责策划、安排、运输及劳工关系，与展会活动组织者一同考察现场，准备相关活动。该部门决定展位材料的运输——展厅中心的展位要在展厅入口附近的展位之前运送，以防止堵塞入口。该部门也同展会场地合作，布置不同规格的展位、通道、餐饮区、注册区等。今天，这些都是通过电脑技术如 CAD/CAM 完成。

● 货运和仓储：负责货物、展位、展品的运输以及在主办城市的暂时储存。货运可能包括空运、长途卡车运输以及本地运输。

● 活动技术：负责科学技术、特技效果、报告。该部门负责监管策划和生产部门输出工作之后的展台后续安装。

● 活动服务：负责参展商手册、现场协调与注册。参展商手册向参展商说明须知信息，包括会场、容量、制度、规范、劳工以及布展和撤展时间，还包括服务承包商提供的一系列服务。

● 生产：负责木工、背景、标牌、电工、照明、金属工等。以新奥尔良的费曼装饰公司为例，客户一般要求背景看上去像法国街区或湿地森林。他们使用的板材同剧场使用的一样。通常这些板子平放在地上，由负责背景工作的两名工人给背景板上色。

● 会计与财务：负责应收账款、应付账款、工资支出以及财务分析。

美国最大的两家总服务承包公司分别为费曼装饰公司（http：//www.free-manco.com）和 GES 博览会服务公司（http：//www.gesexpo.com）。

费曼公司有三个部门：博览会部，节事活动部，展览部。公司总部位于得克萨斯州的达拉斯，办公地点遍布北美洲的 23 个城市。从 1927 年始，公司就开始为博览会、大会、特殊活动和公司会议提供全套的承包商服务。该公司由费曼家族及其公司员工建立并拥有。

GES 博览会服务公司总部位于拉斯韦加斯，仅在北美主要城市设有办公地点。GES 是位于凤凰城的 Viad 公司的子公司；Viad 是在纽约证券交易所以 WI 为代码、市值为 17 亿美元的大型上市公司。

Stronco 联合公司是一家加拿大的私有公司，始建于 1952 年。公司在商展和会议刚刚在加拿大兴起时就已经存在。50 多年间，它承接了商展、大会、特殊表演、体育活动以及会议等多种服务。Stronco 公司已经成长为加拿大商展和会议服务产业最大的私营全程服务承包商。

AV-Canada 公司专门从事视听、灯光和舞台服务。公司的专家来自加拿大和美国，公司总部设在加拿大。

▷ 专业服务承包商

以上讨论了总服务承包商的概念及它们如何与单个参展商和展会/活动经理进行沟通，这是本章节的重点之一。接下来我们将会扩大范围，聚焦所有能协助展会成功举办的潜在服务承包商。**专业服务承包商**（specialty service contractor）负责展会活动产品的某个专业领域，而总服务承包商的服务较为宽泛和通用。专业服务承包商可以是官方承包商（由展会活动经理指定）或 EAC。无论是特殊活动、商展、会议还是一般会议，它们提供的服务包括：

- 视听：通过视听设备的提供，优化展览、大会、特殊活动的服务和用品。
- 商务服务：复印、打印、传真以及其他商务服务。
- 餐饮：为大会、特殊活动、展会活动组织者，以及希望在展位内部提供餐饮的参展商，或是私人客户提供餐饮服务。
- 保洁服务：打扫会议、活动的公共区域，尤其是展位、办公室和非公共区域的地毯。
- 通信：提供手机、有线及无线服务。
- 电脑：租借电脑和显示屏。
- 咨询：包括活动前的策划、协调、引导、布置以及商展、活动、会议的设计和展位设计。通常称为第三方策划或独立顾问。
- 装饰布局：一般装饰公司可以帮助参展商凸显舞台和装饰，也可以提供鲜花和娱乐活动。
- 货运：包括展会材料的长途运输，从当地货仓或仓库运送到展会现场，空运和材料返运。
- 电力：将电能带到展会以及其他需要用电的地方。
- 娱乐代理：作为娱乐人员和展会活动组织者之间的联络人，提供娱乐服务。
- 绿植：租借植物、鲜花以及其他道具。
- 运输：展会材料从会展公司到会场的运送以及返运。多种运输方式（普通运输车、厢式货车、空运）。
- 家具：为展会租借高档家具。
- 网络和电话：为展厅或其他活动/会议所在地提供设备和网线租借。
- 劳动计划和监管：熟知当地规章制度，了解相关商务合作人员和工会条款，以及负责监管现场工人。
- 照明：设计和租借灯光设备，包括视听应用。
- 临时员工：临时雇用展会人员、讲解人员或登记人员。
- 公共设施：科技展览中需要的管道、空调、天然气、水蒸气和水。
- 摄影：为展会活动组织者以及参展商个人提供宣传。
- 邮寄和包裹服务：为组织者和参展商提供快递服务。
- 注册公司：将活动/会议或商展整个注册程序外包，负责整个注册程序，包括数据库、支付、证件以及现场人事。
- 安保：在闭展期间负责展位的安全，展会开放时负责入口或活动/大会的一般安保工作。
- 演讲人管理处：确认与展会、活动组织者合作的会议开幕或闭幕式理想的重要发言人。

● 翻译：与展会、活动组织者合作，完成发言和展示的同声传译工作；同参展商合作，为销售代表和国际与会者提供语言交流服务。

除了前面所列的标准需求外，不同展会有不同需求。餐饮产业的展会需要能提供冰和冷藏服务的承包商，汽车产业的展会需要能够清洗车辆的承包商。

翻译人员知道的信息过多

一家美国小公司曾决定在欧洲参加一次商贸展，最终派去的销售经理都只会说英语。于是，公司决定雇用一名能够熟练使用西班牙语、意大利语和德语的翻译。翻译表现优异。一年后，在商贸展中，她再次受雇提供翻译服务。在第二次商展中，与会者问及了许多与第一次展会相同的问题。由于问题类似，翻译已经知道如何回答。在未翻译给销售经理，也未询问销售经理的情况下，翻译就简单回复了与会者的问题。结果，这场展会的反馈不甚理想，尽管与会者出席率颇高，但在展台进行的产品互动效果并不尽如人意。公司经理进行展后评估时，发现了其中的原因。展会留给与会者这样一种印象，仅仅一个翻译就能如此了解该产品，那么产品肯定非常简单，还不够先进。因此，在此后的商贸展中，该公司要求翻译人员仅为销售经理做翻译，未经销售经理许可，不得擅自回答问题。

▷ 参展商指定服务承包商

由于展会数量逐渐增多，参展商参与的频次也逐渐增加，参展商希望同一个服务供应商可以保证一年的合作时效。或者，在经常举办展会的城市，参展商更倾向于寻求曾经合作过的供应商。基于展会搭建以及撤展的需求，这样的选择是尤为正确的。多数情况下，展会活动组织者会做出这样的选择，但前提是承包公司符合保险要求和具备运营资格。参展商选定的承包商称为参展商指定服务承包商（EAC）。参展商指定服务承包商与专业服务承包商职责相同，但服务对象仅为某个参展商，而非展会经理。其在 APEX 术语表中的定义如下：

> 参展商指定服务承包商（EAC）指除官方承包商外，为一个参展商提供服务的任何公司。可指搭建和撤展公司、摄影师、花卉供应商或其他类型的承包商。

仅能由官方服务承包商提供的服务称为**排他性服务**（exclusive services）。展会活动经理做出的决定是基于展会需求和会场的规章制度，或为了顺利布展和撤展。试想运输公司和搭建公司试图同时将参展商的货物运进会场会发生什么？将会是一团混乱！因此，材料运输（货运）经常作为一项排他性服务。根据参展商指定服务承包商的使用情况，许多会场都做出了详尽的说明。某些情况下，使用参展商指定服务承包商时，参展商需向会场提出申请。

承包商与活动组织者之间的关系

开展一项活动时，展会、活动组织者首先要做的就是雇用总服务承包商（GSC）。合作关系随着展会的进行而不断深入。总服务承包商一般会推荐举办展会的城市、时间以及理想的活动会场。提前雇用总服务承包商，对于展会来说十分重要。

展会活动组织者通过需求建议书（RFP）雇用服务承包商。展会组织者为每场活动提出一系列问题，并做出详细说明。其他关注范围包括产业信息、会场信息、同产业内举办的其他展会、组织规模以及预算。简要的需求建议书可参见 http：//conventionindustry. org/apex/panels/RFPs. htm。

随着展会的发展，如何在入口接待处的标牌和横幅上应用营销主题和协会标志，引起了总服务承包商的密切关注，并对此给出相应建议，以便展会开始时达到组织者所需的效果。配色方案、视觉效果处理以及材料的类型都源于总服务承包商的创意。

专业服务承包商能够协助展会经理节省时间和资金。基于对以往展会的回顾，服务承包商可以了解参展商使用的家具、鲜花类型以及用电需求。专业承包商能够为展会组织者提供经济型建议，并将建议传达给参展商，借此维护承包商良好的形象。

服务承包商对整个展会活动以及展会组织者都有所了解。这对展会组织而言是一笔附加值，随着其他人员的变动，服务承包商经验不断累积，甚至对其中的细微差别也能了如指掌。

服务承包商产业中的资源

针对服务承包商产业的个人和企业的协会包括：

EIC：展览产业理事会，成立于 2009 年下半年，旨在解决参展商遇到的问题，为参展商提供优质的服务。组建该理事会的协会有：企业活动营销协会（CEMA）、展览策划及筹办协会（EDPA）、展商指定承包商协会（EACA）、医疗保健大会和展商协会（HCEA）以及商展参展商协会（TSEA）。

CEMA：企业活动营销协会（http：//www. cemaonline. com/）。

HCEA：医疗保健大会和展商协会（http：//www. hcea. org/）。

ESCA：展览服务和承包商协会（http：//www. ESCA. org）。为总服务承包商和专业服务承包商提供服务的组织。

EDPA：展览策划及筹办协会（http：//www. EDPA. com）。为涉及设计、制造、运输、搭建业务的公司提供服务，以及主要为商展行业的展示和展览提供服务。

EACA：展商指定承包商协会（http：//www. EACA. com）。代表展商指定承包商以及其他在商展展厅提供展览服务的展厅专业人员。

IAEM：展会管理国际协会（http：//www. IAEM. org）。由展会组织者和为服务承包商工作的人员组成的协会。

CAEM：加拿大博览会管理协会（http：//www. CAEM. ca）。由展会组织者和为服务承包商工作的人员组成的协会。

NACS：国家消费展协会（http：//www. publicshows. com）。由公众（消费）展的组织者和为其提供支持的供应商组成的协会。

EEAA：澳大利亚展会和活动协会（www. eeaa. com. au）。

CEIR：展览产业研究中心（www. ceir. org）。

TSEA：商展参展商协会（www. tsea. org）。

ESCA 的示例展示了各种协会的专业水准。在寻找展会服务承包商（或任何其他承包商）时，确保查看承包商所属的协会。

▷ 未来走向

- 服务承包商和策划者之间健康良好的关系将继续发挥至关重要的作用，并促进双方的发展。
  - 受需求刺激，策划者与供应商之间需建立长期的合作关系。
    - 价格竞争；
    - 建立弹性合约。
  - 优先供应商项目越来越受到重视。
  - 在会议"绿色化"和可持续发展方面承包商能够起到十分重要的作用。
    - 降低碳排放量；
    - 充分利用可循环材料；
    - 使用当地生产的产品。
  - 合作关系仍至关重要。
- 服务承包商将与组织者、策划者和赞助者发展合作关系，协助在各地组织会议和活动。

展览服务和承包商协会

根据展览服务和承包商协会（ESCA）网站：

- 该协会针对的是为展会服务行业提供服务和材料的公司，服务产业中包括：商贸展览、展示会和销售会议。

- 该协会代表展览服务行业。
- 该协会是其成员与其他大型商展和会议行业之间的信息交流中心。
- 该协会是一流的总服务承包商、专业承包商、独立承包商以及其供应商的来源。
- 该协会是目前商业环境下，折扣和援助的来源。

任务说明

ESCA 致力于展览、会议和特殊活动行业的发展。通过教育培训、信息交流以及成员间专业水平共享，ESCA 促进了展览业各个领域之间的合作。

职业规范说明

ESCA 成员意识到在承包商和客户的关系中，乃至在整个行业中，需要设定专业标准。他们认识到，客户来自于展览、会议，以及特殊活动行业的各个领域，从组织者到与会者，所有的 ESCA 成员都应保证诚信经营。ESCA 成员明白，他们对自己员工的行为负有责任。因此，他们始终保持模范带头作用，以确保员工遵守道德准则。

ESCA 成员承诺自己的行为遵守 ESCA 的道德准则。成员责任包括以下几点：

1. 精准。ESCA 成员将提供关于他们的服务和他们所代表公司的服务的真实准确的信息。

2. 公开。在收到押金前，ESCA 成员将提供关于所有服务的完整术语和全部细节，包括注销以及服务费条款。

3. 交付。ESCA 成员将提供协议或书面确认中列明的所有服务，或提供等价值/更高价值的选择，或做出合理补偿。

4. 合作。ESCA 成员将本着合作伙伴的精神为展会经理、其他承包商、场地管理以及参展商提供服务。

5. 积极响应。ESCA 成员将始终提供积极、谦逊和值得信赖的服务。

6. 守法。ESCA 成员将遵守联邦、州以及地方法律法规。

7. 遵守规则。ESCA 成员将遵守所有涉及安全、表演、展会规则的规章条款和其他标准。

8. 保密。ESCA 成员将对每次客户交易进行保密，除法律要求，在未得到客户允许的情况下绝不泄露任何信息。

9. 利益冲突。ESCA 成员不允许供应商和分包商之前的关系影响到其与现在客户的关系。

10. 纠纷解决。ESCA 成员将与客户一起及时公正地解决纠纷，必要的情况下可以通过调解或仲裁。

▷ 运行方式

通过图 6—1 可以看到总服务承包商与组展商、会场、展商以及其他承包商是如何沟通的。请记住，一个展览就像一座小城，而展会组织者必须满足一座小城的全部需求——从安全（安保和注册）到工作地点（将展台作为办公场地）、用电、用水以及交通工具（场内巴士）。但是，以上都需要在短时间内完成，有时期限甚至不足一周。每个人之间的交流必须合理有效，通常是由总服务承包商担任中间人。所有承包商之间的合作也是总服务承包商的责任，因此总服务承包商是展会组织者的左膀右臂。

以下的案例提醒我们应急方案的重要性。同时，要确保所有的承包商团结合作，并尽早参与到展会活动中。每个承包商对自己的清楚认知，有利于开展工作。每个承包商都要有意外事故预案和风险预案以备不时之需，再由活动组织者将这些预案纳入到某项活动/会议的总体预案之中。

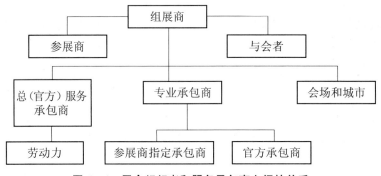

图6—1　展会组织者和服务承包商之间的关系

关于展会组织者和服务承包商之间关系的案例

2001年9月11日这天，全世界有许多场展览和活动要如期举行。服务承包商与组织者共同推动了展会活动的进行。当航空运输受限时，卡车作为应急设备协助参展商完成装运。

但是，对于商展行业而言，最重要的是确定如何在"9·11"事件之后应对诸多活动的解约。许多人畏惧乘飞机出行。有些会议和展览预定在纽约贾维茨会议中心和华盛顿地区的会场举行，但上述地方当时正为急救人员所用，展会不得不更改日期或者取消。解约决定不仅影响展会组织者，也对服务承包产业造成不良影响，因为许多组织已经开始投入资金修建展场入口、制作图标以及准备人员。

承包商和展会/活动组织者互相做出让步，承包商仅向展会/活动组织者提交购买材料的账单，直到展会重新安排后再收款。参展商直到接受服务后才付款，但是参展商也要承诺日后仍采用同样的服务。所有人都共同努力寻找解决方案。

服务承包商和展会/活动组织者之间的合作伙伴关系，一定程度上降低了"9·11"事件对商业展会的影响。尽管由于该事件导致的经济衰退和旅行恐惧共同对科技展会造成了影响，但制造业展会仅降低了3%～10%。许多在"9·11"后被取消的展会活动都在2002年成功举办，这表明了光明的前景。

□小　结

服务承包商是展览/活动/会议产业的支柱，他们使得展会/活动组织者和参展商效率更高。清楚每位承包商的责任能够使展会/活动组织者为参展商提供更好的服务，也为买家和销售人员以展览的形式进行商业活动营造良好的环境。

□关键词

货运（drayage）　　　　　　　　参展商服务手册（exhibitor service manual）

需求建议书（RFP）　　　　　　　排他性服务（exclusive service）

总服务承包商（general service contractor）

服务承包商（service contractor）

参展商指定承包商（exhibitor-appointed contractor）

物资管理（material handling）　　专业服务承包商（specialty service contractor）

□复习及问题讨论

1. 专业承包商提供什么类型的服务？

2. 在需求建议书（RFP）中应提出哪些问题？

3. 请描述总（官方）服务承包商与展商指定服务承包商之间的不同。在总服务承包商为展览/活动/会议做准备时，能够怎样协助展会/活动组织者？

4. 假如你是一名活动经理，正在举办一场附带展览的大型会议。货车准备就绪，但天降暴雪，你将联系谁？你将作出怎样的备选方案？一旦卡车不能准时到达搭建会场该怎么办？

□参考资料

Collins，M. 1999. The evolution of the General Services Contractors. *Expo Magazine* (February)：1 - 5.

Rutherford，D. G. 1990. *Introduction to the Conventions，Expositions，and Meetings Industry*. New York：Van Nostrand Reinhold.

□本章作者简介

桑迪·比巴克（Sandy Biback），CMP，CMM，拥有 30 多年从事设计和举办商业活动、会议、商展的经验。目前在内华达大学拉斯韦加斯分校和多伦多乔治布朗大学教授会议管理相关课程，并在多伦多的百年理工学院教授赞助关系设计和风险管理课程。她是 PCMA 和加拿大专业会议策划者学会（CanSPEP）的成员。

本章更早版本的作者：苏珊·L. 施瓦茨（Susan L. Schwartz），CEM。

第 7 章

目的地管理公司

学习目标

- 确定目的地管理公司满足客户的需求
- 阐明目的地管理公司如何与同一目的地的会议策划者、酒店、活动参与者以及诸多供应商合作
- 详述目的地管理公司如何运作
- 列出目的地管理公司所采用的商业流程中的竞争因素
- 评估目的地管理公司应争取的项目
- 详解目的地管理公司如何为客户提供合同中的服务

▷ 引　言

　　会展产业中存在诸多职业，其中包括提供目的地管理服务，例如现场会议管理、酒店服务、会议中心和会议机构以及航空公司和餐饮。一般情况下，当谈及会展业中的商机时，人们也许不会想到商业活动中有关供应商的职业。然而，活动目的地所提供的服务，对于活动策划的成功和会议、大会活动的执行都起到十分重要的作用。本章将讨论目的地管理公司（DMC）所提供的商机和服务。

▷ 目的地管理公司的定义

　　会展行业委员会（CIC），是由 32 个组织构成的联合组织，以促进会展产业的

信息交流为目的。CIC 在 APEX 中对目的地管理公司给出如下定义：

> 目的地管理公司是指拥有大量当地信息、专业知识以及各类资源的专业服务公司，主要负责会议、活动、旅游、交通和活动流程的设计和执行。目的地管理公司提供的服务种类取决于公司专长以及公司拥有的专业人员，但并不局限于此，还包括：针对会议期间特殊事件的创意提案；会议旅游；贵宾服务设施和交通；定点往返服务；会议中心和酒店的人员配备；团队建设，高尔夫球赛安排以及其他活动；娱乐设施，包括音响和灯光；装饰布局和主题建设；附属会议和管理专业人士；会前和展会现场注册服务、住宿。

目的地管理公司也能以专业会议组织者或本地旅行社的名义运作。

目的地管理公司可以提供重要服务，并受会议和活动策划者雇用提供当地信息、经验和相关公司及协会的资源。目的地管理公司会与航空、酒店和度假区、会议中心，以及运送和执行会议活动中的其他服务供应商进行合作。成功的会议活动需要对目的地设施、当地法律法规和规章制度有全方位的了解。当地专家在实际项目工作中对供应商的效率、专业、能力获得了充分的了解，所以会议和活动的策划者只有与这样的当地专家进行合作，才能确保活动成功举办。

业界将目的地管理公司及其服务定位为客户工程（client project），"工程"包括的会议、展览、活动及大会，通常称作一个"项目"（program）。项目中包含当客户在某一时期拜访某一目的地时，目的地管理公司对其提供的所有活动和服务。

▷ 目的地管理公司提供的服务

目的地管理公司与会议和活动策划者紧密合作，提供有关目的地资源的相关建议，找到最佳匹配，满足会议需求。在服务确定之后，与目的地管理公司的合同中写明工作计划，进行会展搭建，并完成服务提供。一般情况下，目的地管理公司提供的服务包括：

- 酒店选择
- 活动地点选择
- 创意行程
- 特殊活动创意
- 创意主题设计
- 活动制作
- 景点选择
- 团队建设活动
- 会议支持服务
- 交通计划和运送方案

- 餐饮流程
- 娱乐活动
- 演讲者
- VIP 服务
- 人员配给服务
- 预算和资源管理
- 奖励旅游

目的地管理公司的服务能够增进与会者之间的人际交流，表彰有贡献的员工，或介绍新想法、新产品。在今天竞争激烈的环境下，人们期望可以将会议和活动投资带来的影响和回报量化，策划者依靠目的地管理公司提供独特创新的活动理念，实现活动的具体目标，完成客户项目中的其他活动，并使资金消耗保持在客户预算之内。目的地管理公司提供的全套服务可以包括会议管理支持服务，如交通安排以及活动产品的各个方面，如舞台、音响、灯光。目的地管理公司通常能够为娱乐方案提供可靠资源，从私人酒会的背景音乐到大型**特殊活动**（special event）的主题招待。在选择目的地管理公司时，对当地音乐人和娱乐圈的熟知度和融入度是重要的衡量标准。此外，目的地管理公司通常会建议并提供装饰品，如道具、鲜花设计以及强化活动空间和地点的装饰品。

目的地管理公司提供的一项主要服务就是交通物流。这些服务中包括接送机服务，酒店接送和行李管理。无论与会者中的流动人员有多少，他们都是大多数活动中的重要组成部分，这就要求相关员工具备准确把握时间并执行的能力，相当的熟悉度，以及管理的责任感。这些服务最好由专业目的地管理公司来提供，以确保与会者舒适、方便、安全。此外，许多目的地管理公司会提供定制景点旅游和娱乐活动服务，如高尔夫和网球比赛。

由于会议和活动中包含创意元素，不同公司的需求和期待各不相同，目的地管理公司能够提供的服务几乎是无限制的。值得注意的重要一点就是，有的客户会要求目的地管理公司管理和执行整个活动，而有的客户可能会联系目的地管理公司负责活动中的一个或两个部分。

▷ 目的地管理公司 VS. 目的地营销组织

人们经常将目的地管理公司（DMC）的商业流程与目的地营销组织（destination marketing organizations，DMO）提供的服务进行比较，也经常将二者混淆。尽管是两种不同的组织，但它们所提供的服务有相同之处。目的地管理公司优化目的地的开发，引导目的地为旅游者提供创新体验，促使社区完善可持续基础设施，以确保投资得到正回报。

现在的客户希望目的地能够提供定制产品以及符合自身期待的服务。只有能够最大限度地满足客户需求，支撑客户完成整个购买流程，目的地管理公司才能存活，才能从中获得最大利益。因此，目的地管理公司会与大型社区和提供各种服务的私营企业达成合作，以谋求最大利益。

目的地管理公司经常会通过与目的地营销组织合作，在合作中从会议和活动策划者的需求中获得新的收入。一旦从目的地营销组织那里接手业务，目的地管理公司便可以直接或在线与会议和活动策划者进行交流，并展示本公司过往的成功项目范例。目的地管理公司一旦确定自己有满足客户需求的专家，就会做出**需求建议书**（request for proposal，RFP）回应客户需求。

一般情况下，潜在客户会要求两个或两个以上的目的地管理公司提交需求建议书，进行项目竞标。每个目的地管理公司都将提供详尽的、有创意的，且最能满足客户要求的服务**提议**（proposal）。这些提议几乎全部都是免费的，主要目的就在于赢得客户青睐。

回应客户的需求建议书通常需要较高成本，需要人员和时间制定专门提议；因此，目的地管理公司必须在决定商业目标时做出明智选择。今天，收集客户需求建议书和投标都要求接受电子需求建议书的行业标准。CIC 已经成为行业标准的领头羊，并且电子格式模板可以在 APEX 准则中找到。

目的地管理公司的商业结构

目的地管理流程有一些基本前提：
- 工作人员
- 临时"外勤人员"
- 办公室
- 技术手段
- 许可证和保险
- 社区关系
- 客户关系
- 历史记录
- 目的地资源

战略位置优越的活动举办地点是赢得竞标和顺利运营的基本条件，为此，酒店交通要便利，会议设施要齐全，同时最好具备优越的观光胜地以及活动场地。在如今的竞争环境下，目的地管理公司必须能够获得最先进的科学技术支持。目的地管理公司的客户通常是那些习惯使用技术手段的协会和大型公司，它们希望与采用了电子通信技术的目的地管理公司进行合作。通信设备、办公电脑应用（包括数据库管理）、图像处理软件以及高速网络都已成为现代目的地管理公司的标准工具。信息的快速处理、应变能力和文件及图形的专业化生成能力正在成为目的地管理公司的标志和必备技能。

鉴于目的地管理公司的服务性质，必须对其业务上的责任以及其他标准形成法律上的保证，如工人报酬和汽车保险。不同的目的地对目的地管理公司有不同的法律和许可要求。会议和活动策划者必须确保所选择的商业伙伴充分了解当地条例，这将影响运作的成功与否，以及活动是否能顺利进行。

由于服务领域的商业种类繁多，目的地管理公司属于关系型产业。客户和策划者在选择目的地管理公司时，会考虑其声誉和专业领域。目的地管理公司应与酒店、景区、会议局、航空公司、执法机构和社区保持广泛的联系，并务必与客户建立和保持良好的关系。通过商业伙伴关系的合作，赢得更多的工作机会。只有涉及不同的领域，目的地管理公司才能够满足客户多样化的需求。

外部声誉，即在客户中的声誉，对于目的地管理公司的长期发展是十分重要的。成功的经验是目的地管理公司拥有的最重要的资产，也是策划者在选择一家目的地管理公司作为合作伙伴时所依赖的最佳参考依据。

最后，目的地须具备必要的资源来支持目的地管理公司运行一项良好的项目或活动。除此之外，享有良好声誉的各种供应商共同构成的服务竞争环境也是必不可少的。

▷ 目的地管理公司的组织方式

目的地管理公司的规模和组织结构多种多样。鉴于目的地管理公司提供服务的本质，在没有启动资金的情况下也可以创业。该部分将讨论目的地管理公司常采用的一些运作方式。

独立经营商

当一项活动的成功需要某项特殊或具体的服务时，独立的目的地管理公司通常是十分实用的选择。独立经营者通常提供一系列有针对性的服务，如餐饮、交通运营或旅行组织。独立目的地管理公司的成功主要基于所有者与客户发展长期关系，并且具备完成客户需求的能力。尽管在该领域创业较为容易，但也面临工作时间长和任务艰巨的挑战。

多重服务经营商

提供多重服务的目的地管理公司通常是比独立经营商更为大型的组织。久而久之，这些组织建立了大型服务供应网络。多重服务供应商配有训练有素，能够处理复杂、多样化客户项目的专业人员。通常，较大型的多重服务经营商在多个目的地都配有工作人员和办公地点，能够在保证优质服务的情况下，使客户享受较独立经营商更低廉的价格，从而为客户提供更多的优惠。

目的地管理网络

由于地方性的"单一目的地管理公司"无法享受国家范围内的目的地管理公司，如美国霍斯特公司的规模经济效应，因此，形成了目的地管理公司网络。形成这种网络的目的就在于将各个单一城市的目的地管理公司的资源进行整合，用于销售和营销。其他这样的"DMC 集团"的存在也主要是为了共享销售和市场成果。

目的地管理网络是对支付费用或佣金加入国家或地区组织的独立目的地管理公司的整合。目的地管理网络使会议和活动策划者能够镇静地与不熟悉地区的目的地管理公司打交道。这种安排使得小型、独立的目的地管理公司在赢得重大优势的同时保留了自主性，而这种重大优势以往通常只属于较大型的提供多重服务、覆盖多个区域的目的地管理公司。

在某些情况下，尤其是在目的地管理网络下，雇用专业代理公司来负责某个细分市场是十分重要的。通常，这样的公司代表根据具体地理位置签约，如纽约、芝加哥，或是伦敦。这些机构主要代表目的地管理公司网络召集该地理区域内的潜在和已存在客户。它们会尽力协助策划者熟悉目的地管理公司网络，并发现未来商机的线索。时机合适的情况下，这些代表机构有时也会扮演客户和目的地管理公司之间地方联络人的角色。

▷ 目的地管理公司的商业模式

目的地管理公司的客户都是些会议、展览、活动、大会和奖励旅游项目的策划者。当描述目的地管理公司的商业模式时，顾客、委托人以及策划者这样的术语是指目的地管理公司提供服务的个人、组织或公司。在某些情况下，顾客、委托人和策划者是三个不同的部分，有时也可能是同一个。顾客，是指为目的地管理公司提供的服务进行支付的组织。委托人，是指在决定购买目的地管理公司的服务时起领导作用的组织代表。策划者，就是代表客户的组织，是与目的地管理公司就策划、合作项目和活动直接合作的人。

重要的是，参与策划目的地管理公司提供服务的人通常就是目的地管理公司的工作人员，如公司的销售人员。目的地管理公司经常为公司组织外部的合作伙伴、休闲游客或旅行团提供服务。目的地管理公司的服务越来越受到大型旅游公司的认可，经常签订合同为大型旅游团提供交通或观光协作。其中一个优秀实例就是游轮公司通常雇用目的地管理公司来负责旅行、交通和游览。

目的地管理公司直接与委托组织签约，委托组织的员工或成员参与到流程当中，或者与专业会议策划者签约，策划者向委托的组织（客户）提供会议服务（见图 7—1）。

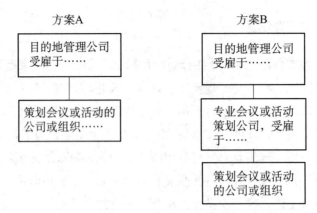

图 7—1　流程图样例

　　在某一目的地时，多数的会议和活动将目的地管理公司作为自身办公地点的延伸。它们希望目的地管理公司成为它们在目的地的"耳目"，一直代表它们行动，在物流、会场、活动理念以及社会方案方面提供公正、有经验的建议。策划者依赖目的地管理公司帮助他们设计满足他们特殊需求的活动方案，方案会因规模、预算、时长和目的而有所不同。

客户

　　目的地管理公司为不同客户提供商业服务，所签署的合同或来自于公司、协会、奖励旅游或特殊活动等组织者。

　　公司客户　由于近来面临的世界经济挑战，公司客户组织会议时要经过全面的检查。在过去，**公司会议**（corporate meeting）举行半天，剩余半天在高尔夫场度过，也不会引起太多注意。如今，仅仅是公司会议举行的地点就可能产生负面效应。目的地管理公司在策划和组织会议时，必须针对公司客户面对的约束和关注点积极做出调整和应对。

　　此外，公司客户也在对举行面对面会议进行重新评估。对于目的地管理公司而言，集中精力与客户合作尤为重要，要确保会议和活动较非面对面形式获得更大的价值。

　　以下为目的地管理公司与公司客户合作时的活动项目样例：

● 全国销售会议
● 培训会议
● 产品推介会
● 交易商或客户会议

　　协会客户　协会就是建立起来支持某一产业的共同利益或活动的组织。协会可以是地区性、国家性、区域性或国际性组织。大多数协会建立的目的在于为其成员提供人际关系网和教育机会。要达到这一目的，协会就会举办一系列的会议、展会、研讨会。

在今天的竞争环境下，潜在会议、展会出席者对出席的会议越来越挑剔。到外地出席一次会议既耗时又耗资。其中就涉及投资回报的问题，个人都希望通过出席会议收到相应的投资回报。目的地管理公司要提供充足的资源，支持客户开展能为其成员提供最大影响力的活动。以下为目的地管理公司与协会客户合作时的活动项目样例：

- 行业商展（食品、建筑、航空等）
- 专业商展和会议（对象为建筑师、医生、教师等）
- 共济会组织（退伍军人、名人等）
- 知识讲堂（医学研讨会、其他专业小组会议）
- 政治会议

签订奖励旅游合同的公司　奖励型会议和活动的组织目的在于认可和奖励达到或超出公司目标的员工。此类会议和活动的市场将持续扩大。如今的公司正逐步认可奖励和肯定员工突出业绩带来的价值。这些活动通常可以持续 3～6 天，范围可以覆盖员工及其合作伙伴的一般性度假到奢侈型度假。目的地管理公司能够为公司客户提供各种各样的服务，这些服务基于公司预算和员工需求量身定做。以下为目的地管理公司与奖励型客户合作时的活动项目示例：

- 销售奖励
- 经销商奖励
- 服务经理奖励

▷ 目的地管理公司流程

与酒店、度假村、会议中心和餐厅不同的是，目的地管理公司在创业初期和运营过程中并不需要投入大量的资金。目的地管理公司的办公地点通常在举行会议和活动的地点附近。鉴于许多项目服务涉及接送，邻近机场也是一种优势。

目的地管理公司的首要责任和职责因公司而异。许多目的地管理公司规模小，独立运作，仅有一处办公地点。其他较大型的公司也许在多个地区有几个办公地点，并配有当地员工负责各个层次的服务（详见表 7—1 和图 7—2）。

为使会议顺利进行，目的地管理公司的职责任务包括寻找商业信息、提供适当服务、处理合约事务、组织人员到场、履行服务合同以及跟进账单和协商流程。这些任务的执行都是通过与供应公司签订合同、雇用外勤人员（field staff）以及分配执行人员完成的。外勤人员涵盖的领域包括导游、接待人员以及机场"迎宾"人员，通常情况下都是由目的地管理公司为某个项目雇用的临时工作人员。由于服务需求的增多，同一个目的地的外勤人员为不同的目的地管理公司工作也是常有的。

表 7—1	目的地管理公司的职责分类与职称示例
管理和行政 ● 总经理 ● 业务经理 ● 财务经理 ● 执行助理 ● 行政助理 ● 接待人员 ● 研究助理 **销售与市场营销** ● 销售总监 ● 市场营销总监 ● 特殊活动总监 ● 销售经理 ● 销售助理 ● 文案专员 ● 研究分析师	**运营和生产** ● 运营总监 ● 特殊活动总监 ● 运营经理 ● 生产经理 ● 运输经理 ● 人力经理 **外勤人员** ● 迎宾人员 ● 导游 ● 运输经理 ● 活动主管 ● 现场主管 ● 设备经理

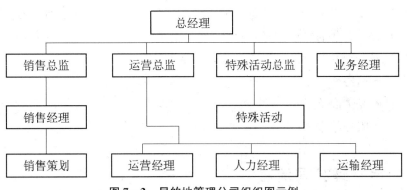

图 7—2　目的地管理公司组织图示例

　　表 7—1 中所列出的职位只是举例说明，实际情况要因公司而异。然而，销售和宣传职责、运营和生产职责以及管理和行政职责是所有目的地管理公司的基本职责。在大多数公司中，管理级别和上报层级确实存在很大差异，但通常情况下都是基于公司规模和员工数量而定。例如，"特殊活动总监"这一职位看上去也许会低于销售和市场营销方面、运营和生产方面的职位，但事实上，也许并非如此，这就取决于公司和个人执行的专业领域了。在许多案例当中，目的地管理公司不具备运输设备、道具、装饰或其他和客户约定购买的供应品的能力，因此经常从选定的供应商中购买或租借服务，并在较大型的活动项目中对这些产品和服务进行管理。这样一来，目的地管理公司就成为许多当地供应公司的"承包商"。

　　长期成功运营的目的地管理公司有一个重要的特点，就是有足够的能力为签约服务客观推荐和选择供应商。目的地管理公司对于会议策划者的价值在于为满足客户预算和项目要求，选择能力最佳的供应商。只有在目的地管理公司能够通过提供的管理服务，而非通过与供应商达成某种财务"协议"挣取报酬时，客户才会感到满意。

销售流程

对于目的地管理公司而言，要想成功，就要保持有新的商业项目，确保公司正常运营。商业机遇会以不同的形式呈现。并不是所有的目的地管理公司都为本章前面所列举的那些客户服务。一些目的地管理公司通过专门从事协会展览、公司会议，或者为国际旅行团服务而取得成功。另一些目的地管理公司会与个人旅行合作，也有一些将重点放在国内奖励旅游市场。然而，大多数的目的地管理公司在多个市场运行，这通常是由所在目的地的属性决定的。

换言之，目的地的基础设施和自身魅力会决定目的地管理公司会与哪些细分市场进行合作。一个目的地的基础设施，如会展中心、会议酒店、度假村以及机场设施，都在发挥一定作用。目的地的其他资源，如自然和人工景点也在公司是否策划重要会议或奖励旅游方面发挥重要作用。沙滩、森林、气候、娱乐设施、钓鱼、艺术、博彩以及主题公园都能够增加目的地的魅力。

新商机鉴定

销售流程的第一步就是发现新商机，并尽力抓住其中的潜在客户。要想发掘新商机，大部分情况下需前往客户所在的地方和客户展开业务的地方，比如说参加行业商展。以下是此类商展的几个例子：美国社团管理者协会（ASAE）、协会领导力研究中心、会议与奖励旅游展（IT&ME）以及西方国家会议（Meeting West）。目的地管理公司的销售经理一定要对这些商展仔细研究，这样才能使销售额和销售资源最大化。若能事先了解到哪些潜在客户将参加展会，以及各自所代表的商业机遇，这将使目的地管理公司在创造新的客户关系时实现重大突破。

一些客户，尤其是公司客户、激励型公司和会议管理公司，会在选定的目的地指定推荐目的地管理公司。对于目的地管理公司，这被称为内部账户（老主顾，固定客户）。当固定客户提出服务要求时，选定的目的地管理公司无须再经过通常极为烦琐的竞标流程。这些客户极为重要，需要精心维持合作关系。针对这些客户的竞争也尤为激烈，参与竞争的目的地管理公司经常试图抢走这些客户。定期拜访这些客户，保持联系，对于维持合作关系十分必要。为保持一贯的优质服务，成功地维持这些合作关系，策划者也要成为同一行业组织的会员。出席这些组织的展会和会议，使得目的地管理公司代表能够借机拜访并联络现有和潜在策划者客户。

目的地层级的销售工作被多数目的地管理公司视为销售计划中的重要组成部分。与有相同客户和策划者的当地同一领域的行业代表建立关系，对于目的地管理公司而言是鉴定新商机的有效方法。例如，与当地酒店行业领域建立关系，如与当地国际酒店销售和管理协会（HSMAI）或会议局联合举行月度会议，是成功的目的地管理公司的常用做法。此外，关注实时信息，了解行业人士，知晓当地行业内服务和人员的变动都会成为消息灵通的目的地管理公司的常规工作。

辅助材料对于全面销售和市场策划是极为重要的。辅助材料包括手册、印有抬头的信笺、商务名片、策划书封皮、各种活动的记事表以及目的地管理公司提供的其他服务。除了这些材料之外，目的地管理公司通常会印发公司简报来强化公司形象，获取行业认同。

在目的地管理公司行业中建立品牌非常困难，所以大多数目的地管理公司在某个目的地独立运营。跨城市目的地管理公司，如美国 Hosts 公司，鉴于其在潜在客户中的全国范围内的曝光率，较容易建立自身的品牌形象。

需求建议书

目的地管理公司要为提供的服务做出详细的建议，建议的基础建立在策划者的要求和预算上。会议和活动策划者要给目的地管理公司提供相应的信息，使目的地管理公司建议的行程最适合公司的目标、计划参与人数以及期望。初始建议通常会包括一个以上建议行程、费用以及服务说明，这样可以为客户提供几个选择。

一旦一家目的地管理公司拥有固定客户、签约客户和潜在客户，这样的目的地管理公司会被要求提供服务建议书。在该建议阶段，需考虑并说明如下条款：

- 项目说明
- 研究和开发
- 创意与创新
- 预算
- 反馈时间
- 竞争对手

当目的地管理公司开始决定为客户提供确切服务时，客户的项目说明就会成为很有价值的工具，大量的细节说明将囊括在这些说明当中。例如：

- 组织规模
- 酒店选择，度假村类型
- 会议空间分配
- 服务期限
- 服务需求类型
- 与会者背景资料
- 会议或活动管理目标
- 近期预算
- 过往成功和挑战记录
- 完成和提交建议书日期

在了解客户要求和其他信息的情况下，目的地管理公司会据此决定在服务建议书中提出怎样的服务，以便实现客户预期。第一步通常是在目的地管理公司员工中召开一系列的创意会议，讨论如何最大限度满足客户需求。这些会议之后，研究和开发活动相应展开。可采用的供应商、会场、交通工具以及娱乐人员，加之服务竞标，如餐饮、交通设备以及会场花费，都将在建议书中标明。所有条款的费用必须标明，以备做出精确预算。

创意和创新在优秀的项目建议书中备受推崇。方案的选择是对客户公司的反应，因此，一个饱含创意的、全面且精心设计的方案是制胜的关键。当对客户的建议进行反馈时，反馈时间极为重要；然而，由于创新需要花费时间，建议书有可能无法满足客户需求，若截止日期内未能完成，则很难获得此次商业机会，这就要求在此之间做出权衡。

建议程序中，最后一步也是极为重要的一步就是定价。建议书定价时需要考虑以下因素：

- 提供建议服务中的预计总成本；
- 项目前期、期间、后期的员工时间和必要投入；
- 目的地管理公司运行项目所需的大量资源；
- 未知花费，将纳入策划阶段；
- 相关供应者选择和可用性；
- 时间和特定季节当地的商业活动；
- 将公司员工和生产能力调离该市场所需要的成本；
- 项目竞标中的竞争因素。

目的地管理公司在最终决定对已有机遇进行投入之前应回答以下问题。也许最后会得出，该目的地管理公司最好应放弃竞标客户的需求建议书。

- 此次商业机遇的可能收入是多少？
- 与客户的未来关系价值是多少？
- 竞标中建议书的投入是多少？
- 参与竞标的公司有多少？
- 哪些竞争对手参与竞标？
- 在同类项目中公司的成功率是多少？
- 竞争对手的成功率是多少？
- 项目在一年中何时启动？
- 该项目的大概获胜率为多少？
- 该项目的获利将为多少？

鉴于目的地管理公司提供的建议元素具有多样性，客户可能不会仅仅根据价格选择竞标公司。在竞标公司中，客户可能还会考虑其他重要因素。例如：

- 建议是否可行？
- 提供的服务中可见价值是什么？
- 参与者是否会对建议的项目感兴趣？

- 服务质量是否足以保证项目或活动的成功？
- 该目的地管理公司是否能够以可接受的方式开展项目或活动？

现场勘察

目的地管理公司也许会参与现场勘察，但通常不会参与活动组织或赞助。对该方面负责的应该是目的地管理组织（详见第 3 章）。

项目开发

商业交易中的执行方式和原则，都需要双方达成合同性协议，此类协议对会议和活动行业十分重要。酒店、会议中心、游轮、航空和目的地管理公司都会与客户签订合同，合同中详细说明购买的服务以及双方的责任。根据项目的规模和复杂程度以及目的地管理公司提供的服务，合同的类型也是多种多样。

在项目签订合同之后，开始进入过渡期，从项目的实际销售到项目的执行和操作。此时，由目的地管理公司签订的所有供应商都接到通知，项目已经落实，服务已经确定。通常，在大型目的地管理公司中，操作人员的职责不同于销售人员。操作人员负责与销售代表接洽，回顾客户需求、项目目标以及成功完成项目所需的其他任何因素。

在这个商业阶段，参与者积极地投入能够起到调节作用，并要求目的地管理公司保持对花销和其他细节的监管。随着客户的参与，这一阶段的活动和服务有可能增加或删除。重要的就是，目的地管理公司的代表能够及时注意到这些变化并做出相应反应。作为客户团队中的签约成员，目的地管理公司在较大型全方位客户活动中负责目的地管理部分。因此，目的地管理公司必须全面配合，灵活处理。在项目初期，项目中的活动和服务都将进行详细的回顾和确定，全职和兼职的专业项目经理、监督人员、导游和陪同人员都需要提前安排妥当。

项目执行

目的地管理公司要求公司成员团结合作，供应商要在项目的进行中以及服务过程中形成凝聚力。在寻找商机、提出建议、赢得策划者信心、签订项目合同以及精心准备后，执行和生产人员就要开始为成功完成项目而努力了。此时，任何事都"箭在弦上"：客户组织的形象、策划者的声誉、目的地管理公司与策划者之间的未来发展、目的地管理公司在目的地的声誉以及从合同中获取的收益都存在着一定风险。

客户项目的成功执行是十分重要的。如果项目是关于大型协会的会议，成员对组织的看法也取决于活动的执行。美国医学协会、美国律师协会、全美汽车经销商协会都是雇用目的地管理公司的例子。这些协会的会议和活动策划者为有上千名参与者的大型活动精心策划，参与者数量还在不断增长。参与者对大会的看法很容易受到会议大厅往返交通的质量、活动人际关系质量、鸡尾酒会、餐饮服务以及其他一些活动的影响，如年度高尔夫球锦标赛和可选择的观光旅游。所有的这些服务基本上都是目的地管理公司的职责。活动必须达到参与者的预期目标，活动和旅游必须既有趣味性，又能运行良好。参与者是协会策划者的客户，项目的质量将会影响协会成员关系的延续和未来会议成员是否出席。

公司项目同样受到此动态过程的影响。针对汽车制造商的年度模范汽车经销商展览，耗资通常高达上百万美元。保险公司采用激励计划奖励最佳销售人员，有效地向公司员工表明公司高管珍视员工所作出的贡献。电脑公司和软件公司单独或与产业大会协同召开新产品介绍会。通常，此类活动的成功与否会关系到未来的资助。

通过这些实例，我们可以发现，运营后勤运作良好且高质量的项目有极大的压力。这些压力都落在会议和活动策划者及目的地管理公司身上。目的地管理公司的运作和生产人员只有一次机会完成项目，当出现错误或者失误时，活动也不可能在第二天重新安排。如果大巴车和豪华轿车的供应商没能按照安排提供服务，运送时间也不能因此而发生改变。一个项目的成功，最重要的一点就在于执行的可靠性；报价在可靠性之后，屈居第二位。然而，并不是对所有的目的地管理公司来说情况都是相同的，对于不同的项目选择最适合的公司是至关重要的。紧密的合作关系能够培养信心，顺畅沟通，促进相互理解，这要求策划者与目的地管理公司保持及时联系。此外，策划者还必须通过项目程序与目的地管理公司保持及时联系。

交通服务

交通管理通常是目的地管理公司商务服务中的主要部分。包括通勤、车辆使用、员工需求、特殊会场安排、设备摆放、员工安排和简介、地图和图标。交通现场和交通需求经常贯穿项目流程的始终。

公司项目通常开始于机场接机。机场交通服务通常包括迎宾服务和行李管理。机场交通经理对抵达旅客清单的管理是服务的关键部分。抵达旅客清单就是每位客人的详细信息、抵达航班和抵达时间的列表。经理应对抵达旅客清单进行安排。有人可能会改签航班或错过航班，不能提供准确的航班信息，而航班也可能会延误或取消。即使抵达旅客清单不准确，交通经理也必须做好安排，而不能坐以待毙。目的地管理公司与航空公司、交通设备供应商以及机场迎宾人员之间要持续保持沟通。同样重要的是，需要与参与者所要前往的酒店以及活动策划者保持沟通，策划者可能会收到关于个别参与者行程变化的信息。

当机场接机人员运作正常时，参与者受到知道自己名字的工作人员的热情欢迎，之后被引导至正确的传送带认领自己的行李，并乘坐公共汽车、小巴车、货车、轿车或高级轿车。目的地管理公司必须积极主动应对接送机中遇到的变动和挑战。迎接人员会给参与人员留下第一印象，而送别人员则会是最后印象。

客户的交通需求通常包括活动会场和参会者所居住的酒店之间的往返接送服务。往返交通监管人员、接送人员以及全方位服务人员，负责个人定制服务。不管交通需求怎样设定，目的地管理公司都要及时高效地策划、准备并完成交通服务。

组织活动

通常情况下，组织活动也是目的地管理公司的主要服务之一。活动或大或小，或在酒店举行，或在偏远地区。一些活动实例如下：

- 鸡尾酒会和社交活动
- 早餐、午餐和晚餐
- 特殊会场晚宴
- 庆祝晚宴活动
- 奢华主题派对
- 室内和室外主题活动

以下是客户举办活动的目的示例：

- 为使公司员工和高管结识并融入公司的中级管理层
- 为使公司的销售人员有机会与最大的客户以及公司产品经销商进行互动
- 为在激励项目的最后一夜使出席者被"刮目相看"，并且点燃其对于下个销售活动的热情
- 为给员工提供一个休闲的氛围，建立人际关系并且结识新朋友

对于目的地管理公司而言，一个很大的挑战就是组织一场超乎想象的活动。在这类活动中，组织人员必须掌控活动现场、安保人员以及不计其数的其他细节。目的地管理公司以及其员工的经验尤为重要。活动举办初期，将主要供应商聚集起来进行讨论，并为活动组织安排提供信息，这是策划环节的基本步骤。搭建工作按照安排完成，供应商之间紧密合作，能够确保活动的顺利进行。

操作人员必须熟知当地保险、消防安全规范、人群控制和警务需求等必要的法律法规。考虑到这些问题，经验是无可替代的，因此，与有成功经验的目的地管理公司合作是至关重要的。

能够策划和组织观光旅游、寻宝游戏、高尔夫锦标赛或者搭建服务平台，拥有强大的组织能力、音响准备以及具备投入感和责任感都是专业目的地管理公司执行经理的重要特点。当涉及公司形象时，策划者通常会与执行经理绑定，并在团体中依靠执行经理作为形象顾问。

会议和活动策划者通常要处理现场问题和重要客户需求安排，而这些问题几乎毫无征兆，目的地管理公司员工需要通过确保合适的安排来支持他们。目的地管理公司在最后一刻接到的请求有：

"我在哪里可以向我的市场营销副总监和她的丈夫寄出浪漫晚餐邀请？她刚刚

意识到今天是他们的结婚纪念日！"

"我们公司的总裁乘坐公司专机提前到了，能在 45 分钟内派给我们一辆豪华加长车去机场吗？"

"老板刚刚决定为今晚派对上所有的女士每人准备一朵玫瑰。"

"我公司的一位经销商今晚聚会到场后，能否请艾瑞莎·弗兰克林为她唱《生日快乐歌》？"

智者曾经说过，"细节决定成败"。了解客户最喜欢的酒、歌曲或是甜点都能使普通的小事变得难以忘怀。这些事情并未包括在合同之中，但是会为活动添彩，也会成为向客户展示服务热情的绝好时机。能够与供应商保持良好关系的产品经理，通常可以在整个项目中依靠供应商，并收到供应商在项目中关于自我改善的建议。供应商之所以这样做是因为他们希望活动取得成功，借此与目的地管理公司在日后建立持久的合作关系。策划者也会乐于有多个目的地管理公司以备选择。例如，为舞会大厅提供礼花、附加补充照明或者单独的鸡尾酒吧台，这些都会提升活动档次。

目的地管理公司的运营经理务必对自己所管控的项目和活动的各个方面都了如指掌。他们需要了解客户、目的地、公司的参与人员、活动会场、供应商、员工以及其他各个方面。处理现场的挑战和变化是目的地管理公司员工的职责。因此，运营经理必须不停地解决问题，寻找项目中可能存在的问题，确保策划者知晓任何变动以及可能变动的重要细节。

运营经理日常工作的很大一部分在于确认和再次确认服务。与供应商的不断沟通对于确保最终参与和时间安排的准确性来说十分重要。确保成功的一项基本任务就在于提前到达会场，目的地管理公司员工要比客户公司提前较长时间到达，以确保服务人员和活动地点准备就绪，搭建妥当。一些细节，诸如坐椅的数目、室内温度、服务指南、菜单内容以及酒水服务等，这些都是在提前到达晚宴现场后需要进行核实的。

操作和生产经理是策划者信息的可靠来源，也为目的地管理公司的客户提供联络服务。目的地管理公司的代表经常会被要求推荐餐厅、高尔夫球场、美容院、医生、舞蹈俱乐部、古董店以及其他服务提供商，客户希望目的地管理公司的代表是所在领域的全方位专家。

对于任何一次活动，操作和生产经理必须精心管理所有签约服务，以及处理早期行程和合约之后发生的所有变动。项目外的任何附加事项，如参与人员的变动、服务时间以及附加服务，都必须记录在案。准确记录每项服务的详细时间，以便编制结算账单。为避免账务纠纷，重要的一点就是，让客户授权代表确认接受变动和附加事项，最好以书面形式提前确认。

总结和计费

项目的总清单应该对签约服务前到项目的执行都有所反映。每个收费项目实际服务应与参与者人数一致。大多数情况下，项目按照固定成本或人头收费。固定成本是不变的，独立于参与者人数，如行车时间、娱乐人员酬金，或舞厅装饰费用。按人头收费基于参与者的实际人数，如午餐的食物和酒水是按照每人收费的，另加税和小费。

所有的对原始签约服务的附加和删减都要在总清单中有所体现。项目总计应反映所有的押金和之前已收支付。可能的话，总账单明细应由策划者和现场代表在项目结束后审阅并认可，因为在此时人们对于项目的操作、附加事项以及变动的细节仍记忆犹新。项目完成与总清单的接受之间所隔时间越久，越有可能对项目细节产生纠纷，如参与人数、时间以及项目附加款项的认定。

▷ 目的地管理公司的寻找和选择

当会议和活动策划者需要寻找并选择目的地管理公司时，以下步骤和指导对于确保顺利成功很有帮助。当寻找候选的目的地管理公司时，刚开始时最好和管理会议活动经验丰富的业内专业公司签约。人际关系带来的最大收益就是在寻找供应商时，可以得到免费的建议和指导。如果会议和活动的策划人缺少合适的关系，请联系行业组织，如 PCMA，MPI 以及 ASAE 都可以提供有价值的信息资源。同样，目的地的 CVB 或者 DMO 也会有目的地范围内或附近的目的地管理公司名单。

一旦确认潜在目的地管理公司的名单，就要进一步确定最佳公司。在征集 RFP 筛选前需要考虑的一些重要因素包括：

- 公司经营时间已有多久？
- 管理层和员工的经验水平如何？
- 策划者对管理团队的个性有何了解？
- 该目的地管理公司是不是任何会议和活动专业组织的分支成员？
- 该目的地管理公司能否足以保证熟知项目的规模和复杂性？
- 目的地管理公司所提供的历史项目规模和专业性等级的质量如何？

下一步就是选择最能够满足财务预算需求的目的地管理公司。此时，会议和活动策划者应正式通过需求建议书通知潜在目的地管理公司。一旦确定最终选择，很重要的一点就是与选中的目的地管理公司合作，以确保目的地管理公司可以了解到公司参与者的相关历史信息，这将对整个项目的执行产生影响。

▷ 目的地管理公司资源

当地专家的职责就是协助策划者运行目的地的项目，会议的活动策划者期待目的地管理公司能够为其提供重要信息。目的地管理公司需要提供的建议和指导的领域如下：

● 产品：目的地管理公司所提供的产品呈现在服务组合中。除了包括基本运输和相关支持人员的物流服务外，服务中还包括目的地管理公司为客户设计的创意元素，如主题聚会、定制旅行以及创意团队建设活动。新理念的激发是为了满足客户日益变化的需求，保持自身竞争力。在未聘用目的地管理公司执行其创新理念的情况下，"借用"该目的地管理公司的创新理念，是不符合职业道德的行为。

● 声誉：对于目的地管理公司而言，一项重要的资产就是客户满意度的追踪记录。鉴于服务是目的地管理公司的主要产品，客户满意度就是目的地管理公司声誉的最佳指标，同时也是满足客户需求能力的最佳标准。人们通常这样说，目的地管理公司要想做好，就要把每一个项目或活动当作最后一个对待。同样重要的是，目的地管理公司在当地供应商之间的声誉。目的地管理公司与其重要供应商建立良好的合作关系是十分重要的，并且对于目的地管理公司而言，拥有高品质、专业化供应商的声誉同样重要。

● 经验：策划者寻求的目的地管理公司的最大价值就在于其在该行业的经验。由于目的地管理公司在运营过程中遇到的不计其数的挑战，经验就成为最好的老师。启用有成败经验的公司是十分重要的。鉴于进入目的地管理公司这一行业的壁垒相对较低（主要是启动资金少），经验就成为分辨新兴公司和成立许久的专业目的地管理公司的至关重要的因素。

● 关系：客户期待目的地管理公司能够带来的一项重要资源就是其合作关系。除了与高品质供应商之间的固定关系，很重要的还有与机场、酒店以及其他人员的工作关系。"目的地见识"（destination savvy）这一术语经常用于描述拥有合适的人际关系，并知道如何使用的目的地管理公司。

● 供应商和商户：不同于关于当地的知识，在许多案例中，目的地管理公司向策划者售出的任何商品都需要从其他供应商那里购买。客户希望目的地管理公司拥有较高能力和服务质量，能够列出在最终项目中提供服务的供应商清单。目的地管理公司要提供当地最好的，有能力也有经验满足客户公司的具体需求和人数容量的餐饮承包商。目的地管理公司要对各个层面的供应商都有所了解，并有合作经验，包括交通设备、管道、灯光、音响设备以及娱乐人员。目的地管理公司要了解能够促进活动成功的供应商组合，同样重要的还有，要了解什么样的供应商不可以启用。稳定可信赖的商户和供应商是项目成功的关键。

● 信用和购买力：目的地管理公司应在社区内拥有长期的合作关系。通过专业的商业合作与营业额，和酒店、供应公司以及为其工作一年以上的独立员工建立良好的信用等级。因为时常会发生需求变动和现场附加服务这样意料之外的事情，目的地管理公司必须具有影响力和购买力，能够迅速做出反应，并确保客户和参与者不将其视为事故。

萨摩亚海啸对海岸线住宿可持续发展的影响

戴维·贝玛博士（澳大利亚悉尼理工大学旅游学院高级讲师）

2009年9月28日，萨摩亚岛乌波卢岛南海岸线南部100公里处发生8.3级地震。地震引发强烈海啸，淹没乌波卢岛（萨摩亚）南海岸线大部分地区和美属萨摩亚大部分区域。据估计，海啸造成萨摩亚144人（包括10名外国游客）死亡，美属萨摩亚至少65人死亡。仅在萨摩亚就有多人受伤，10 000人（占萨摩亚总人口的6%）因此无家可归。

海啸经常对萨摩亚的旅游业造成影响。许多太平洋岛屿国家的主要海岸线度假地都位于海啸路径，萨摩亚南部的所有海岸度假地以及其东南海岸线都遭受了持续破坏。因海啸身亡的游客都是海岸线度假地的客人。灾难带来的影响已经成为萨摩亚旅游业面临的主要挑战。尽管萨摩亚的许多地区，包括首都阿皮亚根本未受到海啸影响，但恢复旅游市场的信心仍十分艰难。

自2004年12月26日印度洋海啸之后，大多数海岸旅游地区都已经升级海啸的预警系统和措施；但是在该案例当中，从地震到海啸袭击萨摩亚南部海岸乌波卢岛时间间隔仅有10分钟。许多遇难者在试图逃离海啸巨浪时被吞没。

2004年印度洋海啸以及萨摩亚事件之后，度假地和酒店所有者都面临一个颇具挑战性的问题。最初，海岸线度假地所有者根据市场需求将房间、别墅、公寓、阳台或木屋建在岸边，或如太平洋和加勒比度假地一样，建在水上。而且为了能够吸引客人前来，许多度假地都将自己最豪华的住所搭建地尽可能地靠近海岸。在萨摩亚海啸期间，两所相邻的高级度假地，乌波卢岛南岸的Sinalei度假地和Coconuts度假地，最豪华的住所都遭受了最严重的破坏，因为这些最豪华的住所都距海岸最近，极易受到海啸影响。

2009年的萨摩亚海啸，以及2004年印度洋海啸对泰国度假地造成的更为严重的破坏，使得度假地拥有者不得不认真考虑客人的安全问题，至少将安全问题摆在和确保客人看到海景同样重要的位置上。海岸线度假地的持续发展原则中，在设计度假地住宿时需要考虑海浪、海啸、飓风、小型风暴这几个因素，也包括设计逃生路线。但是从最近几个案例中可以看出，降低客人和员工出现在潜在危险区的频率非常必要。

大海和海景显然是一项营销资产，但是无论是从职业道德还是从商业责任角度看，酒店和度假地所有者都要降低被淹没的风险，对待轻微和不常见的风险也是如此。大量个人利益也涉及其中。在如今高度法制的社会中，几乎可以肯定的是，被海啸影响的客人会起诉度假地，被起诉给度假地带来的损失比自然灾害造成的物质破坏更大。

目的地市场组织或目的地市场当局是否能够推行建设和选址法规？事实上，这并不可行。建设和区位划分通常是受当地政府或者在某些地区（尤其是国家公园）受国家或省级政府管辖。在极少数地区，主要由于国防建设原因，管辖权在国家政府手中。然而，目的地当局和组织的职责仅限于施加影响。目的地当局和组织有权颁布执照、发布官方鉴定，并对大量旅游及接待设施和公司进行评级。从这个角度看来，根据风险高低对海岸线度假地进行评级，对度假地所有者和开发商的选址和建设施加压力，将降低风险考虑进来是有可能的。

在印度洋海啸之后，泰国政府和普吉岛的地方当局为海岸线旅游住宿建立了更新的建设和选址条例，意在降低居住客人被淹没的风险。然而，相比于等待政府推行此类法律法规，海岸线度假地的策划者和开发商应将水患这一因素放入海岸线旅游度假地策划和建设中。目的地管理公司也必须在供应商未考虑观光者最佳利益时采取阻止措施。

▷ 未来走向

目的地管理公司涉猎领域日益多样，但是依然需要与时俱进，跟上需求的变化。为加强并超越自身在会议和活动管理领域的合作关系和地位，目的地管理公司运营者应认真对待如下 7 个方面：

1. **在绿色行动中占据领先地位**。积极参与创新可持续活动，采用先进技术降低碳排放量，通过专业化组织训练活动，撰写和发布训练材料，对服务产业的其他成员进行教育。此外，目的地管理公司应发展新的合作关系，与私人和公共商业人员分享此类活动和材料。

2. **在联盟内部团结合作**。目的地管理公司将会长时间内被视为服务组织中的整合者。对于小型目的地管理公司而言，很重要的就是与联盟团结一致，确保当地社区内的业务，以及会议和活动策划者对活动策划、执行和支付的整体经验。

3. **在开放型市场中寻找和发展新商机**。鉴于经济发展的不确定性，会议举办公司将倾向于寻找当地和地区景点举办会议和活动，这将引导目的地管理公司聚焦于发展距离所在目的地较近的新客户。

4. **发展危机应对关系**。与会者的安全和安保问题仍将持续受到公司和协会的关注。成功的目的地管理公司会在所在社区内与其他组织合作，发展、实施和执行危机管理计划和商业持续关系。

5. **强调生产和操作标准**。目的地管理公司要继续仔细审查为客户提供服务的员工行为。目的地管理公司为员工和活动运营实施高标准将会变得越来越重要。这样的标准和运营政策应受到员工、客户和公众的认定、认可和理解，也是建立公众形象和声誉的一部分。

6. **关系管理策略**。经营商业和会议旅游的公司和协会正在迅速整合旅游、会议和活动花费，建立更为经济高效的模型。本地和小型目的地管理公司需要与会议和活动策划者建立紧密、持续的合作关系，以确保自身位于推荐供应商之列。

7. **关注竞争对手**。鉴于互联网的普遍性和便利性，成功的大型目的地管理公司无须再保持在目的地市场总有实体存在。本地和小型目的地管理公司则需要加强与客户之间的联系，提高为会议和活动策划者的服务质量，以保持市场竞争性。

□ 小　结

对于会议和活动策划者而言，目的地管理公司在会展产业中扮演着非常重要的角色。由于资助会议和活动的公司和协会一直需要当地专家涉入，目的地管理公司就提供了至关重要的服务。对目的地的相关知识、社区立场、购买力的了解深度，以及实施项目和活动的一手经验，都是社区外的公司一时不能具备的。目的地管理公司以有趣的方式参与其中，许多早期的目的地管理公司从大规模旅游经营商和地面操作人员中发展而来，这些早期的目的地管理公司始于为来访的旅行团提供定制旅游和交通服务。在20世纪50年代晚期，协会定制服务和高端公司活动项目服务需求量增大，包括餐饮项目、扩展活动以及特殊活动。

如今，目的地管理公司的竞争扩展到多个目的地，运营网络遍布世界，其中不乏国家级的目的地管理公司。然而，正如个人经营的独一无二的酒店与大型连锁酒店共同繁荣一样，独特定制的单一目的地管理公司也仍然存在。会议和活动策划者对目的地管理公司提出的服务需求仍在不断发展，而目的地管理服务已经被会议和活动产业视为成功的关键部分。

如今，会展产业中从事目的地管理部分的专业人士网络已经获得产业协会的广泛支持。目的地管理公司协会（ADME）成立于1995年，致力于倡导专业目的地管理对于每个成功的会议和活动的重要性和必要性。ADME的基本目标是，不断寻求对目的地管理的认可及其作为会议、活动、奖励旅游项目策划者必要资源的价值认可。其目标也包括成为会议、活动、奖励旅游和服务产业提供目的地管理的信息、教育和问题讨论的绝对资源。

在目的地市场领域中，专业人士占据着赢得重要专业任命的位置。ADME于2000年1月引入了指定目的地管理专业认证（DMCP）项目。该专业证书仅颁发给在ADME指导下的一系列考试中成绩合格的人。申请者要填写详细的问卷，问卷中按时间顺序列出申请者的从业经验以及接受的行业教育。更多关于ADME的信息，请访问其网站http：//www. adme. org。

目的地管理公司的长期发展前景明朗。目的地管理公司所支撑的会议和活动产业发展强劲，许多现有公司财务运作良好，准备赢得市场份额，增强自身品牌认可，尽管暂时可能会面临危机和商业减速。对于新兴会议和活动专家的长期成功职业选择而言，该产业充满机遇。

□ 关键词

目的地管理公司协会（ADME）	需求建议书（request for proposal，RFP）
激励性项目（incentive programs）	目的地管理公司（DMC）
现场勘察（site inspection）	客户工程（client project）
目的地营销组织（DMO）	公司会议（corporate meeting）

操作和生产（operations and production）　外勤人员（field staff）

项目（program）　　　　　　　　　　　特殊活动（special events）

历史记录（history）　　　　　　　　　　提议（proposal）

会议促进局（CVB）　　　　　　　　　　贵宾服务（VIP services）

□复习及问题讨论

1. 什么是目的地管理公司？

2. 目的地管理公司提供哪些服务？

3. 描述 DMC 与 DMO 之间的差别。

4. 请画出目的地管理公司的组织图。

5. 目的地管理公司如何形成商业业务？

6. 目的地管理公司为会议和活动策划者提供哪些资源？

7. 请描述为确保 DMC 所提供的服务而使用的两种账户类型有何区别。

8. 从事目的地管理产业的专家受到哪些专业组织的支持？

9. 请列举目的地管理公司协会（DMAI）提供的服务。

10. 请列举会议和活动策划者在选择目的地管理公司时所要考虑的关键因素。

□本章作者简介

布莱恩·米勒（Brian Miller），美国特拉华大学酒店、餐厅和组织管理系酒店运营与科学技术专业的副教授。此前为了学术研究，布莱恩花费 17 年时间从事酒店、餐厅和会场工作，为会议和活动方面的客户提供服务。布莱恩于 2005 年被 PCMA 授予年度教育工作者奖，与 PCMA 在产业发展、学生项目和创新活动中紧密合作。

本章更早版本的作者：泰瑞·爱普顿（Terry Epton），美国 Hosts 公司执行副总裁。

第 8 章

特殊活动管理

学习目标

- 特殊活动的定义
- 理解关系在特殊活动管理中的重要性以及为特殊事件制定可行计划的重要性
- 特殊活动管理中使用的策划工具
- 举办特殊活动时城市和社区基础设施的重要性
- 特殊活动的营销和推广
- 特殊活动的赞助
- 特殊活动的目标人员市场
- 准备特殊活动的基本操作
- 特殊活动的预算
- 特殊活动的分类
- 未来走向

▷ 特殊活动的工作定义

特殊活动是一个扩展性术语，包括因特殊目的将人们聚集在一起的所有的功能，大多数活动需要组织者来制定计划。一个特殊活动，例如城市节日，要利用**社区基础设施**（community infrastructure）、营销、推广等手段。在某些情况下，还要与媒体打交道。特殊活动的范围小到当地社区瓦尼斯俱乐部聚餐，大到国际电影节。特殊活动可能穿插在会议、博览会、活动和代表大会（meetings，expositions，events and conventions，MEEC）中，在游乐园、游行、集会、节日和公共活动（fairs，festivals and public events）中进行。

CIC 与特殊活动有关的术语表如下：

特殊活动：为了达到庆祝的目的而举办的一次性的独特活动。

特殊活动公司：此类公司可能签约负责整个活动或者活动中的一部分。一个特殊活动承办公司可能会使活动产生特殊效果甚至是戏剧性效果。有时，雇用活动发言人也是与特殊活动公司签订的合同中的一部分。[①]

特殊活动能够聚集相关组织进行筹款，把一个城市或者社区建成当地或者国家级的目的地，以刺激当地经济的发展。对于承办协会或公司而言，举办特殊活动也是一个良好的机会，提高了其在社区以及大众消费者中的地位。赞助特殊活动，可以提供一个良好的营销渠道，同时也可以接近消费者。例如，别克公司赞助了多场 PGA 高尔夫锦标赛，部分原因就在于，据统计，观众群体中有其目标用户；沃尔沃公司也出于同样的原因，对美国网球公开赛进行赞助；Busch 啤酒公司赞助 NASCAR 比赛；诺基亚赞助 Sugar Bowl 足球比赛；梅西百货对感恩节游行进行赞助。此类例子不胜枚举。

策划一个特殊活动不仅仅需要一个创意，还需要详细的规划、了解目标市场、具备基本的操作知识和有效的沟通手段，能够组织志愿者进行合作，有充足的预算，有推广策略，必要时甚至需要一个强大的后勤团队以规划整个活动。简而言之，活动策划者需要明确关于特殊活动的"谁、什么、在哪里、为什么"等问题。

始于合作关系

各种特殊活动，如婚宴、慈善晚会、感恩节游行、公司野餐有何共同之处？尽管内容各不相同，但上述所列都属于特殊活动。组织计划此类活动的策划者必须了解客户的目标、需求以及期望。策划者有责任尽自己一切能力，根据给定的位置、城市以及现有的基础设施，满足客户要求。

策划者如何真正地开始了解客户的要求？客户又如何开始信任策划者的努力？客户和策划者间良好的关系是特殊活动管理的开端，并对之后的发展也起到了至关重要的作用。策划者必须懂得倾听客户，理解客户的要求，了解客户的期望。策划者应具备扎实的专业知识和将客户的期望变成现实的能力。

策划者和客户必须清楚记录双方之间的沟通。因为在双方进行交流期间，有可能会制定出一个可行的计划。策划者必须明白，任何活动的成功必须开始于一段合作关系。倾听客户的需求，提出自己的方案，倾向于针对具体事宜，进行零失败的沟通。

---

① http：//www.conventionindustry.org/glossary.

每个特殊活动的成败，对个人或者团队都是非常重要的，这就使得满足（甚至超越）客户的要求成为一个巨大的挑战。

一个规模较小但是非常成功的案例就是，宾夕法尼亚的夏季中央艺术节吸引了125 000名游客前往。这个节日把人们带到市中心州立大学和大学公园，在各种传统和非传统的场所，以国内公认的路演、展览、画展、舞蹈、音乐以及戏剧等形式庆祝艺术节。[①]

参加电影节对于影迷来说是一个梦想，影迷可以和著名演员走在一起。在犹他州帕克城的街道上举办的圣丹斯电影节始于1981年，现已得到国际认可，每年吸引成千上万名游客来到这个古老的小镇，观看超过3 000部电影。

特殊活动都来源于历史传统，最终演变成为吸引成千上万名游客远道而来的节日。想要继续吸引游客，就需要进行策划，并具备策划工具，如了解社区的基础设施、推销促进该活动、寻找赞助以及与媒体合作。特殊活动管理兼具艺术性和科学性。

总统就职日游行

美国总统就职游行的传统可以追溯到乔治·华盛顿的就职典礼，但第一次有组织的游行发生在1809年詹姆斯·麦迪逊的就职典礼上。当时，麦迪逊由一群骑兵护送到国会大厦，宣誓就职之后，观看了民兵组织的游行。在1841年，威廉·亨利·哈里森就任期间，将花车加入游行。此外，军乐队、政治团体和大学组织也成为游行的参与者。

随着历史的发展，非洲裔美国人首次加入了亚伯拉罕·林肯的就职游行，进一步增加了参与游行的团体数量。1873年，格兰特总统将游行放在就职演说之后，而不再是演说之前。这个传统一直延续到今天。

1881年，詹姆斯·加菲尔德总统的就职典礼上搭建了观礼台。为应对寒冷及其他恶劣的天气条件，看台为封闭式，观礼台也是为游客而建造。

1917年，女性首次加入游行。接着，1921年，沃伦·哈定成为第一个乘坐汽车参加游行的总统。这一先例一直保持至1977年，卡特总统选择与妻子和女儿走在游行队伍中，从国会大厦走到白宫。1949年，哈利·杜鲁门总统开始了第一次电视转播就职游行。

最大的游行是1953年艾森豪威尔总统的就职游行。游行包括73支乐队、59台花车，还有马、大象、军队以及民用和军用车辆，持续了四个半小时。

在过去的200年里，游行的规模和复杂性以惊人的速度发展，就职游行已经演变成为全国称赞的特殊活动。2009年，美国总统巴拉克·奥巴马的就职游行，参与人数达15 000人，包括2 000名军事人员，以及从1 000支申请乐队中选出的46支。今天，数以百万计

---

① http://www.arts-festiual.com/.

的美国人可以观看游行，不论是通过电视、网络或者亲自到现场，总统就职游行已真正成为全体美国人民共同庆祝的传统。今天，由武装部队就职委员会负责组织游行，总统就职委员会负责选择所有的游行参与者。

资料来源：http：//inaugural. senate. gov/history/" daysevents/inauguralparade. cfm.

▷ 历史背景

节日和特殊活动自古以来就是人类历史的一部分。从古至今，人类庆祝出生、结婚、死亡，并举办如奥林匹克和角斗士格斗等特殊活动。然而，大多数历史学家将现代历史中"特殊活动"这一术语的应用归功于迪士尼形象的设计者之一：罗伯特·简尼。当时，迪士尼面临一个很大的问题，经过了一天的冒险，大多数游客都已经精疲力竭，在下午 5 点就离开了公园，而那时距离闭园还有很长时间。为了帮助公园留住游客，罗伯特·简尼提出了名为"主大街电子游行"的夜间游行方案，彩灯装饰的花车驶上街道。这一做法成功地在夜晚留住了游客。当有记者问及这次的"主大街电子游行"方案时，罗伯特·简尼回答道："这是一个特殊活动。"利用特殊活动来吸引或者保持客流如今仍然适用。

特殊活动就是针对某件事的庆祝活动，这就使得这种活动具有一定的特殊性。戈德布拉特（Goldblatt，2005：6）对特殊活动的定义是"在特定的时刻进行的典礼或仪式，用于满足某种特定的需求"。

特殊活动包括：[①]

- 公民活动
  - 百年庆典
  - 创始人日
- 重大活动
  - 奥林匹克运动会
  - 美洲杯
  - 爱在人间援助活动（Hands Across America）
  - 世界博览会
- 节日集会
  - 古代的市场
  - 社区活动
  - 非营利的市集

[①] 改编自 Goldblatt, Joe. (2015). Special Events：event leadership for a new world（4th ed）. Hoboken, New Jersey：John Wiley and Sons。

- 营利性的节庆
- 博览会
  - 供应商满足消费者的需求
  - 教育性
  - 娱乐性
- 体育赛事
  - 超级碗
  - 世界联赛
  - 高尔夫球大师锦标赛
  - 贝尔蒙特赛马会
- 社会生活周期性活动
  - 结婚
  - 周年庆
  - 生日
  - 聚会
  - 犹太男孩/女孩成人礼
- 会议
  - 全国性政治会议
  - 芝加哥全国餐馆协会大会
  - PCMA 年会
- 零售活动
  - 远程促销活动
  - 商店开业
  - 新产品发布
    - X-box 游戏机发布
    - 苹果 iTunes 发布
- 宗教活动
  - 教皇就职
  - 麦加朝圣
  - 复活节
  - 匡扎节
- 公司活动
  - 假日派对
  - 周年晚宴
  - 公司野餐
  - 大会/会议

在淡季利用节日开展特殊活动

科罗拉多落基山脉的典型形象是一座白雪覆盖的山峰，冬天有许多滑雪者到访。但在夏季人们不能滑雪，怎么办？要关闭滑雪度假村么？答案当然是"不！"他们利用冬天滑雪的设备安排了音乐节，将环境布置为田园风格，清新的空气伴随着美妙的音乐掠过壮美的山峰。

从 1949 年起，那里开始利用科罗拉多山滑雪设施，在滑雪淡季举办音乐节活动。活动期间，会有音乐会在阿斯彭镇举行。当时，该活动被称为歌德周年庆典。此外，还有其他活动，包括明尼阿波利斯交响乐团在一个可容纳 2 000 人的帐篷里举办音乐会。至今，该特殊活动仍在继续，并已发展成为阿斯彭音乐节和阿斯彭学院。在 2006 年的夏天，800 多位国际音乐家前来参加该活动。期间，学生、教师和音乐家表演了近 250 个经典片段，表演内容从交响乐到儿童节目。音乐节有三个主要的场馆，最大的一个可容纳 2 000 余人，建造时采用与丹佛机场相同的材料。

另一个在淡季开展音乐活动从而吸引游客的滑雪胜地是科罗多拉州的特柳赖德。夏天，几乎每个周末，小镇都会举办音乐活动。该地最大的特殊活动是蓝草音乐节，已经延续了三十多年。音乐节共持续四天，每天都吸引 10 000 多人。每年 6 月，特柳赖德还会举办爵士音乐节、室内音乐节、布鲁斯节以及啤酒节。

冬天，丹佛西部的公园被三个周末音乐节所占据。观众们坐在山坡上看乐队表演，背景是壮美的大陆分水岭。摇滚音乐节拥有强大的阵容，包括当下最流行的艺术家，从最新的突破乐队到"老派"乐队。今年 7 月，冬季公园举办"Hawgfest"音乐节。这里也同样举办最好最专业的爵士音乐节。

阿斯彭的小镇、布雷肯里奇和特柳赖德联合构成了科罗拉多音乐联盟。该组织在这三个地方举办和推广音乐节，加上一些规模较小、较为偏远的社区，包括克雷斯特德比特、埃斯泰尔齐利、杜兰戈、斯廷博特斯普林斯以及尼德兰。上述案例证明，节日是吸引游客的好方法，否则游客不会在淡季来到这些名不见经传的小地方。这些节日会带动当地经济的发展，当游客发现了某个目的地的独特性，也可能会在旺季再次来游玩。

▷ 特殊活动的策划工具

特殊活动的管理，就如同其他形式的管理一样，都需要策划工具。其中，首要工具就是对活动要有一个远景陈述。远景陈述中应清楚地列出"活动的时间、地点、人物以及原因"。随着活动的展开，十分重要的是，让参与其中的人始终围绕所设定的远景目标。可以通过监控、评估实现上述目标，并在可能的情况下预测活动是否朝着目标发展。

　　规划活动的人或组织一般也会举办并组织活动。在伊利诺伊州芝加哥举办的圣帕特里克节游行，就是由芝加哥举办的由整齐的游行者、花车、乐队参与其中的游行活动。圣帕特里克节游行是当地人民展示爱尔兰民族自豪感的传统活动。游行在芝加哥市中心密歇根大道进行，有游行花车和乐队参与。活动最重要的目的是为了发扬传统，提高民族自豪感，增加趣味性和促进旅游发展。此类活动反过来又促进了城市发展，给当地企业带来收益。当城市决定作为此次活动的主办方后，就需要引入特殊活动的管理工具。

　　一些用于举办活动的管理工具包括：

　　● 制作流程表和图表来安排行程。为活动检查每一项目的步骤；确定具体开始和结束的时间、喝咖啡休息的时间、午餐时间以及会议的结束时间。图表可以为花车游行、才艺表演或者为期一周的国际会议制定进行顺序。用流程图安排活动行程，有助于指引参与者和客人，使活动得以顺利进行。

　　● 清晰定义并分解**时间表**（schedule），让活动管理者有机会重新审视在最初规划的过程中可能被忽略的部分。

　　● 发布政策声明，以指导决策过程。政策声明让决策者了解到对客户的承诺以及客户的需求。有些承诺与人力资源、赞助商、安保人员、志愿者和被雇员工息息相关。

了解社区配套设施

　　策划一个成功活动的另一个重要因素，在于了解举办活动社区的基础设施状况。基础设施可能包括公司首席执行官、政治家、社区商业领袖、公民和社区团体、媒体和其他社区领导人。活动的举办如果没有得到社区领导的支持，所在社区也不太可能予以支持。基础设施中商业领袖的角色是提供可能的工作场所、员工、赞助、捐赠或者协调活动。很多时候，社会团体能够为活动提供志愿者，并为活动带来长期的广告效应。

　　在早期，一个社区或者一个公司是否能够真正举办任何形式的特殊活动，必须得到认可，不仅要承诺资金支持而且要在物质上和情感上做出承诺，将活动从始至终地完成。对于发起人或是特殊活动管理公司而言，在大众面前维持一个积极的形象需要以坚实的配套设施做保障。

营销和推广特殊活动

　　营销和推广特殊活动是吸引观众的另一个策划工具，同时也可以提升该活动的整体盈利能力。当某社区计划举办手工艺品展览或地区节日活动时，摊主和顾客的数量和需求不一定完全匹配。供应商获得利润和给观众留下难忘的经历，是一个特殊活动的两个主要目标。特殊活动要求所有促销场所都是在活动管理公司或民间团体能够负担范围内的。

理解和运用**促销组合模式**（promotional mix model）是为了达到特殊活动营销计划的目标。特殊活动管理中促销的作用是协调所有销售者的努力，建立信息和游说渠道，进行销售和推广活动。传统上，促销组合包括四个要素：广告、促销、宣传和公共关系。然而，作者认为直接营销和互动传媒是促销组合的附加元素。现代的特殊活动营销者要利用多种方法、途径与市场进行沟通。促销组合中的每一元素都被视为整合销售传播的工具。促销模型中的每一个元素在特殊活动中都发挥着独特的作用，吸引着观众。每个元素呈现出多种形式，每个元素都具有一定的优势。

独特的促销组合模式

人们把**广告**（advertising）定义为关于活动的任何非人际沟通的支付形式。非人际组合意味着，包括大众媒体（例如，电视、广播、杂志、报纸）在内的广告形式。广告是促销中最为人知也是传播最广的宣传形式，因为其最具说服力，特别是当特殊活动（如家居园艺展）是面向大众消费者时，说服力更为显著。广告可以用来创立品牌形象或符号，并立即获得与会者的回应。

直销是广告的一种形式，可以直接与产生反响的目标客户进行沟通。直销不仅仅是直接邮寄，还涉及数据库管理、直接销售、电话销售、直接反映广告（direct-response ad）、互联网、各种广播和平面媒体等不同活动形式。例如，玫琳凯化妆品公司或特百惠公司，依靠独立承包人直接向消费者出售它们的产品，而不是通过分销渠道。承包商直接与客户沟通，维护自己的数据库，将产品直接交给客户，出售后收到直接反馈。互联网也给直销带来了发展。互动或网络营销允许信息来回流动，用户可以参与或修改接收信息的形式和内容。与传统的营销形式，例如广告这种单向的沟通形式有所不同，这种类型的媒体允许用户执行各种功能，使用户能够接收和改变信息和图像、询价、回复问题，最后完成购物。许多活动的参加者都会去网上获得特别活动的信息，例如一个音乐节，客户可以在线直接购买门票。在一个特殊活动中，如阿斯彭音乐节，参与者可以去音乐节的官方网站，查看进度、了解活动以及周边地区、购买门票、要求附加信息，这些都是直销的形式。除互联网以外，其他互动媒体包括只读光盘、自助服务终端机和互动电视。

促销（sales promotion）通常被定义为提供额外价值的营销活动，是激励销售人员、经销商或消费者意图的刺激销售。促销活动中，受欢迎的形式是发放优惠券。许多活动利用买一送一的形式来刺激消费。

公共宣传和公共关系（publicity and public relation）分为两部分。公共宣传不需要付费，也没有确定的赞助商。活动规划者通过媒体将活动与有趣的故事结合起来，会影响参与者的意识、知识、观点。公共宣传是可信的推广形式，但并不总受活动主办组织的控制。例如在普克托尼克，策划者计划利用土拨鼠在城内探寻六周后春天是否到来，所有的国家广播电视台都派遣摄制组和记者来宣传此次独特活动。如果将活动作为一次积极的体验进行报道，那么就会影响公众对此次活动产生正面的看法。如果失败，将会产生非常消极的影响。策划者对此几乎无法控制。

社交媒体（social media）已经发展成宣传活动的首选战略。社交媒体利用最少的费用和相对轻松的工作来接近消费大众，也被称为"病毒式营销"。社交媒体有很多交流工具，常用的包括脸书（Facebook）、领英（LinkedIn）、Ning（专供子群讨论的论坛）和推特（Twitter）等。每一种媒介允许同时将一条消息发送给许多人，并进行筛选控制，然后将积极的信息传达给读者。此外，发送的消息会立即传递给读者。有关更多信息请参见第12章关于技术的论述。

世界上发生着各种各样的特殊活动，将一些目的地或者一些场景带到公众面前。例如，宾夕法尼亚州普克托尼克有一个特殊活动——庆祝土拨鼠日。自从该小镇发起了一个特殊活动，数以百万计的电视观众都会在大清早起来观看，为普克托尼克人们心爱的土拨鼠热烈欢呼。观众会让我们知道，如果在冬天参加了这个为期六周的活动，将是非常有趣的经历。

土拨鼠日的欧洲历史根源

每年的2月2日是美国的土拨鼠日，是备受欢迎的传统节日。土拨鼠日是一个穿越世纪的传奇，它的起源笼罩着时间的迷雾，伴随着特定时期民族文化和动物们的觉醒。神话传奇具有一种神奇的功能，可以将我们的现在和遥远的过去联系在一起，并影响我们的生活。在土拨鼠日，土拨鼠经过漫长的冬眠从洞里钻出来寻找自己的影子。

● 如果土拨鼠看到了自己的影子，它就把这作为一个坏的预兆，预示着接下来的六周会是恶劣的天气，因而它会再次返回洞里。

● 如果是阴天，土拨鼠看不到它的影子，它就把这作为春天来临的预兆，留在地面。

土拨鼠日传统的渊源类似于欧洲早期基督徒关于圣烛节的信仰。几个世纪以来，神职人员将代表祝福的蜡烛分发给人们。土拨鼠日在冬天是一个里程碑式的存在，并且天气对这一天是至关重要的。

很有可能是罗马军团在征服北方国家的过程中，将这一传统带给了日耳曼人或是德国人，他们将这一传统继承并发扬，规定在圣烛节那一天如果出太阳，刺猬就会投下阴影。因此推测出之后六周都会是恶劣气候，于是他们将接下来的六周称为"第二个冬天"。宾夕法尼亚州最早的居民就是德国人，他们发现这片土地上有很多土拨鼠。他们认为，土拨鼠类似于欧洲的刺猬，是最聪明的动物，因此决定，如果在2月2日有太阳出现，聪明的土拨鼠就会看到自己的影子，于是决定回到地下过另一个长达六周的冬天。

德国人传诵道：

太阳照耀在圣烛节的那一天，

漫天的雪就会一直下到五月。

另一个在 19 世纪流传于美国农民中的关于 2 月 2 日的传说是：

土拨鼠日——你的一半干草

新英格兰的农民知道，无论 2 月 2 日这天的天气是多么阴沉，都不意味着冬天的结束。事实上，2 月 2 日通常是隆冬时节。如果此时没有剩余一半的干草，那么在春天和青草到来之前，对牛来说就是一场灾难了。

古代的圣烛节传说和类似的信念由于普克托尼克土拨鼠俱乐部的努力也继续在每年 2 月 2 日上演。

资料来源：http://www.groundhog.org/faq/history.shtml.

公共关系 公共关系通过统筹计划并发布信息，掌控或管理公司形象以及宣传活动。公共关系具有比宣传更广泛的目标，致力于建立特殊活动的正面形象。公共关系可以成为承办特殊活动的原因。烟草公司已经利用像 NASCAR 比赛或网球锦标赛等特殊活动，在消费者心目中创造了一个更加正面的形象。

个人销售（personal selling）是促销组合模式的最后一个要素。它是一种面对面交流的形式，卖方说服潜在活动参与者进行交易。通常，对于个人销售而言，团体旅游销售在特殊活动中最具前景。因为许多旅游公司都要为大型旅游团购买特殊活动的门票。和广告不同，个人销售中买卖双方直接接触，进行面对面销售。因此，与和潜在个体参与者进行交谈相比，个人销售与团队代表进行谈判更适当也更可行。一些团队旅游参加的案例包括：印地安纳波利斯 500 汽车赛、肯塔基赛马会、新奥尔良爵士节。团队旅游组织者通过面对面的方式与活动策划者交流或者通过电话来购买特殊活动的门票。

特殊活动的赞助

对特殊活动的赞助有助于确保活动的成功盈利，是帮助活动组织者承担支出成本的一种创新方式。赞助不仅仅是公司的一项慈善事业，也可以成为一种强大的营销工具。

活动赞助商提供资金和"实物"支持，活动策划者在设计活动图标时也会将赞助公司考虑在内。最近，赞助呈现出快速增长的趋势。赞助也出现了多种不同的形式。例如，大型公司可能会为一个活动提供资金赞助，然而中小型企业为活动提供的赞助则比较有创意。比如说，小型企业会赞助产品而不是资金。因此，在活动中，你不会看到有关该小企业的横幅，但是你会得到它们的产品。

许多特殊活动要想进行得顺利就需要赞助商的支持，**体育赛事**（sporting event）中的队伍以及运动员一直是赞助商青睐的对象。然而，该市场份额在下降，公司们开始将赞助目光转向其他活动，例如城市节日和艺术节。这种由赞助体育赛事到赞助节日和艺术节出现的转变就发生在最近十年，并且越来越明显，因为提供赞助的公司意识到，一次好的赞助可以成为公司加强整体营销计划的有效工具。

大蒜烹饪比赛

每年 7 月最后一个周末，著名的大蒜节在"世界大蒜之都"加利福尼亚的吉尔罗伊举行，地点是在圣诞山公园，大蒜节将持续整个周末。

这个节日起源于一个名叫鲁迪·麦伦的男人，麦伦觉得吉尔罗伊应该为这里盛产的"臭味玫瑰"，即大蒜，进行庆祝，所以他创立了这个"全美卓越美食节"。

每年的 12 月，吉尔罗伊的大蒜节就开始准备大蒜食谱。加拿大和美国的公民都可以提供食谱，然后将食谱交给业余厨师，选出八强参加烹饪比赛，优胜者将获得现金奖励。

大蒜节的另一个传统是"大蒜女王"的提名。目前为止，只有 24 位女性获得此称号。参赛者通过个人采访、才艺表演、发表一个关于大蒜的演讲和出席晚宴的晚礼服进行评选。"大蒜女王"可代表吉尔罗伊参加节日之前以及节日中的各种活动。

过去的 28 年间，大蒜节吸引了超过 300 万名的参加者，为当地的非营利组织筹得了不少资金。超过 4 000 名志愿者参与了招募工作和提供了像清理垃圾、帮忙停车、提供柠檬水这样的志愿活动。吉尔罗伊大蒜节不仅是为了彰显盛产大蒜的骄傲，也有利于本地区的团结。其网站上声称："在这里，人们可以享用超过两万吨新鲜大蒜烹饪的食物，欣赏三场音乐娱乐节目，购买艺术品和手工艺品，观看盛大的大蒜烹饪大赛和名人的烹饪示范，在儿童乐园玩耍，参观赞助商设立的互动展览，享受阳光的照耀，并与一群大蒜爱好者进行有趣的交流，你还在等什么，快来加入我们吧！"

资料来源：http://www.gilroygarlicfestival.com/.

以下是公司提供赞助的五个有力理由：

1. 经济的变化（经济增长和衰退）
2. 可以进行目标市场细分
3. 结果可以衡量
4. 产生媒体效应
5. 细分消费人群的增长

国家经济环境的变化会影响经济目标、经济支出以及赞助组织的期望。在健康的经济状况下，公司（无论规模大小）可能都会愿意提供赞助，并且能够更自由地支配所提供的促销资金。然而，在经济低迷时期，公司大都不愿支出超过自己计划的资金。换言之，赞助被视为一种投资，事实上，公司都愿意看到自己的投资得到回报。在任何经济环境下，赞助都可以为公司提供无形的好处，比如，提高公司知名度，树立公司的良好形象。

当为一个特殊活动寻找赞助时，组织者必须考察公司是否适合这一活动，活动策划者也必须看到该公司的目标和竞争力。特殊活动组织者必须帮助赞助商宣传其公司理念，并且帮助赞助商达到它们的目标。活动推广者需要确保赞助商的钱花得值。记住，赞助商需要吸引更多观众以及消费者的关注。

"交叉促销的机会"使得赞助商在一个活动中得到最大的可见性，而不仅仅是一次促销机会。例如，百事公司赞助的活动中，公司可以通过横幅、标志等获得明显的曝光率。然而，为了进一步将赞助的益处扩大，百事公司还会要求活动主办方在活动中销售百事的产品。因此，百事公司依靠横幅和广告标语等方式以及在活动中提供的产品为消费者熟知，并且通过销售产品提高公司盈利。公司将从此次赞助中收获三重好处，一举三得。公司的内部员工也将作为观众出席赞助活动，公司需要为员工提供参与的机会。如果特殊活动是一个慈善马拉松比赛，员工可能会被要求参加比赛或为比赛筹集资金。那些参与的员工可能会出现在宣传材料或新闻稿中。

纽约市马拉松比赛赞助

纽约马拉松比赛拥有超过 30 000 名参赛者，超过 200 万名观众，是全世界最盛大的马拉松比赛。赛事通过广播电视媒体向全世界超过 154 个国家的超过 3.3 亿名观众直播或转播。

纽约广播电台会对该赛事进行长达 5 小时的报道，国家广播电台也会对赛事进行 1 小时的报道。纽约马拉松的参赛者和纽约市无疑是幸运的，他们拥有善良的赞助商和合作伙伴的支持和承诺。赞助商的支持使这一世界级赛事得以年复一年在纽约举办。

赞助商

Adecco	Gatorade	Pontiac
Aestiva	Georgia Pacific	PowerBar
Aleve	ILX Systems	Ronzoni
Amtrak	Lamisil AT	Saranac
Andersen	Mirror lmage	蒂芙尼（Tiffany&Co.）
百思买（Best Buy）	Moishe's	时代华纳有线电视
Breathe Right	摩托罗拉（Motorola）	(Time Warner Cable)
Chock Full O'Nuts	New York Apple Association	UPS
达能（Dannon）	Nextel	Walrus Internet
都乐（Dole）	Poland Spring	

资料来源：http://www.nyrrc.org/nyrrc/mar01/about/sponsors.html.

赞助商可以通过多种方式将产品推销给公司的外部受众（消费者）。首先，公司可以将其标志印在活动相关产品上，通过提供印有其标志的户外横幅特别是具有广告效应的产品，如 T 恤、帽子或太阳镜，拉近公司与这一活动的联系。借此，公

司产品处于最佳的宣传场所，为公司发挥无限的广告效应。赞助公司还可以指定一名员工作为发言人接受广播或电视采访。

特殊活动与媒体的合作

对一个特殊活动进行媒体报道是吸引观众的最有效方法。理想情况下，活动的组织者希望获得免费电视、广播和报纸对于活动的宣传报道。为了吸引媒体，活动组织者必须明白让电视、广播和报纸报道什么样的事情才会对活动起到积极的宣传作用。

当一个摄制组被电视台派遣报道一个特殊活动时，将会寻找那个最容易捕捉的故事，也会寻找在30秒内就可以吸引观众的画面。如果活动组织者希望电视或广播媒体来报道活动，就需要开新闻发布会来吸引媒体的注意。电视台和报纸是否会报道活动并不能保证，然而，如果摄制组进行了报道或者记者进行了采访，这对活动是一个更好的机会，这样活动就获得了免费的广告宣传。记住，特殊活动会为晚间新闻提供理想的素材，比如采访一位将会参加这次活动的名人或者是报道艺术展的预览。

促销组合模型中，活动吸引注意力的最佳方式是电视、广播和报纸的媒体宣传。这种"自由"的推广提供了广告无法比拟的东西——信誉。这些媒体是接近大众消费者的良好方式。

活动组织者需要努力在媒体面前呈现出不同寻常的事情。在俄亥俄州塔尔萨的一家牛排店的开业典礼上，主办方举行了一个叫做"哞——走开"的特殊活动。社区领导人应邀去餐厅品尝招牌美食和饮料，然后必须用牛叫的方式说出自己喜欢的名人。参加者大声模仿牛叫，呼喊着梅·韦斯特、杰克·尼克尔逊以及猫王的名字。获胜者将为社区慈善进行捐赠。这一活动引起了媒体的注意，晚间新闻对其进行了报道。活动组织者利用适时的媒体宣传让"哞——走开"提高了知名度。餐厅经理的采访出现在早上的广播中成为这一活动媒体关注的顶点。尽管"哞——走开"活动最初的推动者并没有在媒体方面做很多工作，但是媒体一旦发现了这一活动，经过专业的操作，就会让活动产生重大反响，最后取得成功，而组织者的工作就是让媒体发现该活动。

特殊活动的策划者一直以来都认为电视和广播媒体可以为活动作出贡献，以下是一些有用的吸引电视和广播媒体的方法：

1. 早晨是一天中最好的吸引摄影机和记者的时间。记住，一个摄制组必须有足够的时间用于出门、录制，再到返回、编辑录像，才能制作出下午五六点播放的晚间新闻。

2. 周五是一周中吸引新闻摄制组最好的一天。因为这往往是新闻比较少的一天。周六日的干扰更少，但是新闻中心的摄制组在周末往往会放假。

3. 对一个特殊活动的预报对编辑们来说是非常有用的。通常是通过新闻发布会和电话跟踪提前三天对活动进行报道，这样有助于开展之后的报道工作。如果涉及采访，那么提前七天做预报是很好的机会。

▷ 了解特殊活动的目标市场

近些年来，将特殊活动引入社区的形式并未发生显著变化，而消费群体却时刻发生着变化。消费者变得更加挑剔，倾向于选择参加较复杂的特殊活动。随着活动成本的增加，消费者更关心自己的支出是否物有所值，以及支出所带来的快乐。这也为特殊活动提出了新的特殊要求。

了解目标受众市场对于成功举行活动来说是最重要的部分。活动的策划者和营销者了解参与观众是至关重要的，其中包括观众的年龄、性别、宗教、种族等。根据活动的类型，策划者必须了解参与者（例如宗教、饮食限制）以及参与者的其他需求。特殊活动必须基于目标市场的整体需求和愿望。

特殊活动最有价值的结果是在社区里形成正面的口碑。为了达到这一积极的结果，活动组织者应该意识到活动不能吸引所有的市场。策划者应该为了活动确定社区的目标市场。

目标营销应明确定义参加某一特定类型的活动的人员。例如，麦莉·赛勒斯（Miley Cyrus）的演唱会旨在吸引年龄为 6～14 岁的年轻女性观众。举办一个营利的音乐会，策划者将其广告费用瞄准特定的目标观众。随后，所有促销产品也将针对某一年龄段的观众。

多数社区都知道，特殊活动会给社区和地区的经济发展带来积极影响。因此，也就引发了为了吸引特殊活动而进行的竞争。一个城市通常会吸引特殊活动在其社区举办，吸引因素包括免费的场地、安保、停车场，甚至是提供娱乐，上述因素共同构成"城市的制胜法宝"。当一个重大事件或活动在一个特定的城市举办时，会促进当地经济的发展：酒店房间全部客满、餐厅顾客络绎不绝、文化景点也呈现繁荣景象，这些都是由特殊活动带来的。

一个成功的活动有两个至关重要的组成部分，一是该活动要得到社区甚至城市的支持，二是该活动要满足消费者的需求。例如，在每年劳动节的周末，新奥尔良市举办一项名为"Southern Decadence"的活动。这个为期三天的活动针对的是同性恋者，届时他们可以在城市中自由地昂首阔步。新奥尔良可能是美国为数不多的支持此类活动的城市。

一场特别的婚礼

一对来自得克萨斯州的夫妇，想让自己的婚礼别开生面，所以决定在新奥尔良举办。

他们深深被这座城市所吸引：苔藓覆盖的古老橡树，战前的房子和古老的马车。他们决定邀请100名宾客，并由当地的DMC公司做婚庆策划。他们希望DMC公司安排一场12人的排演晚餐，并准备接待100名宾客。不包括前往新奥尔良的运输成本、酒店住宿和教堂费用，他们关于婚礼招待和晚宴的预算为25万美元。当策划者听到这一消息时，她开始思考两个问题：（1）如何安排这些活动，如何分配这些预算；（2）如果这是他们的概算，她将试图追加销售。

排演晚餐在新奥尔良法兰西区著名的餐厅 Arnaud's 举行。策划者把钱花在了招待会上：租借迪克森格尔剧院一晚，用于召开招待会。但有一个问题就是，像大多数剧院一样，餐厅的地板因阶梯式台阶而呈倾斜状。最后，只能将所有坐椅移到水平地面上来。剧院内部非常漂亮，几乎不需要再进行装饰。新奥尔良的警方封闭了教堂和剧院的街道，不允许车辆通过，这样一来，在举办婚礼时，新人和宾客乘坐的马车就不会受到干扰。婚礼当晚，新人和宾客入场时，欢迎他们的是身穿具有时代特色服饰的模特和她们提供的冰镇薄荷酒，同时伴随着一个福音小组的优美歌声。接下来是一个布鲁斯乐队的表演，这个夜晚被 Gladys Knight & the Pips 乐队所点燃。这场婚礼的最终花费是近30万美元，这对夫妇非常满意。

▷ 特殊活动的准备工作

举办特殊活动所需要的基本操作包括以下方面：

1. 安全的场所。
2. 获得**许可**（permit）。
   a. 游行许可
   b. 酒精饮料许可
   c. 卫生许可
   d. 销售许可或特许权
   e. 消防安全许可
3. 必要时还会涉及**政府机构**（government agencies）（例如，如果需要使用城市设施，或是与城市公园、娱乐部门进行合作。）
4. 如果包括食品和饮料，还会涉及城市卫生部门。
5. 亲自与当事人会面，避免不必要的误解和麻烦。
6. 确保活动供应商和销售商的安全。
7. 了解与公共部门打交道的复杂性。有时候，公共部门很难作出一个决定。
8. 了解社区为某一特定形式的特殊活动必须提供的后勤服务，比如说为了一个马拉松比赛而封锁街道。
9. 制定安保计划，包括会场和专业的执法者机关能够提供的安保力量。

10. 安全责任保险（最薄弱的环节是那些涉及酒精的活动）。

11. 如果特殊活动需要门票，应明确票价。

12. 如果特殊活动涉及票务问题，需要明确门票的分销渠道。

13. 活动的其他基本操作包括：

    a. 会计系统（包括总账、财务报表、应付账款、应收账款以及工资）

    b. 人力资源系统（包括招聘、人事记录，以及工作分类和描述）

    c. 住宿安排（专家、媒体、官员、志愿者和观众）

    d. 登记

    e. 市场营销和广告活动

    f. 票务问题（邮购、座位库存、座位分配以及门口销售）

    g. 得分和结果（记分牌和显示屏）

    h. 为活动的设置、执行和最后总结环节设计专门的时间轴、备忘录和日程安排

将要举办的活动类型决定了所需准备的程度。活动越重大，所需的准备就越多，就越需要一个与活动有关的清单列表。准备工作决定了活动是否能够有序进行，是否可以获利。

在那遥远的地方

从位于南非杭斯拜的一个私人自然保护区俯视，可以看到沃克湾，那里给客人提供了一个接近大自然、动物、植物和海洋生物的机会。那里距开普敦有两个小时的车程，游客可以开车或者坐直升机到达。这里也是举行结婚、生日宴会等活动的绝佳选择。著名的活动地点包括酒窖、林间小屋以及游泳池。关于当地的活动，营销和预订部的经理说，没有什么事情能比得上在牛奶森林举办的烧烤活动，换句话说，这是一个在开放的户外举办的南非风情烧烤活动。在牛奶森林野餐也非常受欢迎，游客可以一边吃午餐一边欣赏大提琴、小提琴演奏或者是与作家一起阅读他们的作品。到了晚上，游客可以参加晚会，晚餐是自助的形式，人们可以一边走动一边聊天一边享用晚餐。如果在这里举办沙滩婚礼，就会看到远处的鲸鱼，品尝精美的寿司、香槟、三文鱼。在仪式结束后还可以参与当地特有的贝壳活动，非常有趣。

资料来源：http://specialevents.com/venues/events_destination_known_20011110/.

▷ 特殊活动的预算

活动是否成功，取决于最终是否能够盈利。为达到盈利的目的，需要活动中的六个因素相互配合。一个特殊活动的基本成本包括以下几个方面：

租金成本

根据活动的类型，租赁设施如会议中心或地面空间搭建的帐篷，需要每天支付租金。会议中心通常根据使用面积决定租金价格。大多数设施甚至在准备日和结束收拾日也要收费。如果活动进行的时间较长，往往可以协商获得折扣。

当然，租金成本会因空间的大小有所不同。例如，如果一个组织在一个酒店订了好几间会议室，那么活动的场地费就有可能得到优惠或减免。如果这个组织还在这间酒店就餐，活动的场地费可能会更加优惠。

安全成本

大多数会议中心、租赁的大厅及酒店只提供有限的安保服务。也就是说，只有在场馆的出入口位置才有保安的身影。不同的活动对安全性的要求不同，例如，一个众多狂热的歌迷参加的摇滚音乐会就需要很高级别的安全保障。欧洲杯足球赛也需要高度的安全性。实际活动成本取决于城市所需的安全成本。

生产成本

生产成本取决于活动的类型。例如，特殊活动是一场大型家居园艺展，那么成本就与展台的设置有关。许多家居园艺展的参展商都会带来精致的花园景观供人们欣赏，而这些精致的景观都是主人费时费力精心布置完成的，所以劳动力成本也应该算在生产成本里。此外电费和水费也应该包含在展览的生产成本里。其他生产成本还包括为每个展位准备的标志或横幅以及管道和窗帘的费用。

劳务成本

举办特殊活动的城市会影响活动的劳务成本。一些城市有工会组织，会使得劳务成本提高，因为工人们的工资薪酬较高。在一个有非常严格的工会的城市举办活动，意味着活动组织者必须考虑将一些工作交给工会成员。在一些城市，工会允许参展商使用自己的马车进行宣传销售。在有些城市，参展商除了自己的公文包不能携带任何其他的东西。

当为一个活动选择城市时，工会是一个重要的影响因素。一些聪明的策划者会将高额的劳务费用让参展商承担，或是提高门票价格。

营销成本

用来吸引参与者的费用占预算的很大一部分（参见章末的收入和支出明细）。活动组织者会检验接近目标市场的最佳方法，试图让大批观众知道该活动，这意味着要投放一系列电视广告，成本高昂。大多数活动组织者使用促销组合来吸引观众的眼球，例如，广告元素、直接营销、宣传和公关、促销、与观众互动或者网络营销以及当面销售，这些都要包含在预算当中。

专家成本

几乎所有的特殊活动都会邀请名人进行表演，包括乐队或乐团、演讲者、运动队、歌唱家，有时甚至是动物表演等。尽管组织者可能会考虑所邀名人的效应，但是邀请名人所需要的费用必须要在预算之内。高中同学聚会邀请不起像詹妮弗·洛佩兹或者泰勒·斯威夫特这样的人。

特殊活动之前的准备至关重要的是做一个支出和收入的计划。这些预测是一个社区是否会举办活动的关键。重复活动更容易推广，特别是该活动之前已经有盈利。活动之前和期间，定期（有时是每天）交给客户最新的收支状况很重要。发生任何差异或产生新的成本都应该立即处理。活动中不应该有意外成本出现。

▷ 特殊活动的收尾

特殊活动有一个共同点：都会结束！一旦观众散场，活动组织者就必须对特殊活动进行收尾，完成一些收尾工作。特殊活动的收尾工作通常需要以下几个步骤。

首先，停车场的工作人员应该加快交通流动。在某些情况下，社区警察能够协助管理交通。

活动汇报人员应该确定活动中发生了什么、没发生什么。有些问题需要书面文件，如果下一年还会举办活动最好准备一份书面报告。在报告中应添加以下信息：

1. **参与者**：询问一些特殊活动的参与者。顾客的感知和期望非常重要。
2. **新闻和媒体**：这个活动是否值得媒体关注。
3. **员工和管理**：得到不同员工及其他管理人员对活动的反馈。
4. **供应商**：他们对于如何改进活动会有独到的见解。参展商和供应商必须完成调查，因为他们有其独到的视角，可以对计划下个活动提供优秀的、具有建设性的意见。

活动的最终报告中应包括以下几点：

1. 确定收入和支出。活动是盈亏平衡，获得利润，还是发生亏损？
2. 确定活动所有的合同。幸运的是，与活动相关的所有合同都会写入文档进行保存。比较实际花费的最终账单。
3. 媒体的最终新闻稿会影响活动整体的成功，可以安排媒体进行采访。如果该活动为社区带来了巨大的收入，那么这件事就具有重大的新闻价值。
4. 对那些为活动作出贡献的志愿者进行书面感谢。如果活动最终收获了良好经济效益和社会效益，为志愿者举办庆功会也未尝不可。

　　一旦出现令活动失败的因素，组织者可以从中获得宝贵的经验。他们就会知道明年该怎么做。

▷ 未来走向

　　21 世纪为特殊活动带来了创新。以下是一些特殊活动策划者、设计者和协调者构想出来的创新观点：

- 追求简约，客户都在寻找简约之美。
- 客户希望活动负责人对他们的资金负责，超出预算并不是客户的期望。
- 奉行简约主义的客户希望整个活动的风格时尚并具有创新，但是预算却很保守。
- 质量是至关重要的，要让客户看到"成本"的价值。
- 无聊的活动是对资源的浪费，活动应该具有目的性。
- 现在很多活动的目的是针对服务或慈善事业（即活动针对医疗问题、癌症研究、心脏病、自闭症等），或者是为了提供全国性的或国际性的援助（如海地救灾、卡特里娜飓风救济等）。
- 客户在寻找一种整体"包装"，即一种经历。活动策划者真正提供的其实是一次经历——"经历管理"。一些活动策划者认为，一个好的活动应该能深深吸引观众，并每半个小时就有一个"改变"。
- 倡导绿色环保。活动策划者常常被要求考虑绿色环保的方案。绿色环保成为客户的期望。
- 促销工作中，技术很关键。活动需要越来越多的网络促销活动，活动经理有能力知道人们"点击"的数量，这样就可以得到他们期望的促销计划成果。促销费用和时间均可以计算出来。
- 每个客户都有自己的独特的需求和希望，每个客户都想得到策划者一心一意的服务，客户的要求必须贯彻到整个活动的计划和执行中。
- 每个特殊活动的质量、成本和关系这三者之间必须达到平衡。

□ 小　结

　　为举办一次令人难忘的活动，组织者必须达到甚至超出观众的期望。无论是会议、游行、节日、表演，或是展览，必须认识到特殊活动的目的。此外，拥有计划管理工具是成功管理特殊活动的基石。特殊活动管理要得到社区的支持，因为会使用社区的公共设施。

　　如果活动策划者不能提前决定活动将使用促销组合中的哪些元素，那么活动的花费就会非常昂贵。促销组合包括广告、直接销售、互动或网络营销、促销、宣传和公共关系，以及个人销售。为一个特殊活动寻求赞助分摊成本是成功的营销活动的另一种方式，也是赞助商的一个重要的营销手段。与当地媒体或者国家媒体合作是最有效的吸引观众的方式。活动组织者还需要了解怎么做好媒体宣传，是广播还是登报。必须以具体事务、促销活动、后续事件角度对特殊活动的目标市场加以考虑。

活动的基本操作和物流应按照计划进行。活动策划者必须考虑和处理计划清单中所列的各项活动。策划者要学会列清单，这样有利于得到特殊活动所需的活动预算。这个预算需要定期检查，以确保活动按计划进行。收尾是活动的最后一步，活动的收尾工作也需要制定计划。记住，不要忘记志愿者，没有他们，活动就不会成功！

国际特殊活动协会（ISES）

关于 ISES

国际特殊活动协会（ISES）由超过 4 000 名来自世界各地的专业人士和 41 家代表各行各业特殊活动的服务商（从节日展会到贸易展会）组成，包括酒店老板、设计师、花店、目的地管理公司、租赁公司、特效专家、帐篷供应商、视听技术人员、聚会和会议协调员、气球艺术家、教育家、记者、酒店销售经理、专业演员、会议中心经理，等等。

ISES 成立于 1987 年，目的是通过教育培养具有专业性、有职业道德的人才。这是一个让专业人士聚在一起为"整体活动"工作而不是各自为战的组织。成员汇集了来自各行各业的专业人士，包括供应商、会议策划者、设计师、活动策划者、视听技术人员、聚会和会议协调员、教师、记者、酒店销售经理，等等。ISES 为客户提供特殊活动专业人才的专业服务，同时与同行建立良好的合作关系。

ISES 的使命

ISES 的使命是通过教育促进特殊活动产业发展，促进其专业人才网络和关系网络的建设。为此，ISES 致力于：

- 通过其"职业行为和道德原则"，维系特殊活动的完整性，并向公众传达这一思想。
- 获取和传播有用的商业信息。
- 培养其成员和其他特殊活动专业工作者的合作精神。
- 培养高标准的商业实践。

全国餐饮高管协会（NACE）

关于 NACE

全国餐饮高管协会（NACE）是世界上历史最悠久、规模最大的餐饮协会，涉及餐饮的各个方面，致力于促进其成员以及餐饮事业的成功。NACE 提供教育项目、专业认证、会议项目、社交机会、认证和奖励机制、工作机会、社区服务项目，以及该行业最著名的年会。NACE 帮助餐饮行业发挥最大潜力，同时也帮助其成员的事业发展。

NACE 的使命

NACE 的使命是"提供与餐饮相关的高等教育、餐饮网络以及餐饮资源，同时为顾客提供高质量的服务"。

专业会议管理协会（PCMA）

关于 PCMA

专业会议管理协会（PCMA）拥有来自美国和加拿大包括专业策划师、供应商、教师和学生在内的大约6 100名成员。PCMA 始于1956年的宾夕法尼亚州的费城，作为一个组织正式成立于1957年。PCMA 的成员签名活动自1956年发起，现在已经发展成为每年1月在美国和加拿大举办的年度会议。参加年度会议的人数已从原来的个位数增长为每年超过3 000的参与者。PCMA 自1985年以来，还发展了其教育基金会。基金会的作用是支持教育改革，以此提高会议行业的专业性。自1986年以来，PCMA 出版的会议杂志已经成为确保会议行业专业性的重要资源。

PCMA 的使命

PCMA 的使命是提供优质和创新的教育，促进专业会议管理的价值。

国际会议专业人士协会（MPI）

关于 MPI

国际会议专业人士协会（MPI）是会议和活动行业最活跃的国际社团。MPI 的成员由全球71个俱乐部的超过24 000名成员组成。

MPI 的使命

为了让成员获得成功，通过以下方式构建人际关系：

● 知识/观点

● 关系

● 市场

国际酒店销售和营销协会（HSMAI）

关于 HSMAI

国际酒店销售和营销协会（HSMAI）是一个关于酒店行业的所有细分市场销售和营销的国际性组织，成立于1927年，由来自35个国家和地区的7 000名成员组成。HSMAI 非常关注教育，积极促进网络联系，以及改进与消费者/客户的关系。

HSMAI 的使命

成为销售和营销信息、知识、商业发展、旅游专业人才网络、酒店行业的主要信息来源。

□关键词

议程（agenda）

促销组合模式（promotional mix model）

许可（permit）

社区基础设施（community infrastructure）

集会、节日和公共活动（fairs，festivals and public events）

场地（venue）

时间表（schedule）

政府机构（government agencies）

会议和大会（meetings and conventions）

□复习及问题讨论

1. 讨论一个城市可能会举办的活动类型。

2. 活动的远景声明为组织者提供了什么？

3. 讨论策划者与客户之间的关系在策划活动中的重要性。

4. 讨论什么样的计划工具可以促进活动管理的成功。

5. 促销组合模式在活动营销中的角色是什么？

6. 赞助对特殊活动有什么好处？

7. 与媒体合作时有什么建议？

8. 举办特殊活动的基本操作有哪些？

9. 讨论与活动相关的成本预算。

10. 讨论特殊活动的分解元素。

11. 特殊活动会为社区提供哪些机会？

12. 作为活动策划者，对于提高出席率，你有什么建议？

□本章作者简介

乔伊·迪克森（Joy Dickerson），创新和领导力博士；同时拥有人力资源管理硕士学位，以及酒店、餐厅和行政管理学士学位。宾夕法尼亚州威得恩大学副教授。同时也是 PCMA 和 NACE 组织的顾问之一。

迪克森博士为本章提供了：

Scott Barnes，Stephen Starr Events，Philadephia，PA. www. starrrestaurant. com/e-vents/

King Dahl，MGM Mirage Events，Las Vegas. www. mgmmirageevents. com

David Halsey，The Meetinghouse Companies，Elmhurst，IL. www. meetinghouse. com

Tom Kehoe，Kehoe Designs，Chic. www. kehoedesigns. com

David Merrill，AOO Events，Los Angeles. www. aooevents. com

本章更早版本的作者：辛西娅·瓦纳奇（Cynthia Vannucci），来自丹佛大都会州立大学。

附表	美国广告公司的特殊活动	单位：美元
收入和支出明细		
收入	预计收入	实际收入
入场费	5 000	6 000
展览摊位销售	10 000	11 000
食品饮料销售	2 000	4 000
总额	17 000	21 000
支出		
租金	1 000	1 000
劳务（安全）	500	500
生产	2 000	3 000
营销	3 000	4 000
专家	0	500
总额	6 500	9 000
盈余	10 500	12 000

第 9 章

会议活动的策划与组织

学习目标

- 协会会议策划和企业会议策划的差异
- 影响会议目标的因素
- 利用 SMART 技巧写出清晰简洁的会议目标
- 需求分析的目的
- 会址的选择过程
- RPP 所需的信息
- 设立预算目标
- 评估的重要性
- 会议或活动的注册过程
- 会议或活动的住房安排过程
- 会议或活动说明指南的组成部分
- 会前会后的重要性

▷ 引　言

　　会议策划者或组织者或许了解会展行业的各个要素，但要将这些要素整合起来，并使其有效运作就需要精良的规划、组织、指导和管理。为达到这一目的，组织者需要了解目标群体，以及其设想和需求：他们是谁？他们为什么来参加活动？随后就可以设定一个目标，来指导方案的实施，并在预算范围内满足这些设想和需求。要注意的是，本章所讲述的 MEEC 的策划与组织只涉及一些主要问题，市面上有诸多教材、参考手册、行业刊物以及网络资源可供参考并了解更多详细内容。本章将主要讨论会议的策划。需要提醒读者的是，无论面对的是商务活动还是休闲活动，其策划步骤和过程都是一样的。

▷ 确立目标

举办会议和活动的目的

策划者需要决定：（1）目标群体是谁？（2）他们为什么来参加活动？紧随其后需要思考的是，"活动的目的是什么？"这个简单的问题是大部分策划过程的基础。《韦氏词典》将目的定义为"致力于或争取做成某事"。

所有的会议和活动都应以清晰、简洁和可行的目标为起点。无论是企业会议、协会会议、特殊活动、贸易展览还是互联网虚拟会议，会议目的都是策划过程的基础要素。会议目的会影响会议选址、食品和饮料需求、交通问题，特别是会议方案的内容。

大多数人参加会议往往出于三种原因：教育、交流和开展业务。有些人是为了交流和教育目的而参加协会的**年会**（annual meeting），而其他人可能主要是为了发展业务关系和销售产品。一旦策划者设计的方案内容和时间安排无法实现这些目标，就会造成与会者不满。

另一个关键点在于，策划者要在实际活动开始前几个月甚至前几年就要做出策划方案，这对协会会议来说尤为重要。即使是一个简单的活动，普通与会者也不可能了解背后的策划者付出了多少努力，更不用说复杂的协会年度会议和贸易展览。同大多数服务业一样，实际工作都在幕后进行，与会者只需要情绪高涨地参加会议，除非出现问题，否则与会者无法认识到策划过程和协调合作对活动开展的重要性。会议策划者和后勤人员对与会者来说都是无形的。

好的会议目的应该更多地关注与会者。是什么吸引与会者参加会议呢？与会者的投资回报如何？与竞争对手相比，此次活动的可取之处是什么？以下是会议策划的一些关键组成部分，这些部分直接受会议目的的影响。

▷ 教育的重要性

MEEC 的一个关键组成部分就是提供一种有益于教育的环境。会议赞助者越来越注重节约成本的策划和实施方案，对带给员工和协会成员的投资回报期望也越来越高。不完善的物流或活动方案内容，对会议策划者来说是一种灾难。会议曾被视为娱乐活动，而且拥有充足的经费，但是这样的时光已一去不复返。如果参加会议的实际收益不合理，那么与会者就可能拒绝交付协会赞助费和会员费。在与会者自己掏腰包参加会议的情况下，好的方案内容变得更为重要。比起别人的钱，人们通常会更谨慎地对待自己的钱。事实上，与会者的预期不会随着时间推移而有所降低。如果某一年提供儿童照管，那么与会者就会期待来年还能得到同样的（或更好的）服务。对会议策划者来说，这是一个长期的挑战，要在保证与会者经济允许的情况下，不断地优化会议内容和执行方案。

专业证书

在某些特定行业里，越来越多的人希望通过认证或授权获得一项具体的技能，或承认他们已经具备了某个职业领域的一定能力，从而使自己变得与众不同。

大多数人不愿放弃工作返回学校接受学术指导，而是依靠自己所在的专业协会，获得前沿信息和特定领域的继续教育。教育方案可能在年会上提出，也可能在地方研讨会上或通过互联网远程教育提出。个人可以通过获得相关研讨会提供的**继续教育学分**（continuing education units，CEU），并作为认证的一部分，使个人成为专业合格从业人员或持证人员。医生职业就是一个很好的例子，为了持续拥有执照，医生需要接受一定学时的**继续教育**（continuing medical education，CME）课程培训，以此了解医疗保健领域的最新成果。MEEC 行业也有很多专业证书（见第 1 章）。

▷ 需求分析

需求分析是确定会议目标所必须进行的一部分。**需求分析**（needs analysis）是确定某个会议预期的一种方法。简单的需求分析可以是在会议上，对高级管理层的目标进行询问，再根据高级管理层的预期来设计活动。应该记住，企业和协会与会者的需求各不相同（详见第 2 章），策划者首先需要通过专业询问来了解与会者。策划者需要收集过去以及预期与会者的人口统计信息。对协会会议或企业管理会议等年度会议来说，这种信息统计并不困难。策划者留有一份详细的会议历史记录，包括参加会议人员、与会人员喜好等，都可以为改善未来的会议提供相关信息。需考虑的问题通常包括以下几点：

- 以往与会者的年龄和性别如何？
- 与会者的专业程度——初级、中级或高级？
- 与会者在组织层次结构中的位置——新员工、初级管理者或高级管理者？
- 哪些酒店设施和服务更受喜爱——室内游泳池、水疗、网球场、健身房，还是无线互联网接入服务？
- 与会者是否有特殊饮食要求（如犹太教、穆斯林、素食者以及糖尿病等其他有特别饮食要求的人）？

● 谁支付费用？如果多数人自己支付费用，就会比单位报销更加注重节约成本。

● 与会者是否会带客人或孩子一起参加活动？

● 人际交流机会是否重要？

● 与会者愿意前往参加会议的距离是多远？

● 国际客户是否需要口译人员陪同？

● 残障人士是否需要特殊照顾？

● 对会议的教育成果有怎样的预期？

有些信息可以在会议注册表上找到答案，而其他信息可以通过协会会员或公司记录获得。大多数策划者会在活动结束后做某种类型的评估反馈，以期改善下次会议。本章后面将进行相关介绍。

▷ 发展 SMART 的目标

策划者一旦确定了与会者和赞助方的需求，就需要将目标清晰简洁地写出来以便各方了解和关注。SMART 法是编写有效的会议目标的常用方法。SMART 中的每个字母都对策划者编写一份完美会议目标的关键成分进行了提示。

S（Specific）：每个目标只有一个主要概念。

M（Measurable）：目标必须能量化或可测量，以判定最终是否实现了目标。

A（Achievable）：目标是否有可能实现？

R（Relevant）：会议目标对组织的整体目标是否重要？

T（Time）：目标中应该包括活动完成时间。

设定会议目标是好的开端，接下来就是具体行动（如实现目标、促销、理解、设计）以及预算合适的成本。为此，你应该列出负责实现目标的具体人或部门。

会议目标实例

● 国际房地产经纪人协会的会议部门将有 7 500 名成员参加 2012 年的奥兰多年度大会。

● 国家餐饮协会教育委员会主管将在 2013 年年度大会上制定一项 NACE 专业认证计划。

● 10 月 2 日和 3 日，Brettco 制药公司将在芝加哥举行为期两天的会议，12 个区域的销售经理将介绍 5 款 2013 年新品，会议总成本不超过 15 000 美元。

● 米勒·吉尔将于 2012 年 5 月 3 日完成会议的平面设计。

对会议策划者来说，确定一个好的会议目标有助于使会议成为一项积极的活动。目标就像信号一样，能够使策划过程关注点集中且走上正轨。会议的最后策划者可以同管理人员进行沟通，了解哪些目标已经实现以及是否超出预期，哪些目标没有实现及其原因。如果目标实现了，那么就有助于实现会议策划者提供的投资回报。如果目标没有实现，那么管理人员就可以集中资源找出失败的原因，并在下次会议时加以改正。

▷ 会址选择

会议目标确定后，就可以进行会址选择了。目标可以引导策划者选择举办活动的地址、使用的设备类型、交通方式以及其他会议组件。根据会议的类型，会址选择可能要比实际活动早几天、几周、几个月甚至几年。一些重要的会议，其举办城市通常需要提前 3～5 年确定。一些大型协会，如美国的图书馆协会，其未来数十年的会议地址（城市）早就已经确定。然而，小公司会议的提前期通常较短，只有几周或几个月。

不同于大众的看法，决定协会会议在哪个城市举办的并不是策划者，而是协会委员会集体决策，董事会和协会员工也会参与其中。会议策划者会查看大量的参考资料，与其他策划者进行讨论并给出建议，但通常并不自己做最终的决定。企业会议策划者也许会对会址的选择造成较大的影响，特别是小型的会议，但是一些大型的企业会议，首席执行官或董事长可能会对此做出相关决定。有时候，公司选择某地作为活动地点，是因为配有可用的娱乐设施如高尔夫，而不是因为其完善的会议设施。会议地点的选择因不同的组织而有所不同。

会议策划者会定期了解会址选择信息，为此可能会订阅多种行业出版物，如 *Successful Meetings*，*Meetings and Conventions*，*Convene* 和 *Corporate Meetings and Incentive Travel*。大部分出版物除了有传统的纸质版本外，还可以在网上查阅电子版。此类杂志或者是个人出版物，或者是隶属于一些与会议相关的专业协会，如专业会议管理协会（PCMA）和国际会议专业人士协会（MPI）。此类出版物的主要经费来源是广告，广告宣传涉及连锁酒店、运输公司、会议设施以及其他会议行业的服务提供商，其他主要广告商也会为了实际的版面价格而竞争。常见的具体广告或目的地指南会对某个地区、城市、州和国家进行宣传，这些具体的广告片段可以展现当地文化景点和设施、过往活动的客户评价，以此吸引策划者考虑前往这些地区。附加的补充是为了展示地区的其他特征，比如二线城市、独特地点、大学校园会议、游轮会议、经济适用会议或高尔夫目的地。

其他需要考虑的因素还有会址的周转性和大多数与会者所在的地理位置。在美国，策划者可能会将重要会议第一年安排在东部（如波士顿）举行，第二年在南部

（如新奥尔良）举行，第三年在中西部（如芝加哥）举行，第四年则在西部（如旧金山）举行。这使得与会者可以前往各地，住在靠近边境的与会者也不用花费几个小时、跨越几个时区出席会议。但是如果大多数与会者住在东海岸，那就最好是在一个方便的固定地方开会。然而，一些规模较大的会议，如全美广播电视协会会议、MAGIC市场展销会、国际建筑展销会或消费类电子产品展销会，因为需要一定数量的客房和一定面积的会议和展览场地，所以可供选择的城市非常有限。国际奖励旅游与会议展（IMEX）多年来一直在德国法兰克福举办，现在刚刚扩展到美国的拉斯韦加斯。

会议成本是另一个重要的考虑因素。除了会议策划者规划的场地和其他必需品成本，与会者的成本也需要纳入考虑范围。众所周知，在一些一线城市，旅游费用较为昂贵。目标参与者是否参加会议，完全取决于与会者对成本和位置重要性的衡量。另外，也可以在一线城市的淡季举办会议，如主要节假日前后，因为大多数酒店在业务不景气时会打折。世界经济从2008年开始衰退，大部分酒店不得不降低价格来吸引数量不断减少的MEEC会议商。

旅游模式也需要在选择会址时加以考虑。与会者将如何到达目的地？乘坐飞机、汽车，还是火车？近年来，大多数航空公司都在为了生存而苦苦挣扎。由于恐怖威胁、机场安检的煎熬、机舱的拥挤、额外的行李费以及一些其他挑战，大多数人仍对乘坐飞机持谨慎态度，甚至对此反感。航班的便利性也是会址选择需要考虑的一个重要因素。航班较多的城市有芝加哥、亚特兰大、达拉斯和华盛顿特区，另一些城市虽然是会议目的地（有会议中心），但并没有航班往返，像安克雷奇（阿拉斯加州）、亨廷顿（西弗吉尼亚州）、达文波特（爱荷华州）和惠灵（西弗吉尼亚州）。

酒店类型和会议设施是需要考虑的另一重要因素。可供选择的酒店类型有很多，如大都会酒店、郊区酒店、机场酒店、度假村酒店和俱乐部酒店。具有举办会议专门设施的地点叫做"会议中心"。国际会议中心协会（IACC）的成员机构认为，要想成为会议中心必须满足30多条标准。其他会议选址包括能够提供全方位服务的会展中心、游船和大学校园。此类机构将在"会议和会议场所"一章中详细讨论。

会议空间需求在会址选择过程中也至关重要。策划者需要的会议或宴会房间数目，员工办公室、注册区和活动功能区所需空间，以及房间平面图都可以轻易地从场地的设施规划书、宣传册和网站上获得。详尽的图表还会提供天花板的高度，座位数，出入口、柱子和其他障碍物的位置。通过连锁酒店的网站可以获取详细信息。

▷ 招标书

一旦确定了明确的会议目标，起草了基本的场地和后勤方案后，会议经理就会创建招标书。招标书是针对会议主要需求进行的书面描述。由 30 多个 MEEC 行业协会组成的会展行业委员会（CIC）制定了一种可供使用的标准化格式。[①]

　　招标书一旦完成，就会发送给对会议招标感兴趣的酒店和会议机构。通常，会议策划者可以通过互联网直接将招标书发送给首选酒店和理想城市的会议旅游局；也可以通过 http：//www.destinationmarketing.org 将招标书提交到国际旅游市场行销协会的网站上。像凯悦等连锁酒店，会确保在收到招标书 24 小时内回复。招标书也可以帮助酒店衡量会议的潜在经济影响，然后决定是否投标。如果集团的资源有限，只能负担得起 89 美元的房间，那么著名豪华酒店可能就不会对此类业务感兴趣。但是，小的房地产商或二线城市酒店就可能会有意向参与招标。如果会议机构决定提交提案，那么销售部门将审查会议规格并给出回应。

　　考察旅行（fam trips）又称熟识旅行，是指目的地相关机构以此来向会议策划者宣传目的地或某一设施的举措。对于策划者来说，考察旅行是一种亲自考察会议地点合适性的免费或低价旅行。此类旅行往往由当地社区或直接由酒店安排。旅行途中，酒店或会议机构会尽力用其房产、设施、服务和整体质量来吸引策划者。在参观时，策划者应该参观所有的食品和饮料销售点以及休闲区，查看不同的房间类型，检查所有的会议场地，观察前台和其他员工的工作效率，留意设施的整体外观和干净程度，如果可能的话拜访一下酒店的关键人员。一位经验丰富的会议策划者总是有一长串的问题要问。选择哪个酒店至关重要，如果选择错误就会使整个会议处于风险中。

　　策划者一旦审查了招标书并进行了必要的实地考察，策划者和销售部门之间就可以开始沟通了。整个沟通过程较为复杂，所有的通信需要仔细记录下来，优惠和财务预期也应有据可查。

▷ 预算情况

　　确立目标后，下一步通常需要考虑的就是预算问题。举办活动的花费是多少？由谁支付这笔开销？与会者的注册费或其他费用是多少？会议计划选用哪种类型的食品和饮料，都包括什么？餐食是免费提供还是与会者自己购买？有哪些额外收入可用来举办和改进会议？如果是初次举办会议，策划者不得不做大量的工作来估算成本和潜在收入。如果一个活动有许多可供比较的历史数据和项目成本，那么它就会有重复收益。会议预算的基础可以通过确立财务目标、确定费用和确定收入来源来巩固。

第一步：确立财务目标

　　财务目标非常重要，应该与 SMART 原则相配合。目标的确立者可以是会议策

---

① 参见 http：//www.conventionindustry.org。

划者、协会经理，也可以是经主办方授权的人。最主要的是，确定活动的财务目标是什么，并不是每一个会议或活动都是为了盈利。例如，公司举办颁奖典礼是为了表彰代表公司利益的最高成就者，并非想要通过活动获得利益。同样，公司举办销售会议可能不是出于利润动机。会议的最终目标也许是决定如何通过扩展业务增加收入，但会议本身并不会创造收入，而是公司的费用支出中的一项。另一方面，大多数协会会议严重依赖会议来创造营业收入。对大多数协会来说，最高的收入项目是会费，而年会（通常伴随贸易展）收入紧随其后。年度会议的财务目标可能会根据会员的数量、总体经济趋势、政治环境、竞争状况以及活动位置而增加或减少。所有的活动都可能有以下三个财务目标：

- 收支平衡：收入与活动支付费用持平，无利润预期。
- 盈利：收入超过支出。
- 赤字：支出超过收入。

第二步：确定费用

CIC 手册（2000）建议将费用按功能分为以下几类：

- **间接成本**是在预算方案中被列为企业一般管理费用或非一线项目的成本。包括与会议非直接相关的组织性支出，如员工薪资、企业一般管理费用或设备维修费用。
- **固定成本**是不受与会者人数影响的花费，如会议室或视听设备租赁费。你甚至可以设定一个具体的金额作为固定成本。
- **可变成本**是指随与会者人数变化而变化的成本（如食品和饮料）。

费用会根据会议的总体目标而变化，也会受位置、季节、设备类型、所选服务以及其他因素的影响。例如，在旧金山一家豪华酒店里一加仑的星巴克咖啡可能要花费 80 美元或更多，而在俄克拉何马城的一家平价酒店里一加仑的咖啡可能只需要 25 美元或更少。

第三步：确定收入来源

会议和活动的资金来源有很多。公司经营预算包括会议成本。公司策划者必须在预算范围内工作。协会在寻找策划和活动资金时要多点创意。协会要通过与会者的预期投资回报率来证明会议成本的合理性。参加一些协会会议可能相当昂贵，例如，一个人去参加协会的年会，费用包括：交通费（300 美元）、三天的住宿费（450 美元）、餐费（200 美元）、注册费（500 美元）、杂费（100 美元），总计 1 550 美元。根据城市和协会的不同，这个数字很可能会翻倍。举办一个特别又负担得起的活动是一个非常复杂的过程。注册费如果太高，人们就不会参加；如果太低，组织者就难以达到预期的收入。然而，除了注册费还有许多可能的资金来源，包括：

- 企业或协会资助。
- 个人资助。
- 参展商交费（如贸易展）。
- 赞助费。
- 销售商品。
- 广告费，如会议方案中的横幅或广告。
- 地方、州或国家政府援助。
- 销售官方网站横幅广告或链接。
- 租赁用于市场营销的会员通讯录。
- 与其他公司建立"官方合作伙伴关系"，获得产品促销费。
- 现金或实物（服务或产品）捐助。

首先做一个盈亏分析估算开销和收入情况，换句话说就是需要创造多少收入才可以负担开销。

▷ 成本控制

成本控制措施对于在预算范围内实现财务目标非常重要。成本控制措施是进行预算监测的工具。数千人的大活动，可能只有几个会议策划人员负责管理，很可能出现代价高昂的失误。最重要的是，场馆方面要弄清楚对于所有的预定项目而言，主办机构的哪个人才有决定权和修改权。通常情况下，只有首席执行官和会议策划人员才拥有**签字权**（signing authority）。例如，一个协会的董事会成员可能想在酒店餐厅举办奢华的晚餐，会说"把它放进协会的账单"。但是未经有签字权人的允许，餐厅无权这样做。此类规定有助于将额外费用降到最低。

另一种成本控制措施是，准确估计用餐人数。为了保证食品的数量足够，策划者会让服务机构预先准备好食品并支付费用。如果策划者预估有 500 人参加晚餐，而实际上只有 300 人出席，那么策划者仍要为没有就餐的 200 份晚餐负责，这显然是极大的资金浪费。

▷ MEEC 控制项

策划和落实大部分会议工作需要一个团队的努力。许多会议策划者会在会议后进行一次评估，从与会者、参展商、服务机构人员、外包承包商和其他活动参与者处获得反馈。个人谈话可能会作为评估方式，确定演讲者工作是否做得好，提供的教育是否很适合。总的来说，评估会收集诸如酒店是否舒适、路上交通是否拥挤、对目的地是否满意、食品和饮料质量如何、特殊活动和社交机会如何、展会上参展商的数量和质量如何等数据。这些数据可能是活动后通过书面调查问卷、电话、传真或基于网络的收集方法得到的。最快也是最便宜的一种方法是发送附有调查问卷链接的邮件。有许多可用的软件包，它们会设计、分发、收集数据并汇总结果，不需要特殊的统计知识就可以做到。[①] 演讲者和后勤服务的数据将协助会议策划者和方案规划委员会改善随后几年的规划。

就像设定目标一样，会议策划者首先应决定评估内容。例如，需要收集的信息、信息使用人员以及将结果传达给参与评估人员的方式。评估通常非常耗时，设计和实施成本也较高。印刷、传播、收集和分析工作可能需要花费数千美元。遗憾的是，策划者通常将收集的一些数据归档，而不是适当地利用，尤其当结果可能是负面评价的时候。董事会和首席执行官都不愿得知自己所选择的开会地点没能达到与会者的期望。然而，负面评价也可以最终成为有力的营销工具。如果与会者表示不喜欢本次会议的地点（如2月的芝加哥），希望下次能够选择一个气候温暖的地方开会（如棕榈泉），策划者可以通过强调与会者意见的重要性，来促使主办机构采纳建议。

设计评估计划

一份优秀的评估报告需形式简洁，且能够在最短时间内完成。会议评估可以是简单的一句话："这次会议是否充分利用了您的时间？"回答可以是"是"或"否"。这种评估比较适合简短的部门和培训会议。具有多次会议和各种活动的大型会议，就需要一份更为深入的评估报告。问题的最佳来源需要审查活动目标。如果是年度会议，很重要的就是每年都可以提出类似的问题，随着时间的推移收集答案并分析数据。

评估的时机也是一个问题。如果活动举办后，能够在现场立即收集数据，那么回应率就会较高。可以提醒与会者，在前往下一会议之前完成并交回评估表。有些策划者可能更愿意等待几天再去处理反馈，可以给与会者充足的时间消化会议内容，使其不受会议良好的气氛影响，做出客观的判断。

评估会议的过程应该从会议规划的早期阶段开始并与会议活动相联系。会议预算应包括开发成本、印刷费、邮费、分析和报告费。

评估作为会议历史记录的一个重要组成部分，记录了特殊活动的完成项和未完成项，是一个循环的过程，评估结果会直接影响下一年的会议目标。会议委员会将要策划诸多大型会议，评估结果可以将信息从一个委员传给另一个委员。

▷ 实施方案

一旦确立了基本的会议目标、会址选择、预算和会议方案，就可以进行详细会

---

① http://www.freeonlinesurveys.com，http://www.surveymonkey.com，http://www.zoomerang.com。

议规划了。过程中所涉及的一些重大问题包括：设计的方案能否促进公司部门之间的交流？方案能否采用计算机系统培训新员工？方案是否可以为专业协会的成员提供教育指导并帮助其获得证书？为了解决这些问题，策划者必须考虑以下几个因素：

- 方案类型。
- 内容，包括途径和标准。
- 会议时间表。
- 演讲者安排。
- 茶歇及餐饮的作用。
- 辅助活动。
- 评估程序。

方案类型

每种类型的方案或会议都具有特定的目标，如为与会者提供信息、小组讨论活动、操作培训和专题讨论。以下是关于主要方案类型和方式的具体描述。

一般或全体会议　一般或全体会议主要为所有与会者在同一时间同一地点进行交流时采用。通常，在全体会议的开始，包括经理或协会领导致欢迎词、概述会议目标、介绍重要官员、表彰主要赞助商和其他帮助策划活动的人员、介绍礼仪要求和其他大众感兴趣的事件。会议时间一般为 1～1.5 个小时。通常，行业的重要领导人或知名人士会发表**主题演讲**（keynote address），有助于为下面的会议确定基调。公司会议的主题演讲者可以是首席执行官或董事会主席，而协会则可能邀请一个特定领域的专业演讲者，选择如业务预测、政治分析、领导艺术、技术或其他可以激励观众的主题。许多策划者选择知名度较高的政治、体育和娱乐界人士作为演讲者。邀请知名人士是为了吸引人们参加会议，而不是为使其了解协会或是他们所代表的各种职业。值得注意的是，花费 75 000～100 000 美元甚至更多（加上差旅费）邀请一名著名的体育或娱乐明星在全体会议上做演讲的事情屡见不鲜。全体会议也可以在大会尾声举行作为闭会、总结会或颁奖会以及感谢赞助商的活动。闭会出席者通常要比开会出席者少，因为许多人可能会提前返程。

平行会议　平行会议是一种专业发展或职业素养提升会议，由一个专业演讲者以会议的形式提供关于某个特定主题的教育。或者几名演讲者组成一个小组，提出关于主题的观点，也可以同时进行小组讨论。平行会议通常有 150 多名与会者，几个会议在一个特定时间同时进行，会议时间通常为 1～1.5 个小时。

研讨会或分组会议　研讨会或分组会议是一种更深入的会议，在较小的小组内提供更具互动性的学习经验。参与者可以了解最新趋势、挑战特定领域的技术。此类会议一般由经验丰富的成员或协会同行主持，可能涉及讲座、角色扮演、模拟、解决问题和小组讨论。研讨会的与会者一般不超过 150 人。研讨会是整个会议的支柱，在活动过程中可能会举办几十场甚至上百场研讨会，数量依会议大小而定。一些大协会，如美国图书馆协会，其年度会议中有1 000多场研讨会。研讨会会议时间一般为50分钟到1个小时。

圆桌会议　圆桌会议是一种小型且颇具互动性的会议，旨在讨论感兴趣的特定主题。通常有8～12名与会者围着一个大圆桌进行，由一名主持人引导讨论的话题。通常，会在同一个地点举办由几个圆桌组成的会议，如在一个大会议室或宴会厅。会议期间，与会者可以自由加入或离开一个讨论组。圆桌会议也可以用于同研讨会演讲者继续进行更近距离的交谈。主持人的作用是保持讨论有序进行，不允许任何一个与会者垄断谈话。

海报会议　海报会议（poster session）是另一种形式的会议，常用于学术和医学会议。主持人利用展板或布告板展示图表、图片和研究简介等，而不是在各种各样的会议室里开会。主持人在规定时间内用展示板展示内容，感兴趣的与会者可以进行非正式的参与并进行讨论。

方案内容

一般与会者一天只能参加3～6场会议，所以让与会者尽可能了解每场会议的内容及会议是否符合其参会目的非常重要。协会会议的方案目标早在几个月前就开始规划并且广泛用于对潜在与会者的营销中。方案内容并不是一个"放之四海而皆准"的命题，其内容必须符合与会者的需要。设定分类和等级，是告知参与者选择哪个方案的一个好办法。**分类**（track）是指将活动细分到某一特定的题材，如计算机技术、专业化发展、市场营销、个人成长、法律、认证课程和财务。针对这些具体领域，可以开展不同的研讨会。**等级**（levels）指的是方案设计的水平，初级、中级还是高级？因此，可以根据具体观众规划内容，分配活动的演讲者。与会者还可以决定会议是否符合他们的专业知识水平。

会议描述

研讨会14：有效的电子邮件营销

演讲人：Corbin Ball，CMP，Corbin Ball & Associates

时间：下午3：30～4：45

地点：314房间

每天全世界会发送超过350亿封电子邮件，比电话、传真和报纸发出的总量还要多，预计到2010年将增长到500亿封。贵公司如何有效地将电子邮件作为主要的营销工具？最有效的选择是什么？

本次会议旨在：

● 发掘有效发展电子邮件营销活动的十大步骤；

● 查看最近电子邮件调查的客户预期；

● 了解批量发送邮件的交付选项；

● 提高邮件的有效性。

分类：市场营销

等级：中级

改编自 IAME 年度会议方案 2002。

▷ 会议时间表

　　时间安排是会议方案的关键。策划者必须精心安排每一天的每一分钟，以确保会议顺利准时进行。每一天都应该有不同的、激动人心的活动来刺激参与者，激发其参加下一个会议的意愿。策划者常犯的最大错误之一就是在同一时期内重复安排活动。如果安排的研讨会时间为早上 8 点到下午 1 点，而和名人一起参加的高尔夫比赛是中午 12：30，那么将有可能失去所有想参加高尔夫活动的与会者。展销会所面临的另一个挑战是，如果研讨会的召开时间和贸易展的开放时间相同，那么参与者就必须在两者中做出选择。如果与会者选择参加研讨会，那么参展商就没有机会与其进行交流。相反，如果与会者选择去参加展览会，那么会议室就门可罗雀，演讲者会很沮丧。

　　另一个主要问题是，保证与会者有足够的入场时间，不要期望 5 000 人在 10 分钟内从全体会议转移到分组会议。所有的规划都需深思熟虑，给人们足够的休息时间去查阅电子邮件或语音留言、向老朋友问好，以便心情愉快地参加下一场研讨会。如果这些延误不提前计划，那么就可能因与会者迟到而扰乱研讨会，甚至是使与会者错过研讨会。

典型的协会会议时间表

没有两个会议是完全相同的，下面的时间表提供了典型的会议时间安排参考。

第 1 天

8：00　布置员工办公区和记者区，布置展览会会前准备，工作人员负责注册

第 2 天

8：00　协会董事会注册开始，员工办公区开放，继续布置展览会，布置会前研讨会

13：00～16：00　会前研讨会（含休息），各种委员会方案规划，确定会议最终职责

17：00　董事会成员和贵宾私人接待

19：00～21：30 接待

第 3 天

6：30 员工会议

8：00 注册，提供咖啡

9：00 全体会议

10：30 休息

10：45 研讨会

12：00～13：30 午餐

13：30～17：00 展览会

17：00 注册结束

第 4 天

6：30 员工会议

8：00 注册，提供咖啡

9：00～16：00 展览会

12：00～13：30 工作场所提供午餐

13：30～14：30 研讨会

14：45～15：45 研讨会

16：00～17：00 研讨会、贸易展会清场

17：00 注册结束

19：00 鸡尾酒会

20：00～22：00 宴会和颁奖典礼

第 5 天

7：00 员工会议

8：00 注册继续，贸易展会清场

9：00～10：30 闭幕会，清理员工办公区，关闭记者区

10：45～12：00 方案策划委员会会议

12：00 注册结束

15：00 主办机构员工举行总结会

▷ 茶歇及餐饮的作用

与会者吃饭和放松的时间安排，同研讨会时间安排一样重要。为与会者提供食品和饮料可能成本较高，但是考虑到活动目标，统一提供餐饮可能比让与会者在会议中心乱转或离开会议寻找食品更有效率。休息时可以与老朋友交流、同客户发展业务关系、快速进餐补充体力或喝杯咖啡提神。对赞助商来说，吃饭和休息都是很

好的宣传机会，公司可以通过提供食品和饮料获得与会者的认可。与会者得到了食品，策划者也不需要出钱，各方都是赢家！

鸡尾酒会和晚宴也面临同样的挑战。过度的饮酒不仅不利于与会者的身体健康，也有可能让会议策划者为此担责任。如果提供酒精饮料，那么相关工作人员需经过培训，了解什么时候应该停止给客户提供酒水。酒会则应提供大量健康的零食和少盐的食品。策划者控制酒精的方法有很多种，如酒水票证或现金酒吧，都会大大降低酒水消费。记住：酒醉的与会者不会专注于会议的重点！

▷ 演讲者安排

对于大型的会议，策划者不可能独立完成所有不同会议和演讲者的安排。通常，会议部门和培训部门一起协同规划会议的教育内容。此外，由行业领导者和对教育感兴趣的人员组成的项目委员会将志愿协助会议策划者。这些人员会认真选取适合会议的主题以及候选演讲者。会议也是教育内容的重要平台。小组委员会将集中精力找出全体会议、研讨会、平行会议和学生会员活动等的演讲者。

义务演讲者 大多数协会没有能力支付大会上所有演讲者的费用。一个 2 500 人的中型会议三天内可能有 100 多场活动。演讲者可能会免费提供援助，也可能需要支付出场费和所有其他费用。

义务演讲者的好处：
- 减少开支（演讲者自掏腰包参加会议，所以主办方无须替他们支付住宿或交通费用）
- 了解重要的行业主题
- 大众领域领导者的出席可能会增加会议出席人数
- 建立演讲者和活动赞助商之间的关系

义务演讲者的挑战：
- 可能准备会不充分
- 即使了解主题，也可能不是一个好的演讲者
- 可能有个人打算，利用会议推销自己或公司

外聘演讲者 一个成本较高但比较可靠的演讲者通常来自于代表成千上万演讲者的演讲者协会。演讲者协会是专业演讲人的代理商，可以协助寻找符合会议目标和预算的完美演讲者。通常，一个演讲者协会有稳定的合格专业演讲人士，可以就所选定的任何话题发表言论。演讲费用和其他设施费用也多寡不同。如果只是中西部协会的一个小成员，那么就无法负担得起邀请迈克尔·乔丹做年度会议主讲人的花费，但是，却可以负担得起请一位 20 世纪 90 年代的金牌得主主讲团队精神和决心，通常费用仅为 4 000 美元。

价格昂贵、广受欢迎的外聘演讲者，最有可能增加会议出席人数。聪明的解决

方法就是，演讲者费用由演讲者赞助商或行业领导者提供。全体会议是一个引人关注的活动，对公司而言，可能比较划算的方式是让主讲人最大限度地将信息推广给与会者。例如，花费30 000美元聘用一个演讲者为5 000人的会议做演讲，每个与会者只需6美元，这可能比设计和分发传统邮件还要经济划算！

演讲者的另一来源是当地的名人、行业领导者和大学教授。由于演讲者是当地人，所以不需要交通和住宿费。此外，演讲者的服务通常是免费的或可负担的。当地会议促进局以及大学能够帮助策划者找寻所需要的演讲人。一般情况下，可以用小礼物或酬金作为演讲者付出时间和精力的报酬。

在线演讲者协会

在不同的网站上，可以找到知名或价格可负担的演讲者。根据主题和价格，演讲者被分成几类，可以通过媒体在线观看。此外，演讲者公司还应该提供所代表的所有演讲者的录像带或DVD。确定演讲者是否适合与会者的最佳方法是实际参加一场会议，以最终确定他是否物有所值。可访问以下网站：

- http：//www. nsaspeaker. org（国家演讲者协会）
- http：//www. Speakers. com
- http：//www. LeadingAuthorities. com
- http：//www. Premierespeakers. com
- http：//www. nsb. com

演讲者指南　演讲者指南或演讲者手册应该告知演讲者（付费的和免费的）活动的要求，以及明确说明组织者的预期。每个组织的演讲者指南都不一样，但大部分应该包括以下要点：

- 协会背景信息
- 会议日期和地点
- 演讲者可能出席的特殊活动
- 演讲者发言的日期、时间和地点
- 发言主题和持续时间
- 统计和预估的与会者数量
- 会议室布置、视听设备要求和实用性
- 演讲者的要求
- 其他演讲者的名字，以备不时之需
- 薪酬政策
- 着装要求
- **演讲者准备室**（speaker ready room）的位置，在那里演讲者可以在发言前进

行练习或者放松自己

- 准备摘要或提交最终稿件的要求（通常用于学术会议）
- 文字资料需知
- 交通和住宿信息
- 酒店地图和设施图
- 交回材料的截止日期
- 小组发言指南（如与会者是非正式的，与会者希望在会议最后有时间提问题和交流）

很多情况下，演讲者还必须签订不同需求的合同，包括：

演讲者合同　演讲者合同是指演讲者和赞助商之间的书面协议，表示演讲者要在特定的时间为特定的主题做发言。无论是付费还是免费的演讲者都必须签订合同。书面合同会包含费用、双方的关系、需要做广告的宣传材料、视听和讲义材料的截止期限、用于说明潜在利益冲突的公开声明、产品的销售或推广服务、未能发言的处罚及允许合同终止的条件。

磁带、光盘、网络授权和豁免　如果演讲内容要求记录下来，或复制到光盘或网络上，必须事先告知演讲者，并取得演讲者的同意。有些演讲者不希望将自己的发言材料公布到网络上，因为其发言很容易被他人模仿利用。销售会议录音是协会额外收入的来源。由于与会者每天可以参加的会议数量有限，通过购买错过的会议录音，就可以得到错过的会议信息。

▷ 视听设备

大多数酒店和会议机构不允许会议策划者自己提供视听设备，如投影仪、电视机、录像机和 DVD 播放器。租赁和维修设施是会议服务机构的重要收入来源。租赁视听设备非常昂贵，在很多情况下，租赁费几乎和购买费同样高昂。27 英寸的电视从折扣商店购买的价格可能是 250 美元，而会议策划者租用一天的费用可能也是同样的价钱！

因此，控制视听设备的成本非常重要。演讲者需提前被告知只有一台液晶投影仪和手提电脑可用，以便演讲者可以利用这些设备发言。另一个好办法是，为演讲者提供统一的讲义模板，可要求所有幻灯片和讲义都使用某种字体如 Arial 或 Times New Roman 来显示文本和背景颜色，要求使用组织者或活动策划人提供的简单标识。这会使得会议看起来更统一。

教育会议的与会者通常更倾向于使用传统的纸质讲义。为了减少经费和节约资源，一些机构选择把所有讲义放在光盘上，免费发放或象征性收取费用。同样，也有一些组织方会将讲义放在公司的网站上，而不是在会议上分发。如果会议上需要使用讲义，那么需要提示在会议前将其复制下来。主办方可以给目的地附近的复印店发送邮件，让其协助复印讲义，并送到会议机构。遗憾的是，大多数讲义会因为厚重，难逃被丢弃在宾馆的命运，不会被再次使用。

▷ 现场演讲者管理

对于多个演讲者参与的大型会议，时刻关注演讲者的行踪以及状态是一项重要的任务，招募志愿者或聘用临时人员参与协助工作会发挥很大作用。最糟糕的事情是，演讲者未能准时出现在会议上，而策划者却还没有意识到这一点。同样地，大多数演讲者也希望自己的时间和精力得到认可，需要"与众不同"的感觉。列好项目清单可以有效减少这方面的失误。

"会前会议"是一种新的发展趋势，可以让与会者在参加教育会议前做更好的准备。可以提前几个月，在像脸书、推特等社交媒体上发布话题让人们参与讨论，也可以邀请演讲者加入，促进讨论，并让演讲者依据网上的信息设计实际发言。同样地，一些演讲人会提前评估与会者，以确定与会者的接受能力。会后可以再进行评估，根据再评估结果测定与会者的学习效果。

辅助活动

在实际活动的前期、中期和后期，会有各种各样的辅助活动一起进行。在当今繁忙的商业环境背景下，许多人试图从短暂的假期中挤出点时间来参加会议。因此，可能会遇见与会者携家属参加会议的情况，也可能会遇到一些与会者在会议开始后几天报到或者会议结束前几天离开的情况，因为他们想要多一些时间与家人和朋友相聚。同样，在与会者参加研讨会和展览会的同时，同行的客人也想有其他事可做，如旅游、购物、文化活动、体育活动、晚餐、参观博物馆、观看节日和戏剧表演都是受欢迎的娱乐节目安排。每个城市无论大小，都有值得探索的内容。

关键是不要让这些辅助活动干扰会议方案的总目标。**辅助活动**（ancillary activities）不能比会议方案更具吸引力。另外，会议提供的辅助活动必须符合客人的年龄、性别和兴趣。

精力和责任问题会限制辅助活动。作为一个策划者，必须集中精力关注会议上发生的事情，而不必担心乘公共汽车去购物中心是否能准时到达之类的问题。通常情况下，辅助活动可以外包给当地的目的地管理公司，目的地管理公司中的本地专家会专门安排相关活动。同样，如果活动安排中发生任何意外，如现场有人受伤，策划者也无须担心责任问题。典型的案例是，如果儿童看护由主办机构提供，可能需要额外的保险费使组织方免于承担责任。为此，儿童看护最好外包给专业的儿童看护机构，且确保机构持有专业许可证以保证儿童的安全。

会议中儿童服务项目的专业化

什么使得 ACCENT on Children's Arrangements（以下简称"ACCENT"）不同于其他的供应商？

适合多年龄——从婴儿到青少年，ACCENT 根据每个年龄组的不同需要，为儿童提供认识新朋友、学习新技能和参与趣味游戏的机会。

定制服务和规划——ACCENT 可以设计定制方案来满足每个客户的需求和预算。该方案随着参加团体、环境、时间的不同而变化，但是 ACCENT 在策划方案时会综合考虑这些因素。

寓教于乐——ACCENT 将教育与娱乐相结合，创造了一种寓教于乐的方式。

监督程度高——在不抑制乐趣或阻碍活动的前提下，所有的孩子都由有责任心且受过专门 CPR 训练的成年人监督，以满足 ACCENT 的要求。护理人员必须经过严格的筛选和培训，并且具备合法性。该机构会对所有看护人员进行彻底的犯罪检查和背景调查。

安全和保障——ACCENT 的安全程序是一种有效的登记和离开识别系统（父母送孩子的时候程序会采集他们的图像并归档，确保只有对应的人才可以接走孩子）。儿童中心还有影像监控系统可供选择。此外，可以针对每个会议的选址提供详细的防火和紧急安全计划。

员工和管理团队

ACCENT 的管理团队在教育和酒店领域有多年的经验，了解儿童服务方案的具体要求。管理团队的主要成员是重点项目经理，从开始就与团体一起工作，负责开发适合团体、会议地点和儿童需求的课程。重点项目经理负责整个项目，在现场保证项目顺利进行。

灵活性——ACCENT 从清晨到深夜忙碌于各主要目的地。公司正在新奥尔良总部和路易斯安那州建立的项目，是为了使所有客户都可以携儿童一起旅游、出行，无论客户活动地点在哪里都能享受一致和可靠的服务。

注册——从组织到宣传，ACCENT 通过电话、邮箱、传真和网络提供活动前的注册。

此外，ACCENT 提供了父母同意和放弃两种形式，并在大型项目中设立了现场注册。

经验——ACCENT 的创立者黛安娜·莱昂斯（Diane B. Lyons）是会议行业公认的领导者，他是一名教育硕士且拥有教师经验。公司不断充实并修改方案以确保满足会议策划者、全国父母和儿童的需求。

承诺——黛安娜·莱昂斯在 1991 年创立了 ACCENT，那时只有一名员工、一个办公室和一个承诺：

为企业、社会、协会、其他小组会议和活动提供儿童服务，项目采用极其严格的安全要求，给予儿童关注，缓解父母的担忧。

十多年来，ACCENT 已经超越了自己的承诺，在全美拥有 12 人的总部办公室，10 名兼职员工和 200 多名合同员工。

组织方最安全的做法是，提供一份当地活动的清单以及会议促进局的网站地址。这样一来，可以让与会者计划自己的活动。需要提醒的是，在像奥兰多、佛罗里达、拉斯维加斯和内华达等著名的旅游景点开会时，景点很容易让与会者分心；在拉斯维加斯，老虎机的声音可能比一个多小时的枯燥研讨会吸引力更大，失去几名与会者很常见。

▷ 注　册

注册

参加大多数会议或展览会都需要进行某种类型的注册。注册是一个收集所有与会者的个人信息和收取必要费用的过程。注册不仅仅可以筹集资金，注册数据也是资助活动的协会或组织者的宝贵资产。注册要比活动早开始几周，通常会持续到会议的最后一天。策划者会推出**提前注册优惠**（early bird special）的政策，鼓励人们尽早缴纳费用，如提前六周。协会可以用这笔钱支付即将到期的账款或账单。通过提早注册，策划者可以确定与会人数是否与预期相符。如不相符，可以与酒店和会议机构沟通，降低预期或减少已经做出的资金承诺。

注册表的内容包括姓名、职业、职位、地址、电子邮件、电话、传真、会员类别、想参加的研讨会、社会职务、可选择活动、付款方式、特殊医疗或饮食需求及豁免责任。近来增加的一个问题是询问与会者的逗留地点和逗留时间，以便确定对会议目的地的影响。一些组织者还会询问公司的规模、员工人数或与会者的决策权限。这些注册数据可在会议前、中、后期使用。

在会议前，这些数据可以给予或出售给参展商或广告商，使其在会议前宣传公司的产品和服务。也可以使用数据，向那些不想参加会议的潜在与会者做宣传。如"我们有7 500个合格买家参加今年的大会"这样的表达，可能会吸引更多的公司前来注册或参展。预注册数据也可以帮助策划者监控具体活动或研讨会上可能引发的广泛兴趣。如果某一研讨会得到了大多数人的关注，那么策划者可以考虑将其转移到更大的会议室或增加会议室内的座位。

在会议期间，注册数据可以作为宣传工具，将媒体关注引向组织者、赞助商和参展商，也可以帮助当地的目的地营销组织（DMO）获得营销成本，吸引机构。例如，3 000个房间和200 000平方英尺的会议场地，此类信息是会议服务公司最希望看到的。对于与会者来说，在如今的科技条件下，可以通过电脑获取信息并知晓某个会议的与会人员，并将整个与会者名单下载到个人电脑上供未来使用。

会议结束后，可使用注册数据更新协会会员记录、发展新成员或出售给感兴趣的机构。最重要的是，数据还可以用来帮助策划者策划后勤服务和组织下一次会议。通过审查注册数据，组织者对与会者有了更清晰的了解，能够清楚是否发生了任何明显的变化，如与会者的性别、年龄、教育状况或职称。

注册费

一个会议可能有几种不同的定价结构。对于协会会议，会员通常会享受注册费折扣优惠，这种优惠能够鼓励人们成为协会的会员。但所有会员的注册费不一定相同。例如，2010 年 PCMA 年会中职业会员（会议策划者）参会费是 625 美元，供应商（酒店销售人员）是 725 美元，大学教师是 415 美元，学生会员是 205 美元。上述费用是针对提早注册的价格，该优惠持续到会议前六周。预注册**截止日期**（cutoff date）后，所有的价格都会提高 50 或 100 美元。所有与会者，无论缴纳多少注册费，都会得到相同的教育和联络机会并享受预订餐食、茶歇和接待服务。然而，额外的活动如高尔夫、旅游或特殊的娱乐功能，则可能会产生单独的成本。

另一些活动，如展览行业的年度贸易展览会，注册费的价格根据与会者参加的活动类型而制定。展会可以免费参观，但每个研讨会的教育课程费可能会高达 150 美元。额外的活动，如宴会和招待会，可单独购买。注册套餐包括全部教育课程，花费可超过 1 000 美元。

协会通常为其会员提供大量注册优惠。非会员注册费可能会远远超过会员成本和会员注册费的总和，这使人们非常愿意加入协会。这是协会增加会员，创造机会推销产品和服务给新会员的好方法。贵宾、媒体成员、演讲者和当地政要可以免费注册。免费注册需要严格监管，因为会议提供的食品饮料或其他活动有可能会涉及费用消耗。

预注册

预注册是在活动举办之前的数周或数月完成注册的过程。预注册可以从以下几个方面给策划者带来益处：提供参加会议或活动人员的相关信息，帮助会议策划者决定教育课程的空间大小，并为会议演讲者提供可能参加会议的人数。通常情况下，预付款也需要在预注册中完成。策划者可以用活动前几周收到的付款来支付账单或提供服务必需的资金。提早注册优惠政策是预注册的主要诱因。逻辑上，当人们到达活动目的地时，预注册可以减缓注册区的拥挤程度、减少排队等待时间。快速办理注册手续、收集名片和其他会议资料、确认所有与会者都已到达对会议来说非常必要。

预注册的与会者必须填写注册表，无论是纸质版还是电子版，注册表越简单越容易完成越好。单面的注册表比双面的更容易传真。

现场注册　像酒店的前台一样，与会者首先看到的是会议、大会和贸易展会的注册区，一个缓慢或低效的注册程序，有可能给整个会议造成不良影响。为此，活动第一天，注册区应该配备大量的员工；活动开展中，注册区也要保持开放。如果有国际客人，那么就需要翻译人员解释注册材料，以确保注册顺利进行。如果有贸易展，参展商最好在独立的注册区注册。

注册是会议策划者经常外包的业务之一，特别是对大型活动而言。由于其过程复杂，部分注册服务人员需要进行大量培训。一些酒店或会议中心常常和提供临时注册服务的公司合作，由它们提供协助注册人员。有些注册管理公司甚至可以提供住宿安排服务。

▷ 住　宿

并非所有的会议都会安排住宿。但是如果与会者需要住宿，基本上有四种处理方法：

1. 与会者自己安排。主办方可提供酒店名单，但不会事先和酒店协商价格，也不能确保有空房。

2. 策划者为与会者联系一个或几个酒店，与会者直接告诉预订部门他们的选择。

3. 会议主办方负责处理所有的住宿问题，与会者可以通过他们预订房间。然后主办方为已确认的客人提供酒店和住房名单。

4. 第三方**住房服务机构**（housing bureau）（外包公司）解决所有住宿问题，收取一定费用或由会议促进局支付。

与会者自己预订酒店是最简单的方法，策划者不用承担任何责任。但请记住，会议服务机构会以该活动的预计总收入为基础定价，住房是酒店最大的潜在收入。如果没有预订房间，主办方肯定会为租用会议室和其他服务支付更高的价格。房间预订是策划者一个重要的谈判工具。

后三个处理方法要求会议策划者提供报价给与会者。房间价格可以反映之前主办方同销售部门的谈判情况，谈判时会议服务机构会考虑会议的总价值来确定房间价格。预订一定数量的房间，称为预留，这些房间酒店会根据与会者的要求从房间销售清单中删去。对会议策划者来说这可能是一场博弈。提供食品和饮料的活动，策划者必须估计参与活动的人数。如果预留了100个房间，而只有75个与会者出席，策划者可能会为此支付一部分房间的费用。预留房间和实际利用房间之间的差别，叫做**人员损耗**（attrition）。策划者最近面临的一个挑战，就是与会者放弃预留房间另外订房。也就是说，与会者绕过了策划者谈判的具体价格，找到了其他住宿的酒店。如果主办方提供的酒店价格为每天199美元，而街边另一个规模较小且不那么豪华的酒店仅需99美元，那么就会有一定比例的与会者选择较低价格的酒店。有时，与会者直接打电话到酒店，或使用酒店经纪人提供的网上折扣，得到的价格要比策划者谈成的价格更便宜。如果很多与会者采取这样的做法，那么会议策划者就陷入了为未使用房间付费的危机。减少这一潜在的昂贵费用问题的一种方法就是，在酒店合同中写明审核日期，从而使策划者能够在一定时间内减少（或增加）一定数量的预留房间。越接近实际的会议日期，酒店允许减少预留房间的可能性就越小。酒店需要时间来尝试出售未使用的房间，弥补损失。酒店的房间是时效性商品，如果不能每天都达成交易，那其潜在收益就会永远失去。

与会者打电话或网上直接订房是一个不错的选择。与会者可以从协商房价中受益，酒店可以直接处理预订问题。在这种方式中，会议策划者参与成分最少。对于使用多种房间的大型会议，建议提供一系列的酒店价格以满足所有与会者的不同预算要求。

策划者可以亲自处理酒店预订事宜，但若把这项工作外包给其他的小型专业机构，则显得更加简单明智。如果活动的规模较小且知名度较高，策划者可以让与会者通过组织方预订房间，然后再将**住房列表**（rooming list）交给酒店。列表应包括房间类型、ADA 请求、允许吸烟或禁止吸烟、到达和离开日期、房间里其他客人的姓名及特殊要求。亲自进行酒店预订工作耗时且需要额外的人力支持，与此对比，住房服务机构将会起到很大的帮助。

中型或大型会议通常会将住宿外包给第三方供应商或目的地营销组织。一些团体，如全国广播工作者协会或消费类电子产品展销会，规模较大，以至于需要占用主办城市大多数的酒店房间。此类**全市范围**（citywide）的会议住宿，最好是由拥有现代技术装备，可以处理成千上万的住宿要求的专业机构负责。住房服务机构可以通过邮件、电话、传真和网络预订房间。住房服务机构会对每笔交易收取一定费用。费用可能由主办单位支付，有时候当地会议促进局也会支付一部分或全部费用。事实上，许多会议促进局和一些酒店会自己经营住房服务机构为会议策划者服务。

注册和住房服务机构

在过去的几年中，有几家公司已经发展成专营会议注册和住宿的公司。以下是这些机构的网站地址：

ConferenceDirect	http：//www. conferencedirect. com
Experient	http：//experient-inc. com
International Conference Management	http：//conference. com
Passkey	http：//Passkey. com
StarCite	http：//StarCite. com

▷ 会议及活动指南

会议和活动专业的挑战之一是没有统一标准的政策、程序和术语。编纂定义和标准的工作开始后，行规交流委员会（APEX Initiative）就诞生了。正如第1章所提到的，其主要成就之一就是推动术语和公议惯例的发展；另一个促进实践交流的倡议就是会议简介和工作指令的标准化，这有利于促进会议策划者和服务机构之间的沟通和交流。APEX Resumes & Work Orders Panel成立于2002年1月，主要负责审查、常规管理和制定标准。该委员会发现策划者用来传达具体要求的文件中许多术语会交替使用。这些术语包括餐饮活动安排（catering event order）、会议简介（meeting resume）、活动规范指南（event specifications guide）、阶段操作指南（staging guide operations manual）、生产进度表（production schedule）、房间规格（room specs）、服务项目明细表（schedule of services）、工作日程（working agenda）、详细说明表（specifications sheet）、小组简介（group resume）（Green and Withiam，2002）。各类会议策划者、酒店会议服务经理、目的地管理公司和展览经理做出了大量付出和努力后，专家组创建了一种模板，如果被采纳将会极大地加强策划者和会议服务机构之间的交流。

专家组提出在全行业应该采用**规范指南**（specification guide）描述文件。其定义如下：

> **规范指南**是一份概括了活动完整要求和指令的综合文件，是行业的首选规范。此文件通常由活动策划者授权，并作为传达项目服务期望的一个工具与合适的供应商分享。

规范指南可分为三部分，包括以下内容：

1. 序言：会议或活动的一般概述。
2. 功能表：组成整体会议或活动的所有功能列表。
3. 运作顺序功能表：每个独立功能的说明是整体会议或活动的一部分。

服务机构可以根据每个活动的要求用它来通知安装人员、技术人员、餐饮人员以及其他工作人员。

APEX专家组还推荐了一种用于策划者、服务机构和服务提供者之间交流的标准时间表。考虑到这些指导方针可能会因会议大小、时间和个人活动的复杂性而不同，专家组提供了一种通用格式。

活动大小	提前提交	接收机构和供应商的反馈
1～500人	4周	2周
501～1 000人	6周	4周
1 000人以上	8周	6周

规范指南包含了许多详细信息，会议策划者、餐饮和服务人员都应该有一份复印件。如果有任何更改，所有附件也需要记录。幸运的是，随着软件在会议行业的创建和传播，维护和更新文档变得更容易了。一些策划者和会议服务经理现在可以将信息下载到他们的个人电脑上，以前一份五磅的三孔活页夹文件现在减少到只有

几盎司。规范指南的更改可以轻松发送给适当的人。

▷ 会前与会后会议

对于所有会议，规范指南都会不可避免地发生变化。事实上，一个好的会议策划者的主要职责之一就是应对和管理突发状况，通常这种突发状况是出人意料的。

会前会议

在实际会议开始的前一天或两天，策划者应该举办一场**会前会议**（pre-convention）。会议代表来自服务机构所有的部门，他们在这些部门起着关键作用。除了作为策划者主要联系人的会议服务经理会出席会议外，可能还会要求以下代表参加会议：餐饮部或宴会部经理或餐饮部总监；销售经理；财务经理；前台经理；行李员或礼宾部服务员；客房部经理；保安部经理；工程部经理；总机经理；娱乐部经理；所有外部服务提供者，如交通、特殊活动和装饰。通常服务机构的总经理助理会顺便介绍和欢迎策划者。会前会议可以让策划者认识并实际接触各种服务活动的人。在大多数情况下，这是策划者第一次遇到这些人。会前会议上会介绍每个代表并说明他们职责的改变或补充。各个部门讨论后，策划者应该让所有人员回到自己的部门。会议服务经理会逐页审查规范指南，所有的变更都确认后，最后一分钟才传达指令。会前会议基本上是策划者做出重大变更而不扰乱服务机构的最后一次机会。一旦一个活动开始运行，做重大变更是非常困难和昂贵的。如果策划者在会议前一个小时决定会议室应该只使用椅子而不是事前计划中的桌子和椅子，就可能造成严重混乱。这可能就需要额外的工作人员搬走桌子，策划者也要为此负责。有时策划者最后一分钟的要求是无法满足的，如果会议前需要增加 50 张桌子，酒店可能无法提供或者无法安排人员摆放这些桌子。

会后会议

重大会议结束后，会议策划者会使用一份书面文件记录会议的所有关键活动，以备策划下次活动使用。对服务机构和会议经理来说这些记录就像"报告卡"一样，内容包括哪些做法是对的、哪些做法是错的。随后还会举办一场会后会议。它比会前会议规模要小，可能包括策划人员、会议服务经理、餐饮总监、视听经理、财务部的代表。这是一个处理账单差异、讨论服务欠缺和问题、表彰卓越员工的机会。大多数重要的会议都有会后总结；一些小的会议可能没有。在某些情况下，策划者因精神上和身体上太累以至于不能在活动后立即召开会后会议，他们首先需要一个安静的晚间休息时间。

▷ 未来走向

- 对会议和活动投资回报率的关注将会越来越强烈。

策划者 ROI 测量方法	总体		协会		公司	
	2010	2009	2010	2009	2010	2009
无测量	7%	7%	7%	5%	7%	7%
仅主观估计	20%	20%	22%	18%	19%	21%
主观和客观结合	51%	47%	54%	51%	48%	45%
仅客观测量	23%	27%	18%	27%	26%	27%

资料来源：FutureWatch 2010，经国际会议专业人士许可。

- 策划者需要将"WOW"因素铭记在心。与会者需要创新的会议方案、设施和食品，过去用过的不会被接受。
- 技术在 MEEC 活动的策划和形成中发挥越来越重要的作用。
- MEEC 活动策划的提前期将继续分化，小型活动的提前期会越来越短，而大型活动的提前期会越来越长。
- 公司和协会可能继续精减参与内部策划会议和活动的员工，越来越多地外包给第三方或独立的会议策划者。

□ 小 结

策划一次会议或活动是一个长期的过程，往往需要人们或委员会大量的投入。设定明确的目标是创建有效的方案和管理后勤服务的第一步。策划者必须清楚地了解会议的目标和期望。目标会影响地址或城市选择、使用的设施类型和所需要的服务。策划者还必须了解与会者的动机：参加会议的原因是什么？是自愿的还是强制的？策划一场公司活动同策划一场协会活动相比，过程是有所不同的。

一旦明确了目标，就需要进行需求分析以进一步指导策划者选择合适的会议空间、演讲者和设施以及选择与会者期望的娱乐设施。与会者的人口统计特征也必须纳入考虑范畴。举办会议和大会代表了城市巨大的经济潜力。在选址过程中，RFP 是体现策划者需求的文件，会议促进局和每家酒店必须评估会议的潜力并给出相应的回应。感兴趣的住房服务机构可能会邀请策划者进行体验考察，并考察本机构的情况。

小组会议、整体会议、参展商和其他关键项目的评价可以为以后的活动提供信息。创建一种用户友好的模式，可以确保得到一个良好的回应。

当前，教育已取代娱乐成为大多数会议的驱动力。然而，人们喜欢在娱乐的同时接受教育，所以策划者必须满足与会者的所有需求。教育会议的形式以及会议空间的安排应与会议目标相符。会议方案内容的设计应该划分类别和等级，以便更好地面向大多数与会者。住宿和注册是实施会议或活动计划的重要组成部分。无论是义务的还是外聘的演讲者都可以使用，也都各具优缺点，必须确保演讲者的演讲做了充分准备且符合签约内容。最后，要对会议辅助活动进行充分考虑，如购物、旅游、儿童看护和其他可以提高与会者会议体验的服务，并确保不会干扰会议的常规日程。

　　会议策划是一个很复杂的过程，本章仅对某些涉及活动策划和运营的工作进行了重点介绍。有很多可供参考的额外资源，包括：MPI 策划指南、格雷厄姆·贝里奇（Graham Berridge）的《节事设计与体验》、詹姆斯·C. 门罗（James C. Monroe）和罗伯特·A. 凯茨（Kates R. A.）合著的《全球事件管理名师译丛：事件的艺术》、Special Event Production：the Process by Doug Matthews，Event Entertainment and Production（The Wiley Event Management Series）by Mark Sonder，以及 Professional Meeting Management，5[th]edition。此外，大多数与 MEEC 相关的专业协会的网站和出版物都包含了丰富的信息。

□关键词

年会（annual meeting）

继续教育学分（continuing education unit，CEU）

会展行业委员会（convention industry council，CIC）

继续医学教育（continuing medical education，CME）

会议促进局（convention and visitor bureaus，CVB）

截止日期（cutoff date）

目的地管理公司（destination management company，DMC）

提前付款优惠（early bird rate）

国际会议中心协会（International Association of Conference Centers）

主题演讲（keynote address）

需求分析（needs analysis）

投资回报率（return on investment，ROI）

住房列表（rooming list）

演讲者协会（speaker bureau）

规范指南（specifications guide）

平行会议（concurrent session）

考察旅行（fam trip）

住房服务机构（housing bureau）

等级（level）

海报会议（poster session）

预订房间（room block）

签字权（signing authority）

演讲者指南（speaker guidelines）

□复习及问题讨论

1. 为什么策划者会邀请一个薪酬很高的国际知名演讲者做主题演讲？
2. 在设计有效的会议方案时利用格式、等级和分类的目的是什么？
3. 签署演讲者合同的目的是什么？
4. 义务演讲者与外聘演讲者相比的好处和挑战是什么？
5. 为什么使用演讲者指南，应该包括哪些内容？
6. 提供会议辅助活动的好处和挑战是什么？

7. 外包一部分会议如住宿和注册的好处和局限是什么？

8. 策划者在会前、会中和会后如何利用注册数据？

9. 预注册在会议策划中能够给策划者怎样的帮助？

10. 简述四种不同的会议住宿方式。

11. ESG 的目的是什么？它应该包含什么信息？

12. 说明会前和会后会议的好处。

□参考文献

Ramsborg，G.C.，Miller，B.，Breiter，D.，Reed，B.J.，and Rushing，A（2006）. *Professional meeting management*，5th ed. Chicago：Professional Convention Management.

Convention Industry Council.（2000）. *The convention industry council manual*，7th ed. Mclean，VA：Convention Industry Council.

Green.，and J. Withiam.（2003）. Preliminary report of the APEX Resumes & Work Orders Panel. Conference presentation，International Association for Exhibition Management Annual Convention，Orlando，FL，December 11.

Las Vegas Convention and Visitors Authority.（2006）. Las Vegas visitor statistics. http：//www. Ivca. com/press/statistics-facts/index. jsp. Accessed October 27，2006.

Maclaurin，D.，and T. Wykes. 1997. *Meetings and conventions*：*A planning guide*. Toronto，Ontario：Meetings Professional International Canadian Council.

State of the industry report.（2003）. *Successful meetings*. p. s7，January.

□本章作者简介

柯蒂斯·洛夫博士（Curtis Love），内华达大学拉斯韦加斯分校旅游及会展管理系副教授、酒店管理学院研究生副主任。他的教学和研究集中在会议、大会和展览会等方面。在进入大学之前，他是 PCMA 的教育副总裁。

第 10 章

餐 饮

学习目标

- 餐饮业的运营类型和餐饮服务公司的类型
- 餐饮部门与酒店其他部门之间的关系
- 提供用餐的目的
- 用餐功能的类型，菜单策划，菜单设计以及标价
- 酒水功能的类型，酒水菜单策划以及标价
- 酒水相关法律和第三方责任
- 场地需求和室内设置

▷ 引 言

　　餐饮是许多会议策划者经常回避的领域，经常将其策划和磋商事宜外包给第三方策划者。磋商的内容是什么？餐饮服务公司如何对服务标价？餐饮服务公司会对哪些方面做出让步？这些问题经常让会议策划者百思不得其解。

　　CIC 词汇表提供了如下定义：

　　　　餐饮服务公司：（1）食物服务供应商，通常用来描述为宴会和主题聚会提供专门服务的供应商；（2）某个会场内排他性的食物和酒水供应商。

　　食物和酒水的质量能够对会议的整体印象产生影响。对有些人而言，食物仅仅是能量；而对另一些人而言，食物是整个体验活动的重要组成部分。从策划菜单到

协商价格，餐饮作为不容轻视的一部分，是一场会议的主要开销，也是任何环节都有可能出错的领域。此外，必须强调菜肴的重要性。在过去的几年里，食物的选择和准备都发生了重大改变——例如，是否要选择有机的、具有民族特色的或是素食的食品。可以断定的是，随着菜肴种类的增加，餐饮的收益也在稳步增加。然而，由于活动主办方不想因提供酒水而承担法律责任，酒水收益有可能呈下降趋势。

当策划食物和酒水服务时，需对如下问题进行考虑：

1. 与谁共同策划此次活动？
2. 谁将会在活动现场？
3. 何时得到纸质版提案？
4. 关于押金和解约的相关政策是什么？
5. 最后付款日期是什么时候？
6. 对于餐具摆放、运输、加班等，是否需要支付额外费用？
7. 是否接受信用卡付费？是否接受个人支票付费？
8. 何时提交最终协议？
9. 违反协议的可能性是多少？
10. 销售税是多少？报酬和/或服务费的相关规定是什么？
11. 厨师最拿手的菜都有哪些？
12. 食物的分量有多少？
13. 红酒由员工现场倒还是摆在餐桌上？
14. 活动中参与的员工人数是多少？
15. 关于素食菜肴和特殊餐食的替换规定是什么？
16. 能否在客人到场后递上红酒或香槟？
17. 鸡尾酒派对期间，需要多少名调酒师？
18. 是否提供餐桌号码？
19. 能够提供的餐桌型号有哪些？
20. 提供的餐桌桌布、椅套、瓷器、高脚杯、餐具和餐盘种类有哪些？
21. 为餐桌、自助餐和食品台提供的装饰品都有哪些？
22. 是否遵守《美国残障法案》？
23. 是否能够提供讲台、话筒和投影仪？

▷ 提供餐饮的活动

提供餐饮的活动（catered event）通常是由一位主人支付一张总账单，大多数的出席者享用相同的食物（除非与会者要求素食、低油或其他特殊餐食）。法定服务费添加到账单上，占总账单的18%～24%，应付税额也添加到账单上，占总账单的 5%～9%。服务公司不同，服务费分配也有很大不同。在一些公司，服务费全部归服务人员和调酒师所有；还有一些公司，将服务费的一部分分给管理层，如餐饮经理或 CSM。服务费与小费有所不同，小费是客户获得达到或超出预期的服务后，自愿给予服务人员的。服务费是一个较为混乱的领域，一般不属于提供服务的个人。针对费用的经验是：一旦有疑问，随时提出。

任何地方都有可能举办提供餐饮的活动。**备用餐饮**（off-premise catering）是指将已经准备好的或是将要在现场准备的食物运输到活动现场，如帐篷区域、博物馆、公园或景点。有时，食物是在厨房内准备好，到现场后完成收尾工作；有时，所有的准备工作都在到达现场后准备。移动厨房可以安置在任何地方，可以使用发电机或丙烷和丁烷作为燃料加热。餐饮服务公司一般也需要租借设备，包括餐桌、椅子、火锅、餐盘、餐具和酒杯。

预置餐饮（on-premise catering）通常在某个会场内进行，如酒店、餐馆或会议中心。这些场所拥有固定厨房和操作间，具备永久性的家具设备，如宴会餐桌和餐椅。在会议举办地，会议策划者通常局限于利用酒店的餐饮部门。城市范围的会议，会有一家酒店作为主办酒店，负责大多数的食物供应，虽然一些活动经常需要与会者在几个会场间转移，但是许多会议至少会有一次提前准备的餐饮活动。通常情况下，用于开幕式或闭幕晚会或主题活动。由于与会者想要体验当地风味，久居酒店也会让与会者觉得憋闷，所以这些活动可以在水族馆、博物馆、酿酒厂或历史悠久的建筑内举行，例如，在达拉斯，许多活动都在电视节目 Dallas 的拍摄地点 Southfork Ranch 举办。

备用餐饮

从逻辑上来讲，在奥兰多把供 20 位董事会成员享用的晚餐运送到当地餐厅，比将 1 000 多人的游客送到迪士尼乐园容易多了。作为一名会议策划者，有可能同时负责协调两个备用餐饮活动，这种情况下，就必须设定好往返巴士系统，接送与会者往返，而这也会造成高额支出。

许多著名的高级餐厅都具备宴会厅，较大型的餐厅还有宴会销售协调员。在新奥尔良的阿诺德餐厅拥有 6 名销售人员，可见宴会也存在巨大商机。在拉斯韦加斯，近几年的流行趋势是，著名厨师在酒店内建立了自己的餐厅，如凯撒皇宫酒店购物中心的 Spago 餐厅，或是威尼斯酒店的戴尔莫尼科餐厅（Delmonico's），上述餐厅都有宴会销售人员。网络使得搜索当地的餐厅变得轻而易举。由 *Meeting News* 杂志赞助的通过电子邮件免费发送给会议策划者的 MIM 清单是寻求建议的不错选择①。

对于备用餐饮活动，会议策划者的首要任务是及时建立 RFP，将其寄送给活动

---

① http：//www.mim.com.

经理或当地的餐饮服务公司。RFP 中需要包括一些基本信息，如活动目的、公司信息、工作时间、参加人数、大致预算，以及一些特殊要求，如游行区域的要求。许多餐饮服务公司都具有在线 RFP。一旦策划者有机会收到提案，需要立即跟进会面和现场考察。在现场考察期间，要查看现场环境、清洁情况和维护情况以及收费设施，如停车场和休息室。

在许多情况下，备用餐饮可经 DMC 外包，此类公司熟悉当地情况，与地区内的特色会场建立了稳定的合作关系。例如，在拉斯韦加斯，举办聚会可以找 Liberace Mansion。在新奥尔良，遍布游行花车的狂欢节场地是举办聚会的绝佳地点。几乎每个地方都有一些独具特色的举办聚会的地点：达拉斯的 Southfork、克利夫兰的摇滚乐名人馆、洛杉矶的盖蒂博物馆，等等。

DMC 同样了解策划者可能需要的最好的餐饮服务公司、往返交通运送公司、娱乐活动以及其他产品或服务供应商。然而，DMC 会根据所提供的服务进行收费，也会根据公司全年的销售总额提供折扣。若提供的产品或服务出现问题，因考虑到可能损害未来的商业发展，DMC 通常会尽快解决。

备用餐饮所面临的两个挑战就是天气和交通运输问题。往返巴士是会议开销中的附加项。天气问题可能使整个精心策划的方案落空，因此必须做出应对意外事件的安排。无论活动地点是在帐篷内还是宴会厅内，都需要安排备用场所。例如，在夏威夷，在户外举办的宴会经常会因为热带风暴的突然到访，在最后一秒搬到室内。

在最后的现场考察中，会议策划者要获取一份会场宴会的菜单和相关说明。是否能够提供适合与会者的菜肴？若决定不使用对方菜单上提供的菜肴，要询问对方是否能够完成客户提交的菜单？在策划客户菜单时，通常要查看厨师团队的技术水平以及所需的特殊食材是否可以获得。

其他需要考虑的重要方面还包括与会人员的人口统计数据特征。如美国卡车司机协会和国际退休人员协会的菜单选择会有很大不同。典型的卡车司机也许更喜欢大块牛排，而退休人员可能更喜欢不太辣的小份鸡肉。策划者需要考虑性别、年龄、民族背景、职业等。

预置餐饮

会议期间，大多数的食物是以预置餐饮的形式提供。一次性为所有与会者提供食物，以免影响餐厅其他销路；避免与会者离开会场，并确保所有与会者能够准时返回参加接下来的活动。

会议中心提供完整的会议服务，其中包括用餐。无论会议在任何时间休息，与会者一般都可以在类似自助餐厅的地方得到早餐、午餐和晚餐的供应。这样若一场会议忙碌充实，那么与会者便不用在午餐时间中断会议。若会场中不止一组会议，可以将其安排在餐厅的不同区域就餐。会议中心还可以根据要求，提供欢迎宴会或开幕式服务。

　　会议中心和体育场通常长期开展优惠活动。越来越多的商展通过举办开幕式或在展厅提供用餐，以吸引与会者参与展览。大多数的会议中心都是公共设施，将用餐服务承包给其他公司，如 ARAMARK 或 Sodexho。此类用餐服务公司通常会签订排他性协议，不允许其他承包商或餐饮服务商在该会场内提供服务。

　　一般情况下，上述会场内部都具备提供完整服务的餐厅。若使用餐厅，需要检查其是否具备满足活动需求的能力和时间。举例说明，7 月下旬，CHRIE 在加利福尼亚的棕榈泉一家大型酒店举办年会。CHRIE 认为，五家长期运营的餐厅足够满足年会的用餐需求（会场外就餐并不是一个切合实际的选择），事实确实如此。然而，由于恰逢酒店营业淡季，关闭了其中的两家餐厅，这就使得 CHRIE 的与会者面临着等待长达两个小时后才能入座用餐的情况。

　　会议策划者还要实时了解当下的流行食物，可以通过阅读旅游杂志进行了解，如 *Meeting News*，*Successful Meeting*，*Convene* 或 *Meeting & Convention*。许多活动和食品行业的相关出版物，如 *Event Solutions*，*Special Events*，*Hotel F & B Director*，*Catering* 等都相当精彩。另外 BizBash（http//www，bizbash.com）是个不错的平台，能了解到他人进行的创造性活动。表 10—1 是宴会类型介绍。

表 10—1 　　　　　　　　　　　　　　　　宴会类型

欧式早餐	典型的欧式早餐为面包或糕点、果汁和咖啡，升级版的会加有切片水果、酸奶，以及/或者冷牛奶麦片。除非另付用餐座位服务费，欧式早餐大都为自助式服务，只提供有限的座位。
全套早餐	全套早餐需要在厨房完成装盘，通常包括像火腿蛋松饼的某种蛋制品、一份肉制品比如培根或香肠、一份马铃薯制品如土豆、煎饼、水果和咖啡。
自助早餐	提供各种各样的水果、果汁、蛋制品、肉类、马铃薯和面包。
茶点	通常只提供酒水，但可能会有如曲奇饼、百吉饼的零食或水果。
早午餐	早上晚些时候提供，既包括早餐又有午餐项目。形式上可以是自助餐或准备好的盘餐。
自助午餐	可以是冷餐或者热菜的自助餐，提供多种多样的沙拉、蔬菜、肉类等。熟食自助餐还可能会有供客人自己制作三明治的区域。
盒装午餐	可供带离酒店在其他地方食用。如果距离目的地很远，人们可以在公共汽车上吃盒装午餐（比如从旧金山到纳帕谷的一日游旅程中）或者在目的地吃（如为听波士顿流行乐团的演唱而在某个野餐区就餐）。盒装午餐也可提供给参加贸易展览会的人。
全套午餐	全套午餐是盛在盘中供应的午餐，通常有三道热菜，并包括一份沙拉、一道主菜和一份甜点。有时会提供一道冷菜，比如碳烤鸡肉凯撒沙拉。
招待会	作为设置了有限座位的交流聚会，招待会供人们谈话和互动。食物通常放置在屋内周边的餐台上，且可以提供管家式服务。招待会上一般会提供酒水。一般的招待会可能仅仅包括干零食和酒水，并通常举行在正餐之前。而隆重的招待会则会有各式冷热开胃菜、现场餐台，并通常能够替代正餐。
自助晚餐	自助晚餐包括多种沙拉、蔬菜、主菜、甜点和酒水。肉类一般由服务员切分后供应给客人。

续前表

全套晚餐	一般有 3~4 道菜，包括开胃菜、汤、沙拉、主菜和甜点。食物在厨房提前装盘后提供给餐厅里围坐于餐桌的每位客人。此种服务方式常被称为美式服务。
会外活动	是指在东道主酒店外举行的所有活动。它可以是在著名地标处举办的招待会，如在长滩的玛丽皇后号游轮上，或在当地海滩或公园进行的野餐。
主题宴会	这是一种有品位的盛会，可能是以招待会、自助餐或上菜的形式。主题则五花八门。比如以国际性为题，则会设置各种餐台提供意大利、中国、日本、墨西哥、德国等各国美食。

▷ 服务类型

用餐服务有很多种类型，从自助服务到贵宾白手套服务不一而足。对于其中一些定义尚有不同意见，下文的定义是基于 CIC 词汇表。本书沿用的内容也遵循白宫外交礼节。白宫发布的《绿皮书》说明了总统外交礼节的各种运作方式。虽然对此领域仍有疑问，但是明确一点是相当重要的，即组织者和接待方对各种方式的服务需要按照活动要求达成一致意见。（很遗憾，因为《绿皮书》中有关乎总统安全等方面的信息，此书未能对大众公开。）

● **自助餐**：诱人的食物摆放在餐台上，客人自己取食物，然后拿着装好的餐盘到坐位上享用。酒水通常放在餐台供取用。自助餐一般会比盘餐贵，因为自助餐没有用量控制，而为了保证每种食物的充分供应，肯定要保持余量。一定要围绕餐台留出合理的空间以供客人排队取用。考虑到客流，不要让客人后退才能取到某种餐品。例如，将沙拉酱放置在沙拉之后，这样客人就无须退到后一位客人的地方才能拌好沙拉。假如一个自助餐路线计划为 100 位客人服务，那么 120 位则是停止接待的时点。

● **有服务员的自助餐/自助餐厅**：主厨或服务员为客人提供服务。此种自助餐更为优雅，且能更好地控制用量。

● **组合自助餐**：如沙拉这样便宜的餐品，以自助的形式供客人取用。而贵的餐品，如肉类，则出于用量控制的目的由服务员提供。

● **现场餐台**：有时称为表演餐台或烹饪展示，**现场餐台**（action station）除了食物是在客人的等候和注视下即时准备的外，同有服务员的自助餐很相似。常见的现场餐台包括意大利面、烤肉或烤虾、煎蛋卷、法式薄饼、寿司、甜品、凯撒沙拉、比利时华夫饼和切分好的肉类。

● **招待会**：清淡的食品以自助餐的形式供应或由服务员端盘供应（即管家式服务，butler service）。客人通常站着自己取用食物，而不是坐下用餐。招待会常被视为"走动和交谈"的餐会。招待会上餐盘开支能高达食物开支的 1/3，因为人们通常会选择多个盘子或更大尺寸的盘子，但招待会餐饮服务费用应始终涵盖餐盘支出。通过挑选合适尺寸的餐盘可以控制开支，某些招待会只提供手拿食物，而另一些则提供用叉子取食的食物。

● **家庭式/英式服务**：客人坐在坐位上，盛着食物的大份盘碗由服务员端到餐桌。围坐于餐桌的客人互相传递食物并自取，通常由主人切割肉食。此种服务花费不菲，应备好余量。

● **盘式/美式服务**：食物在厨房完成切分和装盘后端给坐在餐桌前的客人。食物从客人的左侧端送。肉类或主菜则直接放到客人正前方的餐桌上。酒水从客人的右侧端送。当客人用餐完毕，盘子和玻璃餐具都是从客人右侧撤下。**美式服务**（American service）是最实用、最常见、最经济、最可操控且最为高效的服务方式。此种服务中服务员和顾客的比例根据酒店的级别一般是 1∶20 或 1∶30。

● **预置服务**：客人到时一些食物已经摆在餐桌上。最常见的食物预置种类有水、黄油、面包、开胃菜和（或者）沙拉。在时间最为宝贵的午宴，预置甜点也是通常的做法。预置的都是短时间内不会损失风味的冷菜。

● **管家式服务**：管家式服务是指在招待会上，服务员端盘供应一些开胃小菜由客人自己取用。

● **俄式服务**：（1）俄式宴会服务：食物在厨房完全备好。所有的菜品都要么以大盘要么以埃斯科菲耶餐碟（Escoffier dish）端送。汤装在大汤碗中，沙拉则盛放在特别的碗里。服务员将合适的空盘放在客人坐着的餐桌前。在盘子摆放好后，服务员再端着一托盘的食物以逆时针方向绕着餐桌，从客人左侧依次以右手派菜。此种服务方式下，服务员决定了派给每位客人的菜量。（2）俄式餐厅服务：客人坐好后，食物通过餐车（放在餐桌边的带轮推车）上的灶具（一种便携式厨灶）现场烹饪。服务员将菜品盛入大盘（通常为银质），由客人自己取用。服务员从客位的左侧提供服务。

● **法式宴会服务**：客人坐于餐桌前。食物在厨房完成所有的装盘，服务员端着大盘走到餐桌，用两只大号的银叉或一叉一勺自客人的左侧将食物派到客人盘中。以此方式服务的服务员需要经过严格培训，用一只手掌控多只叉勺是一项需要专门练习的技能。如今很多酒店允许服务员用银质的沙拉夹。

● **法式餐车服务**：除了小型贵宾聚会，宴会通常不会采用法式餐车服务，高级餐厅才会提供此类服务。客人坐下后，食物通过桌边餐车上的灶具现场烹饪。像沙拉这样的冷菜是提前准备好放在餐车上，而无须再烹调的。服务员从客人右侧将做好的菜直接盛入客人面前的盘中。面包、黄油、沙拉由服务员从客人左侧提供，酒水从客人右侧派送。撤盘则都是从客人右侧进行。

● **亲近服务式**：客人坐于餐桌前，一位服务员只为两名客人服务。此类服务的服务员会手戴白手套。食物已经提前完成装盘，每位服务员从厨房端出两只装好餐品的盘子，站到两位客人旁为他们派菜。犹如有人指挥一样，所有服务员的动作都保持同步。这一上菜过程可用于所有菜品，也可仅用于主菜或甜品。鉴于此种服务劳动力成本昂贵，采用这一极为精致且令人印象深刻服务方式的主要是贵宾活动。

● **照菜单点菜式**：客人可以选择 2～3 道主菜，而至少 2 道预先定好的菜品则会先于主菜呈上餐桌。

● **服务员展示式**：伴随着引人注目的音乐和舞台灯效，戴着白手套的多名服务员手持装有食物的托盘列队步入房间并绕行展示，营造出优雅、隆重的氛围。此种服务方式尤其适用于阿拉斯加火焰雪山这道甜点。昏暗的灯光中，一列服务员手持托盘缓步绕行，盘中甜点燃烧着并发出亮光。在屋内绕行一周后，音乐戛然而止，服务员开始为客人服务。通常此刻客人会纷纷鼓掌。（正在燃烧的餐品绝不能拿到客人身旁。服务员展示结束后，甜品会带到角落切分后再端给客人。）

● **混合式服务**：人们可以根据菜肴改变服务方式。整次用餐不必仅采用一种服务方式。比如说，可以选择预置开胃菜，以法式手法拌沙拉（即在沙拉端上餐桌后再拌沙拉酱），以美式服务上主菜，而甜品则采用自助式。

▷ 菜　单

在过去，菜单很少变动。如今为了迎合大众口味的随时变化，调整菜单是非常必要的。许多美食杂志会发表"当下热门和不受欢迎的菜品"的专题。表 10—2 是一些总能跻身"热门"的项目。

表 10—2　　　　　　　　　　　　　　热门菜单要素

当季食物	"当地生产"、"应季"，是多年前首先由艾丽丝·沃特斯推出的概念。具备这些特征的食物是最好的美味。
民族食物	随着不同文化背景的人涌入美国，美国形成了汇集多个国家和地区风格的独特烹饪手法。美国人的口味也不限于以前的民族食物，如意大利、中国和墨西哥风味，而是囊括了很多亚洲国家、中东和南美食物的风味。
高品质原料	人们可能在食品杂货店捂紧钱包，但当他们出去赴宴享用美食，就想要最好的原料。人们不再满足于冰冻、加糖的草莓，而想要得利斯科尔公司的新鲜草莓出现在他们的水果蛋糕上，人们渴望巨大的爱达荷烤土豆和安格斯牛肉。
新鲜原料	曾经被视为采用了最新、最佳技术的冷冻、罐头和烘干食品，如今已令人毫无新鲜感。此类食品在保存过程中丢失了原本风味，这就体现了新鲜食物的可贵。
新的和不寻常的原料	随着生产、技术和运输水平的提高，对大多数美国人而言前所未知的新食材出现在各个市场。这些新的原料包括各种手工面包和奶酪，纯种西红柿，柠檬草，加拿大育空（Yukon）地区出产的黄金土豆、紫薯和血橙。
安全食品	有机食品和未被污染及不含农药的食物。
富有创造性的摆盘	菜品的摆盘越来越重要。在食物击中味蕾之前，我们是用眼睛来享用美食。如今的摆盘应注重体现主要的菜单食材，对配菜则应尽量淡化（基于如今的食物很可能放在保温盒中展示或储藏）。
绝佳的服务	食物被迅速（在还很烫时）且礼貌地送到客人面前，彬彬有礼的服务是享用美餐时重要的考量。

▷ 食物消耗模式

决定活动中食物供应量最为重要的信息就是参会团体的过往记录：参加者是谁？他们参会的目的是什么？根据之前的经验，便能做出一个相当不错的决定。如果是个新的参会团体，或者过往的记录不可查，那么就要考虑分析统计这些参加者的信息了。

通用准则

在聚会的第一个小时，与会者人均消耗 7 块餐点。如果是招待会，这一数字会更大。这些参考值会随着参会团体的不同而有所变化。食物消耗的数量，可能取决于参会者有多大的活动空间（活动空间越小意味着食物消耗量越少）。表 10—3 提供了食物消耗指南。

表 10—3　　　　　　　　　　食物消耗指南

招待会类型	食客口味	人均餐点量
时长在 2 小时之内 （之后有正餐）	清淡	3～4 块餐点
	中等	5～7 块餐点
	浓厚	8 块以上
时长在 2 小时之内 （之后无正餐）	清淡	6～8 块餐点
	中等	10～12 块餐点
	浓厚	12 块以上
时长在 2～3 小时 （之后无正餐）	清淡	8～10 块餐点
	中等	10～12 块餐点
	浓厚	16 块以上

▷ 菜单限制

宴会服务员应该了解菜单上所有食物的原料和烹饪手法。很多与会者有食物过敏反应，或者出于健康原因限制摄入某种食材，如糖、盐。一些人因为宗教原因不能食用某种食物，还有一些人是不吃肉的素食者。以下是三种基本的素食者：
- 第一种：不食用红肉，但能接受鸡肉和鱼肉的素食者；
- 第二种：蛋奶素食者，不食用任何宰杀后的肉类，但能接受动物副产品（奶酪、鸡蛋、牛奶等）；
- 第三种：严格素食者，不食用任何同动物有关的食材，包括如蜂蜜、黄油和奶制品等动物副产品。

2010 年 1 月，*Meeting and Conventions* 上的一篇文章指出，如今会场上出现了一些富有创造性的特别素食，甚至对"肉食动物"都颇有吸引力。对被确认为素食者的与会者，当不能弄清楚是哪种素食者时，假定其为严格素食者比较好，而向严格素食者提供一盘加了黄油或奶酪的菜肴是很不合适的。

还有一些人因乳糖不耐受而食谱受限，因为他们不易消化所有含有奶或奶制品的食物。今天的人们为追求健康时尚的饮食方式，会对食谱有所限制，包括遵循低碳水化合食谱、高纤食谱等。宗教禁忌可能也会对食品和饮食有所影响。比如，未被真主拉比祝福的食物，是不会被遵循犹太教清洁饮食的人食用，他们也不愿将奶制品同肉制品混合处理，而是将二者在各自的厨房单独处理。

请参加者填表说明他们的饮食禁忌是个不错的主意。餐饮经理了解这些信息后，便能确保备好适量的食材以及替代菜谱。全国餐饮主管协会的会议期间，每次活动的完整菜单都会提供给参加者，一起提供的还有一张表格来让参加者提出需要变动的餐品。

节省食物和酒水开支的新方案

● 压缩招待会的时长：将正餐前招待会的时间从两个小时缩短到一个小时，便能省出大笔开支。

● 取消甜品：取消甜品作为午餐的第三道菜，代之以在下午茶歇时提供更有创意的餐点，这样可以节省开支。

● 取消瓶装水：不要用瓶装水，而在注册处给每位与会者一个能重复使用的容器，这样不仅省钱，而且绿色环保，说不定还会创造一个"赞助机会"。

资料来源：*Meeting & Conventions*，January 2010.

▷ 食物和酒水损耗

签订**损耗**（attrition）条款对组织者和酒店都是有益的，因为可以明确双方的法律义务和责任，但很多组织者不喜欢损耗条款。签合同时，双方的意愿都是食物和酒水的供应能得到保证。但招待方期待一个预先就确定的量，而组织者则希望在最后一刻才给出最终保证。如果供应量太高，组织者可能必须以损耗的形式支付。

如果实际客人没有达到**保证**（guarantee）的数量，组织者必须为损耗付款。组织者在合同中同意为特定量的餐饮或聚会的食物和酒水付钱；招待方的义务是提供服务和食物。如果实际客人没有达到保证的量，组织者就必须为二者间的差量买单，或按双方达成共识的实际供应量的百分比支付差价。（更多同损耗相关的信息，见本书第 11 章。）

组织者还有可能失去为活动争取到的优惠。因为提供给聚会团体的住宿和接待活动能带来收益，所以一般多功能场所是免费提供的，但如果没有取得上述收益，酒店便会针对本该赠送的服务收费，如人工费。如果最低的收益都没达到，酒店还可能重新安排或减少组织者的会议活动空间。

餐饮销售经理必须努力使每间可用房的收益最大化。在预定会议时，他们需要一个总体方案以保证此项收益。会议组织者在就损耗条款协商前，应当了解此次会议能为酒店带来多少收益。鉴于食物价格的波动因素，招待方应明确会议未来在餐饮方面的花费，而非只是清点与会者人数。

如果采用保证金制度，对保证金如何运用应赋予一定的灵活性。合同可以指出，如果餐饮活动被其他业务替代，相应的食物和酒水保证金费用应被扣减。

▷ 房间赠品或礼品

很多酒店的 CSM、目的地管理组织等喜欢说"感谢惠顾"，并可能在房间内放置赠品以示感激。为招待好贵宾，可能会议组织者也会寻找机会送礼品到房间。在会议期间向房间里赠送礼品，不要只是送那些司空见惯的水果和葡萄酒，而是应认真考虑每位客人的喜好。给一位戒酒期的酗酒者送酒，或给患有糖尿病的客人送一大盒松露巧克力都是糟糕的决定。而体现组织者真诚心意的礼物，则会给贵宾深刻的印象。比如，如果一位贵宾喜欢某种特别的酒，就让这种酒作为礼品出现在贵宾房内。

切好的水果和奶酪不易保存，所以赠送整个水果和小包装的奶酪比较好。在湿度大的地区，打开的饼干很快就受潮，所以送上小包装的就可以了。瓶装水总是受欢迎的。如果赠送者对客户的喜好知之甚少，可送上客房服务的礼品券让客户自行选择，也可以赠上某种平时难以享受的奢华服务。你也可送上一张按摩券，或礼品商店的礼券以供与会者挑选礼品带回家。鲜花固然美丽，但少有时间待在房间内的与会者并没有机会欣赏，且在飞机上很难保持新鲜。

▷ 酒 会

举办酒会的原因

酒会是相当受欢迎的，它包括茶歇和招待会。茶歇不仅提供饮料、小食、零食，更给参加者起身、伸展、去洗手间、同办公室人员联络的机会，与会者也可以借此机会到其他房间准备下一场分组会议。

招待会大都会提供酒精饮料，并且可能有更为丰富多样的食物选择，故同茶歇略有不同。组织招待会的理由包括：

社交：让客人感到放松——更容易卖东西给一位精神放松的潜在用户。

拓展关系网：找工作或寻找商机。

酒水种类

酒水分为三类：啤酒、葡萄酒和烈酒。以下是三类烈酒：自有品牌（well）、点叫品牌（call）和高端品牌（pcremium）。

自有品牌： 此类酒有时被称为"家庭自制酒"，是一种相对不算贵的烈酒，当客人没有指定特定品牌的酒时，酒店会提供自有品牌。

点叫品牌： 这类烈酒处于中等价位，一般都以品牌点酒，如沾边波本威士忌（Jim Beam Bourbon）或必富达金酒（Beefeater's Gin）。

高端品牌： 这是一类高品质、高价位的烈酒，像皇冠威士忌（Crown Royal）、芝华士（Chivas Regal）或添加利金酒（Tanqueray Gin）。

如何进行酒水销售

以瓶计费 开放式酒吧和宴会上饮用的酒常以此计量。组织者要为所有打开瓶盖的酒买单，通过活动开始时和结束后盘点酒瓶数量来计算酒水消费。任何酒只要开了瓶，即使只从中倒出一口，大多数酒店也都会要求组织者为整瓶酒买单。此种方法省钱但不易监管和计数。只有到了活动结束后，组织者才会知道最终的酒水开销。通常，参会团体的过往记录能帮助预期酒水消费。已经开瓶的酒不会从活动现场拿走，未开瓶的酒一般也不会被拿走，除非酒店有烈酒外卖执照。但在会议期间，你可以要求把酒送到多功能接待室或贵宾室。

以酒量计费 也称为"消费型酒吧"。活动组织方为活动期间每位客人实际消费的酒水买单。通常每杯酒的价格中已经包括了所有其他的相关费用（酸橙、调酒设备、餐巾纸等）。每杯酒的价格根据酒店设置的酒水成本百分比标准制定，也就是酒店预期从酒类消费中取得的收益。烈酒的成本百分比是 12％～18％不等，葡萄酒通常在 25％左右。组织者只有在活动结束后才能知道最终的酒水花费。

以人数计费 此种方法对组织者而言花费更多，但较为省事。组织者选择一个方案，如在一小时内供应几个高端品牌的烈酒，然后告知招待者将会有多少人参加活动（如每人 25 美元× 500 名客人＝ 12 500 美元）。花费在活动前已经明晰，不会出现意外。参加者在活动入口处出示入场券，以保证人数在监控之下。

以小时计费 此种方法同以人数计费类似。

鉴于第一个小时酒的消耗量更大，这种计算方法通常会按时间递减。若准备采用此种方法，协商费用之前一定要确保酒水供应的稳妥。或者也可以结合按人数和按小时两种方法，如第一个小时每人 25 美元，第二个小时每人 20 美元，所以一场接待 100 位客人的招待会将花费 4 500 美元（25 美元 × 100 人 ＋20 美元 × 100

人 ＝4 500 美元）。

固定价格　组织者为酒水支付固定的费用，而此费用是基于每位客人在第一个小时每小时喝两杯酒，之后每小时一杯的假定计算的（通过核对参会团体的过往记录和参加者信息测算）。酒水花费会随着以下几点而不同：参加者人数的多少；提供的是自有品牌、点叫品牌还是高端品牌的烈酒；提供的食物种类。

开放式酒吧　也称为"东道主酒吧"。客人无须为消费的酒水付钱，而是由东道主或赞助商支付。一般客人能纵情享用他们喜欢的饮品。因为是别人付账，酒的消耗量相当大。赞助商可以是会议主办方、某位参展商以及某个类似的组织等。例如，在美国国际体育用品展期间，耐克可能会赞助一个酒吧，毕竟展会的主题就是体育用品。

收费酒吧　也称为"无东道主酒吧"。客人为自己的酒水付账，一般要从收银员处购买酒券，再拿着酒券请酒保提供酒水。在小型酒吧，为节省请收银员的花费，可能酒保既负责收费又要提供服务。收银员通常为额外的服务收费。因为收银员能更好地操作流程并提升服务速度，酒保则不必在摸了不干净的钱币后再拿起玻璃器皿。

综合酒吧　东道主付钱买进场门票，凭此票每位参加者能饮用有限的酒水（通常为两杯）。如果客人想要第三杯，就只有自己买单了。或者，东道主为进场的第一个小时的消费买单，一个小时后酒吧就转为收费模式。此种方法给客人提供了免费的酒水，但也对成本有所控制，可以对酒水无限量供应加以潜在限制。

消费受限酒吧　酒水以饮用量收费。酒吧内采用收银机收款。东道主设定一个消费限额，当收银机收款达到此额度，酒吧就停止营业。此时东道主可能会决定以收费酒吧的形式重新营业。

计算各方案最终花费以择出最优

若每瓶波本威士忌酒店收费 80 美元，1 瓶可倒出 27 杯每杯 1.25 盎司的酒，那么每杯酒客人要花 2.96 美元。如果一位客人每小时喝 2 杯，一场有 1 000 名客人持续 1 小时的招待会，以酒瓶计共花费 6 000 美元。

以酒量计，若每杯酒 4 美元，同一活动上酒水开销为 8 000 美元；若以人数计，每人 10 美元，则酒水开销为 10 000 美元。

所以，可以看出，酒店采用以人数计费的方式更为赚钱。

服务费

一般酒保以及吧台服务员、鸡尾酒调酒师、收银员都能收到额外的服务费，安保、开瓶（corkage）也有额外收费。这些服务收费与否取决于此单生意的价值，通常都是可商榷的。例如，如果在酒吧买酒花了 500 美元，便有可能免除酒保服务费。

吧台服务员是酒保的助手——在吧台负责酒水补货、冰块保鲜、清洗玻璃杯等工作，酒保在服务时便不必处理这些事情。

开瓶费是针对在酒店外购买带到店内饮用的酒水收取的费用。酒店以此费用支付人工费，玻璃器皿使用费（所有器皿都需要带到店内使用、清洗和带回仓库），以及搅拌器、橄榄、柠檬皮等费用。

一个吧台或一名酒保能接待 100 名客人。如果所有客人同时进场，或不希望排队等候的客人太多，一个吧台或一名酒保只能接待 50 或 75 名客人。除非来客团体非常有利可图，否则酒店是要让客人负担人工费的。

烈酒

所有高端品牌的烈酒都是 750 毫升或 1 升装的。一瓶 750 毫升的酒能倒 20 杯（1.25 盎司一杯），一瓶 1 升的酒能倒 27 杯（1.25 盎司一杯）（见表 10—4）。一场普通规格的招待会中，平均每位客人消费三杯酒。

表 10—4 　　　　　　　　　　　每瓶酒倒出的杯数

		1 盎司/杯	1.25 盎司/杯	1.5 盎司/杯
1 升装	33.8 盎司	33 杯	27 杯	22 杯
750 毫升装	25.3 盎司	25 杯	20 杯	16 杯

葡萄酒

所有高端品牌的葡萄酒都是 750 毫升或 1.5 升装的。

750 毫升装 ＝ 5 盎司一杯倒 5 杯

1.5 升装 ＝ 5 盎司一杯倒 10 杯

一场普通规格的招待会中，平均每位客人饮用三杯酒。假定 50% 的客人点的是葡萄酒，每 100 名客人应准备 30 瓶 750 毫升装的葡萄酒。香槟酒应以细长的玻璃杯品用，而不是传统的"冰淇淋杯"，因为细长杯装的酒同空气接触面积小，所以气泡不会消散那么快，以避免失去味道（见图 10—1）。

香槟杯　　　　冰淇淋杯

图 10—1　细长杯和冰淇淋杯

▷ 多功能接待室

多功能接待室可供参加者在会议之外交流。多功能接待室通常很晚才开放，比如在晚上 10 点后，偶尔也会 24 小时开放。

有些多功能接待室设置了各式酒水齐全的吧台，有的只提供啤酒和葡萄酒。有的接待室提供多种食品，有的则只有零食，有的则会提供甜品和特色咖啡。接待室应考虑给出席完开幕晚会的客人提供更多食物。

多功能接待室通常设在住宿层的某个套房中，一般由客房服务员负责并售卖餐饮。有的接待室则设在一个公共功能室内，既售卖餐饮又提供餐饮服务。

多功能接待室的主办方可能是活动资助机构及其分会、参展商、没有参展的公司、联合协会或者正在竞选组织方某一职位的竞选人。

另外要记住的一点就是，不同州和国家针对饮酒的法规都不同，一定要注意核查具体所在地的相关法律。

举例

在拉斯韦加斯和新奥尔良，可以全天 24 小时卖酒。

在加利福尼亚，凌晨 2 点到早上 8 点不能卖酒。

在亚特兰大，只有周日中午之后才允许卖酒。

在某些州，周日全天不得卖酒。

无论在哪里，以下四种行为基本都属于非法的：

● 卖酒给未成年人；

● 卖酒给已经醉酒的人；

● 在法律许可的时间外卖酒；

● 没有相应执照而卖酒。

执照分为现场售酒执照、外卖酒执照、啤酒销售执照和葡萄酒销售执照。执照仅限于在授权范围内使用。比如，即使一家酒店有销售烈酒执照，也不能在街对面的公园卖酒。餐饮招待者需要取得一个特别暂时许可。

准备自己带酒到活动举办地的组织者，一定要核查当地法律，并准备好向服务人员支付开瓶费。

▷ 房　间

会议室布置

会议室的布置方式非常重要。会议室如何布置会影响服务流程、食物和酒水消耗量，甚至影响客人的情绪。气氛对一次聚餐的成败至关重要，因而需要决定一顿饭是欧式早餐还是正餐（见图 10—2）。

会议室布置（room setup）涉及桌、椅、装饰物和其他一些设施，如可移动桌台、演讲台和教学设备的摆放。策划者同宴会布置管理人员准确交流对会场布置的

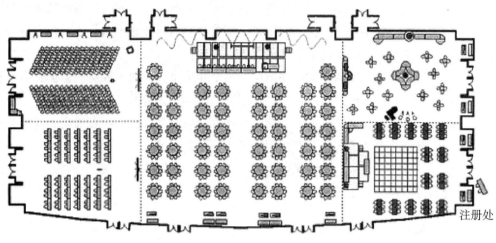

注册处

图 10—2　会议室布置样图

设想是必不可少的，此种交流可以通过宴会清单和会议室布置软件来完成。这些程序可以帮助人们在会议室布置中规划桌椅和其他设施的摆放。会议室布置软件演示可以在以下网站免费下载：

- Meeting Matrix：http：//www. meetingmatrix. com
- Optimum Settings：http：//www. ceosoft. com
- Room Viewer：http：//www. timesaversoftware. com

会议室租金

会议室能免费使用吗？这会因场馆而不同。如果活动是住宿会议的一部分，同酒店协商免去租金就更容易。餐饮活动即使不过夜，组织者也很少需要为活动场所支付租金，要明白此时活动是由酒店的餐饮部而不是销售部承接负责的。确切地说，酒店将会为会议室设置一个最低消费。组织者可能不得不花 50 000 美元才能为活动订到宴会厅，这意味着客人享用了非常好的饮食。不过活动场馆以及场外场馆的租金，是根据酒店建立的收费/盈利模式确定的。大部分场外场馆都会收费，有的收取租金，有的向每位客人收取入场费，还有一些两种费用都会收取，并且还会另外加上餐饮和服务费用。采用何种收费方式几乎总取决于活动的规模和盈利前景。任何问题都是可以协商的。在一些场馆，如果将在此举行大型或盈利空间较大的活动，酒店可能愿意商议免除会议室租金，这主要取决于场馆。如果活动是住宿会议的一部分，有时酒店不收租金。

　　通道　通道让人们无须挤过一张张坐椅，无须打扰端坐的客人，便能在会议室四处活动。坐位区和食物及酒水区之间的通道是一种缓冲空间。桌子之间以及围绕食物和酒水台的通道至少应有 36 英寸宽（3 英尺），但最好是 48 英寸宽。同样，会议室四周的通道也要有 3 英尺宽。贯穿于会议室的交叉型通道宽度则应达到 6 英尺。组织者要与当地消防局长联系，以获知当地消防相关规章。20 世纪 80 年代拉斯韦加斯的大酒店发生过几起火灾，从此以后任何 200 人以上的活动场地安排，都要经过当地消防局长的检查和许可。

餐桌　假定使用 20×20 英寸的标准餐椅，使用方形餐桌时为每位客人预留 10 平方英尺的活动空间，使用圆形餐桌时为每位客人预留 12.5 平方英尺的活动空间（见表 10—5）。

在计算人均活动空间时，别忘了减去家具占用的面积。大部分多功能接待室都有大型沙发、可移动桌台、植物、装饰物、柱子、登记台等。同理，保证每位客人在舞池有 3 平方英尺的活动空间。此外，永远别忘了核查当地的消防条例。

表 10—5		空间要求	
餐桌空间要求			
圆桌	60 英寸圆桌	直径 5 英尺	环坐 8 人
	72 英寸圆桌	直径 6 英尺	环坐 10 人
	66 英寸圆桌	直径 5.5 英尺	坐 8～10 人
方桌	6 英尺长	30 英寸宽	坐 6 人
	8 英尺长	30 英寸宽	坐 8 人
学校或教室的桌子	6 或 8 英尺长	18 或 24 英寸宽	
半月形桌子	圆桌的一半		
曲形桌	圆形餐桌挖掉 1/4		
招待会空间要求			
最小（紧凑）	人均 5.5～6 平方英尺活动空间		
舒适	人均 7.5 平方英尺活动空间		
宽阔	人均 10 平方英尺以上活动空间		

服务

要求　标准做法是一位酒保为 100 名客人提供服务。如果客人同时拥了进来，或者不愿让客人排长队，可以每 50 位或 75 位客人配一位酒保，但这样可能要加收服务费。

服务至关重要。顶级的食物也会被糟糕的服务毁掉。餐饮服务的等级从一名服务员照顾 8 位客人到 40 位客人不等。多数酒店员工指导手册规定这一比例为 1：32，但大部分会议组织者期待的是 1：20 或 1：16 的配比，这样就有可能由服务员斟酒或提供法式服务。

老练的会议组织者会就以下几点同酒店协商：

通常：

每 2 桌以 10：1 安排服务员

每 5 桌以 8：1 安排服务员

提供斟酒或法式服务：

每 3 桌以 10：2 安排服务员

每 2 桌以 8：1 安排服务员

自助餐 1：30～1：40：

一名服务员负责 30～40 位客人

一名走动服务员负责 100～125 位客人

法式服务或俄式服务：

每轮有 8～10 名服务员

每名服务员负责 1 桌客人

每名碗碟收拣工负责 3 桌客人

监管：整个宴会厅安排一名领班，一名分区领班负责 250 位客人（每桌 10 人，共 25 桌）。

超过保证数量的准备：这一点是可商议的。为应对出现另外未受邀的客人，酒店要做好超过保证数量的准备。

超额准备量平均为保证量的 5％，但你不能只关注百分比而忽视了数量。

100 位客人：10％ 的超额准备量；

101～1 000 位客人：5％ 的超额准备量；

超过 1 000 位客人：3％ 的超额准备量。

鸡尾酒服务员　鸡尾酒服务员一次仅能端送 12～16 杯酒。将点单时间、在吧台等候的时间、找到客人并端上酒的时间都计算在内，每次端酒至少要花 15 分钟。所以每小时仅能供应 48～64 杯酒。鸡尾酒服务员一般只出现在小型聚会或贵宾聚会。

上菜时间　上菜前 15 分钟，就应调好灯光、响起钟声、播放音乐并打开大门，做好诸如此类的工作以迎接客人入席。

根据调拌方式或服务方式的不同，沙拉耗时 20～30 分钟不等；主菜从呈上桌到撤盘则花费 30～40 分钟；甜品可能需要 20～30 分钟。

常规午餐：1 小时 15 分钟。

常规晚餐：2 小时。

桌面摆设

桌面正如一个展示台——可以寄托祝愿，并表达活动主题。客人坐下后，视线主要集中于桌面，所以不能忽视桌面摆设。

餐桌中心摆饰不能妨碍桌子两边客人的视线。中心摆饰要放置得低一些，或者放在餐桌正中的透明树脂台或细长支撑物上。

全套餐具指的是餐位餐具，包括扁平餐具、瓷器和玻璃器皿。

餐桌用布指各种餐布，包括桌布、盖布、餐巾盒和餐桌裙边。

其他装饰可包括丝带、绿色植物等同宴会主题相关的物品。

举例

餐具间以花环或丝带装饰；

每套餐具配上不同颜色的餐巾；

每套餐具配上不同手法的折叠餐巾；

富有创意的餐具摆饰；

可食用摆饰，如一篮面包。

用于桌面摆设的大号支撑物可以从道具屋、服务承包商、聚会商店租借，或者由酒店或俱乐部提供。其他支撑物都不大，属于装饰小件，很多地方都能买到，比如：汽车用品专卖店、玩具和工艺品商店、园艺中心、民族食品店或外贸店、旅行社（目的地宣传画）、体育俱乐部或体育用品店、药店、军需用品店。

▷ 未来走向

- 逐渐而坚定地迈向"绿色"，并践行环保精神。
- 将更为关注浓厚/重口味饮食。
- 人们趋向于新鲜的、富有本地特色的食物。
- 干净、灵活、简洁的摆盘和高效服务成为趋势。

食物趋势

- 经典菜品重焕生机：把握住流行的脉搏，努力对常见的食物做出精致的诠释。
- 鸡肉再度流行：目前进行的"反奢侈"运动认为定量餐中鸡肉比牛肉更好。
- 少些"惊喜"：如果要缩减宴会预算，可以从营造氛围的"惊喜"活动下手。
- 对早餐做些小改动：在一些场馆，几个不同的聚会团体可以共享一场自助早餐。为节省成本，将早餐和午餐合二为一，只提供一顿早午餐也是一种趋势。
- 准备简单：组织者选择无须额外劳动力的食物或服务，像特色调味酱，个人专享服务就可以排除在外。
- 用餐时交际：用餐的重心越来越多地放在创造交流机会上，人们不再愿意坐下来花很长时间吃顿大餐。午餐更倾向于"拿上就走"的形式，或提供小吃；如今的宴会就是招待会。
- 有机装饰：桌布使用棉质而不是亚麻材质，用便宜的烛台取代月桂枝。可降解的餐盘和轻餐具现在更为常见。
- 本地生产：随着环保活动的兴起，本地产品较之前获利增多。打印好的菜单上还会注明食物原产地。
- 减少废物：人们一直关注减少各种会谈、会议和活动产生的垃圾。

资料来源：*Meetings and Conventions*，January 2010.

□小　结

食物和酒水是多数会议不可或缺的部分。精明的计划能节省很大一笔钱，因而活动策划者需要明白什么问题可以商议及如何商议。餐饮活动不仅向身体提供能量，通过提供的必要服务，还能给人留下更多的回忆。尽管大部分参加者出席会议的目的不在于餐饮活动，但之后问到会议时，他们通常称赞（或者抱怨）的是餐饮。因此，餐饮活动可为整个会议奠定基调，并给人留下可促成未来商机的美好回忆。不管是对组织者而言还是对每位参与的客人来说都是如此。

□关键词

现场餐台（action station）	自助餐（buffet）
开瓶费（corkage）	美式服务（American service）
管家式服务（butler service）	保证（guarantee）
提供餐饮的活动（catered event）	会议室布置（room setup）
预置餐饮（on-premise catering）	损耗（attrition）

□复习及问题讨论

1. 策划中央厨房配送餐饮活动时，组织者首先要做什么？请列出五种聚会并分别简要介绍。

2. 请说明家庭式/英式服务同盘式/美式服务的不同。

3. 什么是决定参会团体预定食物量的最重要因素？

4. 活动的第一个小时，平均每位客人能够食用多少开胃餐点？

5. 烈酒有哪三种？

6. 什么是多功能接待室？有哪三种类型？

7. 一场活动中影响会议室布置的重要方面有哪些？

8. 在酒店进行的餐饮活动，如果不包含住宿，由哪个部门负责预订？

9. 为什么一定不能忽视桌面布置？

□本章作者简介

佩里·林奇（Perry Lynch），2006年进入佛罗里达中心大学的罗森酒店管理学院任教，之前在万豪酒店从事餐饮和会议服务长达23年。

本章更早版本的作者：帕蒂·J. 肖克（Patti J. Shock），内华达大学拉斯韦加斯分校哈拉酒店管理学院旅游和会议管理系主任。

第 11 章

会展领域的法律问题

学习目标

- 组织者和供应商协商要点
- 风险管理的概念和风险控制手段
- 税务
- 劳动法
- 知识产权的概念和涉及展会的知识产权问题
- 职业道德及其在展会的独特运用

▷ 引　言

　　无论我们承认与否，如今人们热衷于诉讼已成为社会风气。法律事宜日益重要，在会展领域尤为如此。身为会议策划者和组织者，几乎每项工作都会涉及法律领域或法律问题。数量众多的合同已经成为每个活动的组成部分，并且合同也变得越来越复杂：每个人都感觉很难读懂合同！无论是买方（会议组织者）还是供应商（酒店、目的地管理公司、餐饮承办者等），都要进行协商。我们必须将各种风险考虑在内，如不可抗力、人身伤害和工作失误等。同时还必须关注影响活动举办方式、用工、娱乐的国家法律、州法律和地方法律。本章深入研究了许多此类问题，并对这一重要领域进行分析。请谨记，本章内容不能取代有代理案件资质的会展方面专业律师的咨询。

▷ 协　商

协商（negotiation）是指会议组织者和酒店代表（或者其他供应商）达成一致意见的过程，双方就会议，展览或活动之前、期间和之后规定彼此关系的条款达成一致。

尽管很多人认为协商的目的是创造一个双赢局面，即每一方对最后结果都感到满意，但可能从实际角度来看并非如此，为协商做了更好准备，并且对其他人的需求了解充分的一方才是真正的赢家。从这点来说，一般情况下酒店代表比展会组织者更占优势，因为和组织者对酒店业或拟合作酒店的了解相比，酒店自身通常对组织者更为了解。可以说有多少谈判者，就有多少种谈判策略，我们在此给谈判者提供几点技巧：

● **做好功课**。针对多种谈判结果，制定一个行动计划，并将所有的需求和想法排出先后顺序。为了做好这一点，首先应竭尽所能了解对方的情况。

● **向理想结果靠拢**。要一直牢记期待的谈判结果。

● **将物品故意落在谈判桌上**。这样你便有借口重新回到谈判桌进行协商。

● **不要先报价**。让对方先出价，这样能为谈判设定参考值。

● **可以虚张声势，但不能说谎**。

● **遇到障碍的时候，应寻求更有创造性的路径解决**。"打破常规"的思考常常有助于问题的解决。

● **时机最重要**。请记住不能把握时机的人往往会失败，90％的协商都是在最后10％的时间里才达成一致意向。

● **倾听、倾听、再倾听……切勿带着情绪谈判**。陷入情绪化的一方在协商中很难分清什么结果才是重要的。

在商定会议合同或者协议时，明智的做法是记住几点基本规则。尽管好的协商会造就"双赢"局面，彼此互相提供某些让步，但协商中真正的"赢家"经常是做了最充分的准备或讨价还价筹码占优势的一方。以下几点基本规则有助于协商会议合同时占有优势：

● **带着计划走进谈判场**。资深的谈判者能知晓对方的底线，明白哪些才是对方真正需要的，哪些提议是为达成一个相互妥协的结果对方可能会放弃的。

● **协商合同时，总有其他场地和服务商可供备选**。如果对方得知你还有合适的备选场地等待完成交易，那么你的谈判筹码就会有所增加。

● **做事彻底**。所有协商的内容都要在合同中载明，如果主合同提到附件，不要害怕使用附件帮你协商。若有必要，你可以起草自己的合同。

● **不要臆断任何事情**。会议行业人员变动频繁，口头上的保证或要求往往很轻易地被遗忘或误解，因此在谈判时要保持谨慎的态度。

- **规定明确**。举个例子，"食物和酒水价格将会在 12～18 个月前得以确定"，这样的表述不可取，应把时间制定得详细具体，如"食物和酒水的价格将在会议开始前的 12 个月内得到确定（或协商）"。

- **要当心那种听起来能接受实际上却含义不明的语句**。比如，"暂定首个选择"是什么意思？诸如"合理的"、"预期的"、"计划的"词汇应避免使用，因为不同的人对这些词有不同的理解。

- **对于合同上预先印好的内容或对方给出的提议也要三思后再决定**。任何内容都有待协商。

- **查看合同附属条款**。比如，发生事故或伤害后，关于疏忽方赔偿责任的承担方式，法律语言大有差异。

- **寻找合同规定的互惠性**。例如，若合同的免责条款仅保护一方当事人的权益，则最好不要在上面签字，因为这样的规定应该对双方都适用。从来不要给一方某种单边权利，比如说规定无须会议主办方同意，酒店可自行调整会议室位置。

除了适用于所有合同协商的基本规则，还应掌握一些针对酒店合同谈判的特别规则：

- 请记住会议合同给酒店带来了"一揽子"资金。要从酒店整体的财务效益出发（包括会议室费用、食物和酒水等的总体收益），给会议组织者分配部分利益。

- 请不要签下这种合同：如会议室费用这样的合同主要标的有待以后协商。未来价格的设置常常是当前"门市价"的一定比例，或以当下价格为基础预设一个增幅，同时也可以在市场下行时降价，尽管这不太可能发生。另外，合同上要载明确定最终价格的具体时间。例如，若尚未确定，合同中可以表明会议室费用包括一定的增幅，具体为当时门店价的一定百分比，或在团体价的基础上每年增加 5%，上述两者以较低额为准。

- 详细说明特殊房间价格并表明是否可升级，如为工作人员和发言者准备的房间。还应指出这些特殊房间是否符合免费房的标准，并对标准作出详细说明。

- 根据首封促销邮件的时间，会议室和多功能厅至少应在会议开始前 6～9 个月分配好，不过在合同中指明时间的方式更可取。未经会议主办方同意，不允许更改已分配好的会议室。

- 不要同意任何在合同或其后的附件中没有清楚说明的修改。如果要签订附件，请参照合同内容进行修改，保证其服从合同约定；如果附件与合同一起签署，要确认合同提及附件。一定要保证所有文件都经双方授权的代理人签署。

酒店合同中各主体的名称最容易被忽视，但是它们又有重要的作用。虽然会议主办方的名称会在合同中列明（独立组织者一般由组织方的代理人签字，或由该组织方的授权代表签字），但几乎所有酒店都仅仅在合同中列上酒店招牌上的名称，如"喜来登波士顿酒店"。

事实上酒店招牌上的名称只是商标——即隶属于实际所有人或管理公司的商

标。当今的酒店行业里，某一全国特许经营连锁酒店可能实际是由一家会议组织者从未耳闻过的公司经营。比如说，作为美国最大酒店管理公司之一的美国洲际酒店与度假村集团，就管理着300多家连锁品牌酒店，包括：万豪、假日、希尔顿、喜来登和雷迪森。因而如果合同一方为洲际集团，却在名称中仅仅提及"盖瑟斯堡万豪酒店"，组织者可能永远也不知道真正的缔约方是美国洲际酒店与度假村集团。

每份会议合同都应包括以下条款，它们通常是作为引言部分出现：

"本合同由如下各方（企业正式法定名）签署于（日期），（国别）（公司）（合伙企业）以（酒店名称）的名义经营，主要营业地为（合同当事人的地址，不是酒店地址）；（会议组织者名称），是一家主要营业地为（会议组织者地址）的（国别）（公司）（合伙企业）。"

客房销售构成酒店的主要收益，所以一般而言酒店都最关注客房部门。

食物和酒水供应也是重要的收益来源，但不是所有聚会都能带来同等的收益，只有"恰当的"宴会才有价值。举例而言，供100名客人享用的正餐在收益和利润方面给酒店带来的价值要胜于给100名客人提供茶歇或欧式早餐。

酒店凭经验可以知道，比之那些也许会到酒店外更为昂贵的餐厅享用美食的与会者，某几类会议参加者很可能愿意在酒店提供的餐饮上多花钱（餐厅、服务等）。酒店还可以凭借经验估计出不会出席或提早退房的与会者的人数。参加者提前退房离开和预约未到都会减损酒店的预期收益。

会议组织者若想同酒店协商成功，组织者应做到：

● 明白会议作为酒店可能感兴趣的一笔业务，其相应的优势和劣势："这笔业务值多少钱？"

● 搞清楚一家酒店怎样评估业务。

● 了解酒店运营的竞争市场——例如，它的优势、劣势和市场占有模式。

● 通过详细信息和会议历史记录，展示出会议最好的一面。酒店可能通过对会议所涉行业，或组织者所代表的行业的感知来评估会议，尤其是酒店没有接待过的会议。因此通过向酒店提供尽可能多的会议历史信息，会议组织者可以消除对会议的任何负面观感，展示正面形象。尤为有用的是以下相关信息：会议室和随后房间使用情况、客房总体花费、食物和酒水开支、设备租金、辅助服务费，如娱乐活动或电影花费。

● 许多酒店经营者，特别是该行业从业经验丰富者，总结出一个会议谈判的简单准则："时间、价格和场所，三者只能得其二。"举例而言，这个准则告诉我们，组织者能订下满意的会议时间和场所，但可能不得不在价格上做出让步。实际上，除了会议场所、价格和会议时间，可供协商的内容还有很多。合同涉及的内容都应考虑在内，如免费房比例、截止时间、截止时间后的价格、损耗和取消条款、会议室或展览场地租金、员工价格、豪华车服务、视听费用、贵宾赠品、泊车费、食物和酒水条款。简而言之，酒店（供货方）合同中任何问题都能协商。同样，其他任何卖方或供应商合同中，也有许多有待协商的条款。

● 为达成一个公平的、双方均可接受的合同，协商双方一般都要有所让步，需要决定在哪些方面会议组织者可以变通。例如，假如组织者了解到会议的空间与房间的比例高于惯例，组织者可以通过调整计划，向对方的工作提供帮助：不再要求酒店 24 小时"保留"会议室或多功能场所，以便酒店售出这些场所的空闲时间。拒绝变通的组织者不太可能得到最好结果。为更好配合酒店入住模式，调整会议参加者抵达和离开酒店的时间，这样做也能促使谈判顺利。尤其在首选的会议时间恰逢酒店客房需求高峰时，提前或推后会议时间一周或更久还能节省开支。

要了解酒店是如何应对会议协商的，组织者首先应该了解酒店的基本情况。以下是一些常见的重要信息：

● 酒店的位置——是不是临近机场、市中心或在会议中心附近？

● 酒店的类型——是设有高尔夫球场、网球场和其他设施的度假酒店，还是拥有众多会议场所的会议酒店，或者是会议设施有限的小酒店？

但还有些重要信息并非显而易见，并且可能随着一年不同时段而变化。比如说，了解酒店客源中散客业务（客源为个体商人或游客）和团体接待的组成是相当重要的；团体业务方面，有价值的信息是企业、政府和协会各自的业务量。还有一点也很重要，就是要知道酒店如何认定"旺季"和"淡季"，当酒店房间需求量位于年度最高点和最低点时就出现了以上情况。这一信息的重要性体现在有助于组织者获悉酒店在协商过程中的定位，还能帮助组织者设计出让酒店满意的提议。

季节性波动可能受外部因素驱动而产生，如酒店所在城市举行的活动。例如，见多识广的组织者知道新奥尔良狂欢节或城市爵士音乐节（在 4 月末和 5 月初）期间很难订到房间，因为此时酒店愿意以更高的价格把房间出售给散客游人而非团体。春假期间，加州棕榈泉的很多酒店的房间预订相当火爆，此时很难拿到理想的会议房间价格。

大部分客人入住和离开酒店的模式也是组织者需要了解的主要信息。例如，在拉斯韦加斯一般很难预订到酒店的周末会议房间，因为大量散客会选择在此地度周末。接待大量散客的酒店可能在周五或周六晚上迎来客流高峰，而商务游客不在此列。一项全国性的调查表明，一些知名酒店的入住率周日晚上最低，周三则达到最高。

尽管酒店有多个盈利源，并且近来对"成本中心"的研究经验愈加丰富，但是目前来看，酒店收入的主要来源仍然是客房收益。一项产业研究报告指出，从整体来看，酒店 67％以上的收益来源于客房。

同时来自客房的收益还能保证盈利，73％以上的客房收益作为毛利润可突破"收支平衡点"。这一利润数据没有将以下开支计算在内：市场费用、工程费用、一般行政费用，或任何同债务还本付息相关的项目开支，如抵押贷款和保险。

酒店以多种方式设置客房价格，比如客房的公告价或所谓的**门市价**（rack

rates）。首先，酒店希望投资得到回报。但由于所有酒店将近 50％的房间都是以低于门市价售出的，酒店将基于若干供需因素，包括一年中所处时段（作为需求函数）来调整实际客房的价格。

当今大部分酒店接受了**产出管理**（yield management）理念，产出管理也称为收益管理，这一理念最早由航运业倡导提出。根据这种方法，酒店可根据特定时间的实际情况和客房需求预期，每天进行客房价格调整。但产出管理的理念可能会对会议组织者产生一些负面影响，比如说组织者想要提前 15～18 个月预订房间，随着会期临近他可能会发现，整体客房利用率低于酒店预期，所以酒店为增加收益推出了特价活动，结果房间价格甚至比会议组织方提前预订的价格还要低。虽然很多酒店不愿接受，但禁止这一做法的合同条款，或给那些最终没有以较低价格预订到客房的组织者补贴，有助于会议组织者接受产出管理的经营方法。

▷ 合　同

在大部分情况下，会议、代表大会、贸易展会的合同及与此类活动相关的辅助服务合同，包括各自的陈述都缺少特性，不能反映双方协商的总体情况。不过考虑到会议组织者和酒店销售代表一般都没受过合同相关的法律培训，这也是可以理解的。

合同的定义是："两个或更多人所达成的协议，其中创设了做……特定的事情的义务。"（*Black's Law Dictionary*（6th ed.），1990，p. 322）

一份合同不一定被冠以合同的名称，也可以称为协议、协议书、谅解备忘录，有时还可能是意向书或提议。名称并不重要，重要的是内容。比如说，一份名为"提议"的文件规定了会议细节，并包含了合同应具备的法律要素，该文件经双方签字后就是具有法律效力的合同。

一份合同的基本要素有：

● 一方的要约。

● 对要约的承诺。典型做法是通过签字。

● 对价（即经双方协商并为协议履行所支付的价格）。对价一般需要在货币条款中载明，但不必非要如此——例如，相互承诺也通常被视为有效合同的对价。

要约可通过下列某一方式先于承诺终止效力：

● 在某个特定的时间后失效（如"要约仅在 24 小时内有效"，24 小时后，另一方便因要约失效而不能再接受要约）。

● 在一个合理期间后失效。

● 经要约人明确撤销后失效。但此种情况下，撤销一定要以有效的方式通知给受要约人。

受要约人拒绝要约或发出反要约都使最初的要约效力终止，但对要约加以其他要求则不视为拒绝要约。例如，若一个人这样回应要约"我接受要约，但有以下补充"，这不是真正的承诺，而是发出反要约，在此情况下要约人就需要考虑接受还是拒绝。

一般酒店提出的会议合同建议都会有规定的承诺期。要约通常会以"暂定首个选择"或类似的语句表达。鉴于会议组织方为这一"选择"无须支付或承诺任何东西，此种表达事实上只是有待会议组织者明确承诺的合同要约而已。酒店方无须为规定期间保持选项或要约有效承担任何法律义务。

在会议行业，酒店、场馆或卖方通常是要约人——也就是说，初步协商后，一般由它们向组织者提交书面协议建议。会议组织者因而是受要约人，但他们常常会发出反要约。

为了让要约被接受，承诺必须清晰、无歧义，且同要约条款保持一致。同要约表述有任何不一致的都不能称作承诺，而是要约人若想达成有效合同，就必须接受的反要约。

受要约人的承诺一定要以与要约人发出要约同样的形式作出。也就是说，如果要约采用书面形式，承诺也一定要以书面形式。受要约人的沉默不视为对要约的承诺，并且要约人不能强加给对方有这样规定的协议：若到指定时间受要约人没有回应，合同视为成立。

上文已指出，对价就是经双方协商并为协议履行所支付的价格。对价一般指为对方承诺做某事所付的钱，如向承诺提供客房、会议空间以及食物和酒水的酒店支付资金。另外，对价也可以是物物交换下彼此承诺的交换。

对价必须在法律上具备"充分性"，这不是从钱的角度来讲，而是从以下这一立场出发：行为或回应的承诺都应要么使许诺人受益，要么令承诺人受损。交换是否符合公平性在法律上是不相干的；因此法律不关心一方当事人是否较对方所收到的"支付过多"。一方当事人无须做出积极的承诺或支付一笔钱；比如，容忍，不行使某项合法的权利，也可以被视为合同的对价。

还有一点很重要，合法的对价要求双方当事人的承诺必须在法律上是可行的。比如实施某件违法行为的承诺就不是对价，因为法律禁止此种行为。

尽管具有法律效力的合同不必一定要以书面形式表现，但最好还是签订书面文件，因为这样可以尽量避免对协议条款的分歧。《反欺诈法》规定，某些合同一定要采用书面形式才具有法律效力。这一法规最早于 1677 年在英国通过，目前普遍地以各种形式存在于美国各个州的法律中。唯一的例外是以《拿破仑法典》为基础形成法律的路易斯安那州。

必须采用书面形式的合同包括不动产买卖或租赁合同，以及在协议订立一年后才履行的合同。后者包括为一年后举行的会议或其他活动签订的合同。前者也可能是会议合同，因为会议协议可以解释为组织者"租用"酒店空间。法律要求这些合同采用书面形式是因为这类合同被认为比"普通"合同更重要。

一份有效的书面合同必须包含当事人的身份、标的物的确认或详述、合同期限以及对价声明。一般对价可能表达得不那么明显，可以规定合同是在"双方在此确认收讫并充分确认具有良好且有价值的对价"的基础上达成的。

一份书面合同通常受所谓"口头"证据或"整体"解释规则的制约。因此，在意图以书面合同作为双方当事人权利和义务完整和最终的表达时，之前的口头表达、书面协商、协议或与合同签订同时做出的口头协定，都不能拿到法庭上来解释合同。很多合同都有通常被称作"完整协议"的条款，来规定这一书面文件构成双方的完整协议，并取代之前所有口头或书面的协商或协议。

口头证据

口头证据（parol evidence）（或口头协议证据）适用于有限的情况，特别是仅从书面语言看可能存疑的情形。一般法院会很大程度上根据一方当事人准备的书面文件来解释合同；如果打印和手写文件的字或句出现矛盾，以后者为准。

许多合同，尤其是会议合同，都会在签合同时或合同签订一段时间后补充附件。一旦附件条款和合同条款出现差异，一般以附件为准，通常在附件中明确规定如果出现差异，以附件为准会更好。

会议策划和执行过程中都可能涉及若干合同的协商，其中主要是同酒店或展会场馆方签订的协议，同时这也可能是最重要的类型。但也会签订多个涵盖大量辅助服务的协议，比如会涉及临时用工、安保、视听设备、目的地管理（例如，游览和本地运输）、娱乐、户外食物和酒水、参展商服务或装饰以及住房服务机构。还可能要与像旅行社、航空公司和车辆租赁公司这样的运输服务供应商协商以达成协议。

酒店方提供的损耗、取消和终止条款时常让人困惑。如果没有认真起草，会议组织方想取消预订或对方因为某些原因改变主意时，这些条款会给他们带来大麻烦（以及很大代价）。

人员损耗

人员损耗（attrition）条款（有时也称为绩效或浮动条款）规定了会议组织者在未能完全按合同规定使用预订房间时，应当支付给酒店的赔偿。多数酒店将合同中的房间预订视为会议组织方的承诺，该承诺应以规定的房间数量和天数完成。但当在某种程度上基于合同语言表明房间是由个人而非会议组织者预订的情况下，法院可裁决会议组织者的房间预订并不代表其承诺。

良好的人员损耗条款应包括以下规定，截止到会议前某一特定时间（如 6～12 个月），组织者能以特定比例（比如，10%～20%）减少房间预订而不必承担赔偿责任。其后，只有在组织者的入住没能达到调整后（而非最初）房间预订的规定百分比（如 85％～90％）时，才需要赔偿。入住情况应以累计的房间间夜统计，而不是一夜一计。

因为酒店有时会给大众提供部分推广促销优惠，此时房间价格会比会议参加者享受的价格还低，所以计算会议房间使用情况时要以所有出席人数，而不是所付价格为准，这一点是很重要的。对酒店和会议组织者而言，这样可能会增加额外的工作量，但最终有助于组织者节省开支，特别是在出席会议的人数少于预期的情况下。例如，会议合同可以有类似下文的表述：

> 会议团体应以参加者所用的房间，而不是所付的价格或订房途径来统计使用情况。酒店应该同会议团体合作以确认参加者身份，并向会议团体免费提供此类帮助。

在这样的规定下，主办方可以将会议人员登记名单交给酒店，并要求酒店按照名单确定哪些客人当时入住了房间。还有一个替代方案，让酒店将入住客人的名单交给会议团体，由会议团体来完成核对，但这个方案往往会被酒店拒绝。

因未履行订房承诺而引发的赔偿应具体到多少美元，而不是像"预期房间收益"这样的模糊数据，后一种表达方式可能给酒店一个谋利的机会，它们可能会把如电话、室内电影等诸如此类项目的预计开支也计算在内。具体的赔偿金应当以酒店损失的利润，而非损失的收益为基础。以客房来说，行业平均利润率是 75％～80％，所以为一间客房支付的赔偿金应不超过团体所订一间客房价格的 80％。食物和酒水的业界标准利润率是 25％～30％。无论如何，一旦酒店能将房间再售出，组织者就无须支付因未履行订房承诺而引发的赔偿；合同应对酒店加以具体规定，要求酒店尽力将房间再售出，并尽可能要求酒店首先出售该组织预订的房间。

损耗条款有时在合同讨论会议房间租金的部分出现，合同会规定如果没有使用预订房间，会议房间的租金会以特定的浮动费率来计算。如果损耗条款已经同会议房间租金一起表述，就不应在合同别的地方提及，否则会导致双重收费。为说清楚这一点，应该加上语句明确说明：在预订房间没有完全使用的情况下，房间租金是唯一要付的费用。

有些会议组织者曾尝试添加一个本质上与损耗条款相对的条款。这种条款可能规定，如果会议团体实际用房超过预订房间某一具体百分比（通常与损耗百分比相同），鉴于大于预期的参加人数会带给酒店额外收益，酒店要向组织者的账户打入一笔钱。但酒店通常不愿意加上这样一个条款，虽然会议组织者辩称这个条款不过是作为未使用预订房间损耗赔偿的相对条款。

取消

这一条款规定，若会议因某些非取消或终止条款列明的原因而取消，组织者应向酒店支付赔偿。在酒店提供的协议中，取消条款多半是单方的，规定如果会议组织者取消会议，要向酒店支付赔偿。而起草的标准协议则应规定任何一方（包括酒店）若无正当理由取消合同，都应向对方赔偿。但正如前文所述，有些合同起草者认为在酒店取消合同的情形下不应有赔偿，因为组织者仅仅向酒店支付了用来买断协议的定金。

组织者因违背取消条款而付给酒店的赔偿应具体到多少美元（而不是某个百分比），并应当以酒店损失的利润而非损失的收益为基础。如果涉及酒店损失的收益，要明确以年度特定时段标准入住情况，而不是以酒店容纳量计算损失的销售额。如果酒店将房间再售出，就没有必要向其支付赔偿。尽管许多合同起草者追求规定的相互性，但是对酒店取消合同的情况下支付特定赔偿依然存在不同意见。有些人认为这一赔偿很重要；其他人则指出组织方仅付给酒店预先约定的一笔钱来"买断"一笔交易，而事实上这笔钱可能并不能反映酒店取消合同时带给会议组织者的真正损失。

会议组织者无权自行在另一家酒店或其他城市预订会议；对酒店而言，不应接受更为赚钱的会议预订来取代已经签约的会议。但在以下情况下会议组织者应有权无须支付赔偿而取消合同：酒店所有权、管理权或所属品牌发生变更时，会议规模扩大而酒店不能适应时，酒店的质量评级（如由美国汽车协会或《美孚旅游指南》做出的）发生变动时，因各种原因在该酒店举行会议变得不适宜或不切实际时。不过最后一条的原因应包括所谓的抵制情形，也就是某个团体因为州议会的一项举措而拒绝在特定地方举行会议。举例而言，因主办城市政府控告作为展会主要参展商的枪支制造商，大型射击用品展览会的主办方取消了该活动。

在某些情况下，只要在会议前确定的时间内（如两到三年）取消合同，组织者就无须支付赔偿，这是因为酒店有充足的时间将房间再售出去。

因合同取消而引发的赔偿有时会以浮动比例计算，取消时间距会期越近，赔偿越高。赔偿要以违约赔偿金或取消费的形式，而不能以罚金的形式，这是因为法律一般不认可惩罚性规定。同人员损耗条款规定的赔偿一样，取消赔偿也应具体到多少美元，而不应以房间收益计算（这样能避免缴纳营业税），并应在酒店未能将房间再售出时才支付。

终止

不可抗力（force majeure）条款或**天灾**（Act of God）条款允许任何一方在出现双方都不能控制的情形，并因此不可能履行协议规定的义务时终止合同，这种情况下无须支付任何赔偿。通常包括罢工、恶劣气候、交通障碍等情况。这一条款有时也会包括取消条款中所讨论的"不适宜或不切实际"的情形。但许多酒店竭力限制违法或不可能情况下终止条款的使用，所以通常需要进行一些协商。

术语示例

组织者无须支付罚金或赔偿金便能取消会议，如果：

a. 所有权、管理权或所属品牌（也常称"标志"）发生变动；

b. 会议规模变大或会议规模大幅缩减以致酒店不再适合；

c. 酒店在之前某个会议（如，同酒店签订长期合同的同一公司的活动）中表现得令人失望；

d. 由美国汽车协会或《美孚旅游指南》做出的酒店质量评级下降。

不同酒店提供给组织者的合同通常不同，甚至同一连锁品牌下的酒店拿出的合同都差别很大。一些差别可以归因于某些"连锁"酒店由不同的外部主体管理，制作标准化合同不那么容易，但通常情况下这是由于连锁酒店本身不注重会议缔约过程而导致的差异。有些酒店一度抵制制定"标准"合同，它们认为所有会议彼此不同，因此一个合同不能"适合所有情况"。不过最近多数连锁酒店开始采用或考虑使用标准协议，尽管有些条款会有多个选项供销售代表选择。

鉴于酒店提供的合同差别颇多，对于组织者而言就算经验丰富通常也很轻易就会忽视合同的关键部分，许多会议组织者正制定自己的标准合同。尽管多数会议组织者可能不了解聘请一位能干的律师准备此类文件的费用，但同对酒店提供的每份合同检查所花的时间（以及由此产生的花费）相比，无论此检查是由法律顾问、会议组织者还是其他员工进行，相比较而言依然聘是请律师花费最低。

组织者建立自己的合同有助于保证全部特别需要能够得到满足，并能将因误读协议条款而引发后续法律问题的可能性降到最小。

争议解决

无论一份合同起草得多么仔细，当事人之间仍可能存在争议，要么是因为双方就自身权利和义务无法达成一致意见，要么是因为一方当事人实际履行少于承诺。这些争论很少涉及有先例的法律问题；当事人更关注对事实的评价和对合同条文的理解。出现这些分歧时，当事人通常更倾向于以务实的方式私下非正式地解决，以期保持长久的业务关系。

但有些情况下这样的解决方案行不通。此时受损失的一方有以下三个选择：忽略达成解决方案的可能性并把问题放在一边、去法院起诉，或者通过其他方式解决纠纷。

打官司可能是个昂贵且耗时的选择，法院满满的案件登记表会使案件耽搁几个月，有些案件甚至几年才会出判决结果。同时律师费增长迅速，涉及密集的审判前程序的案件费用更高。若法院所在地位置较远，一方当事人可能还要额外支出交通费用。另外，法院要对案件进行登记备案，这还可能潜在导致对自身不利的公众关注。

因此仲裁作为一种争端解决方式备受欢迎。仲裁的定义为"由选定的一人或多人听取双方当事人的意见，并最终做出裁决的一种解决争议的方法"。

根据美国仲裁协会的执行准则，仲裁追求快速、实用及便宜的解决方案。与此同时，仲裁还是一种有序的程序，它遵循由法律规定的程序规则和行为准则。仲裁中任何一方都可以请律师，但审判前程序会减到最少。如果合同中双方选择仲裁作为争端解决机制的程序，双方通常也会同意裁决结果具有约束力；也就是说，当事人不能再向法院上诉。合同中也应该指明仲裁所在地。仲裁案件一般不会进行登记备案，所以全部过程都能保证不公开。

尽管仲裁开始的登记费一般比较高，与到法院起诉的费用相比可以说相当高了，但整个仲裁过程花费通常会低很多。这是因为仲裁没有密集的审判前程序，并且一般不需要甚至禁止律师作为当事人的代理人参与到仲裁中。仲裁的缺点是一些人认为仲裁员经常在争议中"妥协"，寻求一个公平的解决方案，无法遵循法规的明文规定。

如果当事人选择仲裁来解决争议，一定要在分歧发生前进行，并且会议合同中应载明仲裁使用的语言，还应包括进行仲裁的地点。如果没有选择仲裁，合同要讲清楚打官司时适用哪个州的法律（如会议举办地或会议组织方所在地）。

按照美国司法系统的规定，法院诉讼或仲裁程序的当事人要自己承担律师费，除非协议规定胜诉方有权让败诉方承担律师费和诉讼费。

最后，一份好的合同应该写明在一方违约的情形下，另一方应得到的赔偿。这样能避免让法官或仲裁员掌控所有裁决，并且能给争端裁定者留出判断是否有违约行为发生的空间。典型的赔偿是以违约赔偿金表述的；即当事人双方提前同意的发生违约后支付的赔偿。法院通常都不会支持给违约一方加以惩罚的条款，所以不应使用惩罚性条款。例如，拉斯韦加斯的一家酒店承办了一场会议，但会议组织者没有支付酒店提交的 57 000 美元会议总账单。在多次向会议组织者催收账款的努力都以失败告终后，酒店决定要求各参加者按比例分担总账单。此举给参会者带来了许多困扰并招来大量负面的媒体报道，酒店之后不得不改变策略，重新向会议组织者催收账款。

▷ 风险管理

何谓风险及风险管理

所有的会议都有风险。风险是遭受损失或危害的可能性，风险管理则是评估、分析、减轻、控制风险的过程。风险解释"是什么"，而风险管理回答"怎样做"。这里所用的风险是一个概括性术语，包括由因规模和影响不同而各自定义的日常事件或突发事件、灾难、危机和灾祸引发的损失或危害。

试想，一个要在室外举办的展会，在场馆搭建期因为暴雨导致搭建工作难以完成或展会无法举行。这就是一个风险的例子。一个聪明的展会策划者会如何应对呢？如果已经提前租好帐篷可以陈列展品，这样展会也能如期举行。这些工作就是风险管理。

风险管理分为这几个阶段：

1. 准备阶段（评价和分析）

2. 减轻阶段

3. 应对阶段

4. 恢复阶段

上文提及的室外展会的例子能用来简单快速地说明风险管理的各个阶段。

1. **准备阶段**：展会主办方要在准备阶段就对可能的风险进行评价和分析。有待评价的风险可能并不单单包括下雨（和其他恶劣气候），还包括意外伤害、暴力、航班延误（阻碍参展商或参加者到达目的地）等。在分析这些风险时，展会主办方要研究每种风险出现的可能性以及其引发的后果。主办方也许会认为航班延误比下雨发生的概率要小，所以会更关注应对降雨的方法。

2. **减轻阶段**：在减轻阶段，主办方要努力找出自己能够为降低下雨的可能性做些什么，还要尝试减轻降雨对展会的影响。在意识到后者更易控制后，主办方可能会联系帐篷租赁公司在一旁待命（或者在经费允许的情况下租好帐篷），与备用的室内场馆签约，购买活动取消险以防展会因下雨取消，并仔细关注展会前几天的天气预报。

3. **应对阶段**：风险应对的棘手问题就是要弄清风险何时发生以及怎样应对风险。假如活动开始两天前的天气预报是展会当天有 60％的下雨概率，组织方此时要实施应对计划吗？是实施计划中的租赁帐篷方案还是仅仅提醒参展商展会可能发生变动？如果等到展会当天早上，组织者还有足够的时间来实施应对计划吗？这些问题的答案实际上取决于活动的规模和范围，以及应对计划本身。

4. **恢复阶段**：风险所引发的损失或危害包括财物、人员或其他无形的方面，如对主办方或组织者的声望造成的损害。就这个室外展会的例子而言，恢复阶段可能仅仅包括向最终未能参加的参展商或参会者退还费用，或向保险公司填报理赔申请单。但如果遭遇到全面爆发的灾害或危机，恢复阶段就会重要得多，且需要更长时间。

虽然人们已经认识到风险管理的重要性，但调查显示只有不到一半的会展组织者有合适的风险管理计划。没有风险应对计划的原因主要包括：没有时间或缺少员工、所在的组织没有此项要求、缺少资金以及没有建立风险应对计划的知识。

风险管理如何影响会议或活动

风险管理不是组织者要做的其他相关工作，而是会议规划过程的一部分，它会对大量会议和活动后勤工作的决策造成影响。例如，会议主办方可能不会在飓风季节选择海边作为展会举办地，组织者可能选择一家安保工作做得更加完备的场馆等。

风险应对和减轻　对风险进行评价和分析也能帮助组织者决定应该采取哪种措施以减轻风险。一些常见的风险减轻措施包括：

● 合同——合同签订在会议或活动举办之前，合同能减轻风险是因为它能缩减责任范围，或将责任转嫁给责任方承担，或明确规定未能如约履行时可能的赔偿费用（如人员损耗或取消赔偿）。

● 保险——保险对风险的减轻作用体现在它能将部分财产损失转移给保险公司。会议组织者明白作为保险费的交换，保险公司会承担符合相应保险政策的损失或赔偿的索赔。

● 安保——雇用保安保障人身安全或监控财物是减轻人身伤害或财产损失风险的一种方式。

应对　会议和活动组织者主要关注风险管理的准备和减轻阶段。换言之，组织者要负责决定可能面对哪些风险、这些风险会怎样影响会议或活动，并负责实施降低这一风险发生可能以及发生后影响的措施。然而，不是每件事都在组织者的控制之内。

一旦一个风险对会议或活动发生不利影响，尽管有最完备的计划，组织者还需设有一个风险小组准备应对。根据所发生风险的性质，应对工作可能只是向参加者发送一个程序变动通知，也可能需要帮助协调应急疏散工作并向伤员提供急救服务。简单的应对工作，组织者的风险小组就能胜任；而复杂的应对工作很可能需要各种应对紧急情况的专业人员：灭火的消防员、疏散拥堵人群恢复秩序的警察、提供急救的医疗人员。应对工作必须适合已发生的风险。

恢复　风险恢复同样取决于所发生风险的性质。拿我们一直提及的例子来说，如果雨下得很大，导致室外展会必须取消，那么恢复工作包括展会主办方就所遭受的损失进行保险索赔，以及主办方为平息媒体批评、安抚观众或参展商所做的努力，这样组织方才能从财务和公共关系两方面挺过来。

● 工伤赔偿（workers' compensation）险在所有州都属于强制险。工作期间受伤的员工是此种保险的涵盖范围。多数州允许雇主为员工投保，或从私人公司购买保险，除此之外还有几个州（如内华达州）要求雇主只能通过州保险基金这种途径购买这种保险。如果一个组织在内华达州举办会议并雇用临时员工为会议提供服务，就会导致这种问题的产生。为解决此问题，主办方就只有使用独立合同雇用临时员工或通过临时机构雇用一些人。

● 公众责任险（CGL）是同房屋保险类似的商业保险。这一险种为主办方承保人员伤害和损失（包括偷窃）或被保险人以及其他人的财物损害。尽管这些保单旨在承保"所有风险"，但时常有各种除外条款，所以仔细研究保单承保范围十分重要。

很多这样的保单都没有说清楚是否为在主办方营业场所之外举办的活动承保，如会议、代表大会和展会。如果保单没有涵盖此类活动，应修改保单使这些活动在承保范围内或争取到额外的保险。此外，很多综合险在没有特别修正的情况下，不承担由酒类供应造成的责任。除非有特别注明，体育活动，如募捐长跑可能也不在承保范围内。另外重要的一点就是要确认保单明确提及并承担的合同责任，如会议合同可能引发的责任。

审查所有的公众责任险保单时，还有一点要注意的是酒精提供者的责任。如果主办方在活动中供应酒精饮品，一名客人在活动现场喝醉并在开车回家途中发生交通事故时，主办方很可能要承担被起诉的风险。华盛顿一家公司就因此而遭到起诉，因为该公司在外面为员工举办了一场假日聚会。

组织者应对保单中被保险人的定义进行审查，将承保范围从主办方自身扩大到主办方员工、志愿者相当重要。一般情况下酒店或会议中心会要求将自己加入保单中的"附加被保险人"，做出这些改动对于推销保单的保险经纪人而言其实很简单。

保险能支付多少赔偿金也是组织者所关心的问题。数百万美元的赔偿金在责任纠纷中相当常见，但典型的综合责任险赔偿金额最多为 100 万～200 万美元。如果还投保了其他保险，相对就取得了一个"伞状"保单，这样就能获得 200 万～1 000万美元的赔偿。

● 协会职业责任险（APL）为主办方及其高管、董事、员工和志愿者工作时引发的个人责任承保。这一险种比传统的董事及高管责任险承保范围大，将主办方及为其工作的所有人视为一个整体。

与其他险种不同，由不同保险公司制定的 APL 保单差别很大，主办方可能发现某家保险公司并不涉及像反垄断或名誉保护等一些领域。因此需要拿到几家公司的保单样本和保险费价目表做参考，从中评估选择出最适合的公司，不过报价最低的保单不一定总是最佳的。

APL 保单一般不为主办方承保 CGL 保单已经承保的责任。为降低 APL 的保险费，一些保险商正竭力将 APL 同公众责任险整合到一起设计 APL 保单，不过 APL 的保险费一般还是比普通商业保险高得多。

● 活动取消险（event cancellation）是一个为无法预见的情况承担的专业险种，如劳动纠纷、恶劣气候或会议场馆毁损。特定主持人或表演嘉宾失约不一定包含在承保范围内。这一险种的保单通常包括主办方在会议期间使用的个人财物（如电脑和其他设备）或会议现场收款减少及被盗。活动取消险一般不包括其他既有的个人财物或主办方携带钱财的损失，它不是旨在全额赔偿个人财物和收款损失。

尽管出于各种原因多数保单只会为无法预见的情况而不会为出席人数减少承保，组织者仍应设法让出席人数减少与整个活动取消的情况都列入承保范围。许多保单把会议主办方采取的所谓补救措施列入在内，比如空调制冷系统发生故障时购买的风扇。此外一些承保主办方大型会议的保单还会自动承保相关的小型会议（如总收入预算少于 50 000 美元的）。小型会议的保险期在大型会议的保险期限内。这类保单同样不会为第三方承担责任。

展商险的保单规定了针对参展商造成的损害主办方能得到的赔偿。另外，这类保单的保险范围一般包括主办方举办展会所引发的损失或危害。多数保单还提供主办方酒精责任保险。保险公司以每位展商 50 美元计算此种保险的费用，至少为 500 美元。如果所有的参展商都是大公司，并且展商合同中约定由主办方负责赔偿因展商过失引发的损害，可能就没有必要投保此类保险。

▷《美国残障法案》

联邦立法认定歧视残障或未能给残障提供"合理的便利设施"是违法的。这一立法理念促使了 1990 年《美国残障法案》（ADA）的通过，ADA 要求公共设施的所有者和经营者为各类残障提供合理的便利设施。**残障**（disability）是指"对一个人主要的生活活动有实质性限制的身体或精神损害"。残障人士包括靠轮椅活动的人、有视力缺陷的人、有听力障碍的人、食物摄取受限的人以及"隐性残障"，即那些患有癌症、癫痫或其他症状不明显的人士。2008 年《美国残障法案》于 2009 年 1 月 1 日生效；近些年残障认定标准及对"合理的便利设施"的解释都较之前明显宽泛。

以下是 ADA 申明的立法目的[①]：

1. 为消除对残障的歧视而提供一个明确且全面的国家指令；

2. 为消除对残障的歧视而提供清晰、有力、持久且可行的标准；

3. 为确保联邦政府在为残障推行标准时起到关键作用；

4. 援引国会授权的权力，包括强制推行第十四修正案并规范商业活动，以解决残障人士每天要面对的主要领域的歧视。

ADA 对会议组织者和主办方也同样适用。他们必须做到以下几点：（1）判断参会者残障的程度；（2）在不增加参会者费用的情况下，尽力做出合理调整以适应这些参会者的特殊需要。我们如今能看到的就是，登记表上会有询问参会者是否有某些特殊需要的部分。最常见的情况之一同饮食需求有关，比如有人患有乳糖不耐症（不能喝牛奶或食用乳制品）。如果程度还没有到影响这些参会者生命机能的地步，组织者不必向这些参会者提供代乳食品。另外以患听力障碍的参会者为例，组织者必须提供一位手语翻译人员。听障人士可以在课堂或重要的会议上看到手语翻译员。对那些有视力障碍的参会者，组织者可能要另外提供各文件的大字号版或盲

---

① The Americans with Disabilities Act of 1990，Titles I and V，The U. S. Equal Employment Opportunity Commission；ADA Amendments Act of 2008（P. L. 110-325）.

文版。未能向参会者提供便利设施可能会招致诉讼和罚款。此外，不仅残障参会者有便利设施的需求，残障员工也要享有同样的待遇。

组织者必须意识到 ADA 的影响力，并确保所使用的全部设施都符合 ADA 标准要求。组织者还应确认他们的活动和项目都满足这一法案的指导方针。但是，一定要认识到这一法案仅适用于在美国所举行的活动和会议。加拿大没有同 ADA 类似的法规，并且加拿大的很多设施不符合这一法案所确立的标准。残障人士对无障碍和便利环境的要求随着国家的差异明显不同。

ADA 相关问题处理指南

一般分类：

员工培训：

● 礼仪

● 语言

● 角色扮演

为残障人士表明身份和申请便利设施创造机会：

● 会员申请

● 会议登记

● 认证程序申请

为盲人和视力障碍者提供便利：

● 技术定位

● 流动专科医生

● 盲文地图

● 抄写员或朗读员

为聋人或听力障碍者提供便利：

● 技术

● 中继服务

● TDD/TTY

● 电子邮件

● 字幕

● 手语翻译员

● 董事会和委员会

以替代媒介提供会议备忘录和文件：

● 盲文版

● 文本文件

● 电子邮件

投票：

- 视觉信号
- 听觉信号
- 提供聊天室或为电话会议提供设备
- 为进入社交功能区提供便利

会议组织方要考虑的其他工作：

- 至少要安排一名员工作为残障人士便利设施的联络人。联络人应同场馆方合作，让残障人士都以同一种形式而不是其他形式表明自己的身份。
- 将可以在会议现场为残障人士提供支持服务的供应商列个清单。
- 会议或活动登记表应留出空间供残障人士注明身份并提出便利要求。
- 住房登记表也应留出空间供残障人士注明身份并提出便利要求。
- 确认你的会议预算包括残障人士便利设施。至少 7％～10％的预算应被分配到残障人士的便利设施上。

▷ 知识产权

知识产权是创作者对包括文学、戏剧、音乐、艺术和其他特定形式智力成果的"原创作品"享有的权利。许多会议和展会将音乐作为活动特色，音乐的表现形式包括歌手现场演奏、播放录制好的 CD。音乐可以作为背景音乐（比如在鸡尾酒招待会上）或作为开场焦点吸引人们的注意（如在宴会或音乐会上）。参展商以及主办方都可能在展会上播放音乐。

一定要记住最重要的一点，无论音乐以何种形式提供，依照《美国版权法》，音乐都是在被"演奏"。并且根据许多法院判例，组织活动的实体被认为在控制"音乐演奏"，即使此种"控制"意味着只是雇一支管弦乐队，并没有告知乐队演奏什么。唯一公认不受这一"演奏"规则支配的情形是：在家里通过单点接收装置（收音机或电视）播放的音乐。

美国作曲家、作家与出版商协会（ASCAP）和广播音乐联合会（BMI）都是会员制组织，它们代表的版权人拥有在美国完成的所有音乐作品的版权的近 95％。ASCAP 和 BMI 通过向"演奏"版权音乐的一方收取授权费而存在，收取对象包括无线电台、零售店、酒店和承办会议及展览的主办方。美国最高法院 1979 年作出的一份判决，特别授权给 ASCAP 和 BMI 有违标准反垄断法原则的有限责任豁免。这一判决帮助这两个组织发展出一系列有关各行业使用现场演奏或录制好的音乐的"一揽子"版权许可协议。

20 世纪 80 年代末，通过与大型展会主办方（如国际会展管理人协会和美国社团管理者协会）协商，ASCAP 和 BMI 为会议、代表会、贸易展览和展会发展出特

殊的许可协议和收费模式。这些特殊的许可协议代替了之前的协议，之前的协议约
定由酒店为他们在酒店举办的会议支付版权许可费。尽管严格依据法律来说，这种
协商好的协议在 1994 年末已经失效，ASCAP 和 BMI 现在每年为协议延期一次，
且许可费也略有上涨。ASCAP 和 BMI 现行的音乐版权许可协议的模板可从 AS-
CAP 网站 http：//www. ascap. com，或者 BMI 网站 http：//www. bmi. com 获得。
根据法院判例，ASCAP 和 BMI 不得与个别会议主办方签订其他的授权协议，因此
所有会议都要签订同样的版权许可协议，并不会为满足某个特别会议的需要而修改
此协议。若没有签订该协议——这种主办方必须与 ASCAP 和 BMI 签订协议，不然
会议或贸易展览的主办方可能会因侵权面临高额花费和令人尴尬的起诉。

　　根据美国版权法，主办方请乐手演奏音乐或请代理机构或酒店提供获 ASCAP
和 BMI 版权许可的乐手表演都不能算履行了其版权义务。对活动主办方而言，版
权许可是必不可少的。

　　Jibbitz 公司是著名鞋子生产商卡洛驰（Crocs）公司的官方固定配件生产商，Jibbitz
作为参展商参加了美国 WSA 鞋展。展会上，该公司参展员工注意到有一家其他的参展商
正展出卡洛驰公司的固定配件。因为 Jibbitz 公司是这种配件的唯一官方供货商，它向这
家参展商提起商标侵权诉讼，Jibbitz 公司最终获赔 5 600 万美元。

录音或录像

　　会议主办方常想为某些演讲者或节目录音/录像，这样可以将音像产品售卖给
没能出席会议的原定参加者或存档。

　　演讲者或节目参与者从习惯法来讲，对自己的展示享有版权利益，并且未经展
示者书面同意，法律禁止主办方出售其展示的音像或录像品。许多职业演说家也要
售书或售卖自己的演说记录，他们一般会拒绝会议主办方提出的记录要求。

　　请每位演讲内容被记录的演讲者签一份版权放弃书，即一份声明发言者的演讲
将会被记录，并允许主办方售卖相关记录品的简单文件，这样主办方就能取得书面
许可。如果请影音设备公司进行记录时，这类公司一般会提供版权放弃书样本。

▷ 劳动问题

　　为会议和展览所做的现场准备工作通常颇为耗时，并需要临时工或兼职人员为
行政或其他工作提供支持。因此主办方有必要了解联邦劳工法对这些情况的要求。

　　《公平劳动标准法案》（FLSA）从 1938 年开始实行，如今该法案因规定了相当
多工作者的最低工资而为人所知。FLSA 另一个重要的条款，也是常被人误解的一

条是，规定了所有拿最低工资的工作者的加班工资必须为"正常"工资的 1.5 倍，除非法律对此有特别规定。

雇主对 FLSA 关于加班工作的条款有很多常见的误解，包括以下几点，请注意这几点都是不正确的：

- 只有小时工（不是那些有固定薪金的工作者）才有资格获得加班工资。
- 可以给员工提供补休来替代支付加班工资。
- 加班工资仅需要支付给那些提前被许可一周工作超过 40 个小时的工人。

多年来，美国劳工部的规定和法院判决先例逐步让这一点变得明确，即使征得雇员同意，在另一工作周提供补休也不能取代加班工资。根据美国劳工部的规定，所谓"补休"只有在一种情况下才合法，即补休与超时工作在同一周，或者补休在同一工资结算期内的另一周，并且补休时段的工资足以抵消加班工资（即同等时间且 1.5 倍工资）。

最常见的违反 FLSA 加班工资规定的情况可能同补休有关，并且此类违规时常发生。这是因为很多雇员，特别是接受薪金的雇员，为了会见预约的医生、进行假日消费或简单的放松调整，更愿意在自己方便的时间休假。假如一名非豁免员工为一场会议连续工作很久，之后他会有补休以补偿加班，此种情况也时常使用补偿性休假，但却是违法的。

加班工资不只限于提前认可超时工作的情况。法律规定得很清楚，只要员工一周工作超过 40 小时，或被要求为加班待命，即使没有提前特别允许超时工作，也必须支付加班工资。因此，若一名非豁免员工为在会议前期完成所有相关工作安排而超时工作，那么必须要向其支付加班工资。

加班工资不仅限于薪金相对低的员工或以小时付费的雇员。FLSA 规定，除属于法律特别规定的豁免类薪水制的雇员，所有员工都享有加班工资。最为常见的豁免就是专业人员、经理和行政员工所属的所谓白领豁免。

为判断一名员工是否属于某种豁免雇员之列，应该仔细研究 FLSA 并小心运用相关法规和解释。这里的说明只是一个简单的概述。最为重要的一点是要记住豁免仅适用于实际工作内容满足定义要求的员工，职位名称在判断一名员工是否属豁免类上毫无意义。

- 专业豁免仅适用于那些掌握了仅能通过高等教育获得技能的雇员。一般限于律师、内科医生、建筑师和一些工程师。雇主偏好甚至要求某些员工要有高等学历，但这些员工并不能被豁免加班工资，除非他们实际执行的工作要求这样一个学历，如法律总顾问。
- 管理赦免仅适用于主要进行管理工作并通常管理两名或更多全职雇员（或者同等的兼职时间）的员工。所以在此分类下，职称为"经理"但仅管理一名行政助理或秘书的员工并不能被豁免加班工资。
- 尽管行政豁免可能适用于未能归为其他两种白领赦免的员工，但它可能是最难理解的。根据美国劳工部规定，行政职员就是主要从事非体力劳动（如办公室工作），且工作同管理策略直接相关的员工，他们通常能在工作中作出自由决定和独立判断。该规定清楚地说明了行政助理不是加班工资豁免类员工，这只是因为其能自由决定诸如采购哪些办公用品或怎样进行会议登记的事项，这类决定仅仅被视为对既定管理策略的执行。

对所有的雇主来说，了解哪些员工属于加班工资豁免类和哪些不属于是很重要的。尤其需要重视以下这种情况：员工要在距城镇偏远的场馆长时间工作，他们需全力投入其中，帮助完成一个庞大的项目。如果对加班有任何疑问，主办方应与有能力的人力资源专员或经验丰富的法律顾问一起讨论相关职位描述。

▷ 会展职业道德

本章前面的部分讨论了法律问题，组织者可以向法律顾问寻求帮助以解决此类问题。会展行业还有很多其他或许合法但却可能引发道德质疑的问题、举措或活动。《韦氏新国际词典》（1972）将道德定义为"（1）对行为标准和道德判断的研究；（2）道德哲学，是指哲学家、宗教、团体、职业等的道德体系或道德规范"。道德指引我们的个人生活和职业生涯。此外，随着安然公司、英克隆公司、玛莎·斯图尔特等丑闻的爆出，道德问题逐渐走到台前。今天的晚间新闻和报纸头版都充斥着道德的字眼。会展行业，究其本质而言，为不道德的行为或做法提供了大量机会。

威廉·布朗（William Brown）在 *Convene*（June 1998，July 1998，September 1998）上刊载的一系列文章指出，在道德方面"错事怎样做都会错"。他接着强调了从三个层次上协调道德的重要性——自身、人际关系和职业方面。一个人如何回应道德方面的问题取决于其自身和文化背景，在某一团体或社会中道德的行为可能在其他地方被认为不道德。一个人是对朋友衷心还是对雇主忠诚，这是会展行业面临的又一个道德考量。道德问题和个人行为对包括会展在内的所有行业都很重要。

▷ 供应商关系

许多组织者认为供应商纯粹为了赚钱，他们对争取项目签约起不到任何作用。有些组织者认为供应商或卖方的承诺很完美，但可能实际上并不能如约履行。尽管供应商未能完全实现其承诺，或对自身实力夸夸其谈可能不违法，但这可能是不道德的。而从另一方面来说，很多供应商或卖方认为会议主办方在预计未来要使用的酒店房间数和食物与酒水消耗量时倾向于夸大其词。这同样也是一个道德问题。解决这些问题的方案就是所有事情都以书面记录为准，最好以合同的方式。

即使签有合同，买方（组织者或主办方）和卖方（卖主，供应商）也应尽可能地以包容、坦率、诚实的态度处理彼此关系。一个未以信任为基础建立的关系，是脆弱不堪的。此外，要更加注重关系营销，因为诚实且有道德的行为能带动未来合作。

还有一个道德问题同智力成果的所有和使用相关。目的地管理公司经常抱怨会议组织者向太多供应商提交方案征求书，因而它们要花相当多的时间、精力和金钱开发出创造性的想法和项目，以争取组织者的业务。然而，许多情况下是组织者会采用某家DMC的创意，却请另一家实施或可能由组织者自己实施。这样做合法吗？答案是肯定的。这样做道德吗？答案是否定的。

供应商要考虑的另一个问题是礼物赠送。DMC员工或销售代表能够接受供应商或卖方的礼物和优待吗？如果接受礼物，是不是对销售人员来说就背负了一定义务，要在交易中偏向卖方以作为回报？道德行为和非道德行为的边界在哪里？是不是可以接受一份圣诞礼物，但接受球赛门票就不那么合适了？

另一个道德问题与所谓的考察团旅行或体验旅行有关。目的地公司负责该项旅行的全部开销，它们期待体验旅行能吸引潜在客户并给自己带来业务。但假如组织者或主办方受邀参加一个到某一目的地的体验旅行，但他并不打算在那个目的地举行展会怎么办？如果组织者接受邀请，是不是就隐隐意味着要为场馆方带来商机？尽管没有同场馆方交易的意图却也接受旅行邀请完全没有什么法律问题，但这样道德吗？

大型展会的组织者或主办方因其在经济和社会方面对展会的影响力而有强大势力和权力。他可能基于自身的这种权力要求特别考虑或好处。如在协商房间价格、餐饮费用和招待服务时，为会议团体运用这种影响力道德吗？组织者或主办方索取仅由其个人受益的好处道德吗？组织者收取供应商或团体给的个人好处是道德的行为吗？

会展行业充斥着有关道德问题和质疑的案例。每个人都需要遵循自身的道德准则，并且很多行业协会也已经发展出自己的道德规范，要求成员必须遵守。高等院校已经认识到研究道德问题的需要，并针对这一主题开设了一些课程。本章对道德的讨论并不是全面的论述，只是为了让读者认识到道德问题在会展行业的学习中是一个重要方面。

▷ 未来走向

- 法律问题和判例保持因地域差异而不同——即使在同一国家。
- 随着发展中国家发展到一定阶段，法律问题将会愈加复杂。
- 协商中哪方占上风，是组织者还是供应商，这取决于经济形势。经济良好时需求旺盛，供应商占优势；经济衰落时占上风的是主办方或买方。

●人员损耗罚金也会随着经济形势而变动：经济良好时人员损耗罚金高，经济衰落时罚金相对较低。

●随着 APEX 的努力，会展行业的合同也会更加标准化，这一点同其他行业的趋势一样。

●不过仍然需要有能力的法律顾问的建议：对主办方和供应商都是如此。

□小 结

法律问题在会展行业正变得日益重要，本章旨在让读者注意到没有讨论到的问题，同时读者也可以参考其他专门针对展会法律研究的书籍。同时希望读者了解一些相关问题，如谈判、合同、用工和知识产权。在此提醒读者适当的时候一定要咨询法律顾问。

□关键词

《美国残障法案》（ADA）　　　　　口头证据（parol evidence）

门市价（rack rates）　　　　　　　广播音乐联合会（BMI）

协会职业责任险（APL）　　　　　　日期，费用，场地（dates，rates，space）

公众责任险（CGL）　　　　　　　　不可抗力，天灾（force majeure，act of god）

美国作曲家、作家与出版商协会　　　产出管理（yield management）

　（ASCAP）　　　　　　　　　　协商（negotiation）

合同（contract）　　　　　　　　　版权（copyright）

人员损耗（attrition）

□复习及问题讨论

1. 讨论在协商过程中各方要注意什么。
2. 请给合同下定义。
3. 关于合同要了解哪些重要法律？
4. 讨论合同谈判。
5. 请对人员损耗进行讨论。
6. 活动取消和活动终止有什么差别？

□本章作者简介

蒂拉·希利亚德（Tyra Hilliard），亚拉巴马大学酒店管理系副教授，主要研究方向为餐饮、酒店与会议管理项目。她还是会议和活动法律与风险管理领域的律师和法律顾问。

蒂拉在会议行业相当活跃，她不仅是 CIC APEX 合同小组的主任，还是很多会议行业委员会的成员。她在 PCMA 教育基金会举行的专业成就晚宴中被评为 2009 年度荣誉教育家。蒂拉不但在美国举行的会议上非常活跃，还为加拿大、墨西哥、丹麦、德国、西班牙、土耳其、卡塔尔、中国和新加坡的多国受众开展教育和培训项目。她具有丰富的旅游和酒店管理职业经历，包括担任协会会议组织者、餐饮经理和会议促进局的销售经理，这些行业经验让她以独特的视角处理会议和活动管理中的法律和商业事务。

本章更早版本的作者：詹姆斯·M. 戈德堡（James M. Goldberg），华盛顿戈德堡联合律师事务所主任。

第 12 章

技术与会议行业

学习目标

- 当今技术对于会议行业的影响
- 支撑会议营销与通信的新技术
- 应用于服务产业的关键性技术术语
- 研究行业信息最好的门户网站
- 社交媒体对于会议行业的影响

▷ 引　言

　　在过去四年，技术领域的发展方式由自上而下转变为自下而上。在展会活动中，传播信息的不仅仅是举办者，还有众多参与者。博客（blog）、推特（twitter）、大会维基（convention wiki）和脸书（facebook）等工具使信息传递发生了天翻地覆的变化。

　　会议策划者担心虚拟通信工具的发展会使虚拟会议完全取代真实会议。但众多专家认为这并不会发生，因为人类需要面对面的交流，因此至少在目前，虚拟活动不会取代国内会议。而新技术的作用主要是突破会场或展厅的空间界限，使更多的联系得以实现。

　　那么虚拟通信工具的发展与普及对于当今的活动策划者意味着什么呢？很明显，在活动筹办过程中，尤其是在吸引年轻的参与者时，如果策划者不运用新的通信工具便很难成功。因此，对于技术的基本认识与场所选择、食品和饮料准备以及酒店安排这些基础技能一样重要。

上述这些新兴工具都在会议行业中得到运用，但同时依旧存在大量更成熟的技术应用，这些应用对于当今的策划者而言仍然举足轻重。与之前相比，当今的策划者更需要了解所有可运用的工具，即使不深究其他原因，单是识别团队交流最佳工具这一点就足以解释这一需求，还记得对于团队成员必须了解的内容吗？他们是谁？他们为何在此？

对于众多技术应用（包括成熟技术及新兴技术），本章将向读者说明何种技术正在影响会议行业，又是如何确保会议成功举办的。

▷ 活动或会议举办前

对于熟谙技术的会议专业人士来说，在活动的研究、推广与组织过程中，可运用的工具数量大大增加。但即使是在技术运用于行业的初始阶段，仍可以说技术应用在活动的整个生命周期中都有重大的作用。而今，从桌面应用程序到虚拟场址选择，更别提无处不在的基于网站的营销工具，策划者可以在众多技术应用中做出选择，以确保活动的顺利开展。

虚拟选址与研究

线上需求建议书　随着万维网的发展，20 世纪 90 年代中后期开发了线上需求建议书发布工具，这是最早的行业技术工具之一，在会议促进局网站、酒店网站以及第三方策划网站得到运用。这一工具便于策划者发布高效的线上需求建议书（RFP），以使酒店了解即将举行的会议信息。尽管这一工具已由收费变为免费，其宗旨未曾改变：方便策划者输入格式化信息，网站则负责将这些信息传播给潜在的举办城市与酒店。

但因为没有统一的标准，每份需求建议书会有细微的差别，这就需要策划者花费时间输入所需信息。同时，策划者还需要在各种媒介（会议促进局、酒店或第三方策划网站）中选择最佳媒介以发布会议格式化信息。

因此，为节省时间，一些策划者没有使用线上需求建议书发布工具，而是通过电邮与互联网发布会议规格信息。无论哪种方式，都可以看到技术使得策划者在发布会议要求的过程中节省了大量时间。

虚拟参观　据行业统计数据估计，超过一半的会议预约都没有经历正式的现场勘察，而且这一数字仍在增长。虽然参观酒店无法用其他方式取代，但因时间、预算限制等原因而无法进行现场勘察时，策划者可以通过网站的视频功能对酒店的设施有基本的了解。

虚拟现场参观这一概念历经演变，一开始只是涉及会议室的图片，而几年前兴起的视频参观及会议空间与客房的 360°全景参观将之推向新的高度，今后这一概念将进一步延伸并应用到对酒店整体的现场参观与虚拟房地产领域。

虚拟访问公司（Virtual Visit，http：//www.virtualvisit.ca）将带来**虚拟参观**（virtual tour）领域的新浪潮，其开发的酒店现场参观这一新型工具使得酒店方能够引导活动策划者虚拟地参观酒店中其感兴趣的区域。这个工具非常适合远程现场参观，同时也可以与传统的现场参观相结合（可通过使用平板电脑的方式）。在两者的结合下，策划者可以在现场参观时通过点击电脑界面方便快捷地了解房间的安排和容量等信息。

虚拟选址又有怎样进一步的发展呢？在第二人生（Second Life）虚拟空间建设酒店（酒店会议空间的虚拟显示与真实情况相同）如何？在这个虚拟的网络世界，策划者可以在任何时间参观了解整个酒店的情况。或许你会觉得这一想法太过疯狂，但是几年前，喜达屋酒店在第二人生虚拟空间设计中推出了新的雅乐轩（Aloft）品牌。第二人生和博客、维基一样有助于增强交流。

2009 年，拉亚公司（Layer）（www.layar.com）开发了第一个实境浏览器，用户可通过其移动终端（带有内置 GPS 和摄像头）浏览实时图像信息。不难想象，这样虚拟与现实的混合方式会极大地增加策划者在现场参观时的信息获取量。虽然这一工具仍处于测试阶段，也还未确定可以投入使用，但是作为本行业的一个聚合应用（关于这一概念后面章节会进一步介绍），它可以彻底改变策划者的工作。

会议行业信息门户网站

会议行业信息**门户网站**（portals）虽然不太美观，但极为有用，因此存续至今。总体而言，搜索引擎对于研究非常有用，而在会议行业，网络用户亦可通过简单的网上操作找到资源与工具，获取大量的行业信息。事实上，许多网站都提供大量信息，而用户往往选择（或付费订阅）无须注册便可登录的网站。

信息门户网站对酒店业的影响始于 Corbin Ball 网站。[①] 进入网站主页，点击收藏页面，浏览者可以看到近 3 000 个行业相关网站。该网站内容不时更新，并为会议行业提供大量有价值的信息。

会议促进局网站上有丰富的行业信息，为策划者筹办会议提供帮助。用户可通过网站下拉菜单获取举办城市的相关信息，无须再翻阅城市指南。

要登录各旅游局网站的唯一困难是找到其网站地址，有时网站地址很明显，但有时并非如此。在不知道旅游局网站地址的情况下，可以进入国际目的地营销协会（DMAI）网站，其前身是国际会议促进局协会（IACVB），该网站上有旅游局清单，涵盖美国与全球其他 20 个国家的旅游局。

对于策划者来说，包含上万个酒店信息的数据库是必备资源。会议行业超级网

---

① http：//www.corbinball.com.

站（www.mimegasite.com）由两个最受欢迎的行业刊物 *Meeting News* 与 *Successful Meetings* 共同管理。该网站的"工具和资源"导航栏下有酒店/设备搜索功能，由 Cvent 公司（www.cvent.com）提供赞助，Cvent 是会议行业在线注册领域的中流砥柱。这一可搜索的数据库是策划者在选址过程中的必备工具。

▷ 市场营销与通信

过去几年中发生的另一场革命大大改变了策划者在市场营销与通信方面的工作。2005 年，网站开始取代传统昂贵的直邮方式，这一转变令人瞠目。而在过去的几年中，虽然网站仍然有很大的价值，但社交网络作为另一个重要工具悄然兴起，便于开展市场营销以及与客户、顾客及内部成员保持沟通。现在，实时通信已成为大众化的沟通模式，不提供实时通信的组织必将面临衰败，对于年轻受众尤其如此，因为他们的成长过程深受科技的影响，对于科技的内在价值感受颇深。

网站与战略性沟通

以往的沟通是单向的，即活动主办方发送信息给（潜在）参加者。而在过去的几年中，社交网站已经成为实时通信的代名词，活动举办过程中的沟通也开始采取双向模式。网站仍然是通信工具的重要组成部分，其功能不仅在于整合双向沟通模式，还在于以高效的形式为与会者提供关键信息。一个完善的在线活动模型应该拥有成功的社交媒体战略，并且易于找到、试用并从活动网站上实现购买。

活动门户网站

单向沟通工具仍然有重要意义，但这一点在社交媒体革命中被掩盖。现在的活动网站正如一个世纪前的会议营销手册，其作用是提供信息、引起兴趣并吸引人们注册参加会议。

当下，活动门户网站应整合双向沟通战略（例如博客、点评或者推特），但使人们能在网站上找到有关活动的所有信息更具有关键性意义。一个成功的会议网站应遵循以下核心规则：

- 便于用户以明确、简单的方式搜寻信息；
- 专注于会议的 5W（谁、什么、哪里、何时、为什么）；
- 具备销售能力（在报名表上注明付款流程）。

但是活动主办方往往没有尽早地应用网站获取信息。虽然没有明确的时间框架，但很显然，如果正在举办一个年度盛会，那么在进行今年的会议总结时便应开始发布明年的会议信息。如果参与者对会议颇为满意，为何不在他们对于活动的记忆还鲜活时吸引其注册参与下一年的会议呢？

Web 2.0 与社交媒体

网站是熟谙技术的会议专业人士开展电子营销战略的一个方面。策划者通过网站增强活动营销与沟通能力，其中当属社交网站最为热门，但它并非唯一的工具。

Web 2.0 指所有的在线工具，其关键词是互动。所有提供双向沟通模式的网站以及所有**社交媒体**（social media，其本质便是提供双向沟通）都属于 Web 2.0。对于许多人来说，Web 2.0 与社交网络这两个概念是可以互换的。

社交网站　近十年来，社交网站不断发展改善，重要性日益显著，其对于展会产业的成功发展起到了关键作用。一个有关特定主题的会议，无非是本行业的专业人士聚集在一起学习和交流的大型社交网络。

在过去的几年中，诸如 MPI 等组织通过定制的社交网站为与会者创建了非常有用的通信工具，使其无论在活动举办前、活动现场还是活动结束后，都能够相互沟通交流。除此之外，这些组织还利用各种社交媒体实现其沟通策略。因为无法得知每位参与者使用何种社交媒体，这一做法便可确保邮件传送至每一位参与者。

而相比之前，唯一的不同之处是现如今的社交网站既是在线的，也是线下面对面的。在过去十年中开发的应用使实时通信在此领域得以实现。脸书、领英和推特是社交网站三大巨头，但还有很多其他玩家。

● 脸书的活动页面、病毒式营销以及社交互动等功用使其成为会议行业通信和营销的绝佳平台。其精心设计的活动页面有助于为活动打造声势，若能得到活跃的网络社区的支持，效果更是显著（通常，策划者需要了解其组织以找出最佳方式）。在三大巨头中，脸书最为视觉化且拥有最大的网络社区，因此成为所有组织进行市场营销不可或缺的一部分。

● 推特是当今发展最快的社交网络平台，其局限是一次更新只限于 140 个字符。尽管有这样的局限性，推特仍能极大地提升活动效果。使用井号标签（♯）标注一个话题（或活动）的线索主题，在此基础上讨论组便可以交流共享信息。另外，推特的可视化功能（如 www.twitterfountain.com 或 www.visibletweets.com）在活动中应用广泛，将微博内容投影到公共区域（如注册处）的屏幕上，所有参与者都可以在此分享信息与看法。

● 领英更多地被视为业务网站而非社交网站，但它仍是一种个人社交工具。虽然它具有许多群组，却无法直接开展活动营销。领英上有众多充满活力的会议社区，高级规划师行业网络（SPIN）便是其一。

以上三大社交网络平台绝非策划者的唯一选择。一些可定制的社交网站（有些免费，有些收费）亦受到许多组织者的青睐，正如其名，可定制的社交网站能够设计布局和内容以满足特定活动的需要。

● Pathable 和 IntroNetworks 这两个收费平台是被策划者用来完善活动的社交网站。它们具有不同的接口和优势，但其作用都是作为良好的载体将实际活动与网站（包括移动网络）提供的虚拟通道相融合。

● Ning（www. ning. com）提供免费服务，使每个人都可以通过它快速便捷地创建社交网站。这一工具不仅适用于特定的活动，也可用来创建会议行业的线上社区，如 EventPeeps 和 Meetings Diva。

● MeCo（www. groups. google. com/group/meco）自 2006 年开始成为基于谷歌的社交网站。这是一个线上行业社区，拥有超过 3 000 名成员，不允许开展营销，在虚拟世界领域也有涉足（the MeCo Mansion）。

简易信息聚合（RSS） 或许当今访问网站最重要的方式是 RSS。其原理是由网站创建或收集有关特定主题的信息并将其发布为 RSS 提要。因为信息经常更新，使之具有内容常新的效果。举例来说，浏览任何推特网页时，RSS 提要的链接都位于右侧状态栏，这表明可通过 RSS 阅读任何人的推文。这一提要可以为话题网站提供基石，也便于使用者在 RSS 阅读器上进行信息搜集与阅读。

活动网站上的 RSS 提要与社交网站一样使网站具有"黏性"（网站黏性是指人们喜欢浏览或者再次访问该网站）。具有话题性 RSS 提要的网站会不断为读者提供相关信息。试想如果 Jane Planner 公司为国际小器具协会筹办会议，怎样吸引协会成员登录其网站呢？首先得确保网站上的信息真实有用，其次要保持内容不断更新，以吸引其再次访问。这就是成功的 RSS 提要需要具备的提升网站影响力的条件，即源源不断地提供更新内容，使用户愿意再次访问网站以获取有用的信息。

数百位会议专家都有博客、播客和其他可以订阅的 RSS 提要。会议行业超级网站 Megasite（www. mimegasite. com）提供了大量有关不同主题的免费文章。事实上，若无 RSS 的助力，博客与播客不可能有如此强大的影响力。

除了将 RSS 引入网站外，许多用户都能够自己阅读 RSS 提要。为此，谷歌和雅虎都提供免费或收费的个人服务，为用户定制个人主页并提供重要信息。市面上还有许多免费的 RSS 阅读器也提供相同的服务。

如果你认同"之于网页，内容为王"，便会明白没有什么比提供大量最新信息（低价甚至免费）更重要，这些信息吸引着潜在用户再次访问。而当他们再次访问时，也许只是看看会议链接，也可能想看看你的组织可以为他们提供其他什么帮助与服务。

博客 博客、微博是发布到网上的在线日志。博客（blogging）是社交网络结构中的一部分，人们在博客上写下自己的想法。Technorati（www. technorati. com）是跟踪活动博客的组织。2009 年，该组织宣称其跟踪的博客超过 1.1 亿个。就其属性而言，博客是一种双向媒介，大多数博客在发布后都允许读者加以评论或进一步展开讨论。

博客在会议营销中的作用很简单，即在筹办者与参与者之间创建对话。而其具备的评论功能使之成为绝佳的双向交流工具，便于筹办者了解参与者的想法。

通过博客可以很简单地融入社交媒体，提高网站知名度，但是很少有策划者与供应商定期维护和更新其博客。在一定程度上，这要归咎于脸书和推特的广泛使用。但无论如何，为了增强活动沟通，策划者还是应该创建并经常更新博客。

播客 快速问答：MP3 播放器是什么？一种音乐播放器；一个备份硬盘；远程教育的未来。

答案当然是以上皆是，而本文关注点是远程教育方面。维基百科对播客的定义是：发布多媒体内容（诸如音频或视频节目等）的媒介，其发布的内容可以在移动设备和电脑上播放。

Jane Planner 公司的"经理播客"设计精妙、信息丰富，只要同事们在电脑前，便可以在此开展沟通与交流。但在员工漫长的早晚通勤路上能否传播信息呢？许多组织收集整理博客内容与有用信息，据此创建播客内容，员工便可以随时随地用MP3 收听这些内容。

活动播客本质上是策划者们许多年来所做之事的延伸。上一代策划者将会议内容制成录音磁带，并将之分发或出售给不能参加会议的人。而现在运用播客的电子化记录功能可以很好地做到这一点。然而，因为人们的注意力集中时间缩短，加之网上有大量免费的播客资源，活动播客最好是作为营销工具而非营利工具。而其功能始终是使无法参加活动的人也能感知活动的影响。

视频工具病毒式营销（viral video） 你有活动的 YouTube 频道吗？如果没有，可以考虑创建一个。YouTube 取得的巨大成功显示出视频工具开展病毒式营销的强大功能。诸如 MPI 与 PCMA 等组织在 YouTube 上有几百个视频，帮助其传播信息、开展活动营销。而易于使用的摄像机，包括手机内置摄像机等工具使得视频营销深入人心。

活动维基 维基是任何人都可以进行编辑的协作式网站。维基的支柱当然是维基百科，这是我们所有人创建和维护的百科全书。在活动中亦可运用这一协作理念。事实上，一些团体已经这样做了，它们使用免费的维基创建工具（如 www.wetpaint.com）创建针对活动的维基社区。例如，美国图书馆协会（The American Library Association）多年来坚持为每一个活动创建维基，并取得巨大成功。

维基的关键理念是共享、协作，在此概念下，之前提及的定制化社交网络与谷歌文档上的共享文档亦可视为维基。

电子轰炸（E-BLASTS） 20 年以前，只要预算允许，Jane Planner 公司会发送尽可能多的直接邮件，因为潜在顾客得到越多信息就越有可能参加活动。

5～10 年之前，它将电子邮件作为开展营销的首选工具。而现在，它可以通过精心筹划的电子轰炸收获巨大的营销效果。

但是，正如前文所提，情况已经发生改变。当今，人们的生活中充斥着垃圾邮件（专家估计垃圾邮件量高达人们每日接收邮件的 85%），大量不请自来的电子邮件都具有相反的效果。因此，相比用电邮一遍遍地进行电子轰炸，Jane Planner 公司开始明智地采取一套不同的营销策略向受众宣传会议活动：

● 选择性发送。获得一个电子邮件地址并不意味着对方愿意接收邮件。事实上，真正明智的办法是先建立对话并确认接收方愿意收到邮件。如此，不仅可以确保邮件传送给想参加活动的人，还可以避免接收方将此视为垃圾邮件。

● 切勿过分。即使接收方表示愿意接收邮件，也不要盲目展开通信攻势。如果一个人或者一个组织发送过多邮件，结果必然是其发送的所有邮件都不被理会。人们每天都面临过多的信息，因此都会努力减少需要关注的信息量。所以更好的办法是偶尔发送有用的信息，而不是时不时地盲目提醒。

● WIIFM。WIIFM（What's In It For Me，对我意味着什么）即从顾客的视角看待问题。他们为什么想阅读邮件呢？如果只是一直发送关于会议的信息，感觉就像是强买强卖。电子邮件虽然有达成交易的功能，但它本质上毕竟是一个营销媒介。因此，应该使用该技术创建对话，向顾客传递重要的有价值的信息，或者向其推荐辅助办公的工具。当然，也可以告知会议的特色与优势，但这类信息需要在信任而非不断推销的环境下才更能被接受。

● 保持简洁。不要在每封电邮中长篇大论。在过去的一代，人们已习惯了以声音形式接收信息，也没有时间阅读冗长的文章。因此，尽量使信息简明易懂，短小精练，还要保证链接没有差错。

空间设计软件

高效沟通的另一个方面是策划者如何与设施共享信息，以确保自己的想法转换为设施的运作。例如，利用会议简况可以有效地创建关于何时、做什么的流程图。而使用标准的数据库，如微软办公组件（MS Office Suite）中的数据库，有助于创建专业的会议概况。

活动的一些特定方面（如主题派对、宴会或只是一些独特的设置）无法通过书面的形式开展有效沟通。在这种情况下，策划者可以使用 CAD 这一空间设计软件来促进沟通。

会议行业有许多这种类型的软件版本。它们都具备操作简单的特点，但价格与适用范围却存在差异，有些适用于会议，有些则专门为特殊活动设计。Meeting Matrix 和 Vivien 这两个软件都具备空间设计功能。

空间设计领域最新的成果是 3D 空间之旅。一旦创建了房间设置，点击按钮便可进入虚拟的 3D 之旅，图像显示与真实的房间设置完全相同。而酒店可在此基础上进一步改善，将实际图像（地毯、窗户、照明）融入 3D 之旅，在此情况下，眼前所见甚至难辨虚实。

展厅销售

技术助力活动沟通与营销还体现在协助展会经理销售展厅。传统的展厅销售主要依靠向潜在参展商发布展会招展说明书以及展厅的通用布局。

而现在，展会经理在网站上发布展厅电子图，并利用网站的互动功能与潜在参展商进行沟通交流，使其更好地了解并考虑合适的展位。这一举措的优点包括能够不断更新展厅布局（因为参展商预订展位后，展会现场示意图需要相应标注），帮助参展商找到合适的展位（视其营销策略而选择接近或远离竞争对手的展位）以及运用不同颜色标注哪些展位可供预订、哪些需要支付额外费用。

几乎所有展会都会运用一些虚拟工具促进展厅销售。展会网站还提供可下载的展会招展说明书以及对参展商有用的其他信息。

虚拟贸易展将在后文进一步讨论，其中包括实际活动如何成为与会者和参展商的在线体验。

在线注册

几年前，在讨论活动技术时，在线注册这一话题最受关注。技术应用于展会产业的一个关键性体现就是在线注册功能，这大大增强了活动的营销与沟通效果。

现在，业界大部分策划者都将在线注册视为成熟技术，但并非所有会议都进行在线注册。许多会议筹办者不愿花费时间和精力建立专业的在线注册页面，宁愿采用传统的或电子邮件的方法来办理会议注册，强制出席的内部会议更是如此。

目前策划者在建立在线注册程序时仍面临一些问题，而对许多策划者来说，数据整合是最大的问题。即使在最乐观的估计下，参与者也不可能全都使用在线服务，因此策划者在整理数据时就要努力避免错误或重复的记录。策划者需要注意的是，如果让参与者进行在线注册，需要确保在线服务数据可以正常导出到任何正在使用的工具（如 Excel 表格）上，以保证记录完善。

另外，提供在线注册方式会产生额外的支出项目，比如在线注册所需的报表。活动策划者有两种方式可解决这一问题：一是购买报表撰写服务，即付费委托专业的服务商撰写所有在线注册所需的报表；另一种更技术性的方法是学会使用在线注册撰写功能。许多组织都使用 Crystal Reports 的产品为客户生成报表。

能够提供在线注册服务的资源不胜枚举。一些行业门户网站，如 CorbinBall 的最佳收藏将会给用户提供极大的选择空间。

桌面应用程序

尽管市面上有大量行业专用软件包，微软办公组件仍然在本行业独占鳌头。会议专业人士的桌面应用程序中必备 Word，Excel，Access 和 PowerPoint，用以管理活动的方方面面。

虽然网站并非真正意义上的桌面应用程序，但在谈及办公软件时却不得不提这些工具正在向网站功能迁移。随着 2010 版办公软件（Office 2010）的发布，微软开始提供应用程序的在线访问功能。微软的这一举措可能是鉴于谷歌文档（www. docs. google. com）允许用户通过谷歌账户享受文字处理和电子表格功能，并因此取得了巨大成功。就其效用而言，应用程序向网站迁移最大的益处是使得实时共享文件（例如，谈判以达成合同或讨论会议规格）成为可能。

但是，这些通用的软件包并不能满足所有需求。许多策划者需要能够让整个组织共享信息的工具，尤其是当其所在的组织没有集中式会议部门时。与此需求相对应，业界有许多促进信息集中化的工具。

信息集中化需求的核心是扩大购买量。在一个大型组织中，筹办小型会议的策划者在谈判中处于劣势，而若这些策划者能与该组织中的其他活动策划者联合，比如汇总酒店客房需求，一起与酒店进行谈判，便能转劣势为优势。这就是第三方软件工具相比微软组件的显著优势。虽然这些第三方软件价格比较高，但它们使得不同组织可以汇总其购买需求，提供了卓越的跨组织价值。

CIC 负责会议专业认证考试（CMP），它一直致力于为行业建立可接受的行规交流。其行规交流委员会（APEX）的基本理念是建立一套行业内各方都能接受的标准，以使整个行业更高效。

APEX 技术咨询委员会已经为会议及活动策划创建了 APEX 办公程序。其中包含 Word，Excel 和 PowerPoint 的一系列模板，帮助用户标准化地管理信息，这一点充分体现了 APEX 的核心理念。

▷ 活动举办期间

如果活动主办方已经创建了理想的网站，社交网络运作良好，向潜在参与者及参展商开展了高效的沟通与营销，运用各种 Web 2.0 技术与成员保持沟通，是否就意味着已充分利用所有技术了呢？答案当然是否定的。

即便在步入会议现场前，还需要考虑如何通过技术达成会议目标。从工作安排到选择合适工具，技术在方方面面都起到巨大的作用，为活动涉及的所有人（策划者、参展商以及参与者）提供完美的会议体验。

设置基础架构

会议专业人士都深知与酒店沟通协商的重要性。而活动策划者了解活动与其目标的方方面面（包括日期、场所等），可以向酒店提供充足的信息，以达到双赢的效果。

但是，许多策划者不了解或对技术的作用存在担忧，在策划阶段便忽视了对于技术的应用，这一遗漏会导致极大的损失。熟谙技术的策划者充分了解技术对于活动的有利作用，会在策划的初始阶段便开始计划需要应用到哪些技术，并与技术提供商展开沟通协商。

策划者需要考虑有关带宽的问题，还应考虑怎样使用网络及其他技术以促进目标的达成。而熟谙技术的策划者会进一步考虑参与者会希望怎样通过技术提升会议体验。Jane Planner 公司虽然无法施行所有这些提及的技术，但它可以辨别哪一些技术对于达成所有人的目标最为关键，由此保证技术为会议的成功提供重要作用。

带宽

带宽指一定时间内一条通信线路上所能通过的信息量。带宽越大，同一时间产生、传递的信息量（如电邮发送量、社交网络站点点击量）就越大。但遗憾的是，许多酒店、会议中心没有为策划者提供足够的带宽，并且往往对带宽过度收费。

那对带宽的需求如何呢？在这方面策划者可以向信息技术专业人士寻求帮助，但前提是策划者需要了解并对现场需求有预先规划。下面列出了策划者需要用到带宽并知晓其使用量的一些方面：

- 注册网络
- 线上沟通（包含电邮访问）
- 总部办公室和新闻发布室的办公交流
- 现场展示时扬声器的互联网接入
- 实时网络会议（流式音频和视频）

因此对带宽的需求水平究竟如何呢？答案取决于对以上及一些其他问题的回答。策划者需要提前与信息技术员工或者提供现场技术支持的第三方进行沟通，以保证设施满足要求，也可通过协商使带宽使用成本达到合理水平。

有线与无线

大部分与会者都希望在酒店任何地方都能收发电子邮件。而且当会议场所位于信号较弱的地方，参与者无法使用其移动设备时，又该如何应对？

因此，主办方需提供网络服务，使参与者的电脑无论在客房还是公共区域都能接收到无线信号，另外，客房还可以提供有线网络接口。有过无线网络使用经历的人便会知道它并不是万能的，网络信号无法始终达到需要的强度。许多时候（而且通常是在最不合时宜的时候）信号都会减弱。即使是在客房，无线网络信号通常不够强，使得客人无法时时查看电邮，更不必说浏览网页了。

许多演讲者需要高速网络以保证现场展示顺利进行，如今，会展行业正在努力建立更流畅的宽带体验，无线连接成为趋势，但是策划者还是应该将硬连接作为备用，以防无线网络信号不稳定。

数字录像和流媒体

主题会议是任何年度会议或大会的关键部分。而主题演讲确立了会议的基调，是许多会议能否进行成功营销的关键影响因素。

但是有许多人无法参加会议，便希望能够收看或收听实时演讲或者留存记录。主办方可以将主题演讲以及会议其他内容制作成电子记录并发到网上，或者创建播客内容以共享或出售，使无法参加会议的人也能了解会议内容。

如果在以前的会议中没有提供过上述服务，便要注意提供这些服务需要很多额外的协调与支持，尤其是在视频内容方面。需要配备摄像机以及视频/音频技术师以确保记录材料的质量；需要让专业的公司将视频数字化使其能以电子形式传送；需要在实时直播（通常风险较大）与存留转播两种方式中做出选择；此外还需要决定这些服务是免费还是有偿提供。

策划者在处理这些问题时可借助 MAP Digital。其 Explore MetaMeetings 板块充分显示了该类型公司如何为活动提供集成技术设施。

除了技术方面，策划者还需充分了解观众希望在活动网站上获取的信息内容。将会议全程数字化记录还是只涉及会议重点，这一抉择受到观众年龄与人口统计学特征的影响。了解受众群体适用于会议策划的所有方面，包括技术方面。

是否使用网络电话

许多人会将网络电话（VolP）称为数字电话，但在指代高速网络连接下拨打和接听电话时，用网络电话更为确切。网络电话呼叫价格极为便宜，可能会取代传统电话。事实上，许多世界 500 强企业和酒店皆已将其电话设施转换为网络电话系统。

网络电话在许多方面对活动策划者产生影响。而首要前提是酒店及设施已转换到网络电话系统，这一转换或许可以降低通话费用（取决于其是否愿意共享节省的通话费用）。

策划者还可以将网络电话设为活动中通话的主要工具。只要有较强的宽带信号，便能使用网络电话。但需要注意的是，许多使用者反映网络电话在信号减弱时会中断。

一些手机制造商已经开始在其生产的手机中安装网络电话软件，例如 Skype（http：//www. skype. com）。在这种情况下，策划者与供应商可以直接在其手机上使用网络电话服务。

NFC 与 RFID

近距离无线通信（NFC）与射频识别（RFID）这两项技术是会议现场众多互动技术的核心。NFC 指近距离无线通信，是一种近距离的高频无线技术，用于特定设备间的信息交流。RFID 指射频识别，可以用来接收信号。人们对于射频识别并不陌生，在通过桥梁或隧道时可以使用该技术进行快捷付费等。这一技术还可应用于库存产品的管理，使得员工更好地跟踪产品。这两项技术在展会行业的应用主要是**互动式胸牌**（interactive nametags）。

互动式胸牌与网络设备

胸牌或许是射频识别技术应用最广的领域。无论是附在胸牌后面，还是作为胸牌装置的一部分，RFID 技术使得参与者之间，以及参与者与供应商之间达成更好的交流互动。

nTag（www. ntag. com，2009 年被联盟科技收购）研发了最高端的射频识别设备，其胸牌/装置能够帮助参与者识别感兴趣的事物。当参与者接近另一位佩戴胸牌的参与者时，两个胸牌会互相通信，显示出两位参与者的共同兴趣。

SpotMe（www. spotme. com）是另一种相类似的工具。它不是可悬挂的胸牌，而是手持式的，同样可以促进现场的互动沟通。其显著优势是具有雷达功能，参与者可以"定位"其想见的参与者，当两者距离小于 30 米时，设备会提示他们位于同一区域。

除了增强现场的互动交流之外，RFID 设备通常还具有显示节目内容、调查、即时通信等功能，同时还包含了可供参与者使用的互动工具。对于参与者来说，带有 RFID 设备的胸牌在整个活动过程中既是交流工具，也是日程表及胸牌。

如果以上这些还不足以显示 RFID 技术的重要性，基于该技术的互动式胸牌还具有两个更专注于会议的功能：

● 继续教育模块（CEU）跟踪。许多组织需要跟踪了解每个分组会议的出席率，以便为参与者提供继续教育模块（在许多行业，这些模块对于员工获得职位所需的资格认证至关重要）。每一个分组会议的参与者都携带基于 RFID 技术的标签，用于出勤自动跟踪，在此基础上为其提供适宜的继续教育模块。在医疗以及科技会议中，为参与者提供所需的继续教育模块是会议的重大价值所在。

● 互动信息中心。在较早的时候，会议信息中心主要包括一部电话、一位接收信息的雇员、软木板和图钉。而现在，基于射频识别技术的系统可以将信息中心的所有功能浓缩到一块电子板，走过电子板时，系统会显示姓名以及是否有未读信息。这相比软木板和图钉是巨大的飞跃。

前面章节中曾讨论活动前与会者的联网选择，这亦是 RFID 设备的联网优势。现如今，与会者可以通过使用这些系统充分享受会议网络带来的好处，而未来这些服务可能会完全融入个人的移动设备中。

数据采集系统

多年来，贸易展与展览会使用数据采集系统捕捉客户信息。这一过程始于展会组织者在注册阶段的询问，这有助于了解参展商认为重要的信息。而询问通常包括参与者的采购责任、参展产品的属性以及他们可能需要的服务。

收集的客户信息被编码到胸牌中，但这一过程不一定涉及射频识别技术。从20世纪90年代至今，许多组织仍在使用胸牌上的简单条码（或者是基于身份证的系统）以存储这些信息。

当观众进入展会现场与参展商进行沟通时，展会工作人员可以引导他们用数据采集装置扫描胸牌（通常参展商会在展会期间向供应商租用这一服务）。一旦刷过胸牌，相应的信息就会进入参展商携带的数据采集系统中。展览结束时，参展商可以将这些信息下载保存到电子表格或者数据表中，并在工作结束前向观众发送定制化的感谢邮件（尤其需要感谢提供潜在客户信息的观众）。

在这一过程中策划者的工作是识别并选择支持数据采集的系统或服务。参展商往往以获取的信息量判断展会是否能对其产生帮助，因此数据采集系统主要用于商业展览。但同时，这些系统还有其他应用，比如调查观众使用自动售货亭的情况。除了参展商扫描观众的胸牌，观众也可用手持设备扫描参展商展位上的信息，这样的方式往往适用于大型展会。

观众反应系统与演讲者交互

如果你曾经看过某些观众参与的游戏节目，便会关注到主持人常常会向观众询问其对于某一问题的观点。观众配备有小键盘用以快速回答问题，其答案也会被立即记录下来。这就是**观众反应系统**（Audience Response System，ARS）。

过去，对于策划者来说，安装ARS系统十分昂贵，随着技术进步，这一系统的价格大幅降低，而当今双向沟通的方式使其在许多会议中更显必要。例如，Poll Everywhere便是一种观众反应系统，除了网站外，它还采取SMS（短信）的形式收集观众反应，推特将其称为基于网站的实时投票。总体来说，ARS系统的运行机制是收集观众的反应，同时进行数据更新与公布。

Turning Point进一步简化了ARS系统，使观众征询结果可以展现到PPT中。而且除了手机，其最新产品可以在其他一些移动设备上使用。

推特也被用来增强会议期间的人员交互，与会者可以在推特上进行交流讨论，也可通过它直接向演讲者发送信息和提出问题。SMS（以短信形式向会议主持人发送信息）也使得演讲者与其听众达成更好的实时沟通。

观众反应系统便于会议组织者与演讲者得到有关参与者的实时信息，并根据这些信息定制教育课程的内容与方向。

与会者博客和推文

前文论述过博客在活动前营销中的作用。而几年前，博客进一步扩大其在活动中的应用，成为活动参与者与未参与者交流会议内容的工具。随着微博的兴起（人们可能对其最负盛名的产品推特更为熟悉），推特现在的用户超过 3 000 万人，众多组织将其作为活动中参与者沟通交流的主要工具。

会议专业人士若想促使参与者通过博客进行互动交流，可以在所有会议室和接待空间提供无线宽带连接。虽然这一举措要花费一些成本，但无线网络环境使得参与者可以在任意分会场中使用电脑，为其提供极大的便利。推特的信息量较小（140 个字符），可以在任何有浏览器的移动设备上访问，使其成为活动中参与者实时沟通的最佳选择。

但是实时互动方式可能会导致演讲者分心，因此一些组织和演讲者并不推崇，并且他们对活动中大部分的社交媒体技术都存在这一担忧。另外，当参与者对会议不满意或不赞同时，在推特上发表的负面言论可能会对活动产生不良的影响。但这一技术不会因此而停滞，现如今 Web 2.0 工具应用广泛，策划者需要学习并利用推特以更好地达成会议目标。

展会策划者需要熟知的最重要的推特工具是♯号标签。在推特中，"♯"号标签创建了任何人都可以浏览并参与的主题讨论版块。一些活动策划者会为其举办的活动创建单独的"♯"号标签，并通过推特在活动前与活动期间发布信息，也允许参与者成为讨论版块的一员。规模更大、技术更先进的组织甚至会为一个活动创建多个"♯"号标签，使每一个讨论版块更具有针对性。

推特在展会行业中的应用已经延伸到实际展会活动之外，使社会参与到行业讨论中。其中运作最好的是 Event Professionals tag（♯eventprofs），它每周都会在线上发表推文，而推文主要关注社会各界感兴趣的一个或两个话题。

移动技术和聚合应用

移动技术正在重新定义各个行业内信息的流动方式。大多数与会者都会携带可以浏览网页、运行应用程序的移动设备，而仅仅在几年前，只有台式或笔记本电脑才具备这些功能。基于此，活动组织者与供应商需要考虑如何发挥这些移动设备的最大效用，以促进和参与者的良好沟通。

智能手机

现在的手机几乎可以代替台式或笔记本电脑。最初的手机只有通话功能，而3G 手机（指第三代移动设备，具备语音与数字功能）已具备高速数字传输功能（包括全动感视频和流媒体内容的音频和视频流等）。

这些可视为移动电脑的手机大范围普及，策划者也一直致力于开发相应的活动应用程序。早在十年前，3G 手机还只是一个概念，个人数字助理（PDA，如 Palm Pilot 掌上电脑）引领着移动设备领域，那时活动专业人士便开始研究怎样让这些移动设备成为活动前与活动期间的信息传播渠道。

基于当今智能手机的强大功能，活动主办者可以在活动举办前或者参与者到达时向其发送会议日程，在其参与过程中提供可视的定制日程与展会空间安排，还可以向所有参与者发送最后一分钟的提醒。

如果将上述这些功能与现实的浏览器相结合，智能手机可以为参与者提供更多更有用的信息，以提高其参与活动的价值。

酒店也紧随市场步伐。许多连锁酒店都开始采取移动设备战略以增强与策划者和客人的沟通。诸如酒店发展集团（Hotel Evolution）（www.runtriz.com）的应用程序使客人能够通过其移动设备了解酒店的服务与设施。随着移动设备的普及，许多酒店已经开始考虑是否需要在客房安装电话，有一些酒店早已撤走了客房电话。

聚合应用

我们认为的革命性变化根本不会是革命性的，而是渐进性的。聚合应用，顾名思义，是组合两项服务功能以创建服务于特定需要的混合型工具。Housing Map 网站（www.housingmaps.com）是最早的例子之一，它将谷歌的可视化界面与 Craigs 列表上的房屋信息相结合，便于浏览者获取两方的信息集成。

我们行业技术的下一次更新换代可能来自这一领域。房地产行业正在使用**聚合应用**（mashups）为购房者提供更多数据和房屋内部及附近的可视化图像。而聚合应用在我们行业中的应用还有待实现，但可以明确的是，其功能应该是汇集策划者和 IT 部门或供应商的想法，以开发支持会议顺利举办的应用程序。

▷ 会后技术应用

显然，技术在会议营销与开展过程中的作用巨大。而会议结束后，从会后评估到重点数据整理（用于下一次会议的营销）等各环节，技术仍有重要作用，因此需要对行业技术应用有更多的审视。

评估与调查

以往的会议评估大多在现场以纸质的方式进行（也可以数字化），而现在，许多会议主办方更多地采取会后、线上的方式开展评估调查。对于会后评估是否能提供最精确的信息，以及这种会后的方式是否能得到最大的评估量都存在很大的争论，但会后评估取得的成功不容忽视。

许多策划者都在使用会后评估系统，诸如 Zoomerang（www.zoomerang.com）。基于网站的评估工具越来越受欢迎。这些基于网站的服务不仅可以向参与者发送评估问卷，还能够对评估结果进行分析并以易懂的方式提供给策划者。事实上，许多在线解决方案都包含活动评估调查功能。

评估过程不应该局限于正式会议。所有会议专业人士都深知了解参与者需求的重要性，因为他们需要通过评估调查辨别哪些会议内容为参与者提供更大的价值。而独立于会议评估的线上调查也可以在了解参与者需求的过程中提供极大的帮助。

营销媒体

会后技术的实质是打破传统的时间界限，使会议不再局限于周一至周四的时间框架。通过使用诸如活动前沟通网络等工具，会议可以在开幕式的数月之前便拉开帷幕。而在会后，策划者可以向那些没有参加会议或者想重温会议的人提供会议内容，这也是会议延伸的表现。

策划者对大会活动的摄录剪辑做出安排后，下一步要考虑的便是怎样传递这些信息，其中成本和传递方式是需要考虑的重要方面。有关于成本，策划者要考虑是否向虚拟与会者收费？是否在网站上提供免费的活动视频（这会对未来的活动营销提供帮助）？

而有关信息传递（尤其是在现场环境下），策划者需要确保服务器与相应技术（包括带宽）满足需求，使得登录并观看活动内容的人不会面临信号减弱或中断等问题。

对于策划者，最好的营销工具是先前活动的成功。将成功活动的内容数字化并广泛传送，不仅可以增加本届会议的收入，还可以不断吸引人们来年参加。

▷ 虚拟集聚

在讨论基于活动的技术时，还需要了解完全意义上的虚拟会议。当与会者因无法承担时间或金钱成本而不能前往参加时，许多小型会议可采取虚拟会议的方式，如网络研讨会（指可以通过因特网传送音频、数据和流媒体内容的在线服务）。除了虚拟会议外，虚拟集聚这一概念还包括虚拟世界（如 Second Life）以及虚拟展会。

网络研讨会

网络研讨会与活动直播大为不同。活动直播很少成功（有谁会一整天坐在桌子前很积极地观看活动直播呢）。短时间的会议（有时短至 15～20 分钟）与 60～90 分钟的更标准的会议一样有效，甚至更为高效。网络研讨会的特点是演讲者需要在无法得到观众反馈的情况下吸引其注意力并保持其参与，问答环节也会被安排到会议后的特定时间。

有许多的网络研讨会供应商可供策划者选择，ReadyTalk（www.readytalk.com）

便是其一。策划者在选择时需要考虑的因素有：价格是否适宜，能否满足要求，如何处理音频（VoIP 或电话会议），虚拟活动的最大容量，是否提供诸如聊天室、咨询等互动功能，活动主办方与演讲者能否轻松实现网页转换以向观众展示其应用程序和浏览器。

思科公司提供了更昂贵但更具互动性的工具，其极具临场感的视频会议功能便于参与者之间的面对面交流。该服务提供高清画面与高品质音效，使得虚拟活动与真实活动几乎无异。

第二人生虚拟空间

第二人生（Second Life）是一个 3D 虚拟社区，人们使用能够代表自己的头像在虚拟世界进行探索。第二人生可以免费进入，但同时也提供收费服务，为用户提供可购买的第二人生元素（例如设计基础设施，购买土地等），其交易金额已超过 3 亿美元。

你可能会觉得在虚拟世界产生如此大额的消费难以置信，但是前文提及的有关喜达屋的故事充分体现了投资虚拟世界的价值。喜达屋在第二人生虚拟空间建立雅乐轩（Aloft）品牌后，成功创建了 Virtualis（www.virtualiscenter.com），这是第二人生虚拟空间中最早也是最全面的会议中心。

尽管在考虑下一次会议时，虚拟世界或许还不是最佳选择，但过去几年，在虚拟世界举办的会议数量稳步增长，或许不久后你所在的组织就会考虑在第二人生虚拟空间举办活动。很明显，策划者应该关注虚拟世界的发展，并将其视为未来会议筹办的另一种方式。

虚拟展览

第二人生虚拟空间并非举办虚拟活动的唯一选择，有许多供应商正在致力于使虚拟展览成为现实。虚拟展览最基本的形式是在线展会平面图，参与者可以通过超链接参观展位。

除此之外，虚拟展览也可以是一种虚拟体验，即参与者以虚拟的形式参观展厅、点击相关信息，甚至可以与销售代表进行交流。除了第二人生虚拟空间，Digitell 的 VirtualU（www.virtualbeginnings.com）也可以用来创建虚拟展览体验。

有些人担心这些虚拟活动会取代真实活动，但显然，在可预见的将来，这些虚拟活动只是作为真实活动的辅助工具或者当真实活动无法举办时作为替代。无论是何种形式的虚拟展览，其主要作用是延伸展会，使其不局限于现场举办的 2～3 天，而是成为常年的购销市场。

▷ **未来走向**

最近，Corbin Ball 公司列出了展会行业的十大技术趋势：

10. 手机正在演变成为先进的移动会议技术平台。

9. 社交网络技术将为会议行业提供大量应用程序。

8. 微博（推特）将被证明特别适用于活动行业。

7. 社会评论网站正在向会议行业进军。

6. 战略会议管理程序（SMMP）正在增加。

5. 使用更多视频以改善、增强会议体验。

4. 观众反应技术变得更便宜、更加多元化。

3. 低价双向的移动数据采集器将为会议和展览的参与者提供便利。

2. 应用于虚拟会议的远程展示技术在酒店得到应用。

1. 在经济不景气、虚拟会议技术使用增加的情况下，真实的会议和展览依旧无法取代。

对于这些趋势的完整讨论，可访问网站 http：//www.corbinball.com/articles_technology/in dex.cfm? fuseaction=cor_av&artID=7321。

□小　结

熟谙技术的会议专业人士可运用多种技术工具从参与者及活动主办方的角度提升活动的价值。社交媒体已成为许多活动策划者关注的焦点，并被运用到活动营销与管理的过程中。由于存在时间、预算以及目标的限制，不可能使用所有的工具技术，因此策划者的真正作用是识别哪些工具为会议带来最大的帮助，同时继续了解会对组织产生影响的其他技术。此外，技术也被运用到绿色行动中（见第 13 章的绿色会议部分）。

□关键词

3G 手机（3G Phone）	聚合应用（mashups）
空间设计软件（room design software）	网络电话（VoIP）
4G 手机（4G Phone）	近距离无线通信（NFC）
简易信息聚合（RSS）	第二代互联网（Web 2.0）
在线会议（online meetings）	行规交流委员会（APEX）
第二人生（Second Life）	网络研讨会（webinars）
博客（blogging）	观众反应系统（audience response systems）
社交媒体（social media）	无线网络的标准（80211）
交互式胸牌（interactive nametags）	射频识别（RFID）

虚拟参观（virtual tours）　　　　　数据采集系统（lead retrieval systems）

播客（podcasting）　　　　　　　　门户网站（portal）

虚拟展览（virtual trade shows）　　线上需求建议书（RFP）

□复习及问题讨论

1. 技术怎样影响会场地址的选择？

2. 列出三种支持会议沟通网络的新技术。

3. 基于网络的集聚有哪7种类型？

4. 第三方软件如何应用，其优势是什么？

5. 网络对于活动策划者与供应商为何变得如此重要？

6. 列出熟谙技术的会议专业人士施行电子营销战略的五个方面。

7. 除了增强实时沟通外，RFID胸牌还包含什么互动工具？

8. 会议期间，参与者使用博客的主要好处是什么？

9. 列出四种网络视频会议并逐个讨论。

10. 使用线上评估有哪些好处？

11. 虚拟展览的主要优势是什么？

12. 何为绿色技术？

□本章作者简介

詹姆士·斯派罗（James Spellos），MeetingU公司主席，在会展行业的技术问题上发表大量演讲。

本章更早版本的作者：丹尼斯·鲁迪（Dennis Rudd），罗伯特莫里斯大学；凯瑟琳·泰勒·布朗（Kathleen Taylor Brown），罗伯特莫里斯大学。

第 13 章

绿色会议和企业社会责任

学习目标

- 理解绿色会议的含义
- 理解社会责任的含义
- 能够描述绿色会议的最佳实践
- 理解会展活动在哪些方面可以对环境产生积极的影响
- 理解实现"绿色"的成本
- 对"绿色外衣"进行定义并加以讨论

▷ 绿色会议简介

环境学家们在 20 世纪 60 年代首次发起了**绿色运动**（Green Movement），他们提倡通过变革公共政策和改变个人行为的方式来对资源进行可持续性管理并保护自然环境。在历史上，该项运动一直尝试融入宗教、环保、健康及公共事业，但收效甚微。2005 年，飓风卡特里娜席卷而来，全世界的目光才真正开始聚焦全球变暖带来的潜在的毁灭性影响，以及全世界范围的浪费行为。最近，会议专家才意识到环保型会展的重要性。随着更多的会展策划公司努力减少活动对环境的负面影响，供应商也努力提供更环保的产品和服务。

绿色会议运动影响着会议策划的方方面面。会展策划公司积极了解绿色会议的来龙去脉，它们的行动也激发了供应商的热情。会展策划公司、委托人、顾客、场馆方、参展商、承包商及供应商纷纷投身到这场运动中。当会展策划者开始策划越来越多的绿色会议时，给整个行业带来了连锁效应。

"（绿色会议）不是短暂的时尚。"埃米·斯巴特日萨诺这样说，她是总部位于俄勒冈州波特兰的会议战略全球组织（Meeting Strategies Worldwide）的负责人。

绿色会议的定义：环境负责型会议的惯用表达。

▷ 为何要走向"绿色"——底线

会展活动由于其烦琐性，每个细节都需要我们的重视，因此策划者、供应商、参展商及设备经理在此过程中都要尽力提高效率。那么会展行业的专家们为何要承担风险，走向"绿色"呢？

我们将答案浓缩为以下几个要点：

经济方面

从商业角度来看，公司转向环保型会议能带来可观收益，如总收益、销售回报率、资产回报率的提升，还能带来强劲的现金流。相比之下，不注重可持续性的公司竞争力较弱。若一家公司已经承诺在公司内部推行环保策略，那么它就容易接受会展行业中的类似原则，从而获得丰厚的投资回报。虽然推行环保策略需要一定的前期成本，但从最终的结果来看，这是一笔明智且收益高的储蓄投入。

公司若能在环保上作出一些努力，便能获得高额利润，同时也能改善环境。举个简单的例子，减少瓶装水的使用，代之以水壶供水，这项措施为2008年甲骨文全球大会节约了150万美元。某一组织将胸牌重复利用，仅一年就节省了近500美元。这些小小的改变除了能节约大量资金，还有效地减少了垃圾处理量。

环境责任的另一个例子是在会展活动中减少纸质材料的使用。若能利用网络技术展开活动营销，鼓励参会者通过网络获取一些重要信息，那么就能减少印刷材料的使用，也可省去邮寄材料的步骤。如PCMA2010年年会（在得克萨斯州达拉斯举办）召开期间，参会者若有需求可在会前打印相关材料。除了现场打印之外，还可以选择在晚些时候从网络上下载。这个方法减少了垃圾量，也减少了打印和邮寄的费用。

全世界都在"走向绿色"

最近一期的 *Successful Meetings* 杂志（2009年11月刊）报道称，美国为实现环保鼓励开展虚拟会议。它还指出国际电信联盟（ITU）希望联合国能利用信息通信技术应对全球变暖。

可持续发展

越来越多的公司开始关注可持续发展，它们从员工及公司整体着手实施该战略，这个有力武器也使员工在工作中更加努力。

可持续发展活动对于员工而言在参与的所有项目中最具吸引力。它不仅能引起人们的好奇心，并且实用性很强（比如说它对每个人都有所裨益）。可持续发展包括以下几个方面：健康的身体（提供健康的食品、干净的饮用水等）、清洁的环境（干净的空气和用水、健康的生态系统以远离疾病）、社会保障（安全的停车空间、可步行的社区、与同事常联系、组织聚会以远离电视）、经济可持续发展（员工薪水的增加、事业成功等）。可见，可持续发展无处不在，大大有利于提升员工满意度和忠诚度，提高生产力，增加员工的留任时间。可持续发展对于企业家及管理者也很重要，因为它能极大地增加公司的利润。

资料来源：http://greenbusinessvillage.com/2010/02/12/.

社会方面

社会责任（social responsibility）并不是一个全新的概念。成为一个有影响力的人是每一个人的愿望。当公司对社会和环境作出贡献时，员工会对此感到很满意，与那些疏于环境责任的公司内的员工相比，可能态度更加积极、幸福感更强、工作效率更高。认识到社会责任的重要性的公司常常拥有满意度更高的员工。《绿色商业实践》上的一篇文章指出，根据巴塔哥尼亚公司的人力资源部给出的数据，超过 900 个应聘者在了解了可持续项目后，申请加入跟环保相关的岗位。除此之外，位于温哥华的联邦商业信贷公司（Vancouver-based Vancity Credit Union）、位于亚特兰大的全球最大的地毯商英特飞公司（Interface，Inc.）以及澳新银行集团（Australian and New Zealand Banking Group）表示，在实行环保策略之后，员工的忠诚度和敬业度都有所提高。同样地，公司还能吸引更多的有共同志向的员工。

以上情况是如何实现的呢？支持环保事业的公司往往会将办公环境的灯光亮度调到自然状态，保持通风以节省能源，这样公司员工的身体就会很健康。公司或许还会鼓励员工走楼梯以及骑车上下班，这些建议显然有利于健康。除了以上显而易见的健康因素，员工自身也想做些有意义的事。最近的一项调查显示，92%的美国人对于增加使用太阳能感兴趣。如果一个人所在的公司在使用太阳能，那么他可能会觉得自己参与到了一项有积极意义的事情之中。公司鼓励员工参与到环保中，就意味着鼓励他们养成更加健康和积极的生活方式，这样他们就能心情愉快地工作，效率更高。

支持环保的努力也会影响到参会人员的行为，他们会积极热烈地投入到节约资源、重复利用和回收再利用的项目中。一位行业专家说道，如果人们平时在家就注重环保，那么在参会时便把环保视为自然而然的事，在参会过程中继续环保行动。会展组织者鼓励与会人员积极参与到此类活动中，同时，与会人员的满意度也会提升。

要想回答"为何走向绿色"这个问题，或许仅用单一的"盈利底线"是不够的。一些专家认为，"三重底线"能更准确地评价企业的贡献，同时也能很好地回答上面的问题。"三重底线"（triple bottom line）包括人类、地球和利润，它将对环保和社会的贡献添加到成功的判断标准里，而不仅仅是企业财富的增加。调查显示，很多富有远见的组织、协会和公司，已开始用"三重底线"来衡量成功与否，并以此来回应利益相关者的质疑。

GMIC 与洁世组织携手保护环境

凯瑟琳·曼弗雷迪，丹尼尔·亚当斯

每天，酒店都要丢弃数千个香皂及其他洗漱用品，它们往往没有用完就被扔掉了。每天，世界上有 9 000 名儿童死于急性呼吸道疾病和腹泻。肺炎和腹泻是导致 5 岁以下儿童死亡的两大主要疾病。仅仅通过洗手这一简单的行为，就能将每年 350 万的死亡人数降低近 60%。一个位于奥兰多的小型但高效的组织 GMIC 挺身而出，帮助洁世组织回收洗漱用品（如用过的香皂等）。在第二届绿色酒店业年度会议召开之前，GMIC 迫不及待地将参与者们组织起来，在洁世组织的仓库里举办了一项有意义的活动。

他们将香皂及其他洗漱用品进行消毒之后加以包装，这个过程中他们也简要地了解到洁世组织的历史，以及自己的付出所带来的巨大改变。志愿者们干劲十足，在 5 个工作站轮流工作，对没有用过的洗漱用品进行重新包装，对用过的香皂进行表面清洁、消毒及包装工作。完成香皂回收工作的最后一个步骤后，志愿者们很激动，因为下一步这些香皂就会被送到有需要的人手中，这些人贫穷到甚至买不起一块香皂。

在洁世组织员工的帮助下，志愿者小组仅在 90 分钟内就完成了以下工作：

- 70 磅香皂的表面清洁工作；
- 390 磅（3 000 条）香皂的消毒工作；
- 140 磅香皂的包装工作；
- 100 磅酒店化妆用品的回收工作。

这次活动对于 GMIC 而言是个巨大的挑战，而且对于此次酒店行业会议的参加者来说是一次竞赛。回收酒店用品除了能够为环保贡献力量，同时也是与会者之间一次很好的竞赛机会，因为此次会议及活动与他们的工作领域和组织目标相贯通。此次**企业社会责任**（CSR）活动在酒店行业参加者中产生了很大的影响，不仅因为"绿色"这一观念，以及能够帮助贫困的儿童，也因为 CSR 其实是植根于酒店行业的。若能将 CSR 用在战略调整上，那么它将会产生巨大的影响。当某个企业（或某次会议）和社会及环境之间产生交集时，即企业或会议的需求与社会及环境的需求交叉时，就需要战略型企业社会责任发挥作用。此次活动将酒店行业每天产生的废弃物（香皂和其他洗漱用品）回收再利用，而不是将其废弃，这在保护环境的同时也挽救了贫困地区儿童的生命。这项计划充分利用了酒店行业的日常废弃物，使垃圾免于填埋，从而保护了环境。同时将这些"垃圾"变废为宝，送到需要帮助的贫困儿童手中。在与行业直接相关的活动中选择承担企业社会责任，不仅实现了环保，回馈了社会，同时也提高了活动的相关性和影响力。

通过再回收这些剩余的香皂，不仅减少了要填埋的废弃物，减轻了废物处理的负担，也给其他人带去了希望。每当洁世组织成员抵达海地及其他第三世界国家时，总能看到欢迎他们的热切面孔。这些香皂像教育一样，能够帮助我们拯救生命。

意义重大的会议

当你为商业会议预订做准备时，丽思卡尔顿酒店（Ritz-Carlton）将会把客房平均收入的 10% 捐献给您选中的一家慈善机构和丽思卡尔顿社区成长足迹基金（The Ritz-Carlton Community Footprints Fund）。该基金的使用案例包括：

● 与国际仁人家园（Habitat for Humanity）的成员携手，为无家可归的人们建造房屋，同时也改造了新奥尔良市的自然环境和社会环境。

● 从著名的主厨花园（The Chef's Garden）中采摘有机作物并捐给当地的食物银行（克利夫兰市）。

企业社会责任：新兴的机遇

四分之三（76%）的欧洲、中东和非洲（EMEA）会议策划人认为，企业社会责任（CRS）在 2010 年将成为组织的工作重心，这一数字在美国为 63%，加拿大为 60%。近四分之三（73.1%）的企业活动策划师及 48.4% 的协会活动策划师认为，CSR 明年之后很快会被提上日程。

对于供应商而言，欧洲、中东和非洲地区 67% 的受访者认为 CSR 将会是核心工作，北美地区这个数字是 61%。

Future Watch 2010 展示了策划人和供应商们在采取企业社会责任行动时的微小差距（见表 13—1）。

表 13—1　　　　　　　　　会展策划公司对企业社会责任的执行状况

策划者组织	总体		加拿大		欧洲、中东和非洲		美国	
	2010 年	2009 年	2010 年	2009 年	2010 年	2009 年	2010 年	2009 年
无 CSR 行动的组织	21%	19%	25%	16%	13%	12%	21%	20%
不确定是否会履行 CSR 行动的组织	15%	18%	15%	14%	11%	8%	16%	20%
确定履行 CSR 的组织	64%	63%	60%	71%	76%	80%	63%	61%

策划者组织	总体		协会		公司	
	2010 年	2009 年	2010 年	2009 年	2010 年	2009 年
无 CSR 行动的组织	21％	19％	30％	27％	16％	15％
不确定是否会履行 CSR 行动的组织	15％	18％	21％	25％	11％	15％
确定履行 CSR 的组织	64％	63％	48％	43％	73％	70％

供应商组织	总体		加拿大		欧洲、中东和非洲		美国	
	2010 年	2009 年	2010 年	2009 年	2010 年	2009 年	2010 年	2009 年
无 CSR 行动的组织	20％	18％	11％	13％	23％	18％	21％	18％
不确定是否会履行 CSR 行动的组织	17％	21％	14％	16％	9％	11％	18％	23％
确定履行 CSR 的组织	64％	61％	61％	71％	67％	71％	61％	59％

履行 CSR 的方法：策划者和供应商	策划者	供应商
有一个或多个小组/一个或多个委员会领导行动	19％	22％
领导层要求理解并且努力证明 CSR	18％	22％
拥有一个专门开展 CSR 工作的部门	15％	11％
组织内一个或多个人负责监督所有人的工作	13％	20％
组织内一个或多个人已经在 CSR 指导下承担起个人责任	13％	15％
很多部门都拥有致力于 CSR 的员工	12％	12％
常常对 CSR 进行讨论，偶尔安排相关的活动，要求相关的行为	8％	5％
组织内的 CSR 管理松散，运行失效	5％	4％
其他	1％	4％

资料来源：Future Watch 2010。经国际会议专家联盟（Meeting Professionals International）批准使用。

▷ 走向绿色的机遇

最近的研究显示，超过一半的会议专家在策划会议时将环境因素考虑在内。不久之后，预订客房时就会增加如环保等限制性因素。MPI 举办的所有大型会议中，董事会总是有意识地将会议行业委员会为绿色会议所设计的八个标准考虑在内。这八个标准是：目的地选择、交通运输、会议场馆、食宿供应、食品饮料、通信设施、现场执行以及展览会。

策划一场绿色会议在过去常常被认为既困难又昂贵，而事实上，它一点都不难，你只需做跟公司政策相关的决策，然后将它们实施到策划实践中去。实施次数越多，事情就会变得更加容易。以下是一些简单的步骤，帮助你策划绿色会议：

● **创造标准**：在你的商业活动中建立环保标准。从组织管理者和客户那里获取资助，并将你的标准与供应商、投资商以及其他与会人员共享。你一定要确保向他们解释清楚你的期待，因为这与你的新标准相关。

● **技术使用**：利用科技来减少纸张的使用。比如目前有易于使用的网络平台、通过电子注册的车辆、快捷的邮件系统，已经没有必要使用印刷材料。为了减少交通成本，可以采用播客、在线讨论会和流媒体视频这些新形式。在实施这些之后，你会发现参会人员数量有所增加，这是因为对于更多人来说参加会议变得容易起来。

● **选择一个当地目的地**：选择的目的地应该靠近参会者居住的地方，以减少他们的旅行距离。选择的场馆或酒店应该靠近机场，这样从机场步行就能到达会议场馆或酒店。将主办城市的公共交通线路调查清楚，选择靠近这些线路的场馆或酒店。

● **减用、再用、循环利用**：活动供应品清单里应加上数个回收箱，还应训练员工学习有效的回收方式。要求场馆提供显眼和方便的再回收服务，以方便纸张、金属、塑料及玻璃的回收。与宴会部经理商讨将可回收物品做成肥料或捐赠给他人，建议使用瓷器盛食物。如果以上无法实现，可以退而求其次。使用可再生材料制成的一次性餐具，这样垃圾在填埋时可实现生物降解。胸牌夹和挂带也可以回收以备来年使用。

● **增加容量**：鼓励食品和饮料供应商使用分装盒盛放糖和咖啡伴侣等配料，与使用洗发露和沐浴露分液器的酒店合作。向供水站提出要求，不再提供瓶装水，而是用玻璃水瓶或饮水机来代替，同时向每个与会人员发放水壶供会议全程使用。

● **选用当地时蔬**：与宴会部经理商讨使用当地应季的水果和蔬菜，同时菜单里应包括大量的素食，因为这样的准备方式更加低碳环保。为了避免浪费，尽量在准备食物前获得确切的用餐人数。

● **用自然植物装饰**：在装饰餐桌时，使用当地的鲜花和其他植物，并且把它们放在花盆里，这样它们还具有礼物或者奖品的功能。这样的做法保证了鲜花和绿植不会被浪费。

● **合理使用纸张**：如果必须打印纸质材料，如应某个参会人员的要求，那么应选用不含氟且可再循环的纸张和植物基油墨，正反面打印。

● **节省能源**：你要寻找拥有节能政策的场馆和酒店，与他们合作时要确保会议室的灯光、视听设备及空调在无人使用时及时关闭。同时提醒参会人员离开客房时记得关灯以降低能耗，电器闲置状态时应断开插座及电源。

● **告知每一个人**：将你为绿色会议所作的努力告知与会者、演讲者、供应商、投资商及媒体，并以活动合作伙伴的身份向他们提出自己的期待。请记住沟通是其中的关键因素。沟通在鼓励和确保各方积极参与方面发挥着关键作用。举个例子，在与演讲嘉宾沟通时，你要把"绿色准则"向他解释清楚，我们期待的是电子版本讲义，希望他能携带非纸质版材料前来。

● **资源回收**：网站 priorLIFE.com 可回收会议广告牌、大手提袋、笔记本套、散热器等物品，你可以将这些宝贵的物品义务赠送出去，或者出售以增加收益。

一个全新的会展中心

美国匹兹堡市新建了一个会展中心，它的面积是之前展览面积的三倍，于2003年全面投入使用，这就是大卫·劳伦斯会展中心（David L. Lawrence Convention Center）。著名建筑师拉斐尔·维诺里是该项目的首席设计师，他的灵感来源于连接匹兹堡市与附近城市的几座吊桥。他将屋顶设计为悬索造型，由几座悬在空中的桥构成。该结构设计收到了各领域民间领袖的意见，他们来自酒店行业、策划行业、建筑业、经济发展领域及当地的艺术中心。

该会展中心耗资3.31亿美元，兼具观赏性和实用性，是两者融合的杰出典范。它地处文化区和商业区的交会处，多样性在此地完美结合。与会者可以在参加完会展中心的活动后，在附近找到许多有吸引力的景点游览。劳伦斯会展中心包含以下特色：

- 前厅面向阿勒格尼河（Allegheny River）
- 展览大厅面积为33 000平方英尺
- 无柱展览大厅面积为250 000平方英尺
- 二级大厅面积为80 000平方英尺
- 宴会厅面积为34 000平方英尺
- 53间会议室，两间配有175个座位的演讲厅，共有近90 000平方英尺
- 宴会厨房面积为12 000平方英尺
- 37个便捷易达的货物装卸站
- 750个停车位
- 市中心商业区的酒店可提供3 000间客房
- 附近兴建了酒店
- 拥有最先进的电话会议系统和电信运营能力
- 全区域实现互联网接入
- 直达河边的步行通道，河边小径

绿色技术

劳伦斯会展中心不仅具备最先进的技术，它还宣称是美国第一个智能环保型会展中心。设计团队当时以获得美国绿色建筑委员会（U.S. Green Building Rating System）的金奖认证为目标。据会展中心估计，此建筑能节约30%～50%的能源。

会展中心使用的水从城市地下蓄水层抽取。地下蓄水层是指能够向水井和喷泉输送丰富水资源的渗透性地层。这些水在供热和制冷时使用，降低了能源消耗。这里的室内外绿化及景观皆采用本地生长的植物，这样就无须在会展中心布置洒水器，从而节省了水资源。

会展中心倾斜的屋顶有利于凉爽的微风吹进场馆，同时避免了淋雨，从而节省了能源，它在美国同样规模的场馆中首次实现了自然通风。除此之外。全区域自然采光也是该

场馆的一大特色，为了降低亮度或调控温度，有些功能厅也装有遮光窗帘或窗户。

　　该会展中心室内使用的材料无毒无害，25％的部分由可循环材料搭建，同时为了减少运输成本，该中心使用本地材料。

　　匹兹堡市引领了会展中心的发展新方向，将高科技的使用提升到了新高度，使绿色技术变为现实，该中心也获得了匹兹堡市会议促进局所颁发的服务奖。

　　符合绿色标准的建筑物走在创新的最前沿，它们对环境问题的考量向世人展示构建环境友好型的建筑并不困难，同时也节省了成本，实现了高效节能。

▷ 绿色外衣

定义

　　绿色外衣（greenwashing）指某些公司对消费者的误导欺骗行为，他们为使消费者相信自己的理念及产品的环保性，而采取误导、欺骗或未经证实的方式。某些公司为了向消费者宣传自己的环保努力花费重金，这些钱甚至多于它们对环保活动的投入，这也是绿色外衣的表现。与此相关的另外一个术语是"漂绿"（green sheen），意思与之相似。一些公司大力展示它们愿意实践环保，但是其中的真伪不可而知。

　　20 世纪 60 年代中期环保运动方兴未艾，有些公司因迫切加入这股潮流而穿上绿色外衣。很多公司将自己塑造成环保行动的支持者，不过它们的宣传中往往掺杂着不少虚假语言，美国麦迪逊大街（Madison Avenue）的一名广告总监杰里·曼德斯（Jerry Mander）为此现象杜撰了一个新词语"绿色色情文学"（ecopornography）。

　　这些所谓的环保行动不断推进，最后演变为众所周知的绿色外衣。环保学家杰伊·韦斯特维尔德（Jay Westerveld）1968 年在自己的一篇论文里首次使用了该词语。他在论文里描述了这样一种现象，酒店在每个房间的枕头上放着卡片，上面写道，为了环保责任酒店鼓励使用消毒毛巾。韦斯特维尔德通过进一步的分析推测，大部分情况下这些酒店并没有为环保做出实质性的付出，它们这些行动主要是出于增加收益的目的。

　　如今消费者对于环保行动认识得越来越清楚，在此情况下公司将绿色行动转化为商业标准。这些公司为了赢得更多的顾客，争先兜售展示所谓的绿色运动、绿色成就及绿色标准。随着顾客的认识不断加深，公司的手段也更加隐蔽多样，顾客越来越难以分辨哪些公司在践行环保，哪些公司只是穿上了绿色外衣。

鉴别

　　会展行业为了应对此项挑战而不断努力，其中首先要实现的就是辨别出哪些是

"绿色外衣"行为。2007年12月，TerraChoice环境营销咨询公司（TerraChoice Environmental Marketing Consulting Company）公布了调查报告《绿色外衣六宗罪》（Six Sins of Greenwashing），该公司也因此名声大振。之后的调查报告又加入了一条新的"罪状"。以下是这"七宗罪"的内容。

● 隐藏交易罪（sin of the hidden trade-off）：提供的有机产品需要从外地海运进来，而不采用当地同样健康的产品。

● 举证不足罪（sin of no proof）：一些洗发水厂家声称"经认证为有机产品"，却无任何可信的证明材料。

● 模糊陈述罪（sin of vagueness）：使用模糊不清的术语，比如"零废弃物"的会议。

● 无关陈述罪（sin of irrelevance）：产品可能声称不含氟利昂，而氟利昂早在20年前就被禁用了。

● 虚假陈述罪（sin of fibbing）：虚假陈述产品具有某项特别认证，但实际上产品并没有获得认证或者这种认证根本不存在。

● 避重就轻罪（sin of the lesser of two evils）：将天然的产品或服务称作"环保"，又比如宣称使用"环保杀虫剂"、"碳平衡的会议"，而事实上根本没有实现减排。

● 虚假标签罪（sin of worshipping false labels）：通过某些词汇或图片称经过第三方认证，而实际上这种认证并不存在。如自制看起来像环保认证的标志。

预防

以上我们谈及了如何辨别绿色外衣，那么在我们的会议、展览及节事活动中如何避免这种现象的发生呢？

首先，会展策划者必须对这一现象保持清醒的认识，同时掌握丰富的知识，并且要不断发问。随着会展行业的不断发展，我们有责任跟上最新的趋势、规则制度及出现的问题。会展策划者必须了解所谈论的内容，确保所使用的术语真实可信。比如有些东西打上了"自然"或者"有机"的标签，但这不代表它们有益于身体健康。

其次，对于会展策划者而言，获得各种资质证书和绿色标签的认证标准同样非常关键。场地如何实现认证、认证标准里都包含什么，会展策划者对此应有深刻认识。不仅如此，策划人还有义务对以上问题进行详细的调查。

对于会议策划者而言，"恪尽职守"（due-diligence）这一准则体现在对场馆工作区（back-of-the-house）的实地调查。任何公司的"绿色宣言"在这样的调查中都会得到验证。如果能保持清醒，同时具备敏锐的观察力，那么就不难发现许多绿色外衣行为。例如，某个合作场馆声称自己是绿色环保的，自身坚持循环再利用的准则，并且为与会者提供此类途径。那么在实地调查中你就应注意是否有明显的证据证实他们的说法：可回收材料的存放地点以及它们是如何从场馆内清除的。如果场馆声称所供应的食物全部使用当地食材，那么你应该观察这些食材包装上的地址，或者向厨房内的工作人员询问此类事宜。这种实地调查可以为场馆提供机会证明自己的绿色宣言，但大部分情况下场馆会遇到会展策划者更多的质疑。最后需要注意的一点是，策划者应在所在的部门身体力行致力于环保，成为环保的倡导者、领导者和榜样。协助会展策划者策划绿色会议的方法数不胜数，该章节的内容便是其中之一，希望策划者由此踏上环保之路并不断前行。若策划者能突破绿色外衣所设下的阻碍，也就能认识到这个领域的问题，同时以更加积极的方式策划绿色会议。

绿色会议标准

服务行业正朝着绿色会议的方向快速发展，这在未来也会成为常态。证明这项理论需要当前或将来有大量的绿色指南和绿色认证标准。若能将绿色指南设置为行业实践的标准，则公司很难再用绿色外衣做掩护，会议策划者轻易地就能辨别出真伪。将来行业内绿色外衣的辨别不再是难事，会展策划者将会信心十足地提出问题，也能得心应手地处理相应的回答。绿色外衣行为不会完全消失，但是只要有完善的行业标准，绿色外衣的威胁便会减小。

这些绿色会议标准将有利于鉴别和管控绿色外衣行为。如今已有不少绿色认证标准，同时，CIC 和美国试验与材料协会（ASTM）一道致力于制定相关标准，他们持续为此付出努力。

ASTM/APEX 的绿色会议标准

CIC 首席执行官卡伦·科托夫斯基（Karen Kotowski）称，APEX 绿色会展座谈小组目前在可持续性会展的标准制定上已进入最后阶段。这些标准日后将成为唯一经过 ASTM 认证的绿色会议标准。

这些标准覆盖九个独立领域：住宿、视听设备、通信、展览、食品和饮料、现场办公室、目的地、会议场馆以及交通运输。ASTM 是美国国家标准学会（ANSI）认可的标准化发展机构。尽管 APEX 的工作遵循 ASTM 和 ANSI 授权的志愿协议，但一直以来 APEX 挑选出更多的方法和 ASTM 合作，为创造出会议行业和其他行业（如联邦政府）都满意的标准而努力。ASTM/APEX 绿色展会标准不具有强制性。不过这里面包含的标准常常引用法律法规和相关规章制度，使得这些标准更具可信度。

来自会议行业、政府、国际机构及非政府组织（NGO）的数百名 APEX 志愿者经过长时间的讨论和修改，为绿色会议实践标准奠定了坚实的基础。APEX 座谈小组与美国环境保护署（Environment Protection Agency）合作，同时与包括绿色会议行业委员会在内的服务业内注重可持续发展的机构携手，致力于绿色会议标准的制定，带有绿色标签的机构都参与到这个过程中。

如果想要获得这些标准的最新信息，请访问 CIC 的官方网站：www. conven-
tionindustry. org，或致电 571 - 527 - 3116。

行业认证

目前行业内已有许多环保认证标准，绿色会议指南（Green Meeting Guide）为
此提供了一份内容翔实的清单：

A. 住宿
- 加拿大酒店协会（HAC）"绿色钥匙"环保评级计划
- 奥杜邦"绿色叶子"环保评级计划
- 绿色酒店委员会
- 德国色瑞斯（CERES）绿色酒店倡议
- 绿色环球 21（Green Global 21）
- 国家地理地质旅游奖
- 绿色酒店认证
- 国际旅游业伙伴关系
- 能源与环境设计先锋奖（LEED）
- 加拿大建筑物业主与管理者协会（BOMA）
- "能源之星"认证建筑
- 经所在国家旅游机构的环境奖认证

B. 饮食及服务
- 海洋管理理事会（MSC）
- 公平贸易组织认证
- 美国农业部（USDA）有机认证
- 魁北克省农业部门认证

C. 展会搭建及设施租赁
- 塞拉生态标签
- VeriFlora 可持续性认证
- 花卉标签项目（FLP）
- 雨林联盟认证

D. 会展物流
- 环保商标计划
- 奥杜邦"绿色叶子"环保评级计划
- 绿色消费计划
- 金色标准

E. 打印 / 宣传 / 礼品
- 森林管理委员会（FSC）

- 环保商标计划
- 森林认证认可计划（PEFC）
- 可持续林业倡议计划（SFI）
- 美国树园制度（ATFS）
- 无水印刷协会会员
- 雨林联盟
- 绿色徽章

F. 交通运输／旅游
- 绿色环球 21 可持续旅游认证
- 国际生态旅游标准（IES）
- 蓝旗（Blue Flag）
- 绿色徽章（Green Seal）
- 加拿大旅游产业协会可持续旅游道德规范指南
- 世界自然基金会（WWF）会员旅游计划
- 加拿大运输署节能汽车折扣计划
- 国际旅游业伙伴关系

G. 场馆
- 加拿大酒店协会（HAC）"绿色钥匙"环保评级计划
- 能源与环境设计先锋奖（LEED）
- 加拿大建筑物业主与管理者协会（BOMA）"能源之星"认证建筑
- 奥杜邦"绿色叶子"环保评级计划
- BS 8901：2007 标准
- 绿色酒店联合会
- 绿色环球 21
- 国家地理地质旅游奖
- 绿色酒店认证
- 经所在国家旅游机构的环境奖认证

除针对供应商、搭建商及场馆设立的认证项目外，会议策划者也可赢得绿色会议方面的认证，绿色会议 & 活动认证（Certification in Green Meeting & Events, CGME）便是其中的代表。该认证能够使专业从业人员提供社会责任感和环保意识，它并不是为了要求策划人策划出绿色的会议和活动，而是为了让他们提供保证，熟知绿色实践的知识。

以上所列举的行业认证并不能涵盖所有内容，这些认证标准处在不断发展之中。从会议策划者的角度来看，透彻理解每个认证的要求是很重要的。每个标准都有各自独特的要求，但是它们拥有共同的目标，即将环保的理念融入目前不断进步的实践中，以提升实践的水平和质量。将绿色会议准确无误地展现给参会人员是会议策划者应尽的指责，同时也要保证会议的绿色目标能够达成。

温哥华会议中心

会议场馆改造升级过程中，开放的思维、前瞻性的眼光、积极的变通起着重要的作用，温哥华会议中心就是最好的例证。在新场馆的建设过程中，策划者、供应商和与会者们既考虑经济效益，也注重社会效益和环境效益。每年有近 350 场会展活动在温哥华会议中心举办，场馆致力于环保责任，积极与客户沟通以实现活动的可持续发展。

统计数据：

回收利用：平均每年有 18 万公斤的废弃物被回收利用，约占所有废弃物数量的一半。

食物及酒水：后厨以当地食材作为原料，不使用添加剂，拒绝一次性发泡餐具，并且将剩余的食物捐给当地的慈善机构。

绿色设计：

● 拥有北美地区最大的非工业屋顶——6 英亩的绿色屋顶，种植有 40 多万株当地植物，同时还放置蜂箱养殖了 60 000 只蜜蜂。这一切为鸟类、昆虫及小型哺乳动物提供了良好的自然栖息地。

● 充分利用毗邻的恒温海水，使用抽水系统来调节室内温度（加热或冷却）。

● 作为该会议中心必不可少的一部分，在地下水环境内设计出人工礁，为贝类、海藻、海星、螃蟹和各种鱼类提供了栖息地。

● 海岸线和海洋生态环境的恢复。

● 区域内黑色水处理和海水淡化系统预计将减少 60%～70% 的饮用水使用。

● 使用地板辐射供冷。

● 40 万平方英尺的人行道、自行车车道、公共开放空间和广场。

● 节能装置。

● 先进的能源管理系统。

● 公共区域和宴会前厅区域的自然通风以确保室内良好的空气质量。

● 通过建筑周边的超清晰的结构玻璃系统获取大量的日光。

● 就地取材，包括 10 万平方英尺的墙和天花板都覆盖着来自温哥华岛和阳光海岸的道格拉斯冷杉和铁杉木材。

▷ 评估工作

评估投资回报率对于努力实现绿色环保至关重要。投资回报率不仅指的是绿色会议的经济影响，还包括为实现可持续发展努力的成效。对于会议策划者和公司来说，在一开始就设定明确的目标是很重要的，这样才有可能衡量活动的成功或者失败。目前幸运的是，随着举办绿色会议的收益不断增加，行业内不断研制出新工具来评估这个过程。

碳足迹计算器

碳足迹计算器使策划者很容易地看到基于不同的起始点，哪些目的地航空旅行产生的碳排放量最少。策划者可以首先登记参加活动者的数量，确定这些参与者来自哪个地方，并且根据这些位置选择活动目的地。一旦选择了目的地，由此产生的碳足迹也就计算出来了，策划者可以将这一信息传递给与会者，这样他们就是否参加做出明智的决定。策划者也可以为与会者提供选择，通过不同的项目（如植树）来抵消碳排放量。

城市计分卡

根据城市环保项目，由计分卡来决定城市的排名。这将由城市会议一揽子计划中提到的会议促进局、会展中心及酒店来管理。有了这个计算方法，人们可以清晰地看到上榜的"绿色城市"，也可以了解已经被第三方认可的努力，这些努力已经奏效。

以卡罗来纳州度假村和水疗中心为例说明如何收集和测量数据。1 000 名代表选择在这个度假村度过 6 天。虽然一开始这里并不是特别的"绿色"，管理者通过改变标准操作程序和实施设备改建（如安装太阳能电池板）来满足客户的绿色需求。同时现场代表也加入到这项活动中，努力减少自己的消费。

活动期间，代表每天收集物品使用和所产生垃圾的数据，并在第二天早上的全体大会中作出报告。最后将总消费与上年举行的类似会议平均值相对比，结果令人震惊：总用电量减少 21%，用水量减少 48%，固体废物减少 34%。预计这些环保措施每年将会为度假村节省 100 多万美元。

对可测量成果的需求持续增长，企业也开始追求绿色战略的投资回报率，在此背景下衡量可持续发展因素的能力将变得越来越重要。比如寻找更精准的新工具来跟踪碳、能源、水、BS 8901 和整体会议的成果。新工具将与已有的工具共同使用，如节约纸张计算器和绿色计算器。

▷ 走向绿色 VS. 可持续发展

虽然两者有时可以互换，但是走向绿色和可持续发展有着不同的意义。

走向绿色（Going Green）指的是个体行动。一个人（或公司）可以通过消费习惯、行为和生活方式有意识地遏制对环境的有害影响。"绿色"（Green）这个词通常指的是具体的产品或服务，以及考虑到当前环境状态，但通常情况下它与对后代的总体影响无关。

可持续发展（sustainability）是一个含义很广泛的术语。它包括实施和执行计划来节省资源，同时提高绩效。（1）这个术语表明了一个公司对环境、社会影响力以及对经济的考虑。可持续发展是指既满足当代人的需求，又不损害后代人需求的发展。（2）绿色发展被视为可持续发展的一部分或者是可持续发展的结果。

可持续发展是昙花一现还是长久进行？绿色会议行业正在迅速发展，所有的指标都预示着这些做法最终将成为会议行业内的规范。随着大型绿色会议的召开，其连锁反应持续影响着方方面面，目前许多公司正在改变经营方式，期望实现积极的结果。随着越来越多的协会和企业追求绿色效应，供应商将对此做出回应，这些追求绿色的行动不会停止。

《会议媒体》（*Meeting Media*）主编泰勒·戴维森（Tyler Davidson）报道称："这（会展行业）是买方市场，买家呈现出绿色发展的需求。目前正在筹划或希望筹划绿色会议策划者的数量大幅度增加，其中包括51％的无党派人士（比过去调查增长16％），其次是46.8％的企业（比过去调查增长10.5％）和44.4％的协会活动规划者和政府活动规划者。"

TripAdvisor 2009年的调查显示，在2009年超过1/3的受访者表示，他们会选择入住环境友好型酒店或度假村。同时，32％的受访者表示，现在他们在旅游决策时环保意识更强。数据显示，我们将继续见证客户和消费者追求绿色的努力不断增加。会议规划者正在接收来自客户的挑战，反过来，他们在策划和执行会议时也给供应商带来了挑战。最终的结果是绿色会议、更好的环境、更快乐的员工和更快乐的与会者，共同为美好的世界做出贡献。

▷ 未来走向

- 绿色会议和社会责任是会展行业的未来。
- 绿色会议和社会责任将被纳入越来越多的会展活动之中。
- 许多国家的政府可能会要求将"绿色元素"加入到它们组织资助的会展活动中，并且这些元素是可衡量的。
- 将会有越来越多的"问责制"，要求策划者"证明"会展活动是绿色的。
- 更加注重"绿色环保"的成本与收益。为此，能够记录和计算实际的环保成本与收益是至关重要的。

□ 小　结

本章介绍了会展行业最新的发展动态、绿色会议和社会责任。这些都不是昙花一现，而是21世纪生活的真实写照。目前面临的挑战是如何将绿色元素与会展行业相结合。

□关键词

行规交流委员会（APEX）

绿色外衣（greenwashing）

碳足迹计算器（carbon footprint calculator）

循环（recycling）

企业社会责任（CSR）

社会责任（social responsibility）

绿色会议（green meeting）

可持续发展（sustainability）

绿色运动（green movement）

三重底线（triple bottom line）

漂绿（green sheen）

□复习及问题讨论

1. 从经济角度讨论会议走向绿色后的优点和缺点。

2. 会议经理如何评估绿色会议行动？

3. 分析走向绿色和可持续发展的差异，并举例说明。

4. 会议策划者如何控制和处理"绿色外衣"行为？

□参考文献

Harding，Dan. http：//eco-officegals. com/2010/01/10/guest-post-a-green-office-is-a-happy-office/

Spatrisano，Amy and Wilson，Nancy J.（2007）. *Simple steps to green meetings and events：The professional's guide to saving money and the earth*. Meeting Strategies Worldwide.

Davidson，Tyler.（2008）. *2008 Meetings market trends survey*. Meetings South. http：//www. meetingsfocus. com/Magazines/ArticleDetails/tabid/136/ArticleID/9722/Default. aspx

Green Meetings Industry Council.（2009）. *GMIC helps Clean the World*. http：//www. greenmeetings. info/GMIC _ News? mode＝PostView&bmi＝258546. Accessed December 18，2009.

Meetings Net. Strategic Meetings Management Special Report，*The Bottom Line*，July 1，2009. http：//meetingsnet. com/checklistshowto/checklist/0701-going-green-savings/

"Social Responsibility Boosts Employee Engagement," Management Issues May 2007. http：//www. management-issues. com/2007/5/9/research/social-responsibility-boosts-employee-engagement. asp. Accessed February 13，2010.

"Volunteaming," Ritz Carlton Web site http：//www. ritzcarlton. com/en/Meetings/SocialResponsibility. htm. Accessed February 13，2010.

Kilkenny，Shannon. *The Complete Guide to Successful Event Planning*. HotelsMag. com

" Our Responsibility," *MPI：Committed to improving our world*. http：//

www. mpiweb. org/AboutMPI/CSR. aspx. Accessed February 13，2010.

Ecomii，"Greenwashing," http：//www. ecomii. com/ecopedia/greenwashing. Accessed December 13，2009.

Greenwashing Fact Sheet. March 22，2001. http：//www. corpwatch. org/article. php? id＝242. Accessed November 14，2009.

What is Greenwashing? http//www. greenecocommunities. com/News/What-is-greenwashing. html. Accessed December 13，2009.

Lodging Magazine. "The Real Deal," http：//www. lodgingmagazine. com/ME2 / dirmod. asp? sid＝&nm＝&type＝Publishing&mod＝Publications％3A％3AArticle&mid ＝8F3A7027421841978F18BE895F87F791&tier＝4&id＝FD212DB2AA944808BF5CE6519 B2BCC06. Accessed November 9，2009.

McKinley，Shawna. "Coming Clean about Greenwash," http：//www. meetgreen. com/files/docs/DailyPlanIt08Jul. html. Accessed November 19，2009.

McKinley，Shawna. "Six Sins of Greenwashing," http：//greendestina-tions. blogspot. com/2007/12/six-sins-of-greenwashing. html. Accessed November 19，2009.

EcoMarketer， "The Seventh Lesson of the Sixth Sin," Issue 6 2008，http：// www. terrachoice. com/Home/EcoMarketer/Issues/05 _ 2008 _ Seventh _ Lesson. Accessed December 14，2009.

Wilson，Nancy J. "What is Greenwashing? Don't let the truth-stretchers pull the wool over your eyes," www. meetingsfocus. com. Accessed November 12，2009.

Wilson，Nancy J. "Selling Green Meetings to YOUR Stakeholders," http：//greenmeetings. travelportland. com/greenmeet 101/sellingGreenMeetings. html.

Kotowski，Karen. Chief Operating Officer of the Convention Industry Council，e-mail dated December 14，2009.

Neenah Paper. "Environmental Calculator," http：//www. neenahpaper. com/ECO-PaperCalculator/index. asp? ft＝Home. Accessed January 21，2010.

XeroxSustainability Calculator. http：//www. consulting. xerox. com/flash/thoughtleaders/suscalc/xeroxCalc. html. Accessed January 24，2010.

EPA Victoria，Ecological Footprint Calculator. http：//www. epa. vic. gov. au/ecologicalfootprint/calculators/event/introduction. asp. Accessed January 21，2010.

Meet Green. "Best Places to MeetGreen," www. bestplacestomeetgreen. com. Accessed January 21，2010.

Meet Green. "MeetGreen® Calculator"，www. meetgreen. com. Accessed January 21，2010.

Blue Green Meetings， "More Success Stories," http：//www. bluegreenmeetings. org/ MoreSuccessStories. htm. Accessed January 21，2010.

Meeting Strategies Worldwide， "State of the 2009 Sustainable Meeting Industry," https：//www. meetgreen. com/files/docs/MSWW _ 2009. SustainableMeetingIndustry. pdf. Accessed January 21，2010.

Meetings Net. （July，2007）"Carbon Neutral Events," http：//meetingsnet. com/green _ meetings/meetings _ meeting _ clean/. Accessed January 21，2010.

Green Meeting Guide. "Recognized Certifications," http：//www. greenmeetingguide. com/recognized-certifications. asp. Accessed December 14，2009.

AGME. "Certification in Green Meetings and Events （CGME™）," http：//www. agmeinc. org/index. php? option＝com _ content&task＝view&id＝11 &Itemid＝29. Accessed December 14，2009.

Green CIO. "What's the Difference Between Green and Sustainability?" http：//blog. gcio. org/2009/06/whats-the-difference-between-green-and-sustainability. html. Accessed June 15，2009.

"Green versus Sustainable Public Procurement," http：//ec. europa. eu/environment/gpp/green _ vs _ sustainable. htm. Accessed February 7，2009.

LOHAS Online：Lifestyles of Health and Sustainability, LOHAS Glossary, http：//www. lohas. com/glossary. html♯g. Accessed December 1，2009.

Sustainability and Securing Talent. http：//green-business-practices. suite 101. com/article. cfm/. Accessed February 15，2010.

"What Is Employee Engagement and How Can Your Company Use It to Increase Sales," http：//greenbusinessvillage. com/2010/02/12/. Accessed February 15，2010.

□本章作者简介

南希・贝莉 （Nancy Bailey），位于南卡罗来纳州的会展策划公司——Carolina Event Consultants 公司董事长。她在会展策划行业工作了十余年之久，为许多公司、协会及非营利机构提供策划建议和服务。获得南卡罗来纳大学公共关系文学学士学位，辅修酒店、饭店及旅游管理专业。

卡萝尔・佐克斯 （Carole Sox），目前在南卡罗来纳大学酒店、饭店及旅游管理学院从事教学工作。她在华盛顿的国家艺术馆工作时崭露头角，并在此受聘近十年。之后她在一家美国国内公司的市场营销和传媒部门工作，主要负责该公司地区性和全国性的会议活动。卡萝尔也曾在多所营利性大学工作。后来她在马里兰州圣・玛丽学院获得理学学士学位，在南卫斯理安大学获得市场营销学理学硕士学位。

桑迪・斯特里克 （Sandy Strick） 博士，毕业于普渡大学，曾在南卡罗来纳大学的酒店、饭店及旅游管理学院从事管理工作近 20 年。她曾为本科生和研究生教授会议管理、红酒品鉴及跨文化人力资源管理课程。斯特里克博士还是《会展行业概论》（*Meeting and Events and Introduction to the Industry*） 的合著者，这是最早的会议管理专业教材之一。

▷ **附录：绿色会议清单**

如果你在会议或活动策划时希望达到较高的绿色标准，以下内容可以为你提供实际指导。

沟通和营销

减少纸张的使用

● 鼓励参会人员线上注册以减少纸张的使用。

● 优先使用电子资料，若必须使用纸质材料，则应双面复印或打印。

● 在条件允许的情况下，通过移动设备提供材料。

● 在必须采用打印方式时，使用可回收再循环物料或经森林管理委员会（FSC）认证的物料。

● 把将要发放的材料固定格式，这样就能减少纸张的使用。

● 在允许的情况下使用电子注册包（digital registration bag）。

● 将胸牌回收再利用。

● 将环保实践告知员工、参会人员以及其他的利益相关者。

● 通过回顾往届同规模活动的情况，与员工一起预估出此次活动所需要的材料和手册数量。

选用可回收、可循环的材料

● 在允许的情况下使用可回收、可循环的材料。

● 使用FSC认证的纸张。

● 使用能源之星（Energy Star）认证的打印机和植物基油墨来打印材料。

● 限制使用难以回收的材料（如光面纸、鲜黄色纸及荧光纸）。

宣传材料

● 使用电子版的广告、促销及注册材料。

● 要求所有的横幅和标志都能重复使用，同时确保它们由可循环材料制成。

● 优先使用水基胶黏贴邮件标签。

● 使用电子版活动确认函，只在客户要求的情况下邮寄纸质版。

● 限制纸质版活动计划手册的数量，鼓励参会者使用电子版手册。

现场资料

● 在会议现场打印活动材料，而非将其运输到活动现场。

● 将塑料胸牌回收再利用，为了鼓励参会人员归还这些物品，可以考虑收取押金。

● 在会议开幕当天使用电脑注册。

● 在会议结束后将参会手册、宣传材料及会议要点通过电子邮件发送给参会人员，或者将这些内容发布到网络上。

● 鼓励通过 USB 设备存储电子版会议材料。

● 使用磁性写字板而非白纸活页写字板。

● 只有在参会人员主动要求的情况下才提供纸笔，且要由可循环材料制成。

● 确保每个赞助商都签署了宣传材料环保指南。

赞助商和嘉宾使用的材料

● 鼓励演讲嘉宾提供所讲内容的电子版本，并将这些内容发布到会议/主办方的网站上。

● 如果纸质材料的使用不可避免，那么应要求演讲嘉宾签署打印材料的环保指南。

食物和饮料

总体原则

为了减少准备过剩而带来的浪费，要提前确定参会人员数量。

减少使用一次性餐具

● 优先提供可重复使用的玻璃容器，避免使用一次性餐具。

● 鼓励参会人员在咖啡站使用马克杯和饮水机，而非一次性水杯。

● 如果一定要使用一次性容器，应选用可降解材质。

● 用可重复使用的搅拌勺代替塑料/木质搅拌棒。

● 使用餐布和桌布。

● 通过鼓励参与者喝罐装或者瓶装水，减少额外的玻璃器皿和餐具的使用。

餐饮服务

● 提供当地种植的有机食材和应季蔬菜。

● 使用公平贸易产品（特别是从发展中国家进口的采用树荫栽培的有机咖啡、茶、巧克力和可可）。

● 提供壶水服务，避免瓶装水。

● 为参与者提供一个可重复使用的水瓶或杯子，方便其在活动期间使用。

● 通过鼓励供应商使用可重复使用的容器，避免使用大量一次性的包装。

● 确保食品和饮料的包装是可循环使用的。

● 优先购买散装的调味品、烹调原料和饮料。

● 要求提供的所有食品和饮料调味品都放在散装容器里，而不是独立包装。

● 避免使用菜肴饰物或只用可食用的装饰物。

- 把剩余的、准备好的、没有食用的食物捐赠给当地的避难所和/或厨房。
- 提供素食餐以供选择（蔬菜餐比肉类餐的能量消耗更少）。
- 只提供可靠方式获得的海鲜（养殖和捕捞、操作管理）。

酒精类饮品

- 提供源自当地的有特色的酒精类饮品。
- 优先选择可重复使用的陶瓷或木制杯垫，而不是一次性的杯垫。
- 用餐布或可降解的替代品取代一次性的餐巾纸。
- 要求酒精类饮品只从包装和容器都很容易回收的制造商处购买。
- 确保所有的瓶子和罐子都可回收。

厨余垃圾堆肥

- 确保厨房垃圾以及用过的食品进行堆肥处理。
- 确保剩余的、没有用过的、准备好的食物不进行堆肥处理，而是将其制作成员工餐或捐赠给当地食品存取站、团体组织或是慈善机构。

合同和供应商

- 与所有承包商和供应商清楚地说明和沟通活动的可持续发展的指导方针。
- 供应商合同中要包含所有食品和饮料的可持续发展的指导方针。

活动项目

回收倡议

- 在各种方便的地方放置有明显指示牌的回收箱。
- 在回收区域内安排顾问，便于指导回收工作和解决问题。
- 在有需要的接待区域提供小垃圾桶，如果活动的主旨是零废弃物的话则不提供垃圾桶。
- 通过邮件形式或在活动官网上发布信息，将整个回收项目提前通知给参与者。
- 在会议开幕式上或者大会的专题讲座上，同参与者沟通回收废物和预防措施倡议，在转场过程中定期提醒倡议的参与者。

回收标志

- 贴上清晰明了的标志来说明每个垃圾桶可回收的材料类别，同罐子、瓶子、纸张、有机物等区别开。
- 如果有的话可以使用写有回收内容的数字标牌或者是纸制标牌。
- 如果使用纸制标牌，要遵循与沟通和营销部分相同的指导方针。

设计和装饰

- 要求所有的摆设和装饰品都是"绿色的"，比如鲜花在之后的活动中可以再次利用。

● 如果使用"绿色"装饰品，那么要鼓励参与者带走他们的垃圾，从而消除垃圾。

● 确保每一个设计和装饰所用的材料都是可回收和可循环使用的。

食品服务供应商

● 要求使用可重复利用的容器在活动过程中传送食物。

● 制定一个无浪费政策，规定供应商处理垃圾的责任。

● 在活动结束后对于过度浪费收取费用。

清洗服务

● 确保客房服务人员使用无毒、环保的清洁方法，例如，使用有绿色环保认证标志的产品。

● 要求客房服务人员以可重复使用的毛巾取代纸质清洁巾。

能源和电力

● 活动过程中购买绿色能源，并且通知参与者使用可再生电力。

● 活动设备经理务必要确保会场的恒温器保持最小功率，但同时要确保舒适的温度，以减少能源消耗。

● 在会议和展览区域利用自然光线。

活动的工作人员

● 在活动开始之前跟工作人员沟通活动的可持续发展指导方针。

● 确保员工在适当的环保行为上接受有效的培训，例如，分类回收、减少浪费以及有机废物的堆肥。

● 成立一个由来自各方利益相关者组成的绿色委员会，来监督活动和监控活动的可持续发展指导方针。

● 实施活动参与者的奖励计划，鼓励活动参与者、工作人员和委员会成员负有责任的行为。

展品和参展商

减少包装赠品

● 要求所有参展商不过度包装任何赠品，参展商负责丢弃/回收包装。

● 鼓励参展商选择可回收材料制成的或者是可重复使用的物品或赠品。

● 考虑采购环保包装（纪念品、衣服和礼物）。

参展商的宣传材料

● 将沟通和营销材料的环保指导方针扩展到宣传材料和参展商。

● 和参展商沟通预期的参与者数量，以使浪费最小化。

● 鼓励参展商携带较少数量的宣传材料，并且要求参展商在它们的网站上提供电子材料作为替代。

包装材料

● 鼓励参展商再次使用到达活动场所时所用的盒子或包装。

● 实行打包政策或零浪费标准以确保参展商带走他们参加活动所带来的所有东西。

● 不鼓励参展商在展会现场使用任何外部化学物质。

活动闭幕协议

● 使用退场程序，要求参展商在离场前与活动工作人员沟通，确保他们的区域是干净的，杜绝浪费。

● 对那些离开时丢弃材料、垃圾、地毯或者是参展带来的其他物品的参展商进行罚款。

展台和展品的回收利用

● 鼓励参展商在展台和展品的制作和装配过程中使用可回收利用的材料。

● 鼓励参展商使用在以后展会上可以重复利用的展台和展品。

奖励绿色参展商

● 在活动结束后，颁发"绿色参展商奖"，在所有参展者面前褒奖获奖的参展商。

食宿

总体原则

● 通过环保等级项目（如环保钥匙），对所有的住宿提供商进行认证。

● 强调任何住宿提供商都需要签署特定行业环保守则。

● 要求潜在的住宿提供商有内部环境政策/准则，考虑废除所有住宿提供商不支持活动的可持续发展目标的环境政策/准则。

● 前往住宿提供者现场参观，以确保酒店环境符合要求。

● 要求住宿提供者在酒店提供专用频道，包含有关活动的具体信息以及所有重要的更新信息。

● 在客人没有特别要求的情况下，要求酒店每隔一天更换一次床单和毛巾。

住宿地点

● 优先选择可以步行到活动现场的酒店，这样可以避免乘坐交通工具。

● 参与者可以步行往返酒店。

● 如果一定要乘坐交通工具，选择既提供住宿又提供往返酒店和活动现场的摆渡车的酒店。

活动参与者的合作

- 要求参与者在酒店重复使用床单，而不是每天都叫清洗服务。
- 提醒参与者，在离开房间一段时间时，关闭电灯、电视、空调以及加热器。

交通

综合交通

- 为那些不能亲自来到活动现场的参与者提供网络会议。
- 在活动区域建立自由活动区。

环保的（low-impact）航空旅行

- 告知活动参与者乘坐执行"碳排放抵消"项目的航空公司。（碳抵消是用购买"碳信用额度"的方法来抵消每个人在日常生活中生产的温室气体。换句话说，我们每天都在不停地制造温室气体，如汽车尾气，这些温室气体会破坏我们的环境，为了抵消我们自身行为对环境的不良影响，我们可以采取补偿方法，比如种植树木。碳排放抵消项目的主要目的就是减少空气中有害的温室气体。大体上来讲，碳排放抵消项目提供给个人与企业一个很好的机会，使大家可以更好地为环保事业做出积极贡献。如果一个企业在其生产过程中排放了许多碳污染物，那么理论上来讲，它就应当购买相应数量的"碳信用额度"用来中和自身的污染行为。销售"碳信用额度"的收入用来资助植树活动或者其他改善环境的项目研究。购买碳信用额度十分容易并且非常有效。当你的"碳抵消"等于自身的"碳排放"时，那么你就做到"碳中和"，也就是对环境没有不良影响。）
- 同当地的碳排放抵消公司合作，要求它们在活动现场设置展台或展区，直接销售碳排放额度。
- 同执行碳排放抵消项目的公司合作，如果大量购买排放抵消，则会给予打折价。
- 请当地的排放公司代表简短地介绍一下抵消排放的重要性。
- 为那些购买排放抵消的参会者减少参展费用。

往返酒店摆渡车服务

- 鼓励所有的参与者乘坐摆渡车一起往返活动现场。
- 与住宿提供者共同制定摆渡车的出发和到达时刻表。

零排放的选择方案

- 与当地的自行车供应商合作，给那些选择骑自行车往返酒店和会场以及参观城市的参与者安排自行车租赁服务。
- 建立一定量的带有设施管理器的自行车存放区域。

公共交通通行证

- 位于小镇或位置偏远的酒店会为参与者提供公共汽车或公共交通服务，并提供从酒店到展会现场的方向标。

● 对于那些必须使用交通工具来活动现场的代表们来说，参加活动的总体费用中包括通行费用。

混合动力汽车租赁

● 针对那些对私家车有需求的参与者，与可以提供混合动力汽车的汽车租赁公司进行合作。

● 要求在活动开始前预留混合动力汽车，时刻准备着客户取车。

● 和停车场管理人员合作，为开混合动力汽车的参会人员分配一定数量的停车位。

混合动力出租车

● 使用有大型的混合动力车队的出租车公司，鼓励参与者优先使用混合动力出租车。

● 在活动开始前通知出租车公司，并与出租车公司沟通活动的可持续发展指导方针。

泊车

● 鼓励通过会展官方网站或者是主办方官网选择专用泊车位，允许当地参与者和汽车租赁用户自行安排泊车。

● 和停车场管理人员合作，为参加展会的人员分配一定数量的停车位。

信息技术

网站和在线信息

● 要求活动场地或主办方在其官网上创建一个板块，其中包含只有参与者才能获得的活动宣传资料，或要求活动的网站上提供一个可以进入该主办方官网的链接。

● 通知并定期提醒参与者关注网站和网站上的信息。

设备

● 鼓励多使用笔记本电脑，少用台式电脑。因为笔记本电脑的耗电量比台式电脑的耗电量更少。

● 在活动期间激活所有设备的休眠模式，包括电脑注册地区投影仪和参会者的个人电脑。

● 如果购买活动需要的设备，优先选择能耗量少的"能源之星"节能产品。

回收零件

● 为打印活动相关材料准备可回收的墨盒。

● 要求可回收的打印墨盒装植物基油墨。

● 收回所有的电子垃圾，例如活动结束后留下的打印墨盒。

资料来源：第四国际联合书记处（USFI）、西雅图旅游局（Visitseattle.org）、温哥华会议中心、绿色酒店协会（Green Hotels Association）、专业会议管理协会（PCMA）。

有关术语介绍：

森林管理委员会（FSC）：森林管理委员会是一个非营利组织，制定一些高标准来确保森林以环保和对社会有益的方式来使用。如果一个产品，例如一件户外家具贴上"森林管理委员会认证"，就意味着这件家具使用的木材和制造商符合森林管理委员会的要求。

能源之星（energy star）：能源之星是美国能源部和美国环境保护署共同推行的一项政府计划，目的是降低能源消耗及减少温室气体排放。该计划最早是自愿性的，并在世界范围内以最大的努力来推动节能消费产品。

绿色能源（green power）：绿色能源是指可再生能源或用无污染和无公害技术产生的能源，如空气涡轮机（风车）、地热发电厂、太阳能电池。

公平贸易产品（fair trade products）：公平贸易产品是指有国际公平贸易认证标志的产品。它必须来自公平贸易认证组织（公平贸易商标检验和认证机构）的检查和认证；作物种植和收获要按照国际公平贸易标签组织设定的国际公平贸易标准来执行；供应链也必须由公平贸易认证组织监控，确保贴标产品的完整性。

认证的绿色密封产品（certified green seal）：绿色密封产品是指经绿色密封认证合格的产品，通过了严格的测试和评估。测试和评估使用的方法是生命周期法，这意味着它们从物质提取、继续制造和使用，到最后的回收和处理等各方面评估产品或服务。

第 14 章

国际会展行业动态

学习目标

- ● 世界各地的贸易展和会议有什么不同
- ● 不同地区贸易展会行业的地位
- ● 不同国家的术语和协议有何不同
- ● 参加国际贸易展或会议之前要考虑的事项

▷ 引 言

随着国际交流和旅游业的发展，世界各地商业运行的方式也发生了惊人的变化。25 年前，只有几家最大的公司在考虑国际化。而如今，几乎每个大公司都开展了国际业务，拥有海外分公司。

这就导致会展行业也开始向世界范围扩张。在本章，我们将会看到国际会展行业业是如何逐步发展的，以及世界各地的会展行业有哪些不同。

第 69 届国际展览联盟（UFI）大会在德国慕尼黑举办，展会期间发布了一些关于国际**贸易展**（trade fair）行业的惊人数据。德国展览委员会首席执行官赫尔曼·克雷斯博士宣布，德国贸易展带来的经济收益是 230 亿欧元，并且会展行业全职就业岗位达 25 万个。"该报道显示，从组织机构卖出的实际展位面积角度来看，整个亚洲会展市场在 2005 年增加额超过 12%。据 UFI 调查，2005 年展位销售超过 1 000 万平方米。中国仍然是最大的市场，占亚洲地区展位销售的 40%，日本紧随其后，位居第二，韩国第三。"无论在哪里举办，国际会议和展览的目的都是相同的——交流、学习、扩大人际网络和寻找市场。

▷ 全球会展行业的区别

尽管目的相同，但是由于文化和商业的影响，世界上不同地区的展览和会议也存在不同的模式。在本节内容里，将调查世界各地举办的不同类型的展会，讨论它们在范围和操作方面的区别，看看世界上哪些地区把贸易展作为销售的主要手段。本章在最后列出了各个国际贸易展组织及其网址。

欧洲

贸易展的发源地是欧洲。在中世纪，当农民和工匠拿着他们的产品和商品去城市中心和他们的客户群进行交易时，这个概念就开始兴起。虽然 20 世纪的世界大战摧毁了欧洲的工业，但今天的欧洲仍是国际贸易展览的聚焦点。

2009 年德国汉诺威国际信息及通信技术博览会报告

2009 年德国汉诺威国际信息及通信技术博览会有一个良好的开端和圆满的结束，世界各地对电子信息行业的发展也更加乐观。来自 69 个国家的 4 300 家公司参加了这次博览会，它们中的大多数都在这次博览会后树立了对该行业更加乐观的态度。大量的参展商和参观者带着大量的订单，怀着轻松愉快的心情离开汉诺威，这次博览会为他们的新业务打下了坚实的基础，没有辜负他们的期望。

超过 40 万名参观者（比前一年人数下降 20%）来到 2009 年德国汉诺威国际信息及通信技术博览会开展新业务。然而，贸易展会参观者比率的显著增加意味着参观者对该博览会的期望更高了。据报道，准备充分、有备而来的公司，其重要业务增长超过 20%。参加本次博览会对参展商和参观者来说都是一项很好的投资，它给每个人都带来了真实的收益。海外参展商的百分比仍稳定在 20%。美洲和中东参与者的增加量刚好抵消亚洲参与者的减少数量。

资料来源：http：//www.cebit.de/show_report.

出现这种现象主要有两点原因。首先是地理位置——欧洲一直是世界的交叉口。来自世界各地的乘客和货物都能够到达位于富兰克林、伦敦、阿姆斯特丹、巴黎和罗马的国际枢纽机场。除此之外，欧洲境内四通八达的铁路运输网基本可以使人们在一天之内从一个国家到达任何另一个国家。贸易展发展的第二个原因是欧洲的工业基础。通过美国帮助恢复重建，欧洲在战后的几十年内恢复了它的制造和配送基地。在欧洲各国政府的帮助之下，欧洲工业中心开发出了世界其他地区无可匹敌的贸易展设施。

世界上最大的会展场馆

当一个地区面临空前的经济冲击时，政府和私人企业就会合作，一起成功地建设一个贸易展览场地，德国汉诺威可以作为一个参考样式。

汉诺威博览中心由汉诺威工业博览会公司管理，是世界上最大的展览场馆，包括 500 万平方英尺的室内展览场地和包括展览场地、餐厅、仓库和会议设施在内的 100 万平方英尺的室外场地。更重要的是，当地政府和展览会管理公司一直合力打造优越的交通条件和住宿设施。当地公司也一直致力于打造世界上最好的设施。

德国被认为是欧洲工业和贸易博览会的中心。仅在德国，贸易展就有 105 亿美元的市场。每年有超过 16.5 万家参展商参加 133 场国际展会。在德国的贸易展会中，超过 40% 的参展商来自非欧盟国家。欧洲排名前五的贸易展会场馆有四个坐落在德国（汉诺威、美因河畔的富兰克林、科隆、杜塞尔多夫）。另外，世界上五个最大的国际展览，全都在德国举办，它们是：

- 汉诺威工业博览会——工业；7 000 余家参展商。
- 汉诺威国际信息技术及通信技术博览会——信息技术；8 000 余家参展商。
- 汉诺威国际地面材料展览会——地板材料；3 000 余家参展商。
- 法兰克福图书展——图书；4 000 余家参展商。
- 汉诺威国际生物技术展览会——技术；3 000 余家参展商。

意大利是另外一个国际贸易展活动中心。米兰是世界时尚贸易博览会的中心，吸引着来自世界各地的买家参加米兰几乎不间断的时尚类贸易展销会。罗马希望与汉诺威和杜塞尔多夫在工业博览会方面一比高下。意大利的很多展会都得到全国各个城市的世界贸易中心的大力资助。

英国每年举办 1 800 余场展览会，450 多个展馆共吸引了 1 730 万名参观者。位列前十的展览会包括：

- 伯明翰春季国际博览会
- 伦敦国际旅游展览会
- 伯明翰家具展
- 伯明翰秋季交易会
- 伯明翰国际安全科技专业大展

比荷卢经济联盟也有很强大的贸易展项目。阿姆斯特丹、鹿特丹、布鲁塞尔、史基浦机场等都有完善的设施。法国新的会议设施也吸引了新的贸易展。此外，这些国家的世界贸易中心是贸易展推广和运作的中心。

也许，欧洲贸易展发展最快的是东欧国家。萨格勒布、贝尔格莱德、华沙都建设了新的设施，最近莫斯科也投入使用了新设施。

据预期，欧盟的不断发展、欧元的统一以及贸易壁垒和关税的取消会使欧洲的贸易展和工业博览会继续发展。

汉诺威工业博览会

2009年4月20日汉诺威工业博览会开幕。

4月19日是周日，德国总统霍斯特·克勒宣布2009年世界上顶级的技术展览会之一——汉诺威工业博览会正式开幕。从4月20日到24日，共有来自61个国家的6 150家参展商在汉诺威22.48万平方米的展览场地上展出它们的商品。

参展商展出了它们在工业自动化、动力工程、电力、加工外包、研发等领域的产品和创意。为了增加附加值，还有大量论坛、会议、研讨会和研习班与丰富的展览交相辉映。

除了德国，汉诺威工业博览会最大的展商代表团来自意大利，大约有500家参展商。来自当年的伙伴国韩国的参展商有210家，同时中国有480家参展商参加。印度作为2006年汉诺威工业博览会的伙伴国，2009年有129家参展商参加。土耳其有180家参展商、中国台湾127家、瑞士125家、法国113家、北美洲95家、西班牙85家、荷兰84家。

资料来源：http://www.german-info.com/press_ shownews.php? pid=1015.

莫斯科国际旅游交易会

2008年莫斯科国际旅游交易会取得巨大成功

第14届莫斯科国际旅游交易会于2008年9月23—26日在莫斯科克洛库斯展览中心（IEC Crocus Expo）举办。这次展览会取得巨大成功，来自世界112个国家和地区的1 095家参展商（其中包括75个旅游局）参加了这次展览会。

按惯例，莫斯科国际旅游交易会在莫斯科秋季旅游文化周（MATIW）举办，2008年莫斯科旅游交易会迎来了史上最多的俄罗斯和国际主力参展团队。

莫斯科秋季旅游文化周

莫斯科秋季旅游文化周是俄罗斯旅游市场主要的秋季展会项目，吸引到的专业观众和游客一年比一年多。2008年，俄罗斯最大的展览中心克洛库斯再一次成为该展览会的举办场地。在该展馆里，有现代化的设备和先进的基础设施。在克洛库斯展览中心举行莫斯科秋季旅游文化周可以为参展商和参观者提供高水准的服务。

以下为2008年莫斯科秋季旅游文化周的各项数据：

展览空间：2.3万平方米

参展商：1 395家

展商来源：129个国家和地区

专业观众：7.115万人

2008 年参展国家和地区

阿布达比酋长国、阿根廷、澳大利亚、奥地利、巴巴多斯、白俄罗斯、巴西、保加利亚、柬埔寨、智利、中国、克罗地亚、古巴、塞浦路斯、捷克共和国、多米尼加共和国、迪拜、厄瓜多尔、埃及、芬兰、法国、富查伊拉、德国、加纳、英国、希腊、匈牙利、印度、印度尼西亚、以色列、意大利、约旦、肯尼亚、韩国、老挝、拉脱维亚、立陶宛、马来西亚、马尔代夫、马耳他、毛里求斯、墨西哥、摩纳哥、黑山共和国、摩洛哥、缅甸、尼泊尔、新西兰、挪威、阿曼、秘鲁、菲律宾、波兰、拉斯阿尔卡麦、罗马尼亚、俄罗斯、圣巴泰勒米岛、塞舌尔群岛、沙迦、新加坡、斯洛伐克、南非共和国、西班牙、斯里兰卡、瑞士、坦桑尼亚、泰国、突尼斯、土耳其、乌干达、美国、乌兹别克斯坦、委内瑞拉、越南、津巴布韦。

9 月——俄罗斯旅游专业人士最好的时光

对于旅游专业人士来说，9 月是一个忙碌的时段：签订新的业务合同、确定秋冬季旅游产品的标价。对于那些异域、远途、冬日可以沐浴阳光的旅游地，这段时间是最好的展览时期。莫斯科秋季旅游文化周为现代旅游行业提供了一次展示其现代环境的绝佳机会，也为寻求利润的旅游专业人士提供了一次机会。

春季的展览会主要集中于日光充裕的旅游地，主要在欧洲，而 9 月的莫斯科国际旅游展览会被认为是所有冬日阳光充裕、充满异域风情、远途以及冬日旅游目的地（包括滑雪度假村、温泉胜地以及短期旅行地）必须参加的展览会。

2008 年莫斯科国际旅游博览会开幕式

开幕式迎来了有史以来最多的参观人员。包括俄罗斯联邦旅游局局长亚罗奇金，西班牙国家旅游及内贸局局长胡安·梅斯戈达，埃及旅游局局长 Amr el Zab，安道尔共和国经济发展、旅游、文化和大学部长 Juli Minoves Triquell，阿曼苏丹国驻俄罗斯联邦大使 H. H. Sheik Abdullah al Hossani，菲律宾旅游局副局长 Phineas Alburo。

更容易到达

到达克洛库斯国际展览中心的路又新增了一条，斯特罗吉诺地铁站投入运营，这得到了参观者和参展商的高度评价，因为这使他们更容易到达展馆，并且用时比以往短了很多。展馆容易到达，免费停车位有 1.2 万个，展馆现代化，设备先进，这使得克洛库斯国际展览中心成为莫斯科最好的展馆。

旅游人才综合项目

展览前三天非常忙碌，而且教育性会议、各国家展示日、专题研讨会和各种网络活动独特地组合在一起。

拉丁美洲日（Latin America Day）是 9 月 24 日，这是该展览会的一大亮点，由 Natalie Tours 赞助，巴西旅游局、委内瑞拉旅游局、多米尼加共和国旅游局、阿根廷驻俄罗斯大使馆、古巴旅游局、加勒比俱乐部、旅运公司、秘鲁旅游公司、阿根廷旅印公司、巴西旅游公司等支持和合作举办。举行的活动包括国家展示、民族舞蹈、圆桌会议等，晚上还有俄罗斯各旅行社举办的拉丁美洲聚会。

俄罗斯莫斯科商业服务论坛

第 4 届国际俄罗斯莫斯科商业服务论坛（MIBEXPO Russia Conference）是这次展览会的又一亮点，在为期两天的日程中，代表们有机会见到国际和俄罗斯的专家。会议由俄罗斯商务旅行社协会副会长主持。著名专家为这次会议的成功召开做出了很大贡献，他们为代表们提供了研讨会、高级讲习班和圆桌会议。这些优秀的国际专家包括 AIM 公司国际事务主管 Michel Neijmann、理查德·路易斯通信集团主席理查德·路易斯、ITP 公司合作伙伴关系处主管伊恩·艾普斯、社会动机与旅游管理协会代表塔索·帕帕斯、国际旅游市场行销协会副主任 Kristina TSeyen。

水疗和健康会议

第 4 届国际保健旅游会议（水疗 & 健康）于 9 月 24 日举行。该会议也是旅游博览会的亮点之一。会议为专家提供了一个平台，用来了解更多的水疗技术和保健产业的全球动态。会议为来自世界各地的水疗产业专家提供了一次面对面交流的机会，也让他们有机会获取世界保健旅游市场的第一手消息。

来自国际和俄罗斯的著名专家分享了他们关于商业的观点，讨论了保健旅游业基本和时下的一些话题（比如质量标准），为水疗和疗养胜地提供了一些策略，对员工进行了基本的培训。

2008 年莫斯科国际旅游展览会数据：

展览场地：1.9 万平方米

参展商数目：1 095 个

国际参展商：604 个

俄罗斯参展商：491 个

出席的国家和地区：112 个

专业观众：6.225 万人

资料来源：http://www.tourismexpo.ru/en/.

亚洲

在过去的 15 年中，亚洲展会业的发展十分惊人。通过建设新设施并在政府的推动下，在短短的十几年内，该行业从起步发展到了世界水平。亚洲贸易博览会主要专注于高科技、消费型电子产品和食品。然而，所有种类的制造产品和服务行业都得到了充分的展示。亚洲展览会由类似世界贸易中心的贸易组织或政府资助。

中国台湾和新加坡是亚洲展览业的支柱。中国台湾拥有优良的设施，通常资助半导体、家用电子产品和食品工业展览会。在北美和欧洲举办的展览会中，中国台湾也处于世界领先地位。

新加坡是主要的目的地城市，因此吸引很多参观者参加其纺织、时尚、食品、电子产品展销会。新加坡十分具有吸引力，因为这里有完善的交通设施，包括一个能飞往各大洲的世界级机场。在这里，从每一处设施或景点步行或者乘坐出租车都可以很轻松地到达另一处。新加坡政府十分重视展览业。新加坡贸易发展局致力于把新加坡打造成国际展览名城，它为新加坡和国际举办方举办的展览会提供财政和市场支持。它也是展会管理服务委员会（EMSC）主席国，该委员会是由政府机构、行业协会、商会和会展公司联合组织的。

随着中国向国际贸易市场敞开国门，其展会的数量和质量都在提升。香港、上海、北京等地已经建设了新的设施。上海国际展览公司占地150万平方英尺。最近的贸易展销会主要集中在日用消费品、食品和电子产品行业。在香港，超过30家展会主办方是香港展览与会议业组展商和供应商协会的成员，包括商业公司、协会和政府机构。

中国

关于中国会展业的介绍引自上海师范大学旅游学院会展管理系副教授、主任王春雷的研究。

在中国，"会议和展览"是在20世纪80年代提出的。如果把词组"会议和展览"输入谷歌，我们可以搜索到各种术语，例如"会议产业"、"展览产业"、"会展产业"或者"会展旅游产业"。换句话说，中国的专家学者对会展产业的范围持不同的观点。但是就像其他很多国家一样，"活动"这个词在中国越来越受欢迎。活动管理作为一门独立的学科也随之渐渐得到业内人士的普遍认可和接受。

中国当前的年GDP以近8%的速度增长，经济改革不断深化，已经成为世界上最大的原材料和产品交易市场之一。经济的繁荣、中国加入世贸组织之后监管体制的放宽、不断涌入的需求，这些因素都极大地促进了中国会展产业的快速可持续发展。同时，奖励旅游、节庆及特殊会展活动在中国政府中越来越流行。

会议和展览　1978年全年，在中国举办的国际会议和展览只有6场，中国参加的海外展览只有21场。中国第一家展览公司，上海国际展览公司（SIEC）成立于1985年。今天，在中国举办的展会数量和规模已经增长了百倍，并且已经深入到国民经济的方方面面；每个产业都有自己的国际专业展览会。截止到2007年底，中国共建有220个大中型展览中心，室内展览场地面积已经超过300万平方米。2008年，在中国举办的正式展会已经超过3 000场，直接收入达到140亿元人民币（20亿美元）。相关产业的收入约为1 300亿元人民币（186亿美元），实现了巨大的经济社会效益。

中国内地形成了五大会展产业经济带，分别是长三角区、珠三角区、环渤海区、东北区和中部地区。许多贸易展会已经延伸到中国西部，例如，成都、重庆和西安。就规模和影响力看，北京、上海、广州是中国会展产业最重要的三个城市，占全国市场份额的10%～20%。

总体来说，目前中国会展产业还存在诸多问题，原因有5个：很多城市缺乏产业定位、政府参与产业管理、国内会展公司实力欠缺、缺乏国际竞争力以及落后的专业教育和培训。例如，迄今为止，全国会展类协会只有两家：中国会展经济研究会（CCES）和中国展览馆协会（CAEC），但是中国会展经济研究会主要进行研究工作，而中国展览馆协会的成员都是会展场馆。而且不同政府部门要对其管辖领域和等级相关的会展活动进行审查。这就是说，如果一个贸易展会组织者打算在上海举办一场展览，那么必须得到相关政府部门的批准，审查内容主要包括展览的主题、参展商或来宾的范围（国际或国内）以及组织者的资质。

可喜的是，中国会展产业在各方面正在不断变化。例如，很多城市开始意识到会议的重要性，这有利于平衡会议产业和展览产业的发展。而且，为了进一步优化市场交易，相关政府部门组织不同领域的官员和专家起草了会展产业相关的法律法规，以期为国内外资本自由竞争创造公平的环境，最终通过竞争和合作实现会展资源的优化配置。

节庆和特殊活动（FSE）　随着中国经济的快速发展、人民生活水平的提高，节庆和各种主题的特殊活动受到越来越多地区政府的欢迎，尤其是旅游部门。总的来说，中国节庆和特殊活动产业显示出不同的特点：活动内容丰富多彩，包括娱乐、体育和贸易展；文化、旅游、体育和制造产业融合在一起；很多节庆或特殊活动中既有公共服务又有私有产品。最重要的是，中国节庆和特殊活动发展过程中，文化和艺术的重要性不断提高。

但是还有很多目光短浅的现象导致活动操作过程中效率低下。在德国、法国、美国、中国香港及其他节庆和特殊活动繁荣的国家和地区，产业管理主要取决于自我规范和自我约束。总体来说，政府只介入基础设施、行业政策制定以及协助为当地特色节日（尤其是国际活动）吸引观众。但是目前，中国各级政府在节庆和特殊活动发展过程中扮演着裁判员和运动员的双重角色。节庆和特殊活动经常是由政府包办或者转包的。

另外，从更广的角度看，中国政府仍然管理着节庆和特殊会展活动的分类和分级工作。这就意味着政府放开了它的宏观管理权力，将权力下放到例如商务部、科技部、文化部以及贸促会等部门。这种管理体系很容易导致制度问题。在这种交叉管理的形式下，政府没有显示出它在数据、计划、制定政策或法规方面的判断控制能力。

奖励旅游　奖励旅游是中国旅游业新兴的商业形式，有着广阔的市场。越来越多的中国机构和公司开始实行奖励旅游，很多传统旅游中介开始调整商业模式来提供新的服务。

同时，出现了很多专业贸易展，最著名的两个是中国（北京）国际商务及会奖旅游展览会（CIBTM）和中国（上海）国际奖励旅游博览会（IT&CM China）。CIBTM 成立于 2005 年，是中国最早的关注商务旅游、奖励旅游和会议的国际展览，现在已经成为中国及亚洲专业奖励旅游产业的驱动力。CIBTM 不仅提供展览，而且为参展商创造与对产品或服务感兴趣且有资质的买家见面的机会。

目前在中国，将奖励旅游作为管理工具的组织主要是外资公司，如安利、惠普、IBM、三星和微软。很多国内公司没有意识到奖励旅游的真正影响，只是把它作为一种福利提供给员工或客户。所以，中国旅游服务提供商，尤其是那些有实力和经验的商家，应该为专业客户开发提供可持续的产品。

中国拥有丰富的旅游资源、有竞争力的价格以及良好的旅游形象，有实力成为世界上最受欢迎的奖励旅游目的地。另一方面，随着经济迅速繁荣，中国也会成为重要的奖励旅游市场。很多国家，如澳大利亚、新西兰、埃及都面向中国消费者制定营销战略。

韩国及其他国家

韩国首尔的 Coex 会展中心占地 40 万平方米，提供一站式服务，拥有展览区、酒店、娱乐及购物区，还与机场连接。它提供一站式服务，是未来会展中心的范例之一。

泰国是服装和纺织品贸易展的中心。曼谷便利的交通设施给世界各地的游客提供了方便。其他国家，例如，越南、马来西亚、印度也在政府促进下启动贸易展项目。在其他国家，基础设施通常由政府运营，活动由各种政府机构支持。越南在服装和贸易展会方面实力不俗，而印度则走在了亚洲信息技术和软件展的前沿。

非洲

非洲旅游产业的发展得益于乌维·P. 赫尔曼的贡献。他是旅游与酒店管理硕士，现任南非茨瓦尼科技大学旅游管理学院的讲师兼研究员。他的研究方向集中在发展南非负责任、可持续的旅游及会展项目。

非洲有两大主要会展中心区：埃及和南非共和国。非洲会展产业在过去的几十年里有长足的发展，尤其在南非。20 世纪 90 年代以来，南非旅游业在非洲乃至全球的重要性不断提升。目前南非占全球旅游市场份额超过 1％。国际会议协会最近在国际会议目的地排名表中将南非列为第 31 位，而国际会议联盟则将南非排在第 28 位。在非洲范围内，在南非举行的旅游会议数量遥遥领先，占到整个非洲的 23％。开普敦是非洲最受欢迎的城市会议目的地，召开的会议数量约占所有在非洲城市召开会议数量的 10％。

以前南非的会展产业主要集中在酒店周边以及比赛住宿领域，但是在大型多功能会议展览设施建成之后，情况发生了巨大的变化。在南非，会展主要在三个城市举行，分别是开普敦、德班和约翰内斯堡。这三个城市投资建设了很多国际会议中心，形成了每个城市营销活动的主要部分。这三个城市也着手大规模的投资进行基础设施建设，例如住宿、技术以及交通。为了支持南非会展产业的发展，南非旅游评级委员会还实行了星级评定体系，为会展设施定级，这是世界范围内的首创。

南非作为贸易展目的地正在不断发展，大量国内贸易展和会议占据南非产业的绝大部分，主要在约翰内斯堡周围。目前，南非全国有超过 1 000 个会展场馆。六大主要场馆为：

- 开普敦国际会展中心
- 德班国际会展中心
- 加拉格尔会展中心（约翰内斯堡）
- 约翰内斯堡展览中心
- 桑顿国际会议中心（约翰内斯堡）
- 茨瓦内会展中心（比勒陀利亚展览场）

约翰内斯堡展览中心是非洲最大的展览场馆。约翰内斯堡的三个场地总面积约为 10 万平方米。目前开普敦的展览场地供不应求。南非新兴的会展产业城市有布隆方丹、伊丽莎白港、比勒陀利亚。

在埃及的开罗，最大的场馆是开罗国家会场，面积为 5.7 万平方米，是北非最大的展览场所。其他场馆分布在博茨瓦纳、尼日利亚、塞内加尔、乌干达和津巴布韦。非洲其他地区的会展场所比较缺乏。

非洲发展和举办会展活动的主要问题包括：人口收入低，专业程度低，与世界其他地区相比稳定性差，而且交通成本高，在南非尤其如此。

本部分内容主要参考以下网站：www.ufi.org；www.saaci.co.za；www. ex-sa.co.za。

南非旅游展

南非旅游展（INDABA）是德班一年一度的活动，从 1997 年起举办。这是非洲规模最大的旅游市场活动，展示了各种旅游产品，吸引了全世界的游客和媒体。2008 年，展览吸引了 13 200 名游客，1 761 家来自 100 多个国家的参展商。该年的活动为夸祖鲁-纳塔尔省贡献了约 26 000 万兰特（3500 千万美元）的收入。

中东

中东的贸易展和博览会集中在阿联酋的迪拜和阿布扎比。这得益于政府的促进举措、新建的设施和便捷的交通。迪拜和阿布扎比都有国际机场，航线遍布各大洲。这种"十字路口"的概念加上会展设施毗邻国际机场，而且还有政府促进措施，使得优势更加明显。例如，阿布扎比和迪拜都在机场大力推行免税区，在其他场所里也设有大量的免税区。另外，地区市场为顾客提供的商品也很有竞争力，贸易展的焦点集中在家具、汽车和消费类电子产品上。

拉丁美洲

拉丁美洲人口众多，为贸易展和博览会提供了良好的条件。现如今，很多拉丁美洲的贸易展和博览会都是地区性的。然而，新建的设施以及促进措施都为发展国际会展创造了条件。巴西圣保罗、智利的圣地亚哥以及墨西哥城建设的新设施是会展活动的中心。圣地亚哥国际会展中心拥有 100 万平方英尺的展览面积，以及相同规模的露天空间。墨西哥城的拉丁美洲会展中心有最新的设施，为参展商和观众提供支持。另外，该中心还设有娱乐场所，包括赛马场、餐馆、酒店以及购物中心等。

▷ 所有者、赞助方及管理模式

在美国，很多贸易展都附属在协会会议中，由协会所有。其余都由私人或者企业以盈利为目的进行运营。所有权和管理权通常由两个公司共同拥有。其他服务公司通过协助贸易展管理公司和参展商来提供支持。

这种模式并没有被国际贸易展和博览会广泛采用。在其他国家，协会并没有在组织和资助方面扮演主要角色，而是与组展公司合作进行贸易展会的策划或运营。例如，中国政府在北京、香港和上海的很多贸易展的资助方面发挥了重要作用。

专业会议组织者

在美国，会展组织者和资助者通常与目的地营销组织（DMO）、目的地管理公司（DMC）或者第三方顾问机构合作。美国之外的国家还有其他选择，如专业会议组织者（PCO）。PCO 代表客户与 DMO、DMC、酒店、餐馆、运输公司以及其他供应商联系，PCO 会代表客户跟供应商谈判。PCO 倾向采用固定收费率而不是DMC 采用的根据规模或人数而定的变化费率。PCO 可能会处理财务转移、信用证以及外国银行账户事宜。PCO 拥有自己的协会——国际专业会议组织者协会（IAPCO），详见 http：//www. iapco. org/。

▷ 世界贸易中心协会

世界贸易中心协会（World Trade Centers Association）成立于 1970 年，是一个非营利性、非政治性的组织。该组织旨在在全世界范围内倡导世界贸易中心的理念，鼓励所有成员国之间的互惠合作。今天，世界上已经有 300 多个世贸中心，分布在 100 多个不同的国家和地区，为全世界贡献了 750 000 多单的国际贸易。

世贸中心的目的在于将商家和政府协调在一起来完成国际贸易。大多数世贸中心为其公司成员提供商业服务，如辅助设施和会议设施、视频会议、秘书服务，以及翻译服务。许多世贸中心也会进行集体交易，以此帮助商家拓展新市场。

同时，许多世贸中心发现了贸易展销会与会展活动为其公司成员所带来的利益。因此，大多世贸中心都建有会展中心，作为其众多设施的一部分。中心全年投资贸易展销会以及能够展销成员产品的各项活动。

世贸中心同时也举办投资贸易会议和面向商业领域的国际性教育活动。

▷ 国际会展业相关事宜

待学课程

对于展销会、商业项目以及会展管理者来说，在国际市场的不同方面学习成功秘诀是十分重要的。例如，从北美贸易就可以看出，其管理者向欧洲的同行借鉴了以下三个方面的经验：

● **完美的基础设施**：美国几乎没有哪种设施能够胜过德国。此外，欧洲出色的公共交通系统对贸易展销会和博览会具有极大的促进作用。在这一章的前面，我们已经讨论过了德国汉诺威的案例。其他的欧洲城市也遵循了这一模式，包括杜塞尔多夫、柏林、科隆和罗马。柏林在基础设施上投入了重金。

● **物流**：国际展览会组织者必须精通物流学。因为许多国际展览的重中之重在于国际参展商，其中许多都设有专业部门，致力于排除国内展销会的物流障碍。许多代理公司都简化并加快了轮船货运以及仓储程序，使得在国内的展销会尽可能简便。

● **支持机构**：在美国，许多贸易展是由联合会投资组织的。即便贸易展有可能获得巨大成功，它们仍然只是联合会的附属事务。在世界其他地区，贸易展销会和展览都是由贸易促进组织来投资主办的，如世界贸易中心或政府机构。

同样，许多国际贸易展销会可以从北美贸易展中学到经验。例如，尽管在美国，普通的贸易展览人员完全可以得到额外的展位专员培训，但在其他大多数国家，对培训的需求仍十分迫切。美国参展商认为"罪恶"的行为在其他国家是司空见惯的，比如，离开展位使其处于无人照料的状态就是其中的一种。这里可以得到的经验是：入乡随俗。许多欧洲的参展商与客户和潜在客户进行私人会议，以此来定位他们的信息。这一策略在美国刚刚开始流行，但是在欧洲已经使用多年了。

展出方式

在美国，贸易展出和国际贸易展销会或展览之间有很多区别。在制定国际贸易展销程序之前，我们需要对这些区别进行基本的研究。

通常，公司可以自主选择在国际展销会或博览会的展出方式。美国政府在许多贸易展销会上资助建设展馆，美国公司也可以和政府协作，参与美国博览。如果公司最终决定要参与，美国商务部会提供巨大帮助。

另外一种方法是在另一家正在举办展会的公司的帮助下进行展示。与美国政府的资助相类似，私人企业是主体，合同安排也要与它签订。各公司在使用这种方式时应该进行全面的调查，以确保组展商信誉良好，在东道国有经验，而且能举办符合期望的展览会。

各公司之间也能组成合资公司，特别是其中一家公司有举办展会的经验时。在这种情况下，最重要的是各公司必须保证各家的产品和服务不存在竞争关系。当两家公司的产品互补时，这种类型的安排效果最好，对于一个公司来说，这是进入国际贸易展市场并获取宝贵经验的好方法。

独立创业，对于想要进入国际贸易展竞技场的公司来说也是一种选择。许多大公司选择这种方式，因为它们有预算和员工来完成国际展览中的烦琐事务。小一点的公司在实行这种方式之前，一定要确保清楚地知道所有的要求、成本和调度安排。例如，较小的公司必须检验全部工作都完成所需要的人员、时间和成本。如果认为国际贸易展览和国内贸易展览准备的时间是相同的，公司将会付出巨大的代价。

会展术语

在世界的很多地区，展览会并不叫做展览会，展位也有可能被称为摊位（stand）。术语之间的区别从这里可窥见一斑。由于贸易展举办的地点和管理人员存在不同，参展公司一定要熟悉这些差异。

例如，在德国必须了解这些术语：

- ausstellung：消费展
- congress：会议或大会
- gesellschaft：公司或社团
- GMBH：股份有限公司
- messe：商业展览会
- messegelande：展览地点
- PLC：公共有限公司
- trade exhibition：贸易展览会

合同和程序问题

除了术语方面的差异，合同和程序上也有很多不同。美国的劳动法与欧洲或亚洲有很大差异。在亚洲，工会很少且不存在管辖权问题，参展商有很大的自由决定在展览中做什么。在欧洲，虽然有工会，也比美国更加灵活。

企业也不能认为装备和物流合同理解起来和国内相同。不同国家或不同展览会之间存在本质区别。企业应该深入理解每一个合同，满足每一项要求。如果有不理解的地方，应该立即提请承办单位注意。

清关

国际展览会主办方提供经验丰富的国际货运代理人，他们是报关员，以确保所有的物品都有序运送并准时到达。货运代理人需要熟知东道国的海关规章，能够采取行动以确保参展商知道每一项要求和截止期限。

通常，使用**官方证明信**（carnet）或**贸易展票券**（trade fair bond），货物可以临时免税进口到国家展览会所在城市。官方证明信难以获得，所以常常会使用贸易展票券。有很多展馆提供贸易展票券，十分容易获取，国际物流代理人也是获取贸易展票券的关键点。一定要查询东道国关于赠品或促销品的规则。在一些国家，当价值超过一定限额的时候需要缴税，而用于展会目的的材料不用缴税。

货运承揽人还要了解货物清关所需要的预计时间，会把这些时间算到他们给参展商提供的时间进度表里。公司完全按照这个进度表执行，以便材料能够按时到达。每个国家清关的时间差别很大，所以如果在不同国家参展，一定要知道其中的差别。不要因为在巴黎或法兰克福清关只需要一天时间，就假设在迪拜也是如此。

第一次国际贸易展

在加入学院之前，乔治·G. 芬奇博士就职于一家公司，负责参加所有的贸易展和市场运行。该公司参加的第一次国际展览会在奥地利因斯布鲁克举行。在展览会之前，展台设备已经搭建好，书面材料和宣传册也将随后送到，并留够了充足的时间清关。芬奇派了一位技术代表去展位。芬奇博士到了之后，技术代表疯狂地叫住他并通知他出现了麻烦。尽管运来的板条箱到达了展位，而且外观无损，但当打开包装的时候却发现一件重要的高科技元件丢失了，取而代之的是一箱子廉价的钉子。有可能在运输过程中，或者在清关的时候，窃贼打开箱子偷走了仪器，并把一箱子钉子放进去，所以重量上没有差别，不会引起怀疑。而且，现在已经没有时间在展会结束之前再运一台高科技仪器来了。

另外，技术代表在展览会开始前一天到达的时候发现书面材料和宣传册也丢失了。他打电话给公司，让他们连夜寄来一份宣传材料，以便赶上展览会开幕。问题在于，材料可以连夜送到，但是展品却要花三到四天清关，那时展览会早就结束了。

礼仪

展会负责人有责任与主办国的海关和贸易展主办方联系。职员在出发去展览会之前应该接受全面的培训，以了解不同国家或展会之间的差别。要记住在一个国家或一次展览会上可行的事情到了下一个国家或展览会上就是被禁止的。尽管英语是国际贸易展的官方语言，但是不能由此断定所有的参展商或者参会者都说英语。有经验的公司会确保至少某些职员是通晓外语的，最好是展览会主办国的语言。

参展商会接待来自各个国家的客商。如果知道怎样得体地迎接来自不同文化背景、不同地区的人，将会给参观者留下深刻的印象。尽管大部分参观者不会因为礼仪不合乎规范而感到受到冒犯，但是如果看到你在遵循他们国家的文化标准，他们会对你抱有好感。参展商还应该熟悉不同文化的行为禁忌。在一个文化环境中很平常的行为到了另一个文化环境中可能就是冒犯性的。在召开国际展览会之前，还要弄清楚赠送礼物和邀请的礼仪。参展人员应该熟悉主办国的用餐和交通规则。如果配偶也随同去主办国旅行，也要简要地向他们介绍那里的风土人情和礼仪规范。

实例

● 在印度尼西亚，打招呼是很庄重正式的，不可以急躁。匆忙的介绍（在展览会中很常见）会被认为是缺乏尊重。

● 在荷兰，要避免给人高人一等的感觉。平等主义在荷兰社会是非常重要的原则，在荷兰公司的每一个人，从老板到服务员，都被认为是值得尊重的。

● 当我们在展览会上与法国人交谈的时候，一定不要叫他的名字，除非对方要求你这样做。

● 德国人通常会花很长的时间建立亲密的商业关系，可能在一开始的时候比较冷淡，但这种态度会随着时间而改变。

● 要留意参加展览会的员工穿什么衣服。在主办国什么样的衣服是常见的商务服装？应该穿什么颜色的衣服？例如，在新加坡不要穿黄色衣服，因为在新加坡，葬礼上才穿黄色衣服。

● 在沙特阿拉伯，通常在会议结尾时奉上咖啡，提示会议要结束了。

● 还有，在大部分阿拉伯国家，左手被视为肮脏的，所以不要用左手吃饭或者接受东西，确保你赠送礼物或者宣传材料的时候用的是右手。

● 在瑞士赠送礼品的时候不要送刀，那被认为是厄运的象征。

● 如果一个日本人送你礼物，不要丢掉或者撕开包装，因为包装也是礼物的一部分。

● 在很多国家，异性之间除了握手以外不要有其他的公开接触。不要在公共场合亲吻或者拥抱异性，即使是你的配偶也不行。另外，在一些国家，同性的接触是可以的。两个男人可以拉着手甚至可以挽着手臂一起走，这被认为是友谊的象征。

● 西方人经常觉得阿拉伯人的名字容易混淆。最好的解决办法就是询问你遇到的、交谈的或者联系的人的名字，既要弄清楚他们的全名（为了通信使用），也要留意他们自己如何介绍。

- 了解外国职场里的级别。例如，英国公司的总经理等同于美国公司里的 CEO。

- 记住，英国人不会认为自己是欧洲人。在与欧盟国家谈生意时，这一点很重要。

- 在很多欧洲国家，雇员有 4～6 周的暑假。在很多国家，公司在 8 月份的时候会歇业。

- 法国人之间眼神接触很频繁而且很热情，但在美国人看来这是具有威胁性的。

- 在中国谈生意的时候，要提供多种备选方案让对方有空间体面地做出选择。而且，在一个项目进程中要始终由一个谈判团队负责，中途不要更换团队。

- 传统中式问候方式是鞠躬。当向级别高的人鞠躬的时候，你应该鞠得更深一些，而且让对方先直起身。

- 在很多亚洲国家，人们不喜欢对方拍自己的肩膀或者主动进行身体接触。

- 在与意大利人谈判的时候，意大利人在最后一刻改变要求是动摇对方的一个技巧。要耐心——当他们的要求被证明不可能实现的时候，情况就明朗了。

- 在日本，主人带你出去说明想要款待你，你要让主人点餐。吃的时候要兴致勃勃，用餐之后要表示感谢。

- 在日本，在鞠躬或握手之后交换名片。双手递过名片，将日语的一面朝上，这样才能让对方快速阅读。收名片的时候要谨慎，不要放到衣兜或者钱包里。不要当着对方的面在他的名片上写东西。

- 在韩国，年龄和级别非常重要，所以跟与你年龄相仿的韩国商人建立关系是最容易的。

- 瑞典人总是很严肃，商业场合通常不喜欢幽默。

- 在中国台湾，好客很重要。你可能每天晚上都会收到邀请。可能是去当地的夜总会或者酒吧，一直到凌晨。

- 在阿根廷，不要在社交场合倒酒。在阿根廷有很多与倒酒有关的禁忌，外国人可能无意识间触犯到这些禁忌。例如，用左手倒酒在美国可能很正常，但是在阿根廷却是大不敬。

- 在美国，大拇指和食指合成一个圈，其余三个手指伸开意思是"OK"。但是，在巴西，这个手势表示粗俗的意义；在希腊和俄罗斯，这是无礼的行为；在日本，这代表钱；在法国南部，这表示零或者不值钱。

- 在美国，来回挥手意思是打招呼，说"你好"。但是，在希腊，这被称为"moutza"，是带有侮辱性的行为。手离对方的脸越近，越具有挑衅性；在秘鲁，整只手来回挥舞表示"no"。

- 在世界上大部分国家，伸出大拇指意味着说"OK"，但是，在澳大利亚，这是非常粗鲁的手势。

上述这些都是与国外商务人员打交道时必须面对的一些文化问题。在去某国出差之前，很有必要从各种渠道学习恰当的商务和社交礼仪。花点时间学习面对展览会上潜在的客户时应该采用哪种礼仪和问候方式非常重要。

下列是一些介绍国际礼仪的网站：

- http：//www.ediplomat.com/
- http：//www.state.gov/s/cpr
- http：//www.cia.gov/cia/publications/factbook/
- http：//www.executiveplanet.com/
- http：//www.usapa.army.mil/pdffiles/p600_60.pdf

下列是其他国际贸易展与美国贸易展不同的地方。要注意的是，这些都是概括性建议，不一定适用所有场合。

- 欢迎活动通常在展览区进行，很多公司都会提供与它们的展品有关的食物和饮品。

- 展台可能没有高度的限制，很多大型展览可能有两到三层。

- 美国的展会组织者习惯性提供数据采集系统，而其他国家一些贸易展组织者可能不提供，最好自备数据采集工具。

- 国际贸易展的时间可能持续得比美国展会要长，而且经常在周末开幕。尽管欧洲的展览可能从上午9点到下午6点，但在巴西或者其他拉丁美洲国家，展会在下午2点开幕很常见，有可能持续到晚上10点甚至11点。

- 要知道美国之外很多国家都采用公制度量标准。各个国家电压也不同，展会需要转换插头。视频格式可能也不相同，所以如果你去的国家电视只支持PAL格式的录像带，那么你带去的VHS录像带可能无法播放。

决定是否参加

由于参加国际贸易展或展览会是一项十分重要的投资，所以对一个公司来说，认真地考虑这样的投资是否能带来好的效益是十分重要的。以下是首先需要考虑的问题：

- 参加国际贸易展是否有助于企业商业目标的实现？
- 通过贸易展我们能接触到什么样的受众？
- 在我们的产业中可以举办什么样的贸易展或博览会？
- 对每一项贸易展或博览会来说，观众群体的概况是怎样的？
- 我们是否拥有一个能确定投资回报的体系？

如果上述问题能帮助一个公司决定是否参加一个国际贸易展项目，那么下面的问题则能在公司做最终的决定之前帮助其分析形势。

- 参加每场潜在的贸易展或博览会的相关费用是多少？公司必须明确计算出那些参加国内活动无须支出的费用，如差旅费用、运输费用、翻译材料费以及其他一些支出项目。

● 参加每场潜在的贸易展或博览会带来什么样的文化后果？为此，需要调查展会是如何运行的，会涉及什么样的文化规范并且对参与人员进行相关的培训。

● 针对公司的营销组合而言，是否有充足的人力资源以支持其海外展会？因为国际展会持续时间往往比国内展会长，需要更多的人力保障。

● 对公司来说，最好的参与方式是什么？探索可能的方案——进驻美国展馆，与其他企业联合，或者单独参展？

● 是否考虑和分析了每场贸易展方方面面的要求？每一场展览都是不同的，一个展览公司必须在投入物力和财力之前对所有的要求有清晰的认识。

● 高管层是否支持参加国际贸易展？参加国际贸易展是一项严肃认真的投资，需要公司高管层的授权。

● 是否清晰地理解了所有的法律要求？虽然贸易展管理公司通常会提供展览的详细说明，但是公司的核心人物理解所有的要求，尤其是材料运输的截止日期仍是十分重要的。

其他需要考虑的问题

● 出入境需持有签证。

● 有些物品美国人认为有必要在入境时进行申报，比如项目手册和材料需要进行登记和缴纳通关税。

● 许多国际目的地要求支付机场建设税。

● 许多国家要求交保证金以确保展览会上展出的商品是用于出口的，不会在国内进行销售。货运公司可以拟订合同来确保安全。

● 在国外，不仅语言不同，连电压（美国境内电压是 120 伏，而其他地区的电压则是 220 伏）、记录设备、回放装置、电视机或 VCR 监测协议及度量单位（采用米，而不是英尺、英寸）都是不一样的。

● 还有许多其他方面需要注意，有任何疑问，随时向他人请教。

▷ 商展资格认证

美国商务部（U. S. Department of Commerce）为促进国内产品和服务的出口，制定了专门的计划。其中，商展资格认证计划（Trade Fair Certification Program）主要针对能够完成海外展会项目的组织工作的独立展会组织者。这项认证可以帮助商展吸引更多的参展商，并为参展商提供额外的支持和附加服务，通过多种多样的资源优势和宣传活动推广展会。商务部的商展资格认证计划包含以下要求：

● 须有美国馆或担保至少会吸引 10 家美国展览公司；

- 须在美国有办公室或者代理商；
- 须有展览经验。

▷ 未来走向

- 会展产业的迅猛发展会扩展到一些发展中国家（如非洲或中东国家）。2010年夏天，国际足协世界杯在南非举行，这是在非洲大陆举行的第一场世界杯比赛。
- 会展产业的飞速发展也延伸到了中国。越来越多的场馆被建造或者扩建。其中的一些，如为2008年北京奥林匹克运动会建造的"鸟巢"拥有独特的建筑特色。
- 随着展会策划者越来越放眼国际，技术将会广泛应用到各项活动中以促进其发展，使其更切合"实际"。
- 诸如经济灾难或者自然灾害等环境因素会产生远超出当地边界的连锁反应。
- 虽然每个人都以自己的母语为荣，但是英语正迅速成为会展产业的通用语言。

□小　结

过去的15年中，国际贸易展和博览会已经成为一种普遍现象。作为贸易展发源地的欧洲继续强化其在世界大型贸易展和那些有重大经济影响力的展览会上的影响。亚洲地区不断追求最先进的设备，并在全世界范围内积极推广。中东、非洲以及拉丁美洲也在为抢占国际贸易展和博览会市场而做出努力。

遍布世界各地的通信系统、便捷的交通方式以及开放的市场促进了国际贸易展和博览会产业的发展。如今，没有一个大国能置身于国际市场之外。曾经被世界最大公司独占的市场已经不复存在，任何规模的公司都可以在市场中找到一席之地。对这些公司来说，贸易展和博览会是它们进入市场、赢得顾客最简单的方式。

举办国际化的贸易展并非易事。对组展商来说，不仅涉及复杂的法律程序、差旅过程，还要面对文化及商业差异的挑战，公司需要在举办展览前考虑方方面面。

□关键词

展览（ausstellung）　　　　　　股份有限公司（GMBH）
商业展（trade exhibition）　　　官方证明信（carnet）
世界贸易中心协会（World Trade　商业展览会（messe）
　Centers Association，WTCA）　美国商务部（U. S. epartment of Commerce）
贸易展（trade fair）　　　　　　慕尼黑展览中心（Messegelande）
大会（congress）　　　　　　　贸易展会认证（Trade Fair certification）
贸易展票券（trade fair bond）　公共有限公司（PLC）

社团（gesellschaft）　　　　　　　程序（program）

摊位（stand）

□复习及问题讨论

1. 列出国际贸易展览会与美国展销会的不同之处。

2. 欧洲在国际贸易展览会行业的巨大优势来自哪两个原因？

3. 世界贸易中心成立的目的是什么？

4. 某公司若想在国际贸易展览会上参展，有哪些复杂的因素需要考虑？

5. 某个公司在参加国际贸易展览会时可以做出哪些选择？

6. 在北美以外的地区举办展览会或者年会时，你在正式着手之前需要了解哪些知识？列出至少五个方面的知识。另外，你将从哪里获得这些信息？

□参考网站

机构	网站
Association of Exhibition Organisers（UK）	http：//www. aeo. org. uk
Union des Foires Internationales	http：//www. ufinet. org
Association of German Trade Fair Industry	http：//www. auma-fairs. com
Canadian Association of Exhibition Management	http：//www. caem. ca
Scandinavian Trade Fair Council	http：//www. fairlink. se
Hong Kong Exhibition and Convention Organisers and Suppliers Association	http：//www. exhibitions. org. hk
Association	http：//www. inter-expo. com
Singapore Association of Convention Organisers and Suppliers Association	http：//www. saceos. org. sg
Thailand Tradeshow Organization	http：//www. thaitradeshow. org
China Council for Promotion of International Trade	http：//www. ccpit. org
China events	http：//dcoem. com
European Major Exhibition Centres Association	http：//emeca. com
Association des Expositions，Foires et Salon Wallonie	http：//www. fil. be
Federation Belge des Activites de l'Expos	http：//www. exobel. be
Federation des Foires et Salons de Belgiq du Grand-Duche de Luxembourg	http：//www. febelux. be
Federation Francaise des Metiers de l'Exposition	http：//www. ffme. org
France-Congres	http：//www. francecongres. org
Foires Salons et Congres de France	http：//www. foiresaloncongres. com
Fachverband Messen und Ausstellungen	http：//www. fama. de

FAMAB Design-Exhibition-Event	http：//www. famab. de
Forum Marketing-Eventagenturen	http：//www. fme-net. de
German Convention Bureau	http：//www. gcb. de
Interessengeminschaft Deutscher Fachmesse Ausstellungsstadte	http：//www. idfa. de
Associazione Promozione Mostre	http：//www. assoexpo. com
Associazione Enti Fieristici Italiani	http：//www. aefi. it
Associazione Nazionale Aziende Allestrici Fieristici Mostre	http：www. federlegno. it
Feram I&CT	http：//www. feram. org
European Arenas Association	http：//www. eaaoffice. org
Exhibition Services Association Holland	http：//www. esah. nl
Branchevereniging voor Beurzen & Evenemen	http：//www. fbtn. nl
Netherlands Convention Bureau	http：//www. nlcongress. nl
Netherlandse Vereniging van Beursoorganisato	http：//www. nvbo. nl
Association de Ferias Espanolas	http：//www. afe. es
Schweizerische Zentrale Fur Handelsforderung	http：//www. osec. ch
Switzerland Convention & Incentive Bureau	http：//www. myswitzerland. com
Swiss Expo & Event Makers	http：//www. expo-event. ch
Vereinigung Messen Schweiz	http：//www. messenschweiz. ch
British Exhibition Contractors Association	http：//www. beca. org. uk
Exhibiton Venues Association	http：//www. exhibitionvenues. com
National Arena Association	http：//www. primary. uk. com/naa
European Federation of Conference Towns	http：//www. efct. com
European Society of Association Executives	http：//www. esae. org
European Tourism Trade Fair Association	http：//www. ettfa. org
Europaischer Verband der Veranstaltungs	http：//www. evvc. org
Associated European Exhibition Organization	http：//www. xmeurope. com
Asociacion de Ferias Internacionales de Am	http：//www. afida. com
Association Internationale des Palais de Congres	http：//www. aipc. org
Bureau International des Expositions	http：//www. bie-paris. org
Confederation of Organisers of Packaging Expositions	http：//www. cope. org. uk
International Association of Assembly Managers	http：//www. iaam. org
International Association of Convention and Visitor Bureaus	http：//www. iacvb. org

International Association of Professional Congress Organizers	http：//www. iapco. org
International Chamber of Commerce	http：//www. icc. org
International Congress and Convention Association	http：//www. icca. nl
International Exhibition Logistics Associates	http：//www. iela. org
International Exhibit System Association	http：//www. iesaj. org
International Federation of Exhibition Services	http：//www. ifesnet. org
Union des Associations Internationales	http：//www. uia. org
World Council for Venue Management	http：//www. venue. org
World Trade Centers Association	http：//www. wtca. org

□本章作者简介

桑迪·比巴克（Sandy Biback），CMP，CMM，已从事商业活动、公司年会和贸易展览策划相关工作 30 余年。目前在内华达大学拉斯韦加斯分校和多伦多乔治布朗大学教授会议管理相关课程，并在多伦多的百年理工学院教授赞助关系设计和风险管理课程。她是 PCMA 和加拿大专业会议策划人协会（CanSPEP）的成员。

本章更早版本的作者：本·麦克唐纳（Ben McDonald），BenchMark Learning 股份有限公司副主席。

第 **15** 章

总 结

学习目标

- 举办全市范围会议的重点任务
- 创建会议目标文件的方法
- 确定预算费用及收入来源的方法
- 实施不同会议规划任务的时间表
- 现场勘察的程序
- 评价会议成功与否的方法

▷ 引 言

　　许多教材都包含总结章节，重复及总结前面章节的内容。在这本书中，通过一个虚构的全市范围会议的案例研究来进行总结。该案例研究的目标在于把前面所有章节的内容汇集起来。纵观本章之后，你将了解到与会议策划相关的任务。通过该案例研究，你将学到更多关于前面章节的一些主题以及如何将它们应用到有 3 000位与会者参加的全市范围年度会议中。本案例研究的目的在于帮助你弄清楚如果想成功地举办会议、展览、活动及大会，作为一名策划者必须完成的各种任务。此外，该案例研究还将帮助你了解预算与时间表的复杂性，以及策划者必须要与之交流的不同角色。

　　针对全市范围会议，本案例研究使用了一张为期三年的计划时间表。会议规划周期是连贯的，了解策划者必须具备的两项关键技能（即组织及执行多重任务的能力）

至关重要。会议策划者通常同时操作三至五个会议或活动，而每一个会议或活动的进度都不一样。

当你阅读该案例研究的预算部分时，对众多变量的理解至关重要，包括会议举办的时间、策划者的谈判能力、该会议的业务价值以及如何进行权衡，这些都会对预算产生影响。该预算是庞大的，并且其创建的目的在于突出规者必须要考虑的许多细节。

▷ 协　会

作为会议或活动策划人，了解客户（即活动的参与者）具有重要意义。对于协会会议策划者而言，当他们向协会会员及潜在会员进行会议营销时，这一点就变得至关重要。在筹办大会时，会议策划者同样必须向供应商传达有关协会会员的信息。供应商对会议策划者的客户理解得越清楚，其为策划者所提供的服务就越周到。例如，如果酒店了解到大部分与会者是女性，可能就会在室内设施中增加女性使用的产品，如护手霜或浴帽。

美国小动物协会（ASAA）是一个由 8 000 人组成的非营利协会，其成员是来自全美各地的兽医，他们专门从事小动物的照顾工作。ASAA 于 10 年前由一群兽医成立，主要原因是他们看到了更新研究成果以及与其他专门从事照顾小动物的兽医进行活动的需求。该组织中超过 60％的成员都独立经营自己的兽医诊所，其余的协会会员是兽医行业的供应商。这些供应商包括：制药公司、食物配方公司及产品供应商。尽管女性成员的数量正在增加，但 70％的成员为男性。60％的成员为白种人，30％为非裔美国人，10％为拉美裔、亚裔等。了解该组织的构成是非常重要的，以便该活动可以满足其需求。策划者与组织者必须弄清两个问题：这是一个什么样的团体？它的成员为什么来参加活动？

执行委员会和董事会负责管理协会的事务，而执行董事和 7 名委员会成员负责监管该协会的日常事务。董事会成员从 7 个划分好的区域中选出，在该部门的服务期限为两年。

苏·罗德里格斯是 ASAA 董事会会议的记录人员，她是这里的全职员工，这里还有其他四位全职员工。苏·罗德里格斯负责协调 7 个地区的会议及每年的大型会议，她将工作记录直接报告给执行董事。通常一年一度的会议计划都是在会议开始前三年就启动筹划。在过去五年，年度会议上的与会嘉宾每年都会增加 5％。去年，有 37％的会员参加了此次会议。这一增长刷新了贸易展览部门在五年前取得的成就。

目标

在准备年度会议之前，苏·罗德里格斯都会回顾以往与会成员和董事会的评估报告。董事会希望通过削减网络活动经费来减少开支，但董事会成员同时指出抽出足够时间会见来自全国各地专业人士的重要性。董事会还希望从这次会议上节约的资金能在原来的基础上增加10％，因为除了会员费，年度会议是该协会最大的收入来源。去年，ASAA设立了小动物疾病预防证书（SAPDC）。在年度会议上，兽医们通过五项继续教育模块（CEU），进一步学习可用于拯救小动物生命的预防医学。

为了集中思绪进行筹备工作，苏·罗德里格斯专门阅读了 ASAA 的协会宗旨：美国小动物协会致力于为协会成员提供教育论坛，让与会成员交流意见，探索确保小动物健康的有效方法。本着这一使命，协会将为成员提供优质的教育，为新成立的兽医诊所提供帮助，为协会成员举办交流论坛，用新技术实现成员间的互帮互助。

为了更好地评估投资回报，苏·罗德里格斯制定了运作目标和教育目标。本次会议的运作目标是在去年会议收益的基础上增加5％的收益。苏·罗德里格斯与项目组成员一起制定了本次会议的教育目标，目的是将参加小动物疾病预防证书培训的成员增加10％，并为他们提供额外的网络活动。苏·罗德里格斯希望通过这次为期四天、致力于教育和网络活动的会议能够实现会议收益增加5％的目标。

预算

为制定会议预算（见表15—1和表15—2），苏·罗德里格斯回顾了以往会议的预算经费。此次会议的预算包括营销材料成本以及会议中心、接待酒店、装修师、视听设备、音响、娱乐设备、工作人员等费用。此外，还必须确保此次会议的运作目标。苏·罗德里格斯专门查找了以往会议的**赞助商**（sponsors）和参展商。

酒店经费包括会议室租用费、食物酒水费、员工住宿费、服务费以及小费等。苏·罗德里格斯知道她可以在协会的住宿和会议房间使用比例上做进一步协调。协会关于客房与会议室利用比越符合酒店的理想比率，越有利于谈判。为更好地协调酒店街区，苏·罗德里格斯专门请求当地住房服务机构帮忙，这笔雇用费也包含在酒店成本项中。

会议中心费用包括用作会议室空间的费用、展厅、电力、网络连接、垃圾清理、安保措施以及准备咖啡和食物的工作人员等所需费用。为将消费预算最大化，苏·罗德里格斯在会议中心规划了大部分的教育活动。这不仅能够保证更充分地利用会议中心的每日租金，同时也是吸引展会附近潜在参展商的一大亮点。

苏·罗德里格斯还需要确定一个能够提供装修及布置的**展会服务承包商**（exposition service contractor，ESC）。同时，她还要对酒店和会议中心所需的视听设备进行估算。展会服务承包商将提供欢迎宴会、全体大会以及展会所需的脚手架。

颁奖晚会及视听设备（audiovisual，AV）公司将提供音响与灯光。为了获得准确的报价，必须向 ESC 提供关于地毯的要求，交易展台的数量，预计所需运费及开幕式、常规会议、颁奖晚宴所需舞台的类型。AV 公司需要了解每一个场地的音响与灯光需求及常规会议、开幕式与颁奖晚宴的举办类型。常规会议将通过网络直播的形式发送给那些无法参加会议的成员，因此苏·罗德里格斯将其作为单独费用在列表中列出（见表 15—1）。

表 15—1 　　　　　　　　　　　　　　**预算开支** 　　　　　　　　　　　　　单位：美元

预算	开支	预算	开支
会展中心	350 000	项目委员会	10 000
接待酒店	212 643	演讲者	52 000
装饰品	102 245	娱乐	17 000
引导标识	80 000	安保	180 000
视听设备	125 000	保险	100 000
网络广播	60 000	特殊服务	5 000
记者室	50 000	新闻发布	30 000
交通	18 250	临时人员	67 200
场外场地	50 000	大手提袋	30 000
高尔夫活动	150 000	现场勘察	2 100
营销委员会	185 000	其他	5 000
总开支	1 881 438		

对于交通预算，苏·罗德里格斯参照过去的预算来决定有多少与会者使用机场接送巴士服务，但她知道该费用将在很大程度上取决于特定城市现有的交通方式。在这一点上，她将全部的接送服务纳入每天的会议、VIP 交通及场外活动运输与高尔夫球赛之中。除了地面交通外，苏·罗德里格斯的交通预算还包括工作人员与 VIP 的航空运送及海运。交通项目预算中，海运是最便宜的；由于参展商的高运输量，因此对于协会交通的需求，ASAA 会收取最低的费用。对于场外高尔夫球场的预算，将根据会议地点而异。为了包括所有这些项目，苏·罗德里格斯使用了上次会议的总额并且将成本增加了 5%。

当苏·罗德里格斯分配资金用于市场营销时，回顾预算的记录同样是有必要的。至少需要创办 5 个市场营销刊物，这是非常昂贵的。然而，随着互联网使用的增加，苏·罗德里格斯将在网络开发上花费更多的钱，而非市场营销宣传册。

在 ASAA 的演讲者中，75% 为成员展示研究论文。为了鼓励成员做演讲，ASAA 在早期注册费用中为演讲者提供了 50% 的折扣。实际上，分配给演讲者的大部分资金用于做专题演讲及娱乐项目。苏·罗德里格斯通过演讲者协会寻找演讲者与娱乐项目，其费用已包括在该项目费用之中。

为了确保会议的顺利召开，苏·罗德里格斯需要聘请临时工作人员。该预算项目包括：注册人员、现场组装与会者资料包的工作人员、房间监视器以及发布评估与执行其他任务的工作人员。苏·罗德里格斯需要在会议前一天对临时工作人员进行培训并支付报酬。

安保是一项持续的支出，ASAA 必须将其包括在预算之中。由于 ASAA 的最新研究中增加了小动物的参与性，并且该项新研究是保密且存在争议的，因此需要更多的安全保障工作。

保险是另一项正在增加的费用。苏·罗德里格斯将自然灾害、恐怖主义及不利因素均纳入保险的覆盖范围。用于保险的预算是 10 万美元，这意味着举办会议的总开支中 5％都用于保险开支。

为了应对那些有特殊要求的与会者的开支，在预算中，苏·罗德里格斯添加了一项特殊的服务项目，用于那些认为自己需要翻译人员、用盲文发表书面材料、手语翻译员、导盲犬等专用设施的与会者。例如，苏·罗德里格斯知道她的主要赞助商之一是盲人，并且他有一只导盲犬。为了帮助他，苏·罗德里格斯要确保提供足够的水与狗粮。ASAA 成员中有 5 位是听力障碍者，因此苏·罗德里格斯会在现场安排手语翻译，以便在整个会议期间为他们提供帮助。

当苏·罗德里格斯在创建预算时，她会与会议举行地的官员进行接触。作为一个非营利组织，ASAA 在大多数城市与州是免税的，但她必须提交文件以确保豁免。此外，苏·罗德里格斯需要填写表格来证明 ASAA 是一个非营利组织，该表格也将提交给供应商。

预算中的一些费用将由赞助商来承担，但苏·罗德里格斯仍把它们纳入预算。每年，苏·罗德里格斯都能够轻松地找到一家公司，给所有与会者赞助手提袋、现场报纸、运输与饮食，以及 VIP 晚宴的娱乐项目。将这些项目包括在预算中来记录费用，是非常重要的。

考虑到意外开支，苏·罗德里格斯创建了一个"其他"费用类别，用来支付不会每年都发生或计划之外的开支，例如，邮票的成本增加。

收入

收入（见表 15—2）将用来抵销会议的费用。这次会议的预计费用为 1 881 438 美元。为达到该财务目标并且获利，苏·罗德里格斯不仅需要支付所有费用，而且还要获取利润。

在确定收入时，苏·罗德里格斯先从注册费算起。她首先从预计的 3 000 位与会者中减去 500 位参展商（其注册费用包含在参展费中），然后再减去 100 位演讲者（他们将支付打折后的注册费用）。ASAA 有三类注册费：会员、非会员与学生。大型会议的记录表明与会者中 70％为会员，25％为非会员，5％为学生。为减少损耗费用，苏·罗德里格斯针对会员与非会员创建了提前注册费用与滞纳金制度。一般来说，60％的会员与 50％的非会员将会提前注册。苏·罗德里格斯预计如果只使用注册费抵补费用，每人必须收费 629 美元。考虑到这一点，苏·罗德里格斯所创建的注册费标准为：提前注册会员每人 600 美元、非会员 700 美元；晚注册会员每人 800 美元、非会员每人 900 美元。学生每人仅需支付 100 美元，鼓励他们未来从事该领域的工作。苏·罗德里格斯估计注册费的收入为 1 664 400 美元。

表 15—2 收入预算表

预算			收费标准	注册费
				3 000 名参与者
会员				1 680 名参与者
	提前注册（占比 60%	＝1 008 人）	$600／人	$604 800
	晚注册　（占比 40%	＝672 人）	$800／人	$537 600
非会员				
	提前注册（占比 50%	＝300 人）	$700／人	$210 000
	晚注册　（占比 50%	＝300 人）	$900／人	$270 000
学生	（占比 5%	＝120 人）	$100／人	$12 000
演讲者		（100 人）	$300／人	$30 000
参展商			包括在参展费中	
总注册收入				$1 664 400
SAPDC		（500 人）	$100／人	$50 000
参展商	（500 家参展商）		$3 000／参展商	$1 500 000
赞助商				$120 000
延伸学习				$10 000
其他				$5 000
总收入				$3 349 400
开支				$1 881 438
净收入				$1 467 962

对苏·罗德里格斯而言，除了注册费产生的收入之外，参展商为最大的单一收入来源。会议场地、展会服务承包商及视听设备的花费约为每平方英尺 10 美元。ASAA 将以每平方英尺 30 美元的价格出售该贸易展会场地。展会记录表明参展商每年稳步增加 10%，上次会议中，约有 450 家公司订购了展台。苏·罗德里格斯预计今年参展商收入为 1 500 000 美元。（500 位参展商每人需要花费 3 000 美元来租用 10 英尺×10 英尺的展台。）

包括在预算内的其他收入来源为酒店客房、运输公司及展会服务承包商的返还。除了对这些项目收取返还外，ASAA 还将商议对每个房间每晚收取返还，这样又形成一个收入来源。此外，还有少量资金通过延伸学习产品的销售来筹集，包括 DVD、CD、书籍、录音带。

除注册费外，来自小动物疾病预防证书（SAPDC）的收入为每人 100 美元。去年的会议中，每人收费 200 美元，降低收费的目的在于鼓励与会者参加认证课程。

▷ **需求建议书**

　　一旦制定出会议目标并决定好预算，苏·罗德里格斯将创建需求建议书（RFP）。在需求建议书内，苏·罗德里格斯希望包括准确信息以便向酒店与城市提交好的建议。她在需求建议书中告知了本次会议规格，并且解释建议书应在年度会议举办前三年发送。苏·罗德里格斯收集建议并与执行董事戴夫·罗杰斯、担任大会主席的董事会成员伊丽莎白·瑞丝一起讨论。苏·罗德里格斯、戴夫与伊丽莎白将选择出两个城市进行参观，以进行初步的现场勘察。在对所有选定的城市完成初步现场勘察后，将做出决定。苏·罗德里格斯与戴夫将对被选中的城市进行第二次现场勘察，并开始洽谈合同。为避免偏差，当一个城市被选中后，ASAA 将自付现场勘察费用，而主办城市将在勘察结束后退还部分费用。

　　需求建议书会包括正在考虑中的城市列表以及首选的日期。尽管日期还未最终确定，但必须是 3 月或 4 月的。年会将主要选在董事会成员住所附近的大城市周围举行。

　　苏·罗德里格斯的需求建议书包括一个详细的会议室需求表格。里面包含一些特殊需求，例如，教室设置要求每张六英尺的桌子要配两把椅子，并且在教室后面要设置茶水吧，还包括对餐饮的综述，并指出与会者的特殊饮食需求。会议室需求表格中包括活动、与会者人数及房间设备。

　　ASAA 倾向于在指定城市使用不超过 5 家酒店。它会创建一个表格，说明在每一家酒店预计使用套房、单人房、双人房的数量。在考虑酒店时，苏·罗德里格斯会寻找那些位于市中心的酒店，这些酒店可以提供各种价位的房间，但酒店之间的距离必须很近。接待酒店必须愿意预留出至少 900 间房间，除预留客房外，酒店还将作为接待晚宴的举办场地，并为特殊重要人员提供休息室。

　　过去三年详细的活动记录以表格的形式列入需求建议书。表格记录显示了预定高峰值、预留会议室、预留客房、接待酒店的选择、预留房间、每一个非接待酒店的选择等信息，还包括餐饮部分的相关内容。ASAA 的报告显示，在过去的两年里，每年都会增加 10% 的与会者，并且只有 2% 的人员损耗率。

　　需求建议书的最后部分是一份两页的调查问卷，针对酒店完成并提交的提案而制作。调查问卷包括：免费房政策、押金政策、"房间脱销"（sold out）的定义、"短缺"（实际占用数量少于预订数量）政策、为团体客人所设账单、分割账户（split folios）、提供接送服务、税率、非营利组织的税收政策、酬金分配、互联网连接、电话费与健身设施。苏·罗德里格斯也将另一些问题包括在内，如酒店如何处理联合参展的与会者以及如何预留参展商房间。此外，与非会员相比，酒店是否努力为会员创造预订优先权。苏·罗德里格斯发现该表格可以让她更加快速地对酒店进行比较。

　　需求建议书将被发送给 DMO 和 CVB，然后进一步分发到相应酒店。需求建议书中将包含一份需要由目的地营销组织完成的调查问卷。调查问卷包含一系列相关问题，包括：国家、地方以及酒店房间税，假期，工会合同，特殊场所，DMO 的服务以及在 ASAA 会议期间全市范围内的活动或假期。

▷ 第一次现场勘察

苏·罗德里格斯与戴夫、伊丽莎白已经阅读所有建议书，并且已确定两个时间符合要求的城市来举办全市范围的 ASAA 年会，分别是芝加哥和达拉斯。苏·罗德里格斯联系这两座城市的 DMO，安排在每个城市花费三天时间进行现场勘察，并且向 DMO 解释清楚他们团队将进行详细的现场勘察来寻找酒店、场外场地及高尔夫球场的计划。她将团队用于评估该城市接待能力的现场勘察表格发送过去，并解释该团队将入住到他们考虑将其作为接待方的酒店。而且要对考虑之中的非接待酒店进行短线考察。对于非接待酒店，团队仅仅需要会见酒店销售人员、查看标准房间及对基本地点进行参观。

第一天

芝加哥 CVB 副总裁马克在芝加哥奥黑尔国际机场接待了苏·罗德里格斯、戴夫和伊丽莎白。一到达目的地，马克就带领他们参观了市中心以及在考虑范围之内的所有酒店。他们与 Windy City 目的地管理公司总经理凯莎在芝加哥艺术博物馆共进午餐，凯莎向他们介绍了公司能够提供的各种服务，包括运输及安排场外活动、配偶之旅与私人宴会。芝加哥艺术博物馆餐饮部经理汤姆·德莱尼作了自我介绍，并带领他们参观了博物馆专用功能区，而且推荐了一处举办场外活动的最佳地点。他给予苏·罗德里格斯一个带有参考菜单与定价的销售数据包。

午餐后，马克带领该勘察团队来到麦考密克广场的凯悦酒店并与其销售经理鲍勃·泰勒及总经理拉里·罗斯见面。他们一同参观了酒店，查看了客房、套房、单人间和双人间以及会议室和舞厅等可能举办开幕式、VIP 会议的地点以及其他可用的地点。参观后，他们在其中一个会议室开会讨论了可行日期及费用。

随后苏·罗德里格斯、戴夫与伊丽莎白于下午 6 点见面，在餐厅共进晚餐。晚餐期间，他们对该餐厅做出点评，指出如何接待客人、食品的质量如何、上菜的时间及服务员是否细心。他们点了不同的菜肴，以便对住在该酒店的与会者可能会点的不同种类食物进行抽样检查。晚餐后，苏·罗德里格斯走进会议室，查看了会议室的设置。

第二天

上午 8：30，马克与该团队成员见面，他们已吃过早餐，并已在酒店结账。马克已经安排好早上 9 点与麦考密克会议中心高级销售经理兰迪·摩西的会面。兰迪带他们参观了会议中心，并详细地向他们展示了他认为举办宴会、装卸货物、班车往返接送的最好地段以及允许悬挂赞助物品（如横幅）的区域。苏·罗德里格斯询问了举办会议的可行日期、餐饮供应时间、税收、工会制度及合同续约日期等。兰迪提供了这些相关信息并讨论了安全、医疗及紧急程序的指导方针。马克与兰迪两人都向苏·罗德里格斯、戴夫与伊丽莎白讲解了 CVB 是如何作为一个团队协同工作并向与会者营销芝加哥会议市场的。他们讨论了营销的方式，包括在来到举办城市前一年的提前邮寄与现场促销活动。

午餐时，马克带领该团队来到黄金公主号游轮（ABC Charters 旗下的一艘豪华游轮），游轮提供密歇根湖晚餐之旅。ABC Charters 总经理坎宁安接待了他们。今天，他们会召开一个特别的午餐会议，帮助会议策划者抽样检查菜单，并且享受一次迷你租船体验。芝加哥目的地管理服务公司总裁黛博拉·亚当斯讲述了所提供的服务，并且用照片展示了苏·罗德里格斯可能会考虑的其他场外地点。

他们花费一下午的时间联系并参观了考虑之中的酒店。马克为每一家非接待酒店安排了 30 分钟的参观时间，并向酒店销售联系人解释他们只想查看一下客房及用餐区。

到了下午 4 点，苏·罗德里格斯、戴夫与伊丽莎白准备入住到芝加哥凯悦酒店，这是考虑中的第二家作为会议总部的酒店。外协销售经理瑞秋·梦露向他们作了自我介绍，带他们参观。她对最新添加的一个舞厅感到非常兴奋，并解释如何在开幕仪式上使用该舞厅。参观结束后，总经理理查德·穆尔参与到该团队当中，商讨可行的日期与价格。

苏·罗德里格斯、戴夫与伊丽莎白休息了一个小时，并在餐厅见面共进晚餐。晚餐期间，他们回顾了过去两天所有的记录。晚饭后，苏·罗德里格斯参观了会议室。

第三天

三人早早地结账并在酒店大堂等候。他们注意到客人在酒店结账时排成一队，他们在脑海中做了一些记录，观察退房需要多长时间以及前台与站在提示钟旁的员工的礼貌程度。马克到达酒店后，带领他们来到当天的第一站——港湾国际高尔夫中心。这是一个四星级球场，离芝加哥市中心只有 12 英里。他们与港湾国际高尔夫中心特别活动经理见面，讨论可选择的高尔夫郊游方案（这是 ASAA 活动的一部分，本次比赛是在开幕式之前的周四下午举行）。在他们出发前往机场前，马克又将他们带到另一个高尔夫球场以及另外两家酒店进行现场勘察。

苏·罗德里格斯、戴夫与伊丽莎白感谢马克付出的宝贵时间，并告知马克下个月他们将要参观达拉斯，并且计划在两个月内做出决定。在对达拉斯进行现场勘察后，ASAA 将做出决定并且联系跟这一决定相关的 CVB。

一个月后，苏·罗德里格斯、戴夫与伊丽莎白到达拉斯，开始了另一个为期三天的现场勘察。达拉斯 CVB 的销售经理帕蒂托厄尔安排该团队与酒店、会议中心及场外地点的工作人员会面。

两次现场勘察结束后，该勘察团队回顾了他们的记录。由于与其他行业会议存在日期冲突，他们决定在圣帕特里克节见面。在评估芝加哥时，他们关注到客房预订情况、一些工会合同的续约日期以及在芝加哥举行会议的成本将比达拉斯高出25%这一事实。成本的增加或许可以由那些较达拉斯更喜欢在芝加哥参加会议的与会者来抵消。但本次会议将吸引更多的参与者取得小动物疾病预防证书（SAP-DC），因此会议地点并不是一个很重要的衡量指标，最终选择达拉斯作为举办年度会议的地点。苏·罗德里格斯通过芝加哥 CVB 打电话给马克，表达他们的担忧，并解释为什么选择达拉斯作为会议举办地点。苏·罗德里格斯告知马克说，五年来我们没有在芝加哥举行过会议，在未来我们希望再次来到这里。

▷ 第二次现场勘察

第一天

苏·罗德里格斯写了一封信给达拉斯 CVB 的帕蒂托厄尔，信中表达了将在达拉斯举办会议的意向，并且希望与她联系，帮助安排第二次现场勘察。第二次现场勘察为期三天，勘察人员只有苏·罗德里格斯与戴夫。本次现场检查的目的是确定最终的非接待酒店、选择场外场地与高尔夫球场、选择目的地管理公司及运输公司，并开始进行合同谈判。当苏·罗德里格斯与戴夫抵达达拉斯后，他们租用了一辆小汽车，开始在该城市内进行自助游。他们入住市区凯悦酒店，这也是会议总部酒店的所在地。

在凯悦酒店，苏·罗德里格斯和戴夫会见了高级销售经理南希·西蒙，以及会议服务经理。一旦签订合同，在余下的会议筹备期间，苏·罗德里格斯将与会议服务经理一同努力工作。在会议筹备期间，苏·罗德里格斯与南希将就客房、会议室、接送服务等进行谈判。

在与酒店工作人员见面后，苏·罗德里格斯会见了达拉斯会议中心的销售经理索尼娅·米勒，会议服务经理、高级活动协调员埃里卡·邦迪以及餐饮总监比尔·贝克。一旦签订合同，苏·罗德里格斯将在所有会议细节方面与埃里卡一起努力。在会议餐饮方面，与比尔一起工作。今天，苏·罗德里格斯开始与达拉斯会议中心谈判税收事宜。在会议上，她将阐释她的需求并且为与会者及会议中心寻求双赢。

苏·罗德里格斯与戴夫在达拉斯艺术博物馆享用午餐，并且会见餐饮销售经理辛迪·哈特曼，以勘察在该餐厅举办的 VIP 晚宴的费用。EMC 公司（一家目的地管理公司）总裁卡罗琳·帕蒂与苏·罗德里格斯、戴夫共进午餐，以讨论目的地管理公司可以为 ASAA 会议提供的服务，包括礼品篮和一般的运输需求。

当天下午，帕蒂已经为苏·罗德里格斯安排好对该城市内两个考虑之中的非接待酒店进行参观，查看其客房。在每一家酒店，苏·罗德里格斯会见了销售经理，就费用与设施进行商谈。晚餐时，帕蒂将苏·罗德里格斯与戴夫带到一家小墨西哥餐厅，这里是当地人的最爱。晚餐期间，帕蒂与他们讨论了 CVB 可以提供的协助服务，包括：注册登记、市场营销、幻灯片、供应商、运输、互联网服务以及现场小册子。她将在达拉斯所举办的前一个会议上提供一个促销展台。

第二天

苏·罗德里格斯与戴夫花费一早晨的时间用来参观其他酒店，并与其重新建立联系，这些酒店将提供客房。然后，苏·罗德里格斯与戴夫在达拉斯世界水族馆一起享用午饭，因为他们正在为 VIP 会议寻求一个有趣的场所。他们会见了销售经理约瑟·罗培兹并参观，讨论可能的就餐选择。虽然它可以作为一个选项，但对该团队而言，这里显得有些不够正式。直到罗培兹展示了在水族馆所举行活动的集体照片，苏·罗德里格斯才不再那么担忧。

下午，苏·罗德里格斯和戴夫一起参观了两个高尔夫球场。对每个高尔夫球场，苏·罗德里格斯都会提前联系。展会销售经理带领他们参观九洞场地，之后讨论费用事宜。苏·罗德里格斯留意了会议之前参会团体会面的可能地点，以及在锦标赛之后哪块区域可供参会团体会面。

苏·罗德里格斯利用晚上时间回顾了一天的记录。白天没有时间，她利用晚上的时间回复邮件，认真阅读收到的小册子。她非常喜欢在一个特别的地点享受一顿 VIP 晚餐。

第三天

苏·罗德里格斯和戴夫会见了会议服务承包商 Freeman 公司的业务经理杰克·博伊德以及 AVW TELAV 视听公司（隶属于 Freeman 公司）的销售副总经理达伦·坦普尔。四人首先在达拉斯会议中心会面，之后在凯悦酒店讨论会议服务承包以及视听设备的需求。他们参观每一个会场、讨论具体的布置、安排及其他需求。苏·罗德里格斯意识到 ESC 和视听公司对于展会成功的重要性。她认真检查所有的会议细节，例如，由于这是一场医疗会议，与会者将会收到继续教育模块里的内容，这些内容将在海报展示环节进行发布，海报展示必须距离每个参展商四英尺。一旦获知所有会场的细节，会议服务承包商和视听公司会提供准确估计的费用情况。当所有细节都准备就绪，苏·罗德里格斯和戴夫就可以飞回家了。

▷ 营销委员会

ASAA 内设内部营销部门以及对外广告机构，这两个部门协作为每年的会议进行市场营销。在苏·罗德里格斯完成第二次的会场勘察返回后，她将会见 ASAA 市场部主管乔治以及 Idea Maker 广告公司的客户经理朱莉。苏·罗德里格斯将与他们讨论会议地点、会议目标以及推动新型 SAPDC 对于会议成功的重要性。

两周后，苏·罗德里格斯将与乔治和朱莉再次见面。朱莉提出有关市场营销的意见以及设想。在讨论了几个主题之后，他们选择了"预防的力量"（Power of Prevention）主题方案。他们的设想是，让达拉斯展览会场的顶层和凯悦酒店的灯光共同闪耀在市中心，这些灯光代表着力量。

在回顾了以往营销的成功案例后，有四项营销举措的使用是必需的。首先是以四色印刷、明信片大小的信封作为前导广告，寄给以往的参会者以及一些潜在顾客，这一前导广告也会出现在行业通讯和一些杂志上。第二项是将杂志大小的手册寄给所有协会会员。这一手册包含会议议程（时间、地点以及演讲者）、项目表格、当前赞助商、会议和客房注册表等。Idea Maker 公司设计网页和推送 ASAA 的邮件。第三项是设计网页，用于会议注册和在线保留酒店住宿。最后一项则是包括会议信息的电子通讯，以及已经获得 SAPDC 的人员证书。

在准备会议项目资料（与会者登记入住时分发）时，苏·罗德里格斯将和乔治、戴夫讨论项目资料的具体内容。戴夫非常担心与会者因为不理解教育证书的等级而出错。乔治向戴夫承诺，每个会议都标注了颜色等级，很容易识别教育水平，在该项目中也会采用颜色编码方案。讨论的主题还包括赞助商广告的大小、教育活动说明的复印件数量等。所有人都同意 SAPDC 将有一整页的说明。

在每个会议期间，将会介绍新的董事会成员，并颁发奖项，并作出重要的宣布等。苏·罗德里格斯、乔治和戴夫将讨论展示的类型，乔治及其团队撰写文稿，苏·罗德里格斯负责每次展示的预演等。

营销委员会负责制作新闻稿，它们将被发送到专业刊物。对于每一个会议，都会附有一份新的研究报告，营销委员会努力向公众推广该研究报告。

▷ 创建项目

苏·罗德里格斯从达拉斯现场勘察回来后，会见了项目委员会，开始创建会议的教育内容。董事会成员和 SAPDC 项目主席道格·沃克、项目委员会下设的"预防工作年会"委员会主席丹·迪林与由他任命的委员会成员莉兹·斯图尔特和马克·柯林斯，随同 ASAA 行政助理唐娜·史密斯将服务于项目委员会。这五个人与苏·罗德里格斯将共同努力，创建会议的内容。

苏·罗德里格斯给每一位委员会成员分发一本带有委员会成员责任、过去会议记录及会议主题的笔记本。苏·罗德里格斯希望确保该委员会成员了解本次会议的目标：通过提供为期四天的会议，使参加 SAPDC 项目的与会者成员数量增加10％，该会议将重点关注教育。

委员会同意遵循与过去同样的会议日程：开幕式、一般会议颁奖晚会及海报展示（与贸易展览一同举行）。会议将包括：VIP 晚宴、高尔夫球赛及持续两天的 120个 90 分钟的教育会议。会议日程的一个改变在于增加两个四小时的 SAPDC 课程。委员会将为 SAPDC 课程及所有的会议商讨提供演讲者。在 120 个会议中，ASAA会员将出席其中的 100 个会议。帮助项目委员会创建论文评审委员会。对于开幕式、一般会议、颁奖晚宴、VIP 晚宴及所有的娱乐项目，苏·罗德里格斯将外包给演讲者协会。

苏·罗德里格斯查看了与委员会协商一致的时间。论文评审委员会将于会议开始的前一年发布征文通知，在会议开始前六个月，论文评审委员会将把最终的评选结果提交给项目委员会，并且项目委员会将开始联系主持人与演讲者。该委员会将为所有会议推荐演讲者。一旦确定演讲者与候补演讲者，苏·罗德里格斯将发送邀请函，邀请函中将要求演讲者签署一份承诺表，并且要求其提供演讲的摘要及个人简历。

该委员会将负责联系所有的演讲者，并跟进那些没有及时做出回应的演讲者。也会配备专门人员来解决所有演讲者的问题。一旦选定演讲者，苏·罗德里格斯将扮演搜集信息、分配时间段及与演讲者沟通的角色，包括发送接收函及提醒信。

会议的一个主要角色是参展商。ASAA 员工吉尔·科昌担任本次会议贸易展的经理。在设置贸易展时，吉尔负责联系所有的参展商及展会服务承包商。吉尔将与苏·罗德里格斯紧密合作，与参展商沟通其需求，并且与展会服务承包商会面创建规范的招展说明书。

▷ 合作伙伴

对于准备该次会议，苏·罗德里格斯知道其合作伙伴的重要性。整个会议期间，苏·罗德里格斯依赖众多企业提供优良的服务并且为 ASAA 成员创造一次难忘的经历。她浏览了联系人列表，查看那些她将与之合作的公司。

尽管大多数的住房服务机构可以提供完备的住房配套，包括：酒店选择、谈判与签订合同，但是苏·罗德里格斯倾向于在选定酒店之后再与住房服务机构合作。一旦做出选择，住房服务机构将负责酒店房间的预订。它将为与会者创建一个网络链接（以便在网上预订房间）及一张纸质表单，由与会者填妥并以传真的形式发送。一旦与会者选择好酒店，住房服务机构将发送确认函。与给所有的酒店打电话相比，苏·罗德里格斯只需给住房服务机构打电话，告诉其每周、每月、每日的住宿需求报告，并依靠住房服务机构来管理参展商的房间预订。

苏·罗德里格斯喜欢与当地的数据管理公司进行合作。对于本次会议，苏·罗德里格斯使用 DMC 安排的机场接送、VIP 接送及从酒店到会议中心的班车接送服务。DMC 为 VIP 晚宴提供所有的后勤安排，这使得苏·罗德里格斯可以专注于 VIP 及活动的内容。苏·罗德里格斯还赞赏 DMC 通常有机会接触到许多大客车供应商这一事实。因为对苏·罗德里格斯而言，交通一直是其关注的一个领域。有一次，苏·罗德里格斯在华盛顿特区联系了一家大客车承包公司，其中一辆载有其所有与会者的大客车抛锚了，而该公司又没有备用的大客车，因此与会者等了将近一个小时才被派来新车辆送往活动地点。

对于主要的演讲者及娱乐项目，苏·罗德里格斯将使用演讲者协会的服务，因为她没有时间去研究与 ASAA 成员交谈的许多演讲者及娱乐项目。演讲者协会将推荐最佳的演讲者及娱乐项目。并且，一旦苏·罗德里格斯做出选择，演讲者协会将处理所有的安排。它将确保演讲者准时参加会议并且如果发生意外，演讲者协会将快速安排替补演讲者。

苏·罗德里格斯选择在线注册公司为众多喜欢这种注册方法的与会者提供帮助。指定的注册公司将接受电子注册、自动向与会者发送确认函并存储该注册，以便在会议现场检索以创建带有姓名的胸牌。

对 ASAA 会议而言，赞助商是重要的合作伙伴。苏·罗德里格斯将与赞助商合作以确保获得他们的财政或实物支援。苏·罗德里格斯意识到，如果没有年度会议赞助商，ASAA 不可能达到会议的财务目标。

ASAA 始终重视会议与会者及参展商产品的安全，但对本次会议而言，苏·罗德里格斯将进一步提高安全性。一个动物保护协会与 ASAA 取得了联系，并计划抗议正在对实验室老鼠进行的新测试。苏·罗德里格斯意识到她必须允许该组织进行抗议，但她希望确保他们和平抗议，不要打扰与会者。

会议取得成功的关键是展会服务承包商所提供的装饰及视听公司所提供的电子设备。苏·罗德里格斯将展会服务承包商看作给生活带来活力的合作伙伴。因此装饰必须给与会者带来视觉冲击、赢得喝彩。除取悦与会者外，苏·罗德里格斯认识到展会服务承包商在令参展商满意方面所发挥的重要作用。这对 ASAA 而言至关重要，因为参展商将为会议带来 44% 的收入。

苏·罗德里格斯喜欢与视听设备公司一起工作，因为该合作伙伴对会议活动至关重要。没有合适的投影与音响，与会者将无法学习；一个烧坏的灯泡或麦克风故障可以毁掉一个分会。在会议期间，苏·罗德里格斯将与其他员工密切合作。

在选择展会服务承包商与视听设备公司时，苏·罗德里格斯选用了 Freeman 公司。与其他展会服务承包商与视听设备公司不同，Freeman 公司自己就可以同时提供展会服务承包商与视听设备公司供应商所提供的服务，这使得沟通更加顺利。此外，Freeman 公司的组织结构允许苏·罗德里格斯与销售人员进行联系以便为会议服务。

为确保会议上一切都高效运行，苏·罗德里格斯聘用临时工作人员并提前与这些人建立合作伙伴关系，他们将成为该团队的一部分，并且将在会议期间代表 ASAA。

合同

苏·罗德里格斯与每一个合作伙伴及服务供应商都签订一份合同。每一份合同规定预期的确切服务及如果没有达到预期将受到的处罚。苏·罗德里格斯早期的职业生涯中，她曾与一个协会一起工作，签订了一项合同，但该合同不包括现实的人员损耗条款。该协会没有满足它的房间预订需求，对于未使用的房间，其向酒店支付了 10 000 多美元。

至少用了一年时间，苏·罗德里格斯仔细地检查每一份合同。在会议开始前，苏·罗德里格斯将最终敲定与酒店、住房服务机构、航空公司、场外场地、高尔夫球场、演讲者协会、安保机构、视听设备公司、DMC、展会服务承包商以及其他组织的协议。

▷ 1 年到前 6 个月倒计时

苏·罗德里格斯查看她的会议时间轴，意识到距离年会还剩 18 个月。她拿出会议日程并浏览所有的合同，接待来自市场营销委员会的乔治与朱莉，查看营销出版物与项目初稿。在营销出版物印刷前需要进行审核，如果苏·罗德里格斯与其团队错过一次教育会议或疏忽一个语法错误，它就会被原样印刷出来。如果该错误很重要，营销刊物将需要重新印刷，这将会增加会议的成本。

苏·罗德里格斯安排了与来自项目委员会的道格·丹的会议，选择年会的演讲者。在选择时，苏·罗德里格斯向演讲者发送邀请信函。通过发送演讲者的简历、演讲摘要及视听需求形式，苏·罗德里格斯要求发言者确定协议条款。苏·罗德里格斯坚决要联系演讲者协会检查演讲者与娱乐项目的状态。她要求所有的电子设备需要在举办会议的前一年进行确认。这样一来，苏·罗德里格斯可以对设备有更加准确的项目预算，并能够发现任何潜在的与使用方法有关的火灾隐患。

为了该次会议，苏·罗德里格斯招募了 10 家赞助商，包括：Small Vets Pluss，一家为小动物提供疫苗的公司，将赞助大手提袋；Houver 制药，小动物抗生素的生产商，将赞助运输服务；LabSmlab，动物手术的医疗器械提供商，将赞助开幕式晚宴；Mix-a-vet，小动物特殊食物的研发人员，将赞助报纸；Smalco，一家宠物店，以小动物产品为主营业务，等等。Small Vets Pluss 将共同主办 VIP 娱乐与颁奖晚宴。苏·罗德里格斯将联系各个赞助商确认其承诺并与之签订合同。在谈话中，苏·罗德里格斯要求这些赞助商提交一个表格，上面带有他们公司名称的正确拼写及他们所设计的标识或标记。

在达拉斯会议举行前的 14 个月，创建与批准了贸易展览平面图。年会的展览场地将在 ASAA 会议上进行现场销售——ASAA 将保留 87% 的参展商。召开前 9 个月时，展会服务承包商将更新平面图及向参展商发送潜在参展商的数据包。

除了贸易展，苏·罗德里格斯还同展会服务承包商合作以确定最后的安排，包括欢迎宴会、全体大会和颁奖晚会。她还确定了媒体中心和注册区的位置。苏·罗德里格斯根据展会服务承包商的意见，推荐了悬挂赞助横幅和标志的最佳位置。绝大多数会议中心对于横幅和标志的摆放位置有着严格的规定，由于展会服务承包商常常与会议中心合作，他们对此有着详细的了解和绝佳的想法。

▷ 前 6 个月到会议当天

年会召开之前 6 个月，准备工作进入了加速阶段。营销委员会开始撰写新闻稿并发布宣传。在时间规划正确的情况下，新闻稿将在一个月内发布，届时此次会议的广告也会刊登。

邀请函发布后的几个星期内，主办方陆续收到了早期的注册表。在查看这些注册表时，苏·罗德里格斯发现其中有三个参会人员称自己是残障人士，需要特殊设施。依据《美国残障法案》，苏·罗德里格斯与其他合作者一起商讨如何提供最好的服务，确保残障人士在参会时没有任何不便之处。她安排了残障人士客房，并提示会议室安排残障人士专用通道。

苏·罗德里格斯在收到酒店餐饮经理送来的菜单之后挑选了饭菜。她向餐饮部作出特别提示：有 5 名参会人员有特殊的饮食需求，所以需要为他们单独准备食品。

她与主办酒店和会议中心保持着联系，确定了举办年会"预防工作"会议室的名称。了解这一点对于苏·罗德里格斯来说很关键，因为这样她就能将该信息添加到会议日程表中。但是酒店和会议中心往往不愿将此信息过早公开，他们不想向某个会议策划人作出承诺，这样他们还有可能将会议室租给其他的策划人。因此策划人需要和酒店及会议中心做好沟通工作，灵活处理。

苏·罗德里格斯与 DMC 一道对菜单进行核准，同时与展会服务承包商一起确定了达拉斯世界水族馆 VIP 晚宴的菜单。DMC 联系了一家花店，希望能将会场营造出海底珊瑚礁的氛围。整场活动就是为了使每个参会者仿佛置身海底。

拉里·格兰特是 Tennison 高尔夫球场的活动策划人，苏·罗德里格斯和他取得联系以确定比赛规则。从目前来看今年的活动将会取得巨大的成功，因为已经有 10 人注册参加此次活动。苏·罗德里格斯将这些人的信息告知拉里。

除了以上工作，在这个时间段内苏·罗德里格斯和 DMC 保持联系最终确定了所有活动的摆渡车路线，这样她就能开始为交通路线设置指示标志了。苏·罗德里格斯了解到几乎每年都有人在会场迷路，即使是那些接受过高等教育的人，她开始思考是否兽医们无法读懂会议日程表里的交通指示材料。为此苏·罗德里格斯必须将活动内容、所有的位置及摆渡车的时间表清晰明了地罗列出来，以便为参会人员提供参考。指示标志对于整场活动有着非常重要的意义。

会前 5 个月

会前 5 个月，苏·罗德里格斯向所有演讲者发送了提醒函，同时与营销委员会一同确定了市场宣传手册及电子版的内容，之后将这些内容发布出去。经过耐心校正会议计划，苏·罗德里格斯建立起为员工、临时员工及志愿者而准备的详细工作计划。苏·罗德里格斯打算订购会议胸牌及其他会议用品，之后让安保公司检查她的这份清单。

会前 3～4 个月

会前 3～4 个月，苏·罗德里格斯每星期检查一次注册信息。会前 3 个月时，苏·罗德里格斯重新查看了所有的注册信息，也对房间进行了调整（她在酒店合同里提到了这一点，依据房间人员损耗情况而调整房间安排，见表15—3）。

表 15—3　　　　　　　　　ASAA 酒店房间预订统计表　　　　　　　　单位：间

酒店	达拉斯市区凯悦酒店	费尔蒙特酒店	温德姆酒店	时代国际饭店	假日酒店
初期房间预留	1 000	500	500	500	500
90～天房间预留反馈	700	500	300	300	100
房间预留调整	加 50 间	无变化	按预计时间	按预计时间	减去 200 间
新客房预留	1 050	500	500	500	300

苏·罗德里格斯将目前的注册情况与之前的房间预订状况进行了对比。往年的大会数据显示，理想情况下，60％的参会人员已经提前注册，主办方应已经预订了600 间客房，至少应有 300 间空余。苏·罗德里格斯在查看目前酒店的实际预订情况时发现，费尔蒙特酒店里的房间全部使用，无法再获得额外的房间，因此无变化。温德姆酒店与时代国际饭店进展顺利，没有变化。假日酒店减少 200 间客房。苏·罗德里格斯将预留房间缩减了 40％，那么现在应有 300 间客房，而非 500 间。而对于凯悦酒店而言，苏·罗德里格斯面临着截然相反的问题，接待酒店拥有 100 间余房，超出了她的期望。因此她很保守地将预留客房增加 5％，应有 1 050 间客房。

除对预留房间的调整外，她接到会议中心电话，会议室位置需要转移以及演讲者需要取消活动。这些变化均会对项目产生影响，因此必须做出调整。她将这些看作时间所带来的变化，但是这些变化属于苏·罗德里格斯所管辖工作的一部分。一年以前她所做的工作得到了回报。由于演讲者取消参加活动，因此她需要联系项目委员会，了解他们计划的候补人员。

会前 2 个月

距离会议还有 2 个月，苏·罗德里格斯安排前往达拉斯的又一次旅行。达拉斯 CVB 会议服务经理帕蒂安排苏·罗德里格斯与所有的重要联系人进行会面，以确保年会取得圆满成功。凯悦酒店的展会服务承包商费尔达巴德与苏·罗德里格斯会面，并对所有酒店开展彩排工作。他将苏·罗德里格斯介绍给餐饮部经理以审核菜单，应收款项合同显示账单审核过程，前台经理确认参会贵宾、入住登记与退房流程。安全部主任与医务人员审核紧急程序。展会服务承包商解释说他是酒店联系人并将负责协助苏·罗德里格斯提供酒店所需信息，从房间整理到账单审核。费尔达巴德都将与苏·罗德里格斯将进行密切合作。

在达拉斯会展中心，苏·罗德里格斯将会见高级活动协调员艾瑞卡·邦迪，并开展彩排工作，邀请展会服务承包商和视听公司联系人加入其中。这样，苏·罗德里格斯会有许多双眼睛来寻找可能会发生的潜在问题。她也将与餐饮部经理一起审核午餐及颁奖晚宴所用菜单。

苏·罗德里格斯会见 DMC 代表，一起检查酒店交通路线、最终确定菜单、装饰物及达拉斯世界水族馆 VIP 晚宴的招待安排。然后苏·罗德里格斯在 Tennison 高尔夫球场更新球员名单并审核搭档。

从达拉斯回来后，苏·罗德里格斯对项目进行最后更改并将其发送给印刷公司。她还将这些材料运送到场地，与营销委员会共同整理最终手稿并对筹划指南进行评估，包括所有联系人、时间轴、合同、菜单及她要回顾的记录。

会前 1 个月

会议开始前 1 个月内，苏·罗德里格斯继续对注册状况进行周期性检查，并将所有提醒函发给演讲者。她与广告公司审查新闻稿，宣布研究新发现（该发现将在年会上提出），与员工一起确定最终工作时间表、市场营销、手稿与彩排时间，列出清单并整理展会资料。她是一位优秀的策划者，还为活动准备了备选计划。例如，如果高尔夫球赛因下雨取消，团队在上午将会进行达拉斯体育旅游活动。

苏·罗德里格斯将会议前的一个月比作一场网球赛，其中的紧急情况好似 5～10 个网球同时穿过球网，经过她也会撞到她。因此苏·罗德里格斯知道她手里必须准备好球拍，成功地击中网球并击过球网，然后再准备迎击接二连三的球。

会议前活动

会议前三天，苏·罗德里格斯与她的员工到达达拉斯，开始建立会议总部。她很高兴地看到所有的展会材料都已经安全地送至这里。苏·罗德里格斯查看所有合同，对会议计划进行最后确定，并安排与她的员工、临时工作人员及志愿者一起在接待酒店及会展中心开展检查工作。接待酒店安排事前会议，在会上，每位会议工作者将聚集在一起并就所发生的变化及担心的问题进行审核。

苏·罗德里格斯检查所有会议活动的设置，并在现场对其进行测试。有时，总有些事情需要改变，可能是赞助商的标识错误，需要给展会服务承包商打电话，要求其重做，或者是更复杂的情况，如注册处的空间太小。这段时间一直需要解决各种各样的问题。

当乔治与市场部员工彩排全体大会、设置记者室并筹划新闻发布会时，苏·罗德里格斯加入了他们。乔治抽出时间来审核参加新闻发布会人员的名单，因为苏·罗德里格斯需要知道出席新闻发布会的人员的名字，以确保他们到达这里时，来自ASAA的员工可以快速地帮助他们，同时做好宣传就能够确保未来会议顺利进行。

会议当天活动

会议开始，苏·罗德里格斯与员工合作，保证所有会议室计划得当，所有的演讲者材料与评估准备就绪。她的角色就是幕后工作者，使出席人员有一场完美的体验。她是第一位到达现场、最后一位离开现场的人。会议当天到处都是问题，她必须澄清问题或是解决问题。当苏·罗德里格斯看到所有的努力都变成现实时，这是她最激动的时刻。例如，其中一个房间的设备不能正常工作，因此她给视听设备公司打电话，通过前期安排的联系人很快解决了问题。每天开始，苏·罗德里格斯都将会见酒店的会议服务经理以及应收账款部门进行账单审核。她与住房服务机构继续对ASAA客房登记单进行比较分析，保证ASAA出席人员能顺利地安排到ASAA预留房，这将有利于解决今后的活动住宿问题。

在会展中心设置了ASAA参展商总部的办公室。吉尔作为ASAA贸易展览的经理，将一直留在办公室，以处理展会中出现的任何问题，并且接受明年ASAA会议参展商的预订。

▷ 会议结束后

会议结束后的当即活动

苏·罗德里格斯很累，喝着咖啡，抽出时间查看年会的进展情况及未来的区域机会。在离开达拉斯之前，苏·罗德里格斯将通过会后会议来评估今年的会议，参加会后会议的人们将进行讨论，并回答这些问题：这次会议存在的问题是什么？今后做些什么工作来改善这种状况？她还将与酒店、供应商共同核算注册人数、回顾所有情况，及对辅助业务进行估测。

规划展会是一个团队活动。苏·罗德里格斯抽出时间来感谢所有的演讲者、赞助商、委员会成员与支持者，感谢他们对会议所提供的帮助。她还感激她的员工，对其员工给予一天的假期，在达拉斯自由放松。

会议结束后两个月的活动

在浏览完数据以及评估内容后，苏·罗德里格斯开始向执行理事及董事会汇报投资回报率。每次会后进行评估都是很重要的。在组织会议的过程中，苏·罗德里格斯和自己的团队制定了会议目标：通过召开为期四天的会议，让参加 SAPDC 的人数增加 10%，会议重点是教育以及网络拓展。与会人数增加会让展会利润增加 5%。如果不衡量会议的成功与否，召开这次展会又有什么意义呢？评估大会或会议是否达到组织目标是会议组织者工作的一部分。展会组织者通过制定目标以及评估投资回报率，可以展示自己在完成公司目标以及维持公司底线中的角色。

苏·罗德里格斯对这次年会很是兴奋。该行业的媒体做了优秀的会议报道，相当于 50 万美元的广告宣传。苏·罗德里格斯认为第三方的赞助绝对会增加与会者人数。会议目标圆满完成：有 500 人参加了 SAPDC 的课程（去年参与人数为 454 人，增长 10%,）；同时会议利润从去年的 1 393 297.60 美元增加到 1 462 962.50 美元，增长率为 5%。

苏·罗德里格斯完成自己的报告，然后接到了来自奥兰多会展中心的电话。明年的年度会议要在那里举办。离展会的召开还有 12 个月，但她已经接到了会议需要使用的房间名称……展会将继续循环召开。

□ 小 结

在本章，你已经学习了关于举办全市范围会议的知识。这对单个人而言是一项大任务，并且需要很多人协作来保证会议的成功举办。通过学习本案例，你可以细致观摩会议组织者一天的生活，并了解保证会议成功的许多任务。本章以制定会议目标以及预算开篇，以评估投资回报率以及确定会议成功结尾。

□ 关键词

视听设备公司（audiovisual company，AV）　　需求建议书（RFP）

目的地管理公司（DMC）　　展会服务承包商（ESC）

会议服务经理（CSM）　　会议促进局（CVB）

投资回报率（ROI）   赞助商（sponsor）

截止日期（meeting time line）

□复习及问题讨论

1. 本章涉及的是什么团队？为什么他们会出现？

2. 他们会见过什么人？

3. 苏·罗德里格斯策划会议的步骤是什么？

4. 苏·罗德里格斯在和哪位工作人员合作？

5. 在展会举办城市，苏·罗德里格斯和谁一起共事？是哪个供应商？

6. 会议结束后，苏·罗德里格斯做了哪些事情？

□本章作者简介

M. T. 希尔姆（M. T. Hickman），CTR，CMP，美国得克萨斯州里奇兰德学院旅游、展览以及会议管理项目的负责人。她在得克萨斯州会议促进局开始了自己的职业生涯。在那里，她曾在很多部门工作过，例如旅游销售、展会销售以及其他特殊活动管理。这些年，她一直在国家商业协会担任营销总监一职，并担任《世界旅游合作伙伴》的建议作者。同时在 MPI，PCMA 以及 IAEM 的会议以及展会策划中也非常活跃。

□本章其他贡献者

埃里卡·邦迪（Erika Bondy），CMP，达拉斯会议中心高级活动协调员。

戴维·吉斯勒（David·Gisler），弗里曼公司销售培训总监，Total Show 大学。

达纳·尼克森-罗登（Dana Nickerson-Rhoden），CMP，CMM，美国心脏学会科学与企业会议经理。

南希·西蒙尼格（Nancy Simonieg），达拉斯市区凯悦酒店高级销售经理。

帕蒂·托厄尔（Patty Towell），达拉斯会议促进局销售经理。

Authorized translation from the English language edition, entitled MEETINGS, EXPOSITIONS, EVENTS & CONVENTIONS: AN INTRODUCTION TO THE INDUSTRY, 3rd Edition, 9780135124581 by FENICH, GEORGE G., published by Pearson Education, Inc, Copyright © 2012, 2008, 2005 by Pearson Education, Inc.

All rights reserved. No part of this book may be reproduced or transmitted in any form or by any means, electronic or mechanical, including photocopying, recording or by any information storage retrieval system, without permission from Pearson Education, Inc.

CHINESE SIMPLIFIED language edition published by CHINA RENMIN UNIVERSITY PRESS CO., LTD., Copyright © 2016.

本书中文简体字版由培生教育出版公司授权中国人民大学出版社合作出版，未经出版者书面许可，不得以任何形式复制或抄袭本书的任何部分。本书封面贴有 Pearson Education（培生教育出版集团）激光防伪标签。无标签者不得销售。

图书在版编目（CIP）数据

会展业概论：第 3 版/乔治·费尼奇主编；刘大可等译 . —北京：中国人民大学出版社，2016.11
（工商管理经典译丛 . 旅游管理系列）
ISBN 978-7-300-23161-7

Ⅰ.①会… Ⅱ.①乔… ②刘… Ⅲ.①展览会-文化产业-高等学校-教材 Ⅳ.①G245

中国版本图书馆 CIP 数据核字（2016）第 168712 号

工商管理经典译丛·旅游管理系列
会展业概论（第 3 版）
乔治·费尼奇 主编
刘大可 等 译
Huizhanye Gailun

出版发行	中国人民大学出版社				
社 址	北京中关村大街 31 号		**邮政编码**	100080	
电 话	010 - 62511242（总编室）		010 - 62511770（质管部）		
	010 - 82501766（邮购部）		010 - 62514148（门市部）		
	010 - 62515195（发行公司）		010 - 62515275（盗版举报）		
网 址	http://www.crup.com.cn				
	http://www.ttrnet.com（人大教研网）				
经 销	新华书店				
印 刷	北京鑫丰华彩印有限公司				
规 格	185 mm×260 mm 16 开本		**版 次**	2016 年 11 月第 1 版	
印 张	21.25 插页 2		**印 次**	2019 年 2 月第 2 次印刷	
字 数	428 000		**定 价**	55.00 元	

版权所有 侵权必究 印装差错 负责调换

Pearson

尊敬的老师：

您好！

为了确保您及时有效地获得培生整体教学资源，请您务必完整填写如下表格，加盖学院的公章后以电子扫描件等形式发我们，我们将会在2～3个工作日内为您处理。

请填写所需教辅的信息：

采用教材				□ 中文版　□ 英文版　□ 双语版
作　者			出版社	
版　次			ISBN	
课程时间	始于　　年　月　日		学生人数	
	止于　　年　月　日		学生年级	□ 专科　　　□ 本科 1/2 年级 □ 研究生　□ 本科 3/4 年级

请填写您的个人信息：

学　校			
院系/专业			
姓　名		职　称	□ 助教 □ 讲师 □ 副教授 □ 教授
通信地址/邮编			
手　机		电　话	
传　真			
official email（必填） （eg：×××@ruc.edu.cn）		email （eg：×××@163.com）	
是否愿意接受我们定期的新书讯息通知：　□ 是　□ 否			

系/院主任：_____（签字）

（系 / 院办公室章）

____年___月___日

资源介绍：

——教材、常规教辅资源（PPT、教师手册、题库等）：请访问 www.pearson.com/us/higher-education。　　（免费）

——MyLabs/Mastering 系列在线平台：适合老师和学生共同使用；访问需要 Access Code。　　（付费）

地址：北京市东城区北三环东路 36 号环球贸易中心 D 座 1208 室 （100013）

Please send this form to：copub.hed@pearson.com

Website：www.pearson.com

教师教学服务说明

中国人民大学出版社工商管理分社以出版经典、高品质的工商管理、财务会计、统计、市场营销、人力资源管理、运营管理、物流管理、旅游管理等领域的各层次教材为宗旨。

为了更好地为一线教师服务，近年来工商管理分社着力建设了一批数字化、立体化的网络教学资源。教师可以通过以下方式获得免费下载教学资源的权限：

在中国人民大学出版社网站 www.crup.com.cn 进行注册，注册后进入"会员中心"，在左侧点击"我的教师认证"，填写相关信息，提交后等待审核。我们将在一个工作日内为您开通相关资源的下载权限。

如您急需教学资源或需要其他帮助，请在工作时间与我们联络：

中国人民大学出版社　工商管理分社

联系电话：010-62515735，82501048，62515782，62515987

电子邮箱：rdcbsjg@crup.com.cn

通讯地址：北京市海淀区中关村大街甲 59 号文化大厦 1501 室（100872）